공폐
貢弊

공폐

貢弊

조선후기 공물 제도
운영의 병폐

비변사 편 │ 조영준·최주희 역해

규장각 020
새로 읽는
우리 고전

아카넷

'규장각 고전 총서' 발간에 부쳐

　고전은 과거의 텍스트이지만 현재에도 의미 있게 읽힐 수 있는 것을 이른다. 고전이라 하면 사서삼경과 같은 경서, 사기나 한서와 같은 역사서, 노자나 장자, 한비자와 같은 제자서를 떠올린다. 이들은 중국의 고전인 동시에 동아시아의 고전으로 군림하여 수백 수천 년 동안 그 지위를 잃지 않았지만, 때로는 자신을 수양하는 바탕으로, 때로는 입신양명을 위한 과거 공부의 교재로, 때로는 동아시아를 관통하는 글쓰기의 전범으로, 시대와 사람에 따라 그 의미는 동일하지 않았다. 지금은 이들 고전이 주로 세상을 보는 눈을 밝게 하고 마음을 다스리는 방편으로서 읽히니 그 의미가 다시 달라졌다.

　그러면 동아시아 공동의 고전이 아닌 우리의 고전은 어떤 것이고 그 가치는 무엇인가? 여기에 대한 답은 쉽지 않다. 중국 중심의 보편적 가치를 지향하던 전통 시대, 동아시아 공동의 고전이 아닌 조선의 고전이 따로 필요하지 않았기에 고전의 권위를 누릴 수 있었던 우리의 책은 많지 않았다. 이 점에서 우리나라에서 고전은 절로 존재하였던 과거형이 아니라 새롭게 찾아 현재적 가치를 부여하면서 그 권위가 형성되는 진행형이라 하겠다.

서울대학교 규장각한국학연구원은 법고창신의 정신으로 고전을 연구하는 기관이다. 수많은 고서 더미에서 법고창신의 정신을 살릴 수 있는 텍스트를 찾아 현재적 가치를 부여함으로써 새로운 고전을 만들어 가는 일을 하여야 한다. 그간 이러한 사명을 잊은 것은 아니지만, 기초적인 연구를 우선할 수밖에 없는 현실로 인하여 우리 고전의 가치를 찾아 새롭게 읽어주는 일을 그다지 많이 하지 못하였다. 이제 이 일을 더 미룰 수 없어 규장각한국학연구원에서는 그간 한국학술사 발전에 큰 기여를 한 대우재단의 도움을 받아 '규장각 새로 읽는 우리 고전 총서'를 기획하였다. 그 핵심은 이러하다.

현재적 의미가 있다 하더라도 고전은 여전히 과거의 글이다. 현재는 그 글이 만들어진 때와는 완전히 다른 세상이다. 더구나 대부분의 고전은 글 자체도 한문으로 되어 있다. 과거의 글을 현재에 읽힐 수 있도록 하자면 현대어로 번역하는 일은 기본이고, 더 나아가 그 글이 어떠한 의미가 있는지를 꼼꼼하고 친절하게 풀어주어야 한다. 우리 시대 지성인의 우리 고전에 대한 갈구를 이렇게 접근하고자 한다.

'규장각 새로 읽는 우리 고전 총서'는 단순한 텍스트의 번역을 넘어 깊이 있는 학술 번역으로 나아가고자 한다. 필자의 개인적 역량에다 학계의 연구 성과를 더하여, 텍스트의 번역과 동시에 해당 주제를 통관하는 하나의 학술사, 혹은 문화사를 지향할 것이다. 이를 통하여 우리의 고전이 동아시아의 고전, 혹은 세계의 고전으로 발돋움할 수 있기를 기대한다.

기획위원을 대표하여 이종묵이 쓰다.

차례

제4책

제5책

제6책

다시 읽는『공폐』

　　『공폐(貢弊)』는 서울대학교 규장각한국학연구원(이하 규장각)에 소장되어 있는 유일본(唯一本)이다.『시폐(市弊)』와 더불어 영조(英祖) 29년인 1753년에 작성되었으며, 총 6책으로 구성되어 있다. 韓㳓劤(1966: 111) 이래 서울大學校圖書館(1984: 320~321), 姜萬吉(1985: i~iii) 등의 해제가 있었는데, 그중에서도 姜萬吉(1985)은『공폐』의 원본을 영인하여 출판하는 과정에 작성된 것으로서『공폐』의 보급에 기여한 바 있다. 이후『공폐』는 조선후기 재정사 및 상업사 연구자들에게 널리 알려졌고, 여러 연구에서 두루 활용되기에 이르렀다.

　　『공폐』는『시폐』와 짝을 이루는, 대표적인 순문(詢問) 보고서로서, 각 관서별 공인(貢人) 또는 공계(貢契)마다 상언(上言) 또는 상소(上疏)와 그에 대한 조처(措處) 또는 제사(題辭)를 묶어 놓은 책이다. 전체적으로 일관되게 건의와 답변의 구조, 즉 문답(Q&A)의 형식을 취하고 있으며,

도합 98항목으로 공인·공계가 포괄되어 있다. 답변 및 정리, 그리고 이를 작성하여 보고한 주체는 비변사(備邊司)였고, 가장 주요한 열람자는 영조였다. 공인 또는 공계의 시폐(時弊)와 그에 대한 처분을 엮은 어람용(御覽用) 책자에 해당하였으므로, 간인(刊印)이 되지 않은 채 필사본(筆寫本)으로 남아 있는 것이다. 이와 관련하여 「광흥창공인」 조의 "임금이 써 내리신 글[御筆書下]"이나 「상의원모의장」 조의 "전교의 내용[傳曰]"이 기록되어 있음에도 주목할 수 있겠다.

영조조에서 정조조를 거쳐 19세기에 이르기까지 서울의 공인 및 시전 상인과 국왕 간에 이루어진 소통의 대명사로는 '공시인순막(貢市人詢瘼)'이 있었다(韓相權 1996; 2000; 고석규 2000 등 참조). 이러한 소통의 체계가 정착되는 데 결정적 계기를 마련한 것이 바로 『공폐』와 『시폐』의 작성이었다. '강폐(江弊)'도 논의되었으나 책자로는 작성되지 않았다. 이전에도 『상언등록(上言謄錄)』(1649~1743)이 있었고, 이후에도 『정조병오소회등록(正祖丙午所懷謄錄)』(1786)이나 『소지등록(所志謄錄)』(1887~1895) 등이 작성되었으므로, 『공폐』와 『시폐』는 장기에 걸친 소통의 제도화 과정에서 생산된 자료에 해당한다. 소통의 창구로서 공시당상(貢市堂上) 체제를 확립하여 운영하게 된 것도 이러한 제도화의 일환이었다(한상권 2000: 276).

각종 순문의 기록에는 관민 간의 갈등 및 민간의 갈등을 조정한, 사법 주체로서의 비변사 또는 공시당상이 내린 '합리적' 조치들이 수록되어 있다. 그 속에는 명분과 실리의 균형, 질서와 규범의 확립, 이해관계의 조정 등이 포함되어 있다. 소통이 단순히 민정(民情)의 조사 수준에 그치지 않았음은, 소통의 결과로서 이행된 변통(變通)으로부터 확인할 수 있다.

공인(貢人)이나 시민(市民)의 호소에 대하여 제사(題辭) 또는 뎨김[題音]을 내려 주는 방식을 통해 여러 조치가 취해졌다. 대개 다섯 가지 정도로 나누어 볼 수 있으며, 「폐막별단(弊瘼別單)」이라는 자료에서는 '허시(許施)', '탕감(蕩減)', '금단(禁斷)', '신칙(申飭)', '물시(勿施)'의 다섯 가지 질(秩)로 구분하고 있다. 변통의 조처는 판결문의 사본에 해당하는 등급(謄給)의 형태로 내려져 증빙의 수단으로 활용되는 경우도 있었지만, 보다 일반화된 사례라면 절목(節目) 또는 정식(定式)의 형태가 되거나, 정례(定例)와 같은 규정의 마련 또는 혁파로 귀결되기도 하였다. 변통의 방식이나 유형이 시기별로 다양하게 나타나고 있었다는 점은 소통의 노력 역시 충분히 있어 왔음을 의미한다.

그렇다면 당시의 공물 조달 실태에서는 어떠한 병폐(病廢: 弊端·弊瘼)가 있었기에 끊임없이 소통하며 변통을 추구하게 되었을까? 질문을 조금 좁혀 보자면, 『공폐』에서는 어떠한 내용의 폐해(弊害)가 건의되었고, 또 거기에 대해 어떠한 시정(是正) 또는 구혁(捄革)이나 구폐(捄弊)의 조치가 내려졌을까? 분류의 기준을 어떻게 설정하느냐에 따라 차이가 있겠지만, 여기서는 크게 다섯 가지 정도로만 요약해 보고자 한다.

첫째, 공안(貢案)에 규정된 수량보다 많은 양의 공물을 납품해야만 했던, 과외 남봉(科外濫捧)의 문제가 있었다. 또한 '과외(科外)'의 수취라는 측면에서 연장선상에 있는, 과외 잡역의 부담이 있었다. 이는 공물을 조달해야 하는 공인 본연의 의무 외에 각 관서에서 임의로 각종의 부역을 부과한 경우로서, 과외 책출(科外責出)이라고도 했다. 둘째, 공물의 조달[進排]에 대한 대가의 수취[受價]에서 나타나는 문제가 있었다. "선진배 후수가(先進排後受價)"라는 관행도 있었고, 대금을 시가에 미치지 못할 정도로 낮게 지급받는 사례가 많았을 뿐 아니라, 명분이나 대가 없이 강제되는 진배도 공인(공계)을 괴롭히는 요인이었다. 셋째, 공물 조달의 과정에서 발생하는 부대비용, 즉 부비(浮費)로서, 정채(情債), 인정(人情), 방구전(防口錢) 등의 문제가 상시화되어 있었다. 넷째, 귀록(鬼錄) 또는 허부(虛簿)라고 하여, 공물의 납품과 관련한 기록이 거짓된 경우로서, 신구(新舊) 공인이 서로 다른 경우에 발생하는 유재(遺在)의 문제가 자주 논란이 되었다. 다섯째, 파손 또는 서실(閪失)의 문제로서, 공인이 상납했다가 다시 돌려받는 과정에서 곤란이 발생하는 사례가 많았다.

그 밖에도 공인·공계가 겪어야만 했던 병폐는 한두 가지가 아니었던 것으로 보인다. 그러한 사정은 「조지서공인」 조의 호소에서 "공인에게 한 가지 역이 새로 시작되면 백 가지 폐단이 따릅니다(貢人一役之新創百弊隨焉)"라고 한 예에서 잘 드러난다. 또한 폐단의 제거와 동시에 새로운 폐단이 생겨나고 있었음은 「전설사원역」 조에서 "하나의 폐단을 덜고 하나의 폐단을 일으킨(省一弊興一弊)"다고 한 것을 통해 알 수 있다.

『공폐』와 같은 방식의 순문은 공인 개개인에 대해 이루어진 것이 아니었다. 국가의 조달을 담당하는 단위로서의 공계 또는 '도중(都中)'이라는 조직이 그 대상이었다. 그러므로 『공폐』에 담긴 문답은 공물 제도의 운영에서 발생한 폐단에 대한 조직적 대응에 대한 행정적 처분이었다.

요컨대 『공폐』에는 공인 조직이 권력 기관으로부터 받게 된 피해의 구제를 중심으로 한 여러 가지 갈등 양상이 기록되어 있다. 하지만 개별 공인이 각자가 맡은 공물을 어떻게 조달하였는지에 대해서는 알려 주는 바가 거의 없다. 이는 『공폐』가 국가에 의해 조사되고 작성된 근본적 한계를 가지는 자료임을 알려 주는 동시에, 『공폐』와 같은 순문의 기록을 통해서는 조선후기 공물 제도의 역사를 일단면(一斷面)으로 파악할 수밖에 없음을 뜻한다. 이는 관찬(官撰)의 연대기(年代記)로도 극복하기 어려운 한계다.

간혹 『공폐』의 기록 중에서 공인의 조달 경로에 관한 시사점을 얻을 수 있는 사례도 찾을 수 있다. 예컨대 「서피계인」 조에서 "저희들은 원래 서피를 지어 만드는 일이 없으며, 국역을 맞이할 때마다 장인에게 값을 주고 무납하여 바치는 것"이라고 한 것을 통해, 물품을 제작하여 상납하는[受價製納] 경우도 있고, 구입하여 납품하는[受價貿納] 사례도 있음을 알 수 있겠다. 또한 「구피계인」 조에서 "저희들의 소관 물종은 원래 시가에서 화매하는 것이 아"니라고 한 것을 보면, 통상적으로는 공물 조달이 시장에서의 구입을 통해 이루어졌음을 알 수 있다. 그리고 「응사공인」 조에서 "저희들이 여름 달에 바치는 꿩은 서울에서 구입할 수 없"다고 하였는데, 이는 일반적으로 공인의 물품 구입이 서울에서 이루어지는 것임을 의미한다.

하지만 여전히 알 수 없는 채로 남겨진 과제가 많다. 그중에서도 특히 공인·공계의 현황이 어떠했고, 시대에 따라 어떻게 변화하였는지는 아직까지 종합적으로 파악되지 못했다. 『공폐』의 「삼남활계주인」 조에서 "호조 소관의 수많은 공인[戶曹所管千百貢人]"이라는 표현을 통해 서울의 공인이 수천 명이었으리라 추정해 볼 수 있는데, 이는 시전 상인이 말하는 백각전(百各廛)에 준하는 것이 아니었을까 한다. 비록 그 실체에 자세히 접근할 수는 없지만, 널리 알려진 『비변사등록』 1741년 11월 18일 자와 1784년 3월 21일 자의 기록에서 공인(공계)의 목록을 정리하여 부록으로 실었다. 그리고 공계(도중)의 내부 조직이 어떻게 운영되었는지, 공인의 물자 조달이 구체적으로 어떻게 이루어졌는지에 대해서도 자료의 부족으로 거의 얻을 수 있는 정보가 없는 상황이다. 앞으로 도중 내부의 자료, 또는 공인 개인의 자료를 보다 많이 확보하고 적극적으로 분석되기를 바랄 수밖에 없다.

영인본(影印本)의 공간(公刊)이 이루어진 지 약 35년 만에 『공폐』의 번역본이 나온다는 점은 다소 늦은 감이 없지 않다. 또한 연구자들 사이에서 이미 널리 읽히고 활용된 책을 번역한다는 것은 여간 부담스러운 일이 아니다. 하지만 『시폐』의 번역본 출간 이후 6년여 만에 비로소 『공폐』의 번역까지 완결함으로써 조선후기 재정사 · 상업사 연구를 새로운 차원으로 끌어올리는 계기를 마련할 수 있으리라는 기대감을 가져 본다. 『공폐』의 번역 취지 또는 의의에 관해서는 다음과 같이 세 가지 정도를 더 언급해 볼 수 있겠다.

첫째, 『시폐』에서는 제1책을 찾을 수 없는 영본(零本)이라는 한계가 확인되었던 반면, 『공폐』에는 결락분이 없어 전체적인 완비성이 확보된다. 따라서 『공폐』에서는 『시폐』의 사례와 달리 누락분을 보완하고자

하는 시도를 할 필요가 없다. 달리 말해, 이번의 『공폐』 번역은 최초의 번역본인 동시에 완역본으로서의 의의를 표방할 수 있는 것이다.

둘째, 그동안 공물 제도 및 운영 실태에 관한 연구 성과가 축적되면서 이제는 재해석이 필요한 (또는 가능한) 시점이 되었다. 『공폐』가 학계에 처음 보급될 무렵에 비해 지금은 공물 또는 공인에 대한 이해 수준이 훨씬 깊어졌다. 고전(古典)은 그 자체로서도 충분한 가치를 지니지만, 고전이 가지는 또 하나의 매력은 그것이 시대 및 지식수준의 변화에 따라 재활용되고 재평가되면서 인간의 의식 구조에 끊임없는 자극을 준다는 데 있다.

셋째, 이미 널리 알려진 자료와의 직접적인 상호 비교를 손쉽게 할 것이다. 예컨대 규장각 소장 자료 중에 『비변사공폐이정계하절목(備邊司貢弊釐正啓下節目)』(奎 9882)이 있는데, 종래에는 이 자료를 정조 연간에 작성된 것으로 여기기도 하였다(서울大學校圖書館 1984: 415). 하지만 그 내용을 면밀히 들여다보면 전체 내용이 『공폐』의 서문 및 「예조공인」조와 정확히 일치함을 알 수 있어서, 정조조가 아닌 영조조의 자료임이 바로 확인된다.

『시폐』의 번역에 이어, 그보다 상대적으로 분량이 많은 『공폐』까지 완역 및 해설하여 출판함으로써, 종전에는 짧은 호흡으로 읽을 수밖에 없던 자료에 긴 숨을 불어넣어 차분하게 읽어 볼 기회가 생겼다. 영인본 『공폐』가 학계에서만 두루 활용되는 연구자의 전유물이 되어 왔다면, 역해본 『공폐』는 일반 대중의 접근성도 높이는 계기를 마련할 수 있을 것이다. 역해본 『공폐』가 앞으로의 공물 제도 및 공인·공계 연구에 입문서 또는 핸드북 역할을 할 수 있다면, 번역의 의도는 충분히 달성되는 셈이다. 나아가 교양 있는 일반인의 조선후기 공납 제도 이해를 위한 길잡이가 된다면 더할 나위가 없을 것이다.

2019년 12월

조영준

『공폐』를 작성한 이유

　"공폐(貢弊)"라는 용어가 관찬 연대기에 처음 등장하는 시기는 영
조조이며, 현존하는『공폐』의 간행 시기 역시 영조 29년인 1753년 무
렵이다. 영조는 1752년 12월에 대신과 비변사 당상이 입시(入侍)한
자리에서 공시인(貢市人)의 침탈을 엄히 다스리고 강교(江郊)의 백성
들과 지방민에 대한 폐단도 제거하라는 전교(傳敎)를 내렸다.[1] 전교
가 있은 지 보름여 만인 이듬해 1월 5일에는 공시(貢市)의 폐막을 이
정(釐正)할 절목(節目)을 계하(啓下)하였으며, 절목의 시행을 검찰
(檢察)할 공시구관당상(貢市句管堂上) 2명을 차출하도록 지시하였다.[2]
비변사 내에 공시인의 폐막을 이정하는 구관당상을 별도로 임명하고

---

1 『비변사등록』영조 28년(1752) 12월 20일.
2 『비변사등록』영조 29년(1753) 1월 5일.

공시인이 올리는 상언에 대해 처리 결과를 제사로 내리는 절차를 밟도록 한 것이다. 그 결과물이 현재 규장각에 소장되어 있는 『공폐』와 『시폐』다. 그렇다면 영조가 1752~1753년 무렵 공시인의 폐막에 대한 대대적인 처리 절차를 밟게 한 이유는 무엇일까?

직접적 요인으로서 『공폐』가 작성되기 몇 해 전에 중앙 경비의 지출례(支出例)가 대대적으로 정비된 점을 주목할 수 있다. 영조 24년(1748)부터 27년(1751)까지 왕실의 공상(供上)과 중앙 각사의 경비 지출을 이정한 『탁지정례(度支定例)』가 작성되고, 이듬해인 영조 28년(1752)에 왕실의 공상을 추가로 삭감한 『선혜청정례(宣惠廳定例)』가 작성되는 등 정례서(定例書)가 꾸준히 간행되었다(최주희 2011). 영조조 중반의 정례서 간행은 감필급대(減疋給代)의 과정에서 군문·각사의 반발을 무마하기 위해 국왕 스스로 검약을 실천한다는 명분을 드러내는 한편, 중앙 각사의 방만한 지출을 이정하여 재정 절감의 효과를 거두고자 한 조치로 이해된다. 그런데 현존하는 『공폐』를 살펴보면, 『탁지정례』의 간행이 공계인(貢契人)에 대한 과외 별역(科外別役)과 추가 징수를 막는 데에도 중요한 근거로 활용되었음을 알 수 있다.

예컨대 『공폐』의 「군기시공인」 조에서 "요 몇 해 사이에 호조에서 그 개수를 정하여 정례에 실어 올리고 함부로 쓰는 것을 금하였"다고 한 것이나, 「상의원모의장」 조에서 '경오년(1750) 호조 정례'를 언급하고, 정례 제정 후 원공보다 더 진배한 향돈피 값을 요청한 내용은 모두 『탁지정례』의 간행이 경비 지출의 준거가 되고 있음을 보여 준다. 『공폐』에는 이처럼 정례에 명시되지 않은 추가 징수의 폐단을 고발하는 공인의 상언이 자주 등장한다. 호조와 선혜청에서 공인에게 지급하는 공물가는 정액화되어 있었던 데 반해, 『탁지정례』가 간행되기 이전에는 각사에서 전례(前例)나 등록(謄錄)에 의거해 공인들에게 추가로 요구하는 물품과 역에 제한이 없었고, 이를 통제할 이렇다 할 장치도 없었다.

대동법 시행 이후 공안(貢案) 상정(詳定)이 제대로 이루어지지 않은 상황에서 공가(貢價) 지급은 기존의 공안에 준하여 이루어졌으며, 경비 지출에 있어서도 전례나 등록을 그때그때 활용하였기 때문에, 각사 관원이 조달 과정에서 중간 수탈을 자행하여도 차단할 길이 없었다. 이에 영조는 『탁지정례』의 간행을 통해 중앙 각사로부터 공인에 대한 중간 수탈을 차단할 수 있는 법적 근거를 마련해 준 것이다. 뿐만 아니라 정례의 간행으로 공물가 수급에 타격을 받는 공인도 생겨났는데, 『공폐』는 이러한 공인의 실상을 파악하고 조처해 주는 창구로 활용되었다. 예컨대 「제용감공인」 조를 살펴보면, 비변사에서는 정례서 간행 이후 진배할 물종이 대거 삭감되어 제용감공인의 일종인 원역(員役)이 지탱하기 어려운 상황이 되자, 이를 개선하기 위해 호조의 별무에서 오래된 유재(遺在)를 2~3필씩만 차감하도록 조치하였다.

『공폐』는 정례서 간행 이후 서울 시장의 동향을 파악하고, 정례로 단속되지 않는 공인에 대한 중간 수탈을 추가적으로 막는 데 활용되었다. 뿐만 아니라 정례서 간행으로 진배하는 공물수가 대폭 삭감된 공인에 대해서는 호조에서 값을 추가로 깎지 못하게 하여 최소한의 수익을 보장해 주고(「의영고공인」조), 정례에 누락된 물품은 세보(洗補)하여 추가하도록 함으로써(「목파조공인」조), 공인이 조달 시장에서 이탈하는 상황을 방지하는 데 기여하였다. 문제는 이 같은 "공폐"가 발생하게 된 보다 근본적인 요인이 대동법의 운영 원리에 내포되어 있었다는 점이다.

대동법은 중앙의 공물뿐 아니라 지방의 잡다한 역과 운송비를 대동세 내에 포함시키고, 지방에 할당된 본도 유치미(本道留置米) 내에서 지출하도록 함으로써 지방 재정을 공식화하였다는 평가를 받는다. 현존하는 호서·호남·영남 지역의 대동사목(大同事目)에는 본도 유치미의 총액과 용도가 기재되어 있는데, 이중 여미(餘米)로 지출하는 항목에 선마가(船馬價), 태가(駄價), 과외 별역이 포함되어 있다. 또한 본도 유치미 중에서 여미가 차지하는 비중은 각각 25.8%, 56.1%, 40.2%로 높게 나타나는 것을 볼 수 있다(최주희 2014).

반면 중앙에 바치는 경상납미(京上納米)에는 본도 유치미상의 여미 항목과 같은 예비 비용이 없다. 대동사목을 살펴보면, 경상납미의 용도로 28사 원공물 외에 기타 공물, 역가와 진상 물자, 수수료 등이 포함되어 있지만, 본도 유치미에서처럼 여미를 따로 두어 운송비와 과외 별역에 대응하도록 한 조항은 찾아보기 어렵다. 이는 무엇을 의미할까?

경상납미 내에는 본도 유치미에서처럼 과외 별역에 대비한 예비비를 책정해 두지 않는 대신, 공물주인에게 시중가보다 높은 공가를 지급하여 이들로 하여금 과외 별역을 수행하도록 한 것이다. 예컨대

과장(科場)을 설행하거나 국왕이 거둥할 때에 필요한 제반 물력은 공시인이 그때그때 분담하여 비용을 마련하였다. 그런데 공인이 받는 공물가는 정액화되어 있었던 데 반해 시장 가격은 상승하고 있었으며, 무상으로 차출되는 과외 별역이 늘어남에 따라 공인들은 조달역을 수행하지 못하고 결국 도산하는 위기에 처하게 되었다. 이에 중앙정부는 18세기 들어 공시인폐막별단(貢市人弊瘼別單)을 단속적으로 작성하여 공인들이 겪는 조달상의 문제점을 파악하고자 하였으며, 영조 29년(1753) 무렵 비변사에서 『공폐』를 작성하기에 이른 것이다(최주희 2015).

기존 연구에서는 대동법 시행 이후 시가의 등귀와 물품 조달의 어려움으로 인해 도산하는 공인이 속출하였고, 결국 정부에서 값을 주고도 조달받지 못한 많은 수의 유재가 남게 되었다고 지적하였다. 이로 인해 정부에서는 유재를 단속적으로 탕감해 주는 한편 새로운 공인을 세워 유재의 일부를 책임지도록 함으로써 조달 시장을 안정시키고자 했다는 것이다(吳美一 1986). 그러나 『공폐』를 면면이 살펴보면 공인이 도산하게 된 보다 직접적인 원인은 공인에게 부과된 과외 별역과 추가 징수를 이겨 내지 못한 측면이 크다고 할 수 있을 것이다.

일러두기

- 『공폐』의 영인본이 이미 발간되어 있으므로, 이 역해서에서는 전체적인 일관성을 기하고 가독성을 확보하기 위해 이체자 또는 이형자는 거의 모두 대표자로 바꾸어 놓았다.
- 필요한 경우에는 매끄러운 의미 전달을 위해 직역보다는 의역을 했다.
- 이두(吏讀)의 번역 역시 문맥을 고려하여 필요에 따라 현대어로 바꾸어 조정했다.
- 원문에서 만연체로 연결된 문장이라도 의미를 보다 명확히 하기 위해 적절히 끊어서 풀어 냈다.
- 도판의 경우, 소장처를 명시하지 않은 것은 모두 '서울대학교 규장각한국학연구원'이다.

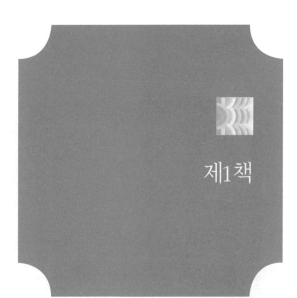

제1책

「공폐」 제1책 표지

서문

    우리 성상(聖上)께서 전문(殿門)에 친림(親臨)하시어 공시(貢市)의 병폐를 굽어 물으시고 여러 당상에게 이혁(釐革)을 명하심은 깊으신 성덕이다. 요 몇 해 이래 국가의 기강이 점차 느슨해져 곳곳마다 병폐가 생겼다. 공인(貢人)의 수가(受價)가 후하지 않은 것이 아니지만, 진배(進排)에 응하는 것 외에도 허다한 부비가 날마다 더해지고 달마다 늘어나서 장차 지탱하기 어려워 흩어져 달아나 버리는 지경에 이를 것이다. 다만 병폐의 근원을 헤아려 보면, 내외의 여러 관사에서 자의로 횡침(橫侵)했기 때문이 아님이 없다. 삼가 성교(聖敎)에 의거하여 널리 더 찾아서 묻고 될 수 있는 대로 논의하고 확정해서 병폐의 크고 작음을 물론하고 정리할 수 있는 것은 정리하고, 없앨 수 있는 것은 없앴다. 그런데 지금 만약 단지 이혁만 하고 과조(科條)를 세우지 않는다면, 사람들이 장차 징외(懲畏)하는 바가 없어서 법 역시 준행(遵行)될 수 없을 것이다. 이에 관원을 죄주고 이예(吏隸)를 다스리는 뜻으로 사안마다 논열(論列)하여 하나하나 품재(稟裁)하였다. 그런데 한 번 반칙(頒飭)한 후에도 각 궁방(宮房), 여러 상사(上司), 각 아문(衙門)에서 만약 새로 금하지 않고 여전히 법을 어긴다면, 공인이 즉시 구관당상(句管堂上)에게 와서 호소하되, 직접 처단할 수 있는 것은 직접 처단하고, 품처(稟處)할 수 있는 것은 품처하여, 한결같이 범한 바의 경중(輕重)에 따라 규정에 의거하여 엄감(嚴勘: 엄중히 처단함)하고, 이 밖에 소소한 폐단으로서 입계(入啓)하지 않은 것도 역시 한결같이 검칙(檢飭)하게 할 것이다. 공인이 신고해야 하는데도 신고하지 않았다면, 범죄자와 더불어 같은 죄를 주고, 구관당상이 만약 잘 거행하지 않는다면, 묘당(廟堂)에서 곧바로 경책(警責)을 더하여 실효가 있게 할 것을 지위(知委)하여 시행하라.

惟我
聖上親臨殿門　俯詢貢市之弊　命諸堂釐革甚
盛德也近年以來　國綱漸弛隨處生弊貢人之受價
　　非不厚矣而應進排外許多浮費日加月增將至於
　　難支渙散之境苟究弊源莫非內外諸司恣意橫侵
　　之致謹依
聖敎博加採問務從商確勿論弊之巨細可釐者釐之
　　可革者革之而今若只爲釐革不立科條則人將無
　　所懲畏法亦無以遵行乃以罪官員治吏隸之意逐
　　段論列一一　稟裁而一番頒飭之後各宮房諸上

司各衙門如或不有新禁如前犯科則貢人登時來

訴於勾管堂上可以直斷者直斷可以　稟處者

稟處一從所犯之輕重依式嚴勘此外小小弊端未

入　啓者亦令一體檢筋貢人當告而不告則與犯

者同罪勾管堂上若不善擧行則　廟堂隨加警責

俾有實效事知委施行

01

호조공인 戸曹貢人

◎ 상언(上言) 저희들의 공물은 본래부터 역가공물(役價貢物)이기 때문
에, 호조에서 받는 장세(匠稅), 무세(巫稅), 염세(鹽稅), 선세(船稅), 노비
공(奴婢貢) 등의 세(稅)에 한결같이 원공(元貢)의 많고 적음에 따라 각
각 역가를 받아먹는 일이 있습니다. 균역청을 설립하고 나서 경상·
강원 양도(兩道)의 염세·선세를 아울러 균역청에 귀속시켰습니다.
그래서 저희들의 역가인 100섬[石]에 가까운 공물이 불공자파(不攻自
破: 공격하지 않아도 스스로 파괴됨)되었습니다. 호조 또한 급대(給代)를
하지 않았는데, 여러 가지 차역(差役: 노역을 시킴)은 그대로입니다.
비싼 값으로 사들여서 대대로 전해 온 물건을 하루아침에 잃어버렸
으니, 역가를 전과 같이 출급(出給)해 주시기 바랍니다.

◎ 제사(題辭) 균역(均役)한 후 각 궁·각사를 물론하고 모두 어염선세
(漁鹽船稅)를 잃었거늘, 공인 몇몇이 받아먹을 수 없게 되었다고 해서

어찌 칭원(稱冤)할 수 있겠는가? 그렇지만 역가를 받아먹을 수 없다면, 어염선세 명목의 여러 가지 차역은 서둘러 감역(減役)하지 않을 수 없다. 무릇 차역에 관해서는 모두 고르게 배정할 것을 호조에 분부하라.

◎ 상언 각 고을에서 전세(田稅)가 올라올 때, 혹시 치패(致敗)하면 증렬미(拯劣米)가 올라와서 필납(畢納)된 다음에, 저희들의 역가를 비로소 마련하여 지급합니다. 이른바 증렬미의 필납은 기한이 없어 수십 년을 미루고 지체되며, 혹시라도 탕감에 이르게 되면 저희들은 역가를 끝내 받아먹을 수 없습니다. 지금 이후로 혹시 세선(稅船)이 치패하는 일이 있으면, 저희들의 역가는 관에서 직접 마련하여 지급하시고, 증렬미는 모두 한목에 받으시기 바랍니다.

◎ 제사 각 고을에서 세선의 치패한 원곡이 올라올 때 역가 또한 함께 바치는 것이 당연한데, 요사이 각 고을에서 단지 원곡(元穀)만 보내고 역가는 보내지 않으므로, 공인이 억울하고 원통하다고 호소함은 오로지 이로 말미암은 것이다. 이다음에는 호조에서 각별히 엄칙(嚴飭)하여 각 고을에서 반드시 함께 실어 올려 보내게 하되, 상납하는 진성(陳省) 가운데 비록 그 원곡과 역가를 구별하지 않았더라도, 호조에서 그 곡수를 셈하여 역가를 덜어 내어서 지급함이 매우 마땅하니, 이로써 정식(定式)하여 시행하라.

◎ 상언 각 고을의 전세(田稅)와 노비 작목(奴婢作木: 노비의 신공을 무명

으로 대신하여 바치는 것)은, 해당 고을의 색리(色吏)가 원곡만 바치고 역가는 바치지 않고서 도주하며, 호조에서 관문(關文)을 보내 재촉해도 올려 보내지 않고 세월을 미루고 지체합니다. 저희들의 역가는커녕 오히려 호조에서 질지미[作紙米]를 근거 없이 저희들에게 책징(責徵: 다그쳐 징수함)합니다. 이미 역가도 받지 못했는데, 또 질지미를 바쳐야 하니 지극히 원통합니다.

◎ 제사 각 고을의 색리가 원곡을 바치면, 공인에게 자문[尺文: 영수증]을 전하지 않고 도망하여 돌아가는 자가 매우 많다. 이로 인해 공인의 역가·질지를 모두 추심할 수 없다. 역가를 추심하지 못하는 것도 억울하고 원통하다며 호소하기에 충분한데, 하물며 공인이 스스로 갖추어 질지를 호조에 바치겠는가? 공인이 억울하고 원통하다며 호소함은 형세상 반드시 그럴 만한 바다. 이다음에는 호조의 구례(舊例)에 따라 원곡을 아직 납부하기 전에 공인이 먼저 질지·역가를 받게 하도록 호조에 분부하라.

◎ 상언 사대부가의 혼례·상례·연례 때, 당상·낭청의 행하(行下)를 담당하는 서리(書吏)를 정하여 보내면, 그 서리에게 여러 가지 소입(所入)하는 각사에 있는 유기(鍮器), 목물·그릇 및 보계판(補階板), 장목(長木), 차죽(遮竹), 뭇줄[束莖], 철목물(鐵木物), 초둔(草芚), 공석(空石: 빈 섬), 지배(地排: 땅바닥에 까는 자리) 등의 물품은 저희들 역인(役人)이 실어 나르는데, 일이 지난 다음에 서실되거나 부서져서 상한 것을 바로 저희들에게서 거두니, 지탱하여 감당함을 견디기 어렵습니다.

◎ 제사 사대부가의 혼례·상례·연례 때, 각 집에서 당상과 낭청의 행하로 호조의 서리를 얻으면, 그 서리가 제멋대로 각사에 사통(私通)하여 빌려 쓰는 데 관계된 모든 것을 빌려 가진 다음에 또 역인으로 하여금 실어다 바치게 한다니, 이러한 폐단을 만약 엄히 막지 않는다면 공인이 지탱하여 감당할 수 없다. 사통 한 가지는 지금부터 금단하고, 만약 다시 범하는 자가 있으면 해당 서리를 법사에 보내어 죄를 다스리라.

◎ 상언 각 집의 혼례 때에 징씨(徵氏: 신랑의 말 앞에서 인도하는 동자)가 입는 중치막(中赤莫)·색대(色帶) 및 가마꾼[轎軍: 교군꾼]이 입는 흑의(黑衣)는 원래 진배하는 물건이 아닌데, 요사이 마치 응당 진배해야 하는 것처럼 여기므로, 지탱하여 감당함을 견뎌 낼 수 없기에 완의(完議)로 막았습니다. 지금은 간혹 있으니, 영구히 막아 주시기 바랍니다.

◎ 제사 사대부가의 혼례 때, 징씨가 입는 중치막, 흑대(黑帶), 흑혜(黑鞋), 가마꾼이 입는 흑의의 행하는 실로 공인이 지탱하기 어려운 까닭이 되므로, 당상·낭청이 완의로 막았는데, 간혹 이러한 폐단이 있다. 또 서리가 제멋대로 공인에게 사통(私通)하여 빌려 쓰는 일이 없지 않은 것은 지금부터 각별히 엄중히 막되, 만약 다시 어기는 자가 있으면 해당 관원은 경중에 따라 죄를 논하고 하인배는 법사에 보내어 죄를 다스리라.

◎ 상언 당상이 공적인 일로 말미암아 교외에 가고 올 때, 독교마(獨轎馬)를 세내는 값은 비록 관의 지급이 있더라도 책립(責立)할 때의 낙본(落本)이 아주 많습니다. 당상이 각 능의 제관으로 임명되어 갔다가 다시 돌아올 때의 독교마는 일찍이 책립한 예가 없는데, 요사이 창출(創出)되었으니 따로 변통해 주시기 바랍니다.

◎ 제사 당상의 독교마는 호조에서 세를 내주는 것이 오히려 맞는다. 어찌 공인에게 세를 바치게 할 수 있는가? 낙본이 있고 없음은 일단 두고 논하지 말며, 사체가 매우 부당하니 엄가(嚴加)하여 금단하고 드러나는 대로 죄를 논하라.

◎ 상언 공부세(貢賦稅)를 해당 창고 및 각사에 상납하면, 호조의 자문[尺文]을 기다리지 않고 각기 바친 곳에 정장(呈狀)하여 제사를 받고는 자문을 포기하고 도주하니, 지방 아전의 풍습이 매우 간교합니다. 이다음에는 각각의 해당 창고와 각각의 해당 관사는 비록 원곡을 받았더라도 소지(所志)에 제급(題給)하지 말고, 반드시 호조의 자문을 살펴서 돌려보내 주시기 바랍니다.

◎ 제사 각 창고에서 전세(田稅)를 받은 다음, 자문은 호조 당상의 인신(印信)을 받아서 내려보내는 것이 흘러 온 관례다. 요 몇 해 사이에 각 고을 아전의 풍습이 매우 간교하여, 해당 창고에 정장하여 제사를 받고 내려가면서 자문은 그대로 두고 간다니, 일이 매우 놀랍다. 이다음에 만약 이와 같은 폐단이 있으면, 소지에 제급한 관원은 경중에 따라 죄를 논하고 하인배는 법사에 보내어 죄를 다스리라.

◎ 상언 능행(陵幸)과 당상·낭청이 공적인 일로 말미암아 교외로 나갈 때 진지·다담(茶啖)에 들어가는 여러 가지 그릇 및 상에 차리는 그릇·찬물(饌物) 등을 싣고 가는 마태(馬駄: 말의 짐바리)의 역을 오로지 저희들에게 책임 지우는 것이 제일의 병폐입니다. 각 능에 제관을 임명할 때의 경우에는 진지·다담에 들어가는 것이 중간에 창개(創開)되었으니, 특별히 변통해 주시기 바랍니다.

◎ 제사 당상·낭청이 성내 및 근교에 공무로 행차할 때, 메고 지는 데 관계된 모든 역은 역인이 거행하는데, 능행에 제관으로 임명될 때 및 원교의 공·사 행차의 경우에도 짐바리의 역을 만약 역인으로 하여금 담당하게 한다면, 형편상 장차 말을 세내어 대신 보내게 될 테니 매우 부당하다. 역인이 비록 많더라도 어찌 지탱하여 감당할 수 있겠는가? 이렇게 폐단을 혁파하는 날을 맞이하여, 정리하여 바로잡지 않을 수 없다. 이다음에는 당상·낭청이 제관에 임명될 때의 의롱마(衣籠馬)는 각사의 예에 따라 공인으로 하여금 책응(策應)하게 하고, 그 밖의 공무상 행차는 호조에서 값을 치르고 말을 세내어, 공인을 침해하지 말도록 과조(科條)를 엄히 세우라. 만약 혹시 잘못된 규례를 답습하여 조령(朝令)을 따르지 않는다면, 당상·낭청을 물론하고 드러나는 대로 경중에 따라 논책하라.

◎ 상언 영남(嶺南)의 노비공(奴婢貢)은, 예단지(禮單紙) 및 수리물종(修理物種)의 값으로 아무아무 고을에서 선혜청에 획급(劃給)하면, 선혜청에서 원목(元木)을 받은 다음 직접 자문[尺文]을 주기 때문에, 공인의

역가는 추심받을 수 없습니다. 지금 이후로는 이 자문을 선혜청에서 호조로 이송하여, 공인의 역가를 빙고(憑考)하여 찾아서 내어주시기 바랍니다.

◎ 제사　호조에서 예단지·수리물종을 복정(卜定)한 대신에 노비공목(奴婢貢木)을 마련하여 선혜청에 획송(劃送)하는 규례는 그 유래가 이미 오래되었고, 작목(作木) 및 역가는 공인에게 속하는 것이다. 선혜청에서는 단지 원수(元數)를 받을 뿐이므로, 작역가(作役價)에는 본래 간섭하지 않는다. 호조에서는 선혜청에 원수를 이송하기 때문에 또한 작역가를 받지 않으며, 각 고을에서 이미 받은 작역가를 어느 곳에 다 써서 없애 버렸는지 알지 못하니, 관청의 일이 허술하고 소홀함이 심하다. 공인이 억울하고 원통하다며 호소하는 것이 당연하다. 이다음부터는 공목은, 선혜청에서는 호조에서 획송한 수에 따라 받은 다음에 바로 호조에 자문을 보내고, 호조에서는 다른 예에 따라 작역가를 거두어들이고, 역가는 공인에게 내어주어 보존할 바탕으로 삼게 하도록 선혜청과 호조에 신칙하고 정식하여 시행하라.

◎ 상언　지난번에 각공(各貢)의 폐막(弊瘼)을 순문(詢問)하셨을 때, 공인(貢人) 홍윤(洪潤)이 그의 대답에서, "공물 가운데 자질구레한 진성(陳省)이 있고, 화전세, 노비 신공, 무녀세, 염·선세 등 각사, 여러 궁가에 이속되거나 혹시 혁파된 것은 역가를 먹지 못하게 되었는데도 응역(應役)한다"라며 역을 덜고서 다른 공물에 손해를 옮기고자 하였습니다. 당초에 공물을 만들어 일으켰을 때, 전세의 자질구레

한 진성은 각기 고을의 자질구레한 진성 등에 함께 붙여서 여러 궁가, 다른 각사에 옮겨 보내었고, 비록 받아먹을 수 없더라도 전세에서 항상 받는 역가로써 응역이 축나는 것을 채웠는데, 이는 실로 당초에 공물을 책정하여 바치게 한 본뜻을 헤아린 것입니다. 사고파는 것은 오로지 한 고을을 사고팔았고, 남은 것을 떼어 내어 축난 것을 채우며 폐단 없이 응역했습니다. 요사이 인심이 옛날 같지 않아, 한 고을 안의 전세를 나누어 팔면 오로지 한 고을을 파는 것보다 그 값의 후함이 매우 많으므로, 후한 이익을 탐내어 전세·대동의 후한 값을 나누어 팔고, 그 비싼 값을 먹고 남은 바의 공물에는 이익이 없다고 하며, 빈손으로 부역(赴役)한다는 말을 주출(做出: 주작)합니다. 막중한 국역이 기망(欺罔)으로 줄어 없어지니, 장차 다른 사람에게 손해가 옮겨질 것입니다. 홍윤 등이 무소(誣訴)하고, 기망한 죄를 각별히 엄하게 다스려 주시기 바랍니다.

◎ 제사 각사에서 작공(作貢)할 때 각 고을의 물종을 그때의 비싸거나 헐함을 짐작하고 헤아려서 정가(定價)를 마련하는데, 물종의 비싸고 헐함은 때에 따라 변하고 바뀌므로, 요사이 인심이 교묘하게 남을 속여서, 파는 사람이 혹은 값을 줄여서 이익이 없는 아주 값싼 물종을 나누어 팔면, 산 사람이 이를 구실로 삼아 억울하고 원통하다고 호소하면서 정장(呈狀) 혹은 상언을 하여, 그 역을 줄이고 그 값을 올려서 따로 계명(契名)을 만들기 때문에, 그 이익이 가장 두텁고, 값은 자연히 올라간다. 혹시 물종의 비싸고 헐함이 서로 뒤섞여서 그 받는 값이 적을까 우려하여, 단지 이익이 많은 비싼 물종만 준가(準價)

로 나누어 판 다음, 팔리지 않은 이익이 적은 물종을 맡기면, 국역에 응하기 어렵다며 누누이 억울하고 원통하다며 호소하고, 또 좇아서 도피(逃避)하니, 그 손해가 도리어 이익이 많은 물종을 나누어 산 사람에게 돌아가서 낙본에 이르게 된다. 이것이 공인의 수천 수백 가지 간악한 실상이다. 비록 홍윤의 일로 말하더라도, 오로지 나누어 팖에 이르렀기에 말미암은 것이다. 이다음에는 공물을 반드시 한 고을 전체로 팔고 사게 하고, 한 고을 안에서 물종을 나누어 잘라서 팔지 못하도록 엄가하고 정식하여 금단하라. 각사에 마찬가지로 신칙하라. 이 공인의 출역(出役)을 가감(加減)하는 것은 호조에서 잘 처리하도록 분부하라.

◎ 상언 능행하실 때 및 당상·낭청이 공적인 일로 말미암아 교외로 나갈 때 데려가는 하인이 밥을 짓고 말을 먹이는 비용은, 관가에서 1명당 때마다 공궤(供饋)하는 쌀 1되 및 반찬값 5푼씩을 지급합니다. 관에서 지급하는 물품을 여러 공궤에 견주어 보면 4~5분의 1에 지나지 않습니다. 이는 각공(各貢)에 없는 일이니, 특별히 변통해 주시기 바랍니다.

◎ 제사 능행하실 때 및 당상·낭청이 공무로 여행할 때 거느리는 하인의 겸이[役只] 및 말을 먹이는 비용으로 단지 1되의 쌀, 5푼의 돈을 내어주고 공인으로 하여금 공궤하게 하는 것은 실로 다른 관서에 없는 예다. 이 한 가지를 바로 혁파하되, 만약 혹시 전과 같이 공인을 침책(侵責)하면, 당상·낭청은 드러나는 대로 논책하고 하인배는 법사

에 보내어 죄를 다스리라.

　　戸曹貢人

一矣徒等貢物自是役價貢物故本曹所納匠稅巫
稅鹽稅船稅奴婢貢等稅一從元貢多少各有役價
受食之事矣均役設廳之後慶尙江原兩道鹽船稅
幷屬均廳而矣等役價近百石貢物不攻自破本曹
又不給代而諸般差役自如重價買得世傳之物一
朝見失役價段如前出給事

均役之後勿論各宮各司皆失漁鹽船稅則貢人之若
干不得受食何可稱寃乎雖然不得受食役價則漁鹽
船稅條諸般差役不可不卽速減役凡係差役通同均
排事分付戸曹

一各邑田稅上來之際或致敗則拯劣米上來畢納
後矣等役價始爲磨鍊上下而所謂拯劣米畢納無
期遷就數十年或至蕩減則矣等役價終不得受食
今後或有稅船致敗之事則矣等役價自官直爲磨
鍊上下拯劣米通同捧上事

各邑稅船致敗之元穀上來時役價亦當同納而近來
各邑只送元穀不送役價故貢人之稱寃職由於此此
後則地部各別嚴飭各邑必令同載上送而上納陳省
中雖不區別其元穀役價自戸曹計其穀數除出役價

以給甚當以此定式施行

　　一各邑田稅奴婢作木該邑色吏只納元穀不給役
　　價而逃走自本曹行關催促亦不上送遷就歲月而
　　矣等役價新反本曹作紙米白地責徵於矣等既不
　　受役價又納作紙米至極寃痛事

各邑色吏納元穀則不推尺文於貢人逃歸者甚多因
此而貢人之役價作紙不得盡推役價之未推猶足稱
寃況貢人自備作紙納於本曹乎貢人稱寃勢所必至
此後則依本曹舊例元穀未納前使貢人先捧作紙役
價事分付戶曹

　　一士夫家婚喪宴禮時堂上郎廳行下次知書吏定
　　送則同書吏各樣所入各司所在鍮器木物器皿及
　　補階板長木遮竹束注乙鐵木物草芚空石地排等
　　物自矣等役人輪運事過後闊失破傷者直徵於矣
　　等不勝支當事

士夫家婚喪宴禮時各家以堂郎行下得戶曹書吏則
其書吏任自私通各司凡係借用者借得後又使役人
輪納此弊若不嚴防則貢人無以支堪私通一款自今
禁斷若有更犯者則當該書吏移法司科治

　　一各家婚禮時徵氏所着中赤莫色帶及轎軍所着
　　黑衣元非進排之物而近來視若應進排故不勝支
　　堪完議防塞矣今則間或有之永爲防塞事

士夫家婚禮時徵氏所着中赤莫黑帶黑鞋轎軍所着
黑衣行下實爲貢人難支之端故堂郎完議防塞而間
或有此弊且書吏任自私通於貢人不無借用之事自
今各別嚴防而若有復犯者則當該官員從輕重論罪
下屬移法司科治

　一堂上因公郊外往來時獨轎馬貰價雖有官下責
　立之時落本太多而堂上差祭各　陵回還時獨轎
　馬曾無責立之例而近來創出別爲變通事
堂上獨轎馬自本曹出貰猶可也豈可使貢人貰納乎
落本有無姑捨勿論事體極爲不當嚴加禁斷随現論
罪

　一貢賦稅該倉及各司上納則不待本曹尺文各其
　所納處呈狀受題棄尺逃走外方吏習極其奸巧此
　後則各該倉及各該司雖捧元穀勿以所志題給必
　以本曹尺文考還事
各倉捧上田稅後尺文受地部堂上印信下送乃是流
來之例而近年各邑之吏習甚奸呈狀該倉受題下去
尺文則置之而去事甚可駭此後若有如此之弊則題
給所志官員從輕重論罪下屬移法司科治

　一　陵幸與堂郎因公郊行時進止茶啖所入各樣
　器皿及床排器皿饌物等載去馬駄之役專責於矣
　等第一痼弊至於差　祭各　陵時則進止茶啖所

入中間創開別爲變通事

堂郎城內及近郊公行時凡干擔負之役則役人擧行
而至於　陵幸差　祭及遠郊公私行卜駄之役若令
役人擔當則勢將貰馬代立極爲不當役人雖多何以
支堪乎當此革弊之日不可不釐正此後則堂郎差
祭時衣籠馬則依各司例使貢人策應其他公行則自
本曹給價貰馬勿侵貢人事嚴立科條若或因循謬規
不遵　朝令則勿論堂郎隨現從輕重論責

　　一嶺南奴婢貢則以禮單紙及修理物種價某某邑
　　劃給惠廳則自惠廳元木捧上後直給尺文故貢人
　　役價無以見推今後則同尺文自惠廳移送本曹貢
　　人役價憑考推給事

戶曹禮單紙修理物種卜定代奴婢貢木之磨鍊劃送
於惠廳之規其來已久而作木及役價屬之貢人者也
惠廳則只捧元數故作役價本不干涉戶曹則以元數
之移送惠廳故又不捧作役價未知各邑已捧之作役
價消融於何處而官事之虛疎甚矣貢人之稱寃宜矣
此後貢木惠廳則依戶曹劃送數捧上後卽送尺文於
戶曹自戶曹依他例徵捧作役價役價則出給貢人俾
爲保存之地事申飭惠廳戶曹定式施行

　　一頃日各貢弊瘼　詢問時貢人洪潤其矣對答貢
　　物中有雜陳省火田稅奴婢身貢巫女稅鹽船稅等

44

移屬各司諸宮家及或革罷者不食役價而應役是如
欲爲減役移害於他貢當初貢物設立時田稅雜陳
省并付各其邑雜陳省等移送於諸宮家他各司雖
不得受食以田稅恒受之役價補縮應役者此實當
初量度作貢之本意買賣者專一邑買賣折長補縮無弊應
役矣近來人心不古一邑中田稅割賣則其價之厚甚多於
專一邑放賣故貪於厚利田稅大同厚價割賣食其重價
所餘貢物無利是如做出空手赴役之說莫重　國役欺
罔減除將欲移害於他人各別嚴治洪潤等誣訴欺罔之罪事
各司作貢時各邑物種酌量其時貴賤磨鍊定價而物種
貴賤隨時變易故近來人心巧詐賣之者或減價割賣
無利至賤之物種則買者藉此稱寃呈狀或上言減
其役而增其價別作契名故其利最厚其價自增焉或
以物種貴賤之相雜慮其捧價之少只以利多之貴種
準價割賣後諉以未賣之薄種則難應　國役縷縷稱
寃又從而逃避則其害反歸於割買厚種之人以致落
本焉此是貢人之千百奸情雖以洪潤事言之專由於
割賣之致也此後則貢物必全一邑賣買一邑內毋得
分種割賣事嚴加定式禁斷而各司一體申飭此貢出
役加減令戶曹善處事分付
　一　陵幸時及堂郎因公郊行時所帶下人炊飯及
喂馬之資自官家每名每時供饋米一升及饌價五

分式上下以官下之物比諸供饋不過四五分之一

此是各貢所無之事特爲變通事

陵幸時及堂郎公行時所率下人役只及餵馬之資只

以一升米五分錢出給貢人使之供饋者實是他司所

無之例此一款卽爲革罷若或如前侵責於貢人則堂

郎隨現論責下屬移法司科治

예조공인 禮曹貢人[1]

◎ **상언** 예조에서 역인 18명을 날마다 책립하는데, 그중에서 6명은 세 당상가(堂上家)의 구종(丘從)·우장지기[雨裝直]로 정하여 보내고, 6명 은 여섯 낭청의 우장지기로 정하여 보냅니다. 그리고 그 나머지 6명 은 예조에서 머물러 기다리며 잡역에 수응(酬應)합니다. 번번이 부 족할까 우려하여 매일 5~6명씩 숫자를 더해서 고립(雇立)하니, 달마 다 책립이 많게는 170~180명에 이르러 실로 지탱하여 감당하기 어 려운 가운데, 당상·낭청의 별우장지기[別雨裝直] 및 혼례·상례의 사환(使喚) 등의 잡역은 모두 대가가 없는 역이어서 더욱 난감합니 다. 별우장지기 및 혼례·상례의 사환, 그리고 머물러 기다리는 6명

---

1 규장각에 소장되어 있는 『비변사공폐이정계하절목(備邊司貢弊釐正啓下節目)』(奎 9882)에도 동일한 내용이 수록되어 있다.

『비변사공폐이정계하절목』 표지

외에 가출(加出)하여 고립하는 등의 역을 영구히 혁파해 주시기 바랍
니다.

◎ 제사 예조의 역인 18명 중 세 당상과 여섯 낭청에게 분배(分排)하고
남은 사람 6명은 예조 내에서 사환하기에 충분하다. 이는 전례(前例)
이므로, 6명 외에 숫자를 더하여 책립함은 부당하다. 또 역인을 이미
당상·낭청에게 정급(定給)한 뒤, 다시 별우장지기 및 혼례·상례의
사환을 정함은 모두 근거하는 바가 없다. 영구히 18명으로 정하고,

이 외에는 모조리 혁파하라. 이다음에 만약 범하는 자가 있으면, 관원은 경중에 따라 죄를 논하라.

◎ 상언 세 당상 집에서 약을 조제할 때의 연말꾼[研末軍]은 의례히 약방(藥房)에서 담당하므로, 저희들이 해마다 공가(貢價) 15섬을 약방과 고지기에게 나누어 주고 삯꾼[雇軍]이 거행하는 바탕으로 삼았습니다. 중간에 연말꾼을 공연(公然)히 저희들에게 책립시켰는데도, 약방·고지기에게 나누어 주는 쌀은 여전하니, 그 원통하고 억울함이 어떠하겠습니까? 이 연말꾼은 약방에서 전과 같이 책립하게 해 주시기 바랍니다.

◎ 제사 해마다 공미(貢米) 15섬을 약방·고지기에게 나누어 주고, 약을 조제할 때 연말(研末) 등을 삯꾼이 담당하게 한 것은 조례(曹例)다. 중간에 또 연말꾼을 공인에게 책출하였다니, 고지기의 소행이 매우 근거가 없다. 각별히 금단하도록 예조에 분부하라.

◎ 상언 조보꾼[朝報軍]은, 당상이 공적인 일로 말미암아 멀고 가깝게 행차할 때 일찍이 발상(撥上: 파발)과 방자(房子) 편에 부치는데, 만약 방자나 발편(撥便)하는 곳이 없으면, 본가(本家)의 우장지기 2명을 돌아가며 정하여 보냅니다. 요사이에는 억지로 저희들이 책립하게 하니, 이는 매우 지탱하기 어려운 폐단입니다. 이다음에는 전과 같이 거행해 주시기 바랍니다.

◎ 제사 당상이 외지에 나가면 보내는 조보는, 각 도에는 방자 편에 부

치고, 서로(西路)의 경우에는 발편에 부친다. 이 두 편이 없으면, 당상 집에 대령하는 예조의 구종(丘從)이 조보를 전달하여 바치는 것이 바로 조례다. 그런데 중간에 별도로 공인을 정하여 거행함은 심하게 공폐가 되며, 일 또한 부당하다. 하물며 또 데려가는 구종도 공인이 세우는 것이라면, 이를 버리고 지금까지 없던 규례를 새로 만들 것인가? 바로 혁파하도록 예조에 따로 신칙하라.

◎ 상언 능행하실 때 및 경중(京中)에 거둥하실 때 당상·낭청의 군막(軍幕)을 여러 각사에서는 그 관사에서 담당하는데, 저희들은 역가도 없는 잔공(殘貢)인데도 대신 담당하여 거행하니 실로 지탱하여 보존하기 어렵습니다. 예조에서 담당해 주시기 바랍니다.

◎ 제사 예조의 군막·포진(鋪陳)을 공인이 책응(責應)한다니, 매우 옳지 않다. 군막은 예조에서 발매(發賣)한 의지(儀紙)를 옮겨다 고쳐 만들어 보관해 두고, 만약 군막을 설치할 때가 있으면 사령이 역인을 거느리고 바로 거행하게 하라. 의지를 5권씩 해마다 공인에게 획급하여 훼손되는 대로 수보하게 하되, 포진 등의 물품도 의지 가운데서 역시 해마다 획급하여 고쳐 만들고 보태어 쓰도록 절목을 만들어 정식하라 하였으니, 이대로 좇아 행하도록 더욱더 신칙하라.

◎ 상언 여러 가지 종이의 공물은 당년조(當年條)로 선혜청에서 수가(受價)하는데, 예조의 온갖 종이는 색리가 담당하여 책응(策應)하므로, 한 해에 받는 것 중 3분의 1의 값을 셈하여 상지빗[償紙色]의 소용으

로 거둡니다. 그런데 번번이 부족하여 수가에 미치지 못하므로 공인에게서 가전(價錢)을 책출합니다. 올해로만 말하더라도 연초에 이미 600여 냥의 돈을 바쳤으니, 이는 실로 지탱하기 어려운 폐단입니다. 지금 이후로는 봄·여름·가을에 본지(本紙)로 받아 쓰고, 연말에 그 나머지를 셈하여 그 본가(本價)로 상지빗에서 책응하게 한다면, 억울하고 원통하다며 호소함이 없을 것입니다.

◎ 제사 예조의 종이는 공가(貢價)를 공인이 받아 내고서 진배하는 것이 조례인데, 예조에서 쓸 것이 부족하면 비록 수가(受價)하기 전이라도 공인에게 다음 분기의 종이 값을 우선 바치게 하니, 예조의 처사가 온당하지 않다. 뿐만 아니라 공인이 빚을 꾸어 먼저 바치고서 스스로 달변[月利]을 부담하니, 이는 보존하기 어려운 까닭이 된다. 이다음에는 반드시 앞 분기의 종이를 쓰고 남은 것으로 관용(官用)을 만들어, 다시는 다음 분기의 것을 미리 요구하지 말도록 예조에 엄칙하고 정식하여 시행하라.

◎ 상언 당상·낭청이 멀고 가까운 능침(陵寢)에 제관으로 임명될 때, 의롱마를 근거 없이 세내어 세우는데, 그렇게 해마다 드는 비용을 셈하면 거의 백여 냥에 이릅니다. 이는 실로 다른 공물에는 없는 폐단이니, 다른 각사의 예에 따라 영구히 혁파하여 보존하게 해 주시기 바랍니다.

◎ 제사 공물에는 모두 역인이 있고, 당상·낭청이 능침의 제관으로 임명될 때의 의롱은 역인이 의례히 담당한다. 예조에서는 해마다 의지

(儀紙)를 10권씩 발매(發賣)하여 공인에게 봉수(逢授)하고 제관이 임명될 때의 의롱마 값을 치르게 하여 책립하도록 이미 절목으로 변통하였다고 하니, 이에 따라 준행하도록 신칙하라.

◎ 상언   예조의 도목꾼[都目軍]·방목꾼[榜目軍]은 예전에 원래 정한 18명 외에도 18명을 가출(加出)하여 거행하였는데, 중간에 점점 늘어 많게는 30여 명에 이르렀습니다. 이다음에는 전과 같이 18명으로 정식해 주시기 바랍니다.

◎ 제사   예조의 도목꾼·방목꾼은 18명으로 거행하는 것이 조례인데, 당상·낭청이 빨리 보이는 데 급하여 18명을 중간에 가정(加定)했다니 매우 부당하다. 이는 비록 아주 작지만 소홀히 할 수 없다. 중간에 가정한 규례를 특별히 혁파하도록 예조에 엄칙하라.

◎ 상언   대과·소과를 거행할 때 시지(試紙)는 본래 저희들이 바치는 것이 아닌데, 분아(分兒)할 때 원수(元數) 외에 수를 더하여 저희들에게 책납(責納)시킵니다. 이미 시전 상인이 아닌데 어떻게 담당할 수 있겠습니까? 진실로 매우 지탱하기 어려우니, 지금 이후로 영구히 막아주시기 바랍니다.

◎ 제사   예조에는 이미 시지가 있고, 분아는 비록 가용(加用: 정한 분량보다 더 씀)하는 일이 있더라도 예조에서 무납(貿納)하게 하는 것이 아마도 옳을 것인데, 상관없는 공인에게 책납하게 하는 것이 어찌 관원의 도리겠는가? 혁파하도록 예조에 엄칙하고, 만약 어기는 자가

있으면 해당 당상·낭청은 경중에 따라 죄를 논하라.

禮曹貢人

一本曹役人十八名逐日責立內六名段三堂上家
丘從雨裝直定送六名段六郎廳雨裝直定送而其
餘六名留待本曹酬應雜役每患不足每日五六名
式加數雇立每朔責立多至一百七八十名實難支
堪中堂郎別雨裝直及婚喪使喚等雜役皆是無價
之役尤爲難堪別雨裝直及婚喪使喚及留待六名
外加出雇立等役永爲革罷事

本曹役人十八名分排於三堂六郎外餘者六名足可
使喚於曹中此是前例則六名外不當加數責立且役
人旣定給於堂郎後又定別雨裝直及婚喪使喚皆無
所據永定十八名外盡爲革罷此後如有犯者則官員
從輕重論罪

一三堂上家劑藥時研末軍例自藥房擔當故矣等
每年貢價十五石零割給於藥房與庫直以爲雇軍
擧行之地矣中間研末軍公然責立於矣等而藥房
庫直割給米自如其爲冤枉爲如何哉同研末軍使
藥房依前責立事

每年貢米十五石割給藥房庫直劑藥時研末等軍使
之擔當此是曹例中間又責出研末軍於貢人庫直所

爲極爲無據各別禁斷事分付禮曹

　一朝報軍段堂上因公遠近行次時曾付撥上與房
　子便而若無房子撥便處則以本家雨裝直二名輪
　回定送矣近來則勒令矣等責立此甚難支之弊此
　後則依前擧行事

堂上出外則所送朝報各道則付於房子便至於西路
則付於撥便無此兩便則以堂上家待令本曹丘從傳
納乃是曹例而中間別定貢人擧行大爲貢弊事亦不
當況且所帶丘從乃是貢人所立者則捨此而創開無
前之規乎卽爲革罷事另飭禮曹

　一　陵幸時及京中　擧動時堂郎軍幕諸各司段
　自其司擔當而矣等以無役價殘貢替當擧行實難
　支保自本曹擔當事

本曹軍幕鋪陳貢人責應甚不可軍幕已自本曹發賣
儀紙推移改造藏置若有設幕之時則使使令領率役
人卽爲擧行儀紙五卷式每年劃給於貢人使之隨毀
修補而鋪陳等物儀紙中亦爲每年劃給以爲改造補
用事成節目定式云依此遵行事更加申飭

　一各樣紙地貢物當年條受價惠廳而本曹凡百紙
　地色吏擔當策應故一年所受中三分一以價計捧
　以償紙色所用而每每不足未及受價責出價錢於
　貢人雖以今年言之歲初已納六百餘兩錢此實難

支之弊今後則春夏秋以本紙捧用歲末計其所餘以

其本價俾償紙色策應則可無稱冤事

本曹紙地貢價貢人受出進排自是曹例而曹中所用

不足則雖未受價之前使貢人先納後等紙價錢非但

本曹處事未安貢人貸債先納自當月利此爲難保之

端此後則必以前等紙地用餘作爲官用勿復預責於

後等事嚴飭禮曹定式施行

一堂上郎廳遠近　陵寢差　祭時衣籠馬白地貰

立計其每年所費將至百餘兩此實他貢所無之弊

依他各司例永爲革罷以爲保存事

貢物皆有役人堂郎差祭　陵寢時衣籠則役人例爲

擔當而禮曹則每年儀紙十卷式發賣逢授於貢人處

差祭時衣籠馬使之給價責立事已爲節目變通云依

此遵行事申飭

一本曹都目榜目軍在前元定十八名外加出十八

名以爲舉行矣中間漸增多至三十餘名此後則依

前以十八名定式事

本曹都目軍榜目軍以十八名舉行乃是曹例則堂郎

急於速見加定十八名於中間者極爲不當此雖微細

不可忽之中間加定之規特爲革罷事嚴飭禮曹

一大小科舉時試紙本非矣等所納而分兒時元數

外加數責納矣等既非廛人何以擔當誠甚難支今

後永爲防塞事

本曹旣有試紙分兒則雖有加用之事使本曹貿納容

或可也而使不干之貢人責納是豈爲官員之道乎革

罷事嚴飭禮曹若有犯者當該堂郎從輕重論罪

공조기인 工曹其人

◎ 상언 무릇 무시소(武試所)의 조궁탄(調弓炭: 활을 조절하는 숯)은, 3월
부터 8월까지는 진배하지 않고, 9월부터 2월까지는 날마다 2섬씩 당
해 주장관(主掌官)에게 진배하여 수용(需用)하게 합니다. 그리고 공인
은 대령하지 말라는 것이 일찍이 조정의 을축년(1745) 혁폐(革弊)
중에 들어 있었습니다.[2] 그런데 그 뒤에도 과장(科場)을 설치할 때 의
금부와 양사(兩司) 하인배가 공인이 대령하지 않는다고 하면서 출패
(出牌)하여 잡아 가두니 그 폐단을 견디기 어렵습니다. 다시 엄칙하여
뒷날의 폐단을 막아 주시기 바랍니다.

◎ 제사 조궁탄 2섬을 주장관에게 진배할 것을 을축년(1745)에 조정에

---

2 "武科初覆試調弓炭 自九月至二月 每日二石式備給於主掌官 使之繼用 而貢人不爲待令事", 『비변사
등록』 1745년 3월 12일.

서 변통하여 정식하였고, 공인의 경우에는 대령하지 말도록 하였다. 그런데 의금부와 양사의 하인배가 조정의 명령 없이 대령하게 하고, 만약 대령하지 않으면 출패하여 잡아 가둔다니 그 버릇이 통탄할 만하다. 이다음에 만약 이와 같은 폐단이 있으면, 해당 관원은 경중에 따라 죄를 논하고 하인배는 법사에 보내어 죄를 다스리라.

◎ 상언 궁성 및 여러 곳을 수보(修補)할 때, 삼태기, 연침(橡針) 등의 축목(杻木)은 이전부터 자문(紫門)·영선(營繕)에서 호조에 보고하고, 호조에서 양입(量入)하고 산적(算摘)하여 감결을 보내어 거행하였습니다. 요사이 자문·영선에서 호조의 산감(刪減)을 싫어하여 호조에 보고하지 않으며, 1뭇[束]을 응입(應入)하는 곳에 반드시 10여 뭇으로 직접 감결을 보내서 독촉합니다. 만약 호조의 감결이 없다고 말하면, 매번 생경(生梗)하게 됩니다. 이다음에는 전과 같이 먼저 호조에 보고하여 양입하고 감결을 받은 다음에 진배하라는 뜻을 자문·영선에 엄칙해 주시기 바랍니다.

◎ 제사 궁성과 여러 곳을 수보할 때, 삼태기·연침의 축목은 자문·영선에서 호조에 보고하고, 산적하여 감결을 보내는 것이 전례인데, 요사이에는 호조에 보고하지 않고 직접 감결을 보내어 트집을 잡아 강요하는 일이 많다. 전례에 따라 반드시 호조에서 감결을 보내기를 기다린 다음에 거행하고, 만약 다시 직접 감결을 보내는 폐단이 있으면, 해당 관원은 드러나는 대로 죄를 논하고 하인배는 법사에 보내어 죄를 다스리라.

◎ 상언 모든 제향에 소용(所用)되는 숯·홰를 진배할 때 사헌부에서 의 례히 참여합니다. 저희들에게 만약 삼가지 않은 일이 있다면, 만 번 죽어도 아쉬울 것이 없겠지만, 그때에는 폐단 없이 받고서 일이 지나 간 하루 이틀 뒤에 잘못을 드러내어 탈을 잡고 죄를 다스려 벌주니, 부비의 낭자함을 실로 감당하기 어렵습니다. 지금부터 이후로는 이 미 받은 것에 대해 추후에 생경하는 폐단을 일절 막아 주시기 바랍 니다.

◎ 제사 제향 때에 숯·홰를 폐단 없이 진배하였는데도 제사를 치른 뒤 에 잘못을 드러내어 탈을 잡고서 수색하여 붙잡아 가는 것은 오로지 하인배들이 뇌물을 찾으려는 까닭에서 나온 것이니, 일이 매우 놀랍 다. 이다음에 만약 다시 예전의 버릇을 답습하는 일이 있으면, 해당 관원은 경중에 따라 죄를 논하고 하인배는 법사에 보내어 죄를 다스 리라.

◎ 상언 기인은 본래 역가가 없는 공물인데, 공조의 온갖 역인으로서 예전에 장인(匠人)이 거행한 것을 아울러 모두 공인에게 책정(責定)합 니다. 한 해를 통틀어 셈하면 거의 천여 명이며, 조금이라도 지체가 있으면 고립(雇立)한다고 하면서 원역 무리가 돈을 억지로 거두니 매 우 원통합니다.

◎ 제사 기인은 산택사(山澤司)에 속하는데, 다른 명목으로 평상시에 사 환하는 것은 잘못된 규례에 지나지 않으니 바로 혁파하라. 만약 시 급한 국역이 있으면, 비록 다른 명목이더라도 두세 명을 사환하도록

정식하라. 당상은 도목꾼 15명, 방목꾼 9명 외에는 절대 사역하지 말고, 낭청은 해당 색리의 공고(公故) 외에 사환해서는 안 된다. 다른 명목으로 사환하는 규례는 모두 혁파하고, 만약 어기는 자가 있으면 해당 관원은 죄를 논하라.

◎ 상언 공조의 세 당상에게는 달마다 곳에 따라 중거(中炬) 3동(同), 소거(小炬) 4동인데, 소거는 8동을 분작(分作)합니다. 여섯 낭청에게는 달마다 곳에 따라 중거 2동, 소거 3동인데, 소거는 6동을 분작합니다. 대가가 없는데도 기인이 진배하니, 실로 지탱하기 어렵습니다.

◎ 제사 다른 각사에서 거촉(炬燭)의 관례는 관사의 물력으로 사서 쓰는 것인데, 공조의 경우에는 당상·낭청이 쓰는 삭거(朔炬)를 공인에게 책납시키니, 비록 매우 부당하지만 관무(官貿)도 이미 없으므로 그 형세 또한 완전히 혁파하기 어렵다. 그러므로 참작하여 변통할 방법이 없을 수 없다. 달마다 당상에게는 중거 각 2동, 소거 각 2동, 낭청에게는 중거 각 1동, 소거 각 2동으로 개정하되, 분작하는 규례는 혁파하도록 공조에 분부하고, 만약 어기는 자가 있으면 해당 당상·낭청을 각별히 엄중히 처리하라.

◎ 상언 덕흥대원군(德興大院君)·인빈방(仁嬪房)의 제사 때마다 축거(柚炬) 8자루, 소목 200근(斤)을 4단(丹)으로 만든 것과 숯 2섬씩을 항상 일정하게 진배하였습니다. 그런데 지금 받는 것은 숯은 1섬 대신 3섬씩, 소목은 1단의 무게가 50근에 불과한데 거의 200근에 가깝

습니다. 홰 1자루는 싸리나무 4뭇을 대신하는데, 1뭇의 무게 역시
100근에 이르게 진배하니, 이 또한 지탱하기 어렵습니다.

◎ 제사 홰 대신에 받는 싸리나무·숯의 섬수를 늘리고, 소목의 무게
를 갑절로 한다니 사태가 모두 매우 미안하다. 제향의 예에 따라, 싸
리나무는 홰로 만들어 진배하고, 숯 및 소목은 원래 정해진 수에 따
라 진배하도록 분부하라. 이다음에 만약 영(令)을 어기는 일이 있으
면 해당 낭청은 경중에 따라 죄를 논하고 본방(本房)의 담당 하인배
는 법사에 보내어 죄를 다스리라.

◎ 상언 공조의 사역하는 곳에서 만약 10명이 충분히 담당할 수 있다
면, 번수(番首)가 번번이 수십 명으로 구전(口傳)하여 공인에게 책립해
서, 10명은 사역하게 하고 그 나머지는 사역하지 않았다고 하면서
1명당 각각 품삯 1돈 5푼을 거두니, 그 폐단을 지탱하여 감당함을
견뎌 낼 수 없습니다. 이다음에는 사역에 관한 모든 것을 반드시 관
의 수결(手決)이 있은 연후에 거행해 주시기 바랍니다.

◎ 제사 공조에서 사역할 때, 만약 일꾼[役軍] 10명을 부릴 수 있다면,
번수가 20명을 들이는 것이 마땅하다고 하며 이를 공인에게서 책출
하고서 10명은 부역(赴役)시키고 10명은 값을 받는다니, 이러한 폐
단은 이미 지탱하여 감당하기 어렵다. 또 공인이 그 말에 따라 역
인 20명을 대령하면, 번수가 번번이 핑계 대어 말하기를, 역인이 늦
게 도착하여 미리 준비하고 기다리기 어려워서 우선 고인(雇人)이
입역(立役)했다고 하며, 그 모군삯을 수대로 함부로 거두어서 폐를

끼치는 데 끝이 없다. 이다음에는 응입(應入)할 일꾼의 수를 해당 낭청이 꼭 들어맞게 마련하여 관첩(官帖)을 작성해 주고, 공인으로 하여금 첩을 보게 한 다음에 수에 따라 부역하게 하라. 번수가 먼저 고립(雇立)한 다음에 값을 받는 한 가지의 경우는 각별히 금단하되, 이다음에 만약 범하는 자가 있으면 번수는 법사에 보내어 죄를 다스리고 관원은 경중에 따라 죄를 논하라.

◎ 상언 문·무신(文武臣)의 삭시사(朔試射) 및 각 청(廳) 장관(將官)의 시사(試射) 때의 조궁탄은 각기의 영(營)에서 담당하도록 을축년(1745)에 조정에서 이미 정탈(定奪: 임금의 재가)하였는데, 금군(禁軍)의 취재(取才) 및 녹상(祿賞)의 시사(試射), 관무재(觀武才)의 초시(初試) 때의 조궁탄만은 병조에서 담당하지 않고 오로지 저희들의 공물에 책임을 지우며, 진배할 때에 이르러서는 생기는 폐단이 다양합니다. 이후로는 정탈에 따라 거행해 주시기 바랍니다.

◎ 제사 문·무의 삭시사와 각 청 장관의 시사 때의 조궁탄은 조정에서 이미 혁파하였다. 금군의 취재 및 상록(賞祿)의 시사, 관무재·금군의 초시, 장귀천(將鬼薦: 무과 급제자 중 대장 후보를 추천하는 것) 때의 조궁탄도 마찬가지로 혁파하고, 다른 군문의 예에 따라 거행하도록 병조에 분부하라.

◎ 상언 각전의 공상(供上)을 진배할 때 저희들이 만약 삼가지 않는 일이 있으면, 승정원에 보고해서 출패하여 죄를 논하는 것이 옛 규례

인데, 담당 내관 및 소속 원역 무리가 단지 사소한 의심만으로도 번 번이 백문(白文: 관인이 찍히지 않은 문서)을 이관(移關)하니, 그 폐단이 없는 날이 없어서 실로 감당하기 어렵습니다. 이다음에는 승정원에 청죄(請罪)하지 않고서 제멋대로 백문을 형조에 보내는 폐단을 모두 막아 주시기 바랍니다.

◎ 제사 공상의 진배에 삼가지 않으면, 승정원에 고하여 가두어 다스 리는 것이 옛 규례인데, 요사이에는 원역 무리가 승정원을 경유하지 않고 담당 내시에게 직접 고하여 백문을 형조에 이관하는 것이 하나 의 고치기 어려운 폐단을 이루었다. 만약 죄인을 다스려 벌줄 일이 있으면 전례에 따라 승정원에 고하여 벌하고, 백문의 이관은 시행하 지 말도록 법사에 분부하라.

◎ 상언 정승이 행차할 때 만약 날이 저무는 때를 맞이하게 되면, 큰 홰 2자루씩을 의례히 진배하는데, 그 무게로 인해 짐을 지는 데 감당 이 안 될 것을 꺼려서, 그 몇 마디를 덜어 없앱니다. 비록 몇 마디를 덜어 없앴다고 하더라도 부족한 것은 아닌데, 의정부 사령 무리는 부족하여 도중에 사서 쓴다고 하면서, 한 번의 행차에 혹은 4자루를 요구하거나 혹은 6자루를 요구하고서 모두 절가(折價)하여 받아 갑니 다. 이다음에는 정승이 한 번 행차할 때 홰를 많이 받는 폐단을 엄칙 하여 막아 주시기 바랍니다.

◎ 제사 큰 홰의 길이와 둘레에는 본래 정식이 있는데, 의정부·중추부 의 사령이 부족하다며 간혹 더 받기도 하고, 심지어 값을 치르고 사사

로이 받는 것은 참으로 근거가 없다. 이러한 뜻으로 의정부·중추부의 낭청에게 분부하여 각별히 금단하게 하고, 두 부(府)의 하인배가 만약 또 이러한 폐단을 범하면 법사에 보내어 죄를 다스리라.

◎ 상언 도감에서 호궤할 때의 적꼬치용 싸리나무는 그 영(營)에서 담당하도록 을축년(1745)에 조정에서 폐단을 혁파한 가운데 이미 정탈하였는데, 그 후로도 연이어 저희들에게 책납시킵니다. 이다음에는 정식에 따라 책납게 하지 말도록 다시 엄칙해 주시기 바랍니다.

◎ 제사 을축년(1745)의 절목 가운데 훈련도감에서 호궤할 때의 적꼬치용 싸리나무는 훈련도감에서 담당하고 공인에게 책임 지우지 말도록 엄중히 밝혀 정식하였다. 군문(軍門)에서 조령(朝令)이 있지 않은데도 다시 예전의 버릇을 답습한다니 일이 매우 놀랍다. 이다음에 만약 이와 같은 폐단이 있으면, 호궤를 담당한 감관은 병조에서 곤장을 쳐서 내쫓아 버리도록 정식하여 시행하고 이로써 훈련도감에 엄칙하라.

◎ 상언 각 도감에서 영작(營作: 수리 또는 공사)할 때, 밤에 하는 공사에 홰를 책납하지 말도록, 을축년(1745)에 폐단을 혁파하면서 정탈하여 엄중히 밝혀 놓았을 뿐 아닌데도, 그 후로 모든 도감에서 밤에 공사할 때마다 번번이 책납하니 그 폐단을 막기 어렵습니다. 역시 엄칙하여 뒷날의 폐단을 막아 주시기 바랍니다.

◎ 제사 을축년(1745)의 절목 가운데 임시로 설치한 각 도감에서 영작

할 때 밤에 하는 공사의 홰를 공인에게 책봉(責捧)하지 말도록 엄중히 밝혀 정식하였는데, 그 후로 침책(侵責)함이 다시 전과 같아졌다니 일이 매우 부당하다. 이후로 다시 횡침하는 일이 있으면, 도감의 낭청은 경중에 따라 죄를 논하고 하인배는 법사에 보내어 죄를 다스리라.

◎ 상언 당초에 대동법을 만들 때 각 도의 상정(詳定) 가운데 호남은 5분(分) 중의 3분은 쌀로, 2분은 무명과 돈으로 정하여 금석지전(金石之典)으로 삼고 좇아 행한 지 수백 년입니다. 지난 계해년(1743)에 선혜청에서 신창(新倉)의 건물을 지음에 따라 전변(錢邊)이 구간(苟艱)하기에 이르러, 저희들 각사에 호남에서 지급하는 바를 당분간 6분으로 하여, 4분은 쌀로 2분은 무명과 돈으로 지급한다고 하였기 때문에 이에 따라 받아 내었습니다. 그 후에 창고의 공사가 이미 완료되어 돈의 재고가 옛날과 같아졌지만, 그대로 잘못된 규례를 이루어 끝내 복구하여 해분(解分)하지 못했습니다. 이어서 쌀과 무명이 아주 값싼 때를 맞이하게 되어, 거의 대부분 도현(倒懸)했습니다. 지금 폐단을 혁파하시면서, 특별히 5분의 규례를 회복하여, 다시 살아날 수 있는 길을 얻게 해 주시기 바랍니다.

◎ 제사 호남 기인의 공가는 3분은 쌀로 2분은 무명과 돈으로 하는 것이 청례(廳例)다. 창고를 지을 때 돈이 매우 구간(苟簡)하여 무명과 돈의 비율을 줄였다고 하더라도, 돈과 무명에 만약 넉넉함이 있게 되면 또 마땅히 복구해야 한다. 일의 형세를 헤아려 잘 생각해서 예에

따라 지급하라는 뜻을 선혜청에 분부하라.

◎ 상언 능행하실 때 제기(祭器)를 싣는 역마(驛馬)를 중간에 병조에서 초기(草記)로 막았으므로, 어쩔 수 없이 공인이 세마(貰馬)하여 거행하고 있습니다.

◎ 제사 능행하실 때 제기를 싣는 역마를 병조에서 초기로 혁파한 이후로, 공조에서 받는 목필(木匹)은 고마(雇馬: 민간에서 말을 빌려 씀)하여 실어 나르는 것이 마땅한데, 이렇게 하지 않고 억지로 공인에게 입마(立馬)하게 한다니 매우 부당하다. 이후로 공인이 입마하는 바는 혁파하고, 공조에서 고마하여 실어 나르도록 정식하여 시행하라.

◎ 상언 공조에서 각 군문·선혜청에 요청하여 빌린 쌀·무명·돈 및 급대(給代)를 운반해 올 때에 세내는 말을 정례해 주시기 바랍니다.

◎ 제사 공조에서 급대·쌀·무명·돈을 운반해 올 때, 공조에서 고마하여 운반해 오는 것이 사리에 당연한데, 공인으로 하여금 대신 운반하게 한다니 폐단을 이미 셀 수 없고 명분 또한 바르지 않다. 일절 혁파하도록 공조에 엄칙하라.

◎ 상언 당상·낭청이 교외에 공·사로 행차할 때, 의막지기[依幕直], 다모(茶母) 등의 일이 있습니다.

◎ 제사 당상·낭청이 교외에 사행(私行)할 때 의막지기·다모를 공인이 책립하게 하는 것은 매우 부당하니 모두 혁파하고, 원역이 거행

하게 하도록 공조에 엄칙하라. 만약 어기는 자가 있으면 해당 당상·
낭청은 드러나는 대로 죄를 논하라.

工曹其人

一凡武試所調弓炭自三月至八月則不爲進排而
自九月至二月則每日二石式進排於當該主掌官
使之需用而貢人則勿爲待令事曾入於乙丑年
朝家革弊中而其後設場時禁府及兩司所屬稱以
貢人不爲待令是如出牌囚禁其弊難支更爲嚴飭
以防後弊事

調弓炭二石進排於主掌官事乙丑年自　朝家變通
定式至於貢人勿爲待令而禁府兩司所屬不有　朝
令使之待令如不待令則出牌囚禁其習可痛此後若
有如此之弊則當該官員從輕重論罪下屬移法司科
治

一宮城及諸處修補時簀子椽針等枏木自前紫門
營繕報戶曹自戶曹量入算摘捧甘擧行矣近來紫
門營繕嫌其戶曹刪減不爲報戶曹而一束應入處
則必以十餘束直捧甘督納而若言其無戶曹甘則
每輒生梗此後則依前先報戶曹量入捧甘後進排
之意紫門營繕良中嚴飭事

宮城諸處修補時簀子椽針枏木自紫門營繕報戶曹

算摘捧甘乃是前例而近來則不報戶曹直爲捧甘侵
責多端依前例必待戶曹捧甘後舉行如復有直甘之
弊則當該官員隨現論罪下屬移法司科治

　一凡　祭享所用木炭炬子進排時憲府例爲進參
　　矣矣等若有不謹之事則萬死無惜而其時則無弊
　　捧上而事過一兩日後執頉推治浮費狼藉實爲難
　　堪今後則旣捧而追後生梗之弊一切防塞事
祭享時木炭炬子無弊進排而行　祭後執頉推捉專
出於下輩索賂之致事極可駭此後若有復踵前習則
當該官員從輕重論罪下屬移法司科治

　一其人本無役價貢物而工曹凡百役人曾前匠人
　　舉行者並皆責定於貢人一年通計則將近千餘名
　　而少有遲滯稱以雇立員役輩以錢徵捧極爲寃痛
　　事
其人屬於山澤司則他色之常時使喚不過謬例卽爲
革罷若有時急　國役則雖是他色二三名使喚事定
式堂上則都目軍十五名榜目軍九名外切勿使役郎
廳則該色公故外毋得使喚他色使喚之規一切革罷
如有犯者當該官員論罪

　一工曹三堂上則每朔每處中炬三同小炬四同而
　　小炬則分作八同六郎廳則每朔每處中炬二同小
　　炬三同而小炬則分作六同無價而其人進排實爲

難支事

他各司炬燭例以官物力貿用至於工曹則堂郎所用

朔炬責納於貢人雖極不當官貿旣無其勢亦難全罷

則不可無參酌變通之道每一朔堂上中炬各二同小

炬各二同郎廳中炬各一同小炬各二同改定而分作

之規革罷事分付工曹如有犯者當該堂郎各別嚴處

　　一德興大院君　仁嬪房每祭杻炬八柄燒木二百

　　斤作四丹炭二石式恒定進排而卽今所捧則炭一

　　石代三石式燒木則一丹重不過五十斤而將近二

　　百斤炬一柄代杻四束而一束重亦至百斤進排此

　　亦難支事

炬代之捧杻炭石之加數燒木之倍斤事體俱極未安

依　祭享例杻則造炬進排炭及燒木依元定之數進

排事分付此後如有違令之事則當該郎廳從輕重論

罪本房所掌下屬移法司科治

　　一工曹使役處假使十名足可擔當而番首輒以數

　　十名口傳責立於貢人十人則使之使役其餘則稱

　　以未使役每名各徵傭價一錢伍分其弊不勝支當

　　此後則凡干使役必有官手決然後擧行事

本曹使役時設令役軍十名可使則番首稱以二十名

當入以此責出於貢人十名則赴役十名則捧價此弊已

難支堪且貢人依其言役人二十名待令則番首輒托

辭曰役人晚到難於等待已先雇人立役云而其雇價
準數濫捧貽弊無窮此後則應入役軍之數當該郎廳
的當磨鍊成給官帖使貢人見帖後依數赴役至於番
首先雇立後捧價一款各別禁斷而此後如有犯者番
首移法司科治官員從輕重論罪

   一文武臣朔試射及各廳將官試射時調弓炭則各
   其營擔當事乙丑年　朝家旣已定奪則禁軍取才
   及祿賞試射觀武才初試時調弓炭耳亦兵曹不爲
   擔當專責於矣徒貢物而及其進排之際生弊多端
   此後則依定奪擧行事

文武朔試射各廳將官試射時調弓炭　朝家旣已革
罷禁軍取才及賞祿試射觀武才禁軍初試將鬼薦時
調弓炭一體革罷依他軍門例擧行事分付兵曹

   一各　殿供上進排之際矣徒等若有不謹之事則
   報政院出牌論罪自是古規而次知內官及所屬員
   役輩不過以些少之嫌輒爲白文移關其弊無日無
   之實是難堪此後則不爲請罪政院而私自白文移
   刑曹之弊一切防塞事

供上進排不謹則告政院囚治自是古例而近來則員
役輩不由政院直告于次知中官以白文移關刑曹者
成一痼弊若有推治之事則依例告政院爲之白文移
關勿施事分付法司

一相位行次時若值日暮則大炬二柄式依例進排

則忌其體重不堪荷擔去其數節雖去數節不爲不

足而政府使令輩稱以不足中路貿用是如一番行

次或責四柄或責六柄皆以折價捧去此後則相位

一番行次時多捧間炬之弊嚴飭防塞事

大炬長圍自有定式政府樞府使令之稱以不足或爲

加捧甚至於以價私捧者誠爲無據以此意分付政府

樞府郎廳使之各別禁斷兩府下屬如又有此弊則移

法司科治

一都監犒饋時炙串柸木自其營擔當事乙丑年

朝家革弊中旣已定奪而其後連爲責納於矣等此

後則依定式勿爲責納事更爲嚴飭事

乙丑節目中訓局犒饋時炙串柸木自本局擔當勿責

貢人事嚴明定式而軍門不有　朝令復踵前習事極

可駭此後若有如此之弊則次知犒饋監官自兵曹決棍

汰去事定式施行以此嚴飭訓局

一各都監營作時夜役炬子勿爲責納事乙丑年革

弊中定奪不啻嚴明而其後凡都監夜役時每每責

納其弊難防亦爲嚴飭以杜後弊事

乙丑節目中權設各都監營作時夜役炬子勿爲責捧

於貢人事嚴明定式而其後侵責猶復如前事極不當

此後更有橫侵之事則都監郎廳從輕重論罪下屬移

法司科治

　一當初大同設立時各道詳定中湖南則五分內三

　分米二分木錢定爲金石之典遵行數百年矣去癸

　亥年間惠廳因新倉之營建錢邊苟艱之致矣徒各

　司湖南所下權作六分而四分米二分木錢上下云

　故依此受出矣其後庫役旣完錢儲如舊而仍成謬

　規終未復舊解分而連値米木至賤之時擧皆倒懸

　今於革弊之下特復五分之規俾得蘇生之路事

湖南其人貢價三分米二分木錢乃是廳例而造倉之

時錢甚苟簡雖分減木錢而錢木若有裕則亦宜復舊

商量事勢依例上下之意分付惠廳

　一　陵幸時祭器所載驛馬中間自兵曹草記防塞

　故不得已貢人貰馬擧行事

陵幸時祭器所載驛馬自兵曹草記革罷之後本曹當

以所捧木匹雇馬載運而不此之爲勒令貢人立馬極

爲不當此後貢人所立馬革罷自本曹雇馬載運事定

式施行

　一本曹請貸於各軍門宣惠廳米木錢及給代運來

　時之貰馬定例事

本曹運來給代米木錢時自本曹雇馬運來事理當然

而使貢人替運弊旣不貲名亦不正一切革罷事嚴飭

工曹

一堂上郎廳郊外公私行次時依幕直茶母等事

堂郎郊外私行時依幕直茶母使貢人責立極爲不當

一切革罷使員役擧行事嚴飭該曹如有犯者當該堂

郎隨現論罪

04

우피계牛皮契

◎ 상언 저희들의 공물은 진배는 아주 많은데 받는 바는 보잘것없습니다. 한 해의 원공이 13장(張)에 불과한데도, 진배하는 바는 극히 많고 번거로우며 번번이 가용(加用)하니 실로 지탱하여 보존하기 어렵습니다. 40장으로 제한할 것을 정식해 주시고, 미리 지급해 주시기 바랍니다.

◎ 제사 호조에서 공가를 어린(魚鱗)하여 마련할 때 가용은 등외(等外)에 가하(加下)할 것을 이미 정식하였다. 어린 외에 미리 지급함은 결코 가벼이 허락하기 어렵다. 가용은 매번 즉시 지급할 것을 호조에 신칙하라.

牛皮契

一矣等貢物進排太多所受零星一年元貢不過十

三張而其所進排極其浩煩每每加用實難支保限

四十張定式先下事

戶曹貢價魚鱗磨鍊時加用則等外加下事旣已定式

魚鱗外先下決難輕許至於加用每卽上下事申飭戶

曹

05

칠공인漆貢人

◎ 상언 각 도감과 여러 상사에 진배하는 칠(漆)은 호조에서 보낸 감결에 따라서 거행합니다. 그런데 실수(實數)가 가령 1되라면 반드시 2되를 임시로 지급하라고 감결을 보냅니다. 숫자에 의거하여 진배한 뒤 실입(實入)에 따라서 회감(會減: 정산)하므로, 절반을 잃는 것을 면하지 못합니다. 각별히 엄칙해 주시기 바랍니다.

◎ 제사 각 도감과 여러 상사에 진배하는 물종이 으레 과다한데, 회감은 지극히 적다. 이것이 바로 각공(各貢)의 고폐(痼弊)다. 칠의 경우에는, 다른 것에 비해서 매우 귀하다. 만약 실수에 따라 회감하지 않는다면, 공인의 지탱하기 어려운 폐단을 더욱 어찌하겠는가? 이다음에는 마련할 때 지나치지 않게 하고, 회감할 때 줄이지 않게 하여, 반드시 적실하고 타당하게 하여 공인에게 폐를 끼치지 않도록 할 것을 호조 및 각 해사(該司)에 엄칙하여 분부하라.

◎ 상언 해래(偕來: 대신을 데리러 감) 승지·사관[承史]이 가수공(假水工: 임시 수공)과 취반꾼[炊飯軍]을 사역하지 말도록 해 주시기 바랍니다.

◎ 제사 승정원의 소속(所屬)과 형조의 서리를 불러 문초해 보니, 해래하는 승지·사관에게 가수공 1명 외에 원래 취반꾼을 가정(加定)하는 예는 없다고 한다. 이는 분명 거짓으로 일컬어 값을 거두는 폐단이다. 이후로 승정원 및 다른 관서의 취반꾼을 혁파하고 1명의 수공(水工)을 정하도록 각사에 한결같이 엄칙하여 분부하라. 만약 따르지 않는다면, 관원은 경중에 따라 죄를 논하고 하리는 법사에 보내어 죄를 다스리라.

◎ 상언 능행 및 교외로 거둥하실 때 공조에서 식거(植炬)를 적간(摘奸)하는 낭청의 다담(茶啖)·진지(進止)를, 동교(東郊)는 제대(祭坮)에 이르고 서교(西郊)는 홍제원에 이르도록 저희들이 대령하는데, 이는 과외의 일이며, 빈잔(貧殘)한 공인에게 몹시 폐가 있기에 이르니, 편할 대로 따라서 변통해 주시기 바랍니다.

◎ 제사 행행(行幸)하실 때 각사의 다담 등의 물품은 이미 모두 혁파하였는데, 지금 이 식거 낭청의 다담 공궤도 마찬가지로 엄금하여 혁파하라. 만약 다시 예전의 버릇을 답습하는 자가 있으면 해당 관원은 경중에 따라 죄를 논하라.

漆貢人

一各都監諸上司進排之漆依戶曹捧甘擧行而實
數假若一升則必以二升假下捧甘依數進排之後
從實入會減故未免半失各別嚴飭事

各都監諸上司進排物種例爲過多而會減則至少此
是各貢痼弊至於漆則比他絶貴若不從實會減則貢
人難支之弊尤如何哉此後則磨鍊之際勿爲過濫會
減之時勿爲減損必的當爲之毋貽貢人之弊事嚴飭
分付於戶曹及各該司

一偕來承史假水工炊飯軍勿爲使役事

招問政院所屬及刑曹書吏則偕來承史假水工一名
外元無炊飯軍加定之例云此必假稱徵價之弊此後
政院及他司炊飯軍革罷定一水工事各司一體嚴飭
分付如或不遵則官員從輕重論罪下吏移法司科治

一　陵幸及郊外　擧動時本曹植炬摘奸郎廳茶
啖進止東郊則至祭垈西郊則至弘濟院矣徒等待
令乃是科外之事貧殘貢人極涉有弊從便變通事

行幸時各司茶啖等物皆已革罷今此植炬郎廳茶啖
供饋一體嚴禁革罷而若有復踵前習者則當該官員
從輕重論罪

06

필계공인 筆契貢人

◎ 상언 대소과(大小科)의 초시(初試)·회시(會試) 때 진배하는 붓과 먹의 수로 호조의 정례에 실려 있는 것은 여러 시관(試官)과 각 차비관(差備官)의 소용이 7일마다 황필(黃筆) 5자루, 백필(白筆) 12자루, 참먹 17정(丁)입니다. 하지만 이 밖에 함부로 더 받는 것이 7일마다 붓 200여 자루, 참먹 100여 정이니, 변통하셔서 감혁(減革)해 주시기 바랍니다.

◎ 제사 대소과의 소용이 7일마다 황필 5자루, 백필 12자루, 참먹 17정임은 곧 정례다. 대소과의 시소(試所)에서 정례에 없는 붓 200여 자루, 참먹 100여 정을 7일마다 억지로 진배하게 하는 것은 일이 극히 근거가 없다. 뿐만 아니라 만약 이를 그만두지 않는다면 특교(特敎)로 정례를 삼은 것이 장차 시소에서 무너져 버리게 되어 기강의 소재(所在)가 더욱 한심해질 것이다. 이다음에 만약 이와 같은 폐단이

있으면 해당 관원은 경중에 따라 죄를 논하고 하인배는 법사에 보내어 죄를 다스리라.

◎ 상언 관무재(觀武才)의 초시(初試) 때 궐내의 내삼청(內三廳) 금군(禁旅) 및 군직(軍職), 무신당상(武臣堂上)의 시기(試記)에 쓰고자 진배하는 붓·먹이 수백여 자루에 이르는데, 호조에서 지급하는 수는 단지 30~40자루뿐입니다. 지금부터 이후로 정식하여 변통해 주시기 바랍니다.

◎ 제사 내삼청의 금군 및 군직, 무신당상의 시기에 쓰이는 붓·먹은 정례에 실려 있는데, 과외로 함부로 받는다니 몹시 이상스럽고 놀랍다. 이다음에 만약 이와 같은 폐단이 있으면, 해당 관원은 경중에 따라 죄를 논하고 하인배는 법사에 보내어 죄를 다스리라.

◎ 상언 관무재를 친림(親臨)하실 때 진배하는 붓·먹은 호조의 정례 가운데 능서서리(能書書吏) 5명에게 각각 황필 1자루, 참먹 1정을 주는데, 출방(出榜)할 때 능서의 수를 50명에 이르도록 늘려, 각각 황필 1자루와 참먹 1정을 줍니다. 지금 이후로는 정식하여 변통해 주시기 바랍니다.

◎ 제사 관무재를 친림하실 때 능서서리가 쓰는 붓·먹은 정례에 분명히 실려 있는데, 과외로 함부로 거둔다니 일이 매우 부당하다. 각별히 금단하고, 만약 어기는 자가 있으면 해당 하인배는 법사에 보내어 죄를 다스리라.

◎ 상언 여러 도감, 여러 상사, 각 아문에서 연황모(連黃毛)를 봉감하여 진배할 때, 그 무역하는 값이 1조(條)당 적어도 1냥 돈을 밑돌지 않는데, 호조에서 지급하는 수는 1조당 값인 8돈 안에서 쌀·무명·돈으로 3분(分)하여 마련하여 지급하니, 1조당 낙본이 3~4돈이 됩니다. 이 연황모 값을 비싼 쪽으로 지급하여, 낙본하는 폐단이 없게 해 주시기 바랍니다.

◎ 제사 황모공인의 피폐(疲弊)함이 망유기극(罔有紀極)하다. 비싼 쪽으로 지급하여 낙본에 이르지 않도록 호조에 분부하라.

◎ 상언 궐 내외의 여러 상사, 각 아문에 한 해를 통틀어 감결에 따라 붓·먹을 진배하는 수가 적어도 수만 자루를 밑돌지 않는데, 호조의 지급은 단지 3,000~4,000자루가 됩니다. 이렇게 직접 봉감하여 함부로 받는 폐단으로 지탱하여 감당함을 견뎌 내기 어려워 반드시 장차 뿔뿔이 헤어질 것입니다. 지금 이후로는 직접 감결을 보내지 말게 하고 반드시 호조를 관유(關由)한 다음에 봉감하여 진배하라는 뜻의 과조(科條)를 별도로 세워 주시기 바랍니다.

◎ 제사 여러 상사, 궐내 각사의 하인배가 과외로 함부로 받는 폐단이 망유기극하다. 이로 인해 필공(筆工)들이 지탱하여 보존할 수 있는 형세가 절대로 없다. 이다음에는 직접 봉감하는 한 가지를 혁파하되, 만약 어기는 자가 있으면 낭청은 경중에 따라 죄를 논하고 하인배는 법사에 보내어 죄를 다스리고, 지금부터 반드시 호조의 봉감이 있은 연후에 진배하도록 공조에 분부하라.

◎ 상언 궐 내외의 여러 상사, 각 아문 및 여러 도감에 감결에 따라 진배하는 먹은, 호조의 판별방에 있는 작은 참먹으로 진배하는 것이 예로부터의 정식입니다. 요사이 정식이 있지 않은데도 번번이 퇴척(退斥: 퇴짜 놓음)하고서, 만약 잠시라도 지체하면 출패하여 잡아 가두고서 채찍으로 때리는 일이 낭자합니다. 위령(威令)에 겁을 내어 시장에서 바꾸어 사는데, 먹 1정의 값이 2돈을 밑돌지 않습니다. 지금 이후로 호조에서 지급하는 먹을 받아 쓰도록 엄칙하여, 조금[一分]이라도 지탱할 바탕으로 삼게 해 주시기 바랍니다.

◎ 제사 궐 내외의 여러 상사 및 각 아문, 여러 도감에 진배하는 먹은 공조에서 무득(貿得)하여 진배하는 것이 아니라, 호조에서 내어주고 공조로 하여금 진배하게 하는 것이다. 예전에 호조에서 내어준 먹은 곧 소절(小節)이었는데, 여러 곳에서 공조리(工曹吏)에게 대절(大節)을 책임 지웠고, 만약 바로 거행하지 않으면 출패하여 엄중히 가두었으므로, 공조리가 지탱하여 감당함을 견뎌 내기 어려워 사사로이 사서 바쳤고, 이로 인해 실로 보존하기 어려웠다. 궐내의 각사, 여러 상사, 각 아문, 여러 도감을 물론하고 전례에 따라 모두 소절을 받고, 만약 대절·중절(中節)로 책봉(責捧)하면 낭관은 경중에 따라 죄를 논하고 하인배는 법사에 보내어 죄를 다스리라.

◎ 상언 홍문관·시강원·사간원 관원에게 달마다 삭서(朔書: 젊은 문신이 달마다 써 올린 해서·전서)에 소용되는 대황필(大黃筆)·참먹을 진배하는 수가 적어도 10여 자루, 10여 정을 밑돌지 않는데, 호조에서

지급하는 수효는 각처에 붓 2~3자루, 먹 2~3정에 지나지 않습니다. 지금부터 이후로 한결같이 관원 수에 따라서 지급할 뜻으로 변통해 주시기 바랍니다.

◎ 제사 홍문관·시강원·사간원의 관원은 반드시 사고 없이 공무를 집행한 연후에야 삭서를 베끼는데, 만약 공무를 집행한 관원이 없는데도 삭서의 붓·먹을 책납한다면, 하리가 정례를 따르지 않고 수가 넘치도록 감결을 보낸 죄를 다스리지 않을 수 없다. 호조에서 삭서 때를 맞이하여 관안(官案)을 상고(相考)하고, 만약 범한 자가 있으면, 법사에 보내어 죄를 다스리라.

> 筆契貢人
> 一大小科初會試時進排筆墨數載于戶曹定例者
> 諸試官各差備官所用每七日黃筆五柄白筆十二
> 柄眞墨十七丁而此外濫捧者每七日筆二百餘柄
> 眞墨一百餘丁變通減革事
> 大小科所用每七日黃筆五柄白筆十二柄眞墨十七
> 丁乃是定例而大小科試所之不有定例每七日筆二
> 百餘柄眞墨一百餘丁勒令進排不但事極無據若此
> 不已　特教定例將爲試所之所壞了紀綱所在尤爲
> 寒心此後若有如此之弊則當該官員從輕重論罪下
> 屬移法司科治
> 一觀武才初試時　關內內三廳禁旅及軍職武臣

堂上試記所用進排筆墨至於數百餘柄而戶曹上

下之數則只三四十柄自今以後定式變通事

內三廳禁旅及軍職武臣堂上試記所用筆墨載於定例

而科外濫捧極爲痛駭此後若有如此之弊則當該官

員從輕重論罪下屬移法司科治

　　一　親臨觀武才時進排筆墨段戶曹定例中能書

　　書吏五人各給黃筆一柄眞墨一丁而出榜時能書

　　加數至於五十人各給黃筆一柄眞墨一丁是白置

　　今後則定式變通事

親臨觀武才時能書書吏所用筆墨昭載定例則科外

濫捧事極不當各別禁斷如有犯者則當該下屬移法

司科治

　　一諸都監諸上司各衙門連黃毛捧甘進排之際其

　　所貿易之價每條小不下一兩錢而戶曹上下之數

　　每條價八錢內米木錢三分磨鍊上下每條落本爲

　　三四錢同連黃毛價從貴上下俾無落本之弊事

黃毛貢人疲弊罔有紀極從貴上下無至落本事分付

戶曹

　　一　闕內外諸上司各衙門通一年從甘結筆墨進

　　排之數少不下累萬柄而戶曹上下只爲三四千柄

　　此乃直捧甘濫捧之弊不勝支堪必將渙散今後則

　　俾勿直捧甘必關由戶曹後捧甘進排之意別立科

條事

諸上司　闕內各司下屬科外濫捧之弊罔有紀極以
此筆工萬無支保之勢此後則直捧廿一款革罷而如
有犯者郎廳從輕重論罪下屬移法司科治而自今必
有戶曹捧甘然後進排事分付工曹

　一闕內外諸上司各衙門及諸都監從甘結進排墨
　段以戶曹版別所在小眞墨進排者自古定式而近
　來不有定式每每退斥若或暫滯則出牌囚禁鞭扑
　狼藉勘於威令改貿市上墨一丁價不下二錢今後
　以戶曹上下之墨捧用事嚴飭以爲一分支撑之地
　事

闕內外諸上司及各衙門諸都監進排之墨非工曹貿
得進排者自戶曹出給工曹使之進排矣自前戶曹出
給之墨乃是小節而諸處則以大節責之於工曹吏如
不卽擧行則出牌嚴囚故工曹吏不勝支當私自貿給
以此實難保存矣勿論　闕內各司諸上司各衙門諸
都監依前例皆捧小節如或以大中節責捧則郎官從
輕重論罪下屬移法司科治

　一弘文館侍講院司諫院官員每朔朔書所用大黃
　筆眞墨進排數少不下十餘柄十餘丁而戶曹上下
　之數各處毋過筆二三柄墨二三丁自今以後一依
　官員數上下之意變通事

弘文館侍講院司諫院官員必無故行公然後乃寫朔

書而若無行公之員而責納朔書筆墨則下吏不遵定

例濫數捧甘之罪不可不治自地部當朔書時相考官

案若有犯者則移法司科治

07

옹기색소장 甕器色所掌

◎ 상언 여러 가지 제향(祭享) 때에 제주(祭酒)를 담는 도기장군[陶長缶]
은 봉상시(奉常寺)의 공인으로 하여금 예로부터 담당하게 했습니다.
정묘년(1747)에 공인들이 비변사에 정소(呈訴)해서 공조로 이정(移定)
했습니다. 제향을 맞이할 때마다 상하고 잃는 것을 헤아릴 수가 없
어 실로 거행하기가 어려울 뿐만 아니라, 이는 곧 봉상시의 공인이
거행할 일입니다. 그런데 공조에서 대신하여 담당함은 관계된 일이
답답하고 절박합니다. 봉상시로 하여금 전과 같이 거행하게 한다면,
폐단이 없을 것입니다. 그러나 만약 변통하지 못한다면, 매년 소입
(所入)하는 장군을 잘 헤아려 한꺼번에 봉상시에 지급해서, 조금의
병폐라도 덜게 해 주시기 바랍니다.

◎ 제사 제향할 때 제주를 담는 도기장군을 전에는 봉상시의 공인이
담당하였다. 을축년(1745) 비변사의 변통으로 인하여 공조로 하여금

백자장군(국립중앙박물관 소장)

진배하게 하였으므로, 진배할 때 허다한 폐단은 이루 다 말할 수 없다. 쓴 후에 돌려주지 않은 것과 지금부터 시작하여 한 해 응해서 쓸 장군을 잘 헤아려 한꺼번에 지급하고, 제사마다 진배하게 하지 말아서 도장(陶匠)이 지탱하여 보존하는 바탕으로 삼을 것을 공조(工曹)에 분부하고 정식하여 시행하라.

◎ 상언 봉상시의 제향에 쓰는 장이나 김치를 담그는 독 10좌(坐)는 되돌려주는 것인데, 해마다 진배하지만 끝내 돌려주지 않습니다. 만약 돌려주지 않을 것이라면 5년에 한 차례로 정식하여 진배하게 해 주시기 바랍니다.

◎ 제사 공조에서 진배하는 장이나 김치를 담그는 독은 쓴 다음에 돌려주는 것이 전례인데, 되돌려주지 않아도 공인이 추심(推尋)할 길이 없으므로 해마다 공실(空失)한다. 또 봉상시의 서원이 비록 장독이나

김칫독으로 사용했다가 더 이상 사용하지 않는 것으로 여러 가지 젓을 담근다고 하지만, 여러 가지 젓독은 봉상시의 해당 공인이 진배하는 것이고 본래 이 독과는 관계가 없다. 서원이 거짓으로 꾸몄음이 탄로 났지만 장독·김칫독이 남지 않아 이미 돌려주지 않았으니, 이다음에는 3년마다 한꺼번에 지급하도록 공조에 분부하고 정식하여 시행하라.

◎ 상언 내섬시에서 5월부터 시작하여 진상하는 우무[牛毛]를 담는 중소(中小) 소래기[所羅]는 호조의 정례 중에서 이미 덜어 없앴으니, 진상을 맞이할 때마다 왕복하며 진배하는 것은 실로 의의가 아니므로, 정례에 따라 시행하지 말고 내섬시에서 담당하여 거행하도록 해 주시기 바랍니다.

◎ 제사 우무를 진상할 때 담는 중소 소래기는 호조의 정례 가운데 덜어 없앤 것이 아니라 누락된 것이다. 이는 내섬시의 관원·원역이 명백하게 성책(成冊)할 수 없었기에 이러한 누락에 이른 것이니, 정례를 세보(洗補)하지 않을 수 없다. 만약 세보하기 어렵다면 별록(別錄)하여 지급하도록 호조 및 공조에 분부하라.

◎ 상언 거둥하실 때 여러 상사 및 승정원·홍문관·시강원·예문관·익위사의 의막(依幕)에서 다모(茶母)가 쓰는 도기그릇을 봉감하여 가져다 쓰는데, 하루 안에 간혹 두세 곳에 거둥하실 때가 있으면 곳곳마다 반드시 받습니다. 지금 이후로는 하루 거둥하실 때 한 차례 진

배하는 외에 곳곳마다 징봉(徵捧)하지 말게 하시고, 외상사(外上司)에
서는 각기의 다모가 스스로 그릇을 가지고 담당하라는 뜻을 아울러
각별히 엄칙해 주시기 바랍니다.

◎ 제사 거둥하실 때 여러 상사, 승정원·홍문관·예문관·시강원·익
위사의 의막에 쓰는 도기그릇을 봉감하여 가져다 쓰는데, 하루 안에
거둥하시는 곳으로부터 다른 곳을 역림(歷臨)하실 때에 또 도기를 받
는다니, 일의 절통(絶痛)함이 이보다 심할 수 없다. 도기를 거듭 받는
한 가지를 혁파한 다음 만약 어기는 자가 있으면 해당 관원은 추고
하고 하인배는 법사에 보내어 죄를 다스리라.

　　　甕器色所掌

　一各項　祭享時　祭酒所盛陶長盆使奉常寺貢

　人自古擔當矣丁卯年分貢人輩呈備局移定本曹

　每當　祭享傷失無數實難擧行佺不喩此乃該寺

　貢人擧行之事而本曹替當事涉悶迫使該寺依前

　擧行則似無弊端而若不變通則每年所入長盆量

　宜都下本寺以除一分之弊事

祭享時　祭酒所盛陶長盆前則奉常寺貢人擔當乙

丑年因備局變通使工曹進排故進排之際許多弊端

不可勝言用後不爲還給自今爲始一年應用長盆量

宜都下毋令每　祭進排以爲陶匠支保之地事分付

工曹定式施行

一奉常寺　祭享所用沉醬沉菹甕子十坐乃是還

下者而年年進排而終不還下若不還下則五年一

次定式進排事

工曹進排沉醬沉菹甕子用後還下乃是前例而不爲

還下貢人無路推尋故每年空失且奉常寺書員雖曰

以醬菹甕退出者沉各色醢云而各色醢甕則本寺該

貢人進排元不干於此甕書員之餘詐綻露無餘醬菹

甕子旣不還給此後則間三年都下事分付工曹定式

施行

一內贍寺五月爲始　進上牛毛所盛中小所羅戶曹

定例中旣已減去而每當進上時往復進排者實非

意義依定例勿施令該寺擔當擧行事

牛毛　進上所盛中小所羅戶曹定例中非減去是落漏

此則內贍官員員役不能明白成册致此落漏定例不

可不洗補而若難洗補則別錄上下事分付戶曹及工

曹

一　擧動時諸上司及政院玉堂侍講院藝文館翊

衛司依幕茶母所用陶器皿捧甘取用而一日內或

有二三處　擧動時則隨處必捧今後則一日　擧

動時一次進排外俾勿隨處徵捧外上司則各其茶

母自持器擔當之意幷以各別嚴飭事

擧動時諸上司政院玉堂藝文館侍講院翊衛司依幕

所用陶器皿捧甘取用而一日之內自　舉動處歷臨

他所時又捧陶器事之絕痛莫此爲甚疊捧陶器一款

革罷後若有犯者當該官員推考下屬移法司科治

영조사소장 營造司所掌

◎ 상언 종묘(宗廟), 사직(社稷), 영희전(永禧殿), 대보단(大報壇), 문묘(文廟) 및 여러 산천(山川)에서 제향(祭享)할 때, 제관(祭官)이 쓰는 관(冠)과 혜(鞋)는 본처(本處: 다섯 곳)에 보관해 두었다가 제사를 거행하는 날에 가져다 쓰는데, 매년 봄과 가을에 봉심(奉審)할 때 파손되었으면 수선하는 것이 구제(舊制)입니다. 지난 정사년(1737)에 다섯 군데에 있는 제혜(祭鞋)를 실직 각사(實職各司)에게 나누어 주고, 각자 수선하여 쓰게 하는 뜻으로 연품하여 정탈하였는데, 의정부, 종친부, 궐 내외의 여러 상사, 군직청에는 공조에서 출수(出授)하여 진배하게 하였습니다. 각사에는 정식이 있지 않아 석새[三升] 제혜를 매번 책납하는데, 조금이라도 뜻에 맞지 않으면 출패하여 잡아 가둡니다. 간신히 갖추어 바쳐서 한 번 제향을 치르면, 거의 파손되어 다시 쓰지 못하게 되는데, 요행히 파손되지 않은 것도 파손된 것으로 바꾸

어 지급하는 것은 심함이 말할 수 없습니다. 지금 이후로 제혜는 전과 같이 다섯 군데에 되돌려 두고 때에 따라 내어 쓰게 해 주시기 바랍니다.

◎ 제사 관과 혜를 각사에 나누어 주는데, 의정부, 중추부, 궐내 각사, 여러 상사 및 군직청에는, 사체에 구애되거나 또는 봉수(逢授)하기 어렵기 때문에, 영조사로 하여금 진배하게 하는 것은 실로 부득이한 데에서 나온 것이다. 대신 및 정1품의 종반(宗班)은 석새혜[三升鞋]로 하고 그 아래는 모두 가죽신으로 하였다. 각사에서는 정식이 있지 않아 반드시 석새혜를 책출하게 하고서, 만약 거행하지 않으면 출패하여 엄히 잡아 가두고 조관된 몸으로 조령을 받들지 않으니 일이 매우 놀랍다. 이다음에는 전례대로 가죽신으로 진배하되, 만약 다시 예전의 버릇을 답습하면 출패하여 잡아 가두고, 해당 관원은 경중에 따라 죄를 논하고 하인배는 법사에 보내어 죄를 다스리라.

　　營造司所掌
一　宗廟　社稷　永禧殿　大報壇　文廟及諸
山川　祭享時祭官所着冠鞋藏置本處行　祭日
取用而每年春秋奉審時隨破修改者乃是舊制矣
去丁巳年五處所在祭鞋分授實職各司使之各
自修補以用之意　筵稟定奪而議政府宗親府
闕內外諸上司軍職廳段出授本曹使之進排矣各
司不有定式以三升祭鞋每每責納少不如意則

出牌囚禁艱辛備納一經　祭享則盡傷不復用而
幸或不傷則以破件換給事甚無謂今後則祭鞋
依前還置五處隨時出用事

冠鞋分授各司而議政府中樞府　闕內各司諸上司
及軍職廳或拘事體或難逢授故使營造司進排者實
出於不得已而大臣及正一品宗班三升鞋其下皆皮
鞋而各司不有定式必責出三升鞋如不舉行出牌嚴
囚身爲朝官不奉　朝令事甚可駭此後則依前例以
皮鞋進排而如或復踵前習出牌囚禁則當該官員從
輕重論罪下屬移法司科治

공야사소장 攻冶司所掌

◎ 상언 거둥하실 때 승정원·홍문관·예문관·시강원·익위사의 의
막(依幕)에서 쓰는 놋요강·대야·새옹[沙用]·주전자는 소입(所入)에
따라 곳곳마다 대령합니다. 그런데 원래 호조에서 지급하는 물건
이 아니라, 놋쇠빗 서리가 스스로 갖춰서 진배하는데, 또 각처에 정
채전(情債錢) 1돈이 있어서, 하루 안에 거둥을 두세 군데 하시면 곳
곳마다 대령하는 정채 또한 따라서 생깁니다. 곳곳에 부지꾼[負持軍]
의 고가(雇價)와 합쳐서 헤아리면, 하루에 드는 비용이 많게는 3~4냥
에 이르고도 오히려 생경·서실의 병폐를 면하지 못합니다. 또한 궐
내에서 진하(陳賀)할 때 의막에 대령해서 진배하는 등물(等物)은 궐외
(闕外)에서 거둥하실 때의 책징(責徵)과 다를 것이 없으니, 실로 버티
며 견디기가 어렵습니다. 각 관사로 하여금 호조에 알려 물력(物力)을
받아 조비(措備)하고, 그 수공(水工)·군사(軍士) 무리가 따라가 담당

하게 한다면, 이러한 병폐를 덜 수 있을 것입니다. 여러 상사·각 도 감에서 소용하는 놋그릇 및 철물(鐵物)은 호조·공조에 감결을 보내면, 공조는 즉시 호조에 이문(移文)하는데 호조에서는 즉시 지급하지 않고 반드시 발패(發牌)해서 추치(推治)하는 지경에 이릅니다. 소보(所報)에 따라 즉시즉시 지급한다면, 반드시 이러한 병폐가 없을 것입니다. 또한 상사에서 감결을 보낸 후에 호조의 지급 여부를 헤아리지 않고 억지로 독납(督納)한 후에, 전에 진배한 바 역시 내어주지 않는 경우가 흔히 있습니다. 놋쇠빗 서리가 근거 없이 진배하고, 또한 전에 바친 것을 잃어버리니, 참으로 지탱하여 보존하기가 어렵습니다. 크고 작은 국역을 맞이할 때마다, 공조의 장수(匠手)가 본래 매우 수가 적어서 공사(公私)의 공장(工匠)을 찾아 모아서 간신히 역을 마무리합니다. 그리고 약간의 공료(功料)를 호조에서 삭감하고 포(布)를 지급하자, 곧 병조에서 역시 따라서 줄였습니다. 그러므로 장수들이 여러 가지로 꾀해서 피하니, 사역하기가 극히 어렵습니다. 늘 일이 생기기에 이르니 참으로 막대한 병폐입니다. 각별히 변통해 주시기 바랍니다.

◎ 제사 승정원은 놋전대야 4좌, 놋대야 4좌, 놋대새옹 2좌, 소새옹 2좌, 놋요강 5좌, 삼날개 2개다. 홍문관은 놋전대야 2좌, 놋대야 2좌, 대새옹 1좌, 소새옹 1좌, 요강 3좌, 삼날개 1개다. 시강원은 전대야(前大也) 2좌, 놋대야 2좌, 대새옹 1좌, 소새옹 1좌, 요강 3좌, 삼날개 1개다. 익위사는 전대야 2좌, 놋대야 2좌, 새옹 1좌, 요강 3좌, 삼날개 1개다. 예문관은 놋전대야 1좌, 놋대야 1좌, 대새옹 1좌, 소새옹

1좌, 요강 1좌, 삼날개 1개다. 호조에서 물력(物力)을 공조에 내주어 조성(造成)하여 진배하는 것이 정례에 실려 있다면, 거둥하실 때 및 진하할 때 비록 공야사(攻冶司)의 진배가 없더라도 이를 추이(推移)해서 쓸 수 있다. 만약 수운꾼[輸運軍]이 없다고 핑계를 댄다면, 이미 본래 수공(水工)이 있고 또한 각 공물에 정하여 보낸 가수공(假水工)이 있으니 역시 운반해 갈 수 있다. 이후에는 공야사 진배를 영구히 혁파하고 다시는 횡침하지 말 것을 정식하여 시행하라. 만약 다시 이러한 병폐가 있다면 각 관사의 하리는 법사에 보내어 엄형(嚴刑)하고 감처(勘處)하라.

◎ 상언 선원록 및 실록을 봉안할 때 궐 내외 당상·낭청의 의막에 쓰는 놋요강·대야, 세초(洗草)할 때 의막에 쓰는 놋요강·대야, 내의원에서 경옥고(瓊玉膏)를 제조할 때 제조·의관의 의막에 쓰는 놋요강·대야, 산실청 때에 내의원 제조·의관의 의막에 쓰는 놋요강·대야를 놋그릇 색리가 스스로 갖추어 진배하는 것 역시 커다란 폐단입니다. 이다음부터는 각기의 아문에서 조비(措備)하여 수용(需用)하고, 공조에서 진배하게 하지 말도록 해 주시기 바랍니다.

◎ 제사 이렇게 폐막을 정리하여 바로잡는 때를 맞이하여, 긴요하지 않으면서 폐를 끼치는 일은 고쳐서 바로잡지 않을 수 없다. 실직(實職)이 없는 당상에게는 의례히 진배하고, 실직이 있으면서 혹시 제조를 겸대(兼帶)하는 당상이라면 진배하지 말라. 낭청의 경우에는 실직의 유무를 물론하고 모두 거론하지 말도록 정식하여 시행하라는 뜻을

공조에 분부하라.

攻冶司所掌

一　舉動時政院玉堂藝文館侍講院翊衛司依幕
所用鑰要江大也沙用酒煎子從所入隨處待令而
元非戶曹上下之物鑰色書吏自備進排而又有各
處情債錢一錢而一日之內　舉動數三處則隨處
待令情債亦隨而有之合與處處負持軍雇價而計
之則一日所費多至三四兩而猶不免生梗闔失之
弊又況　闕內陳賀時依幕待令進排等物與　闕
外　舉動時責徵無異實難支堪使各司報戶曹受
物力措備以其水工軍士輩隨往擔當則可除此弊
諸上司各都監所用鑰器皿及鐵物捧甘戶工曹則
工曹卽爲移文戶曹而自戶曹不卽上下必至於發
牌推治之境隨所報卽卽上下則必無此弊且上司
之捧甘後不計戶曹之上下與否抑勒督納後前所
進排亦不出給者比比有之鑰色書吏之白地進排
又失前排誠難支保每當大小　國役本曹匠手本
甚數少搜聚公私工匠艱幸完役而若干功料自戶
曹減削上下布則兵曹亦從而減之故匠手輩百般
謀避使役極難每致生事誠爲莫大之弊各別變通
事

政院則鍮前大也四坐鍮大也四坐鍮大沙用二坐小

沙用二坐鍮要江五坐麻飛介二箇玉堂則鍮前大也

二坐鍮大也二坐大沙用一坐小沙用一坐要江三坐

麻飛介一箇侍講院則前大也二坐鍮大也二坐大沙

用一坐小沙用一坐要江三坐麻飛介一箇翊衛司則

前大也二坐鍮大也二坐沙用一坐要江三坐麻飛介

一箇藝文館則鍮前大也一坐鍮大也一坐大沙用一坐

小沙用一坐要江一坐麻飛介一箇自戶曹出給物力

於工曹造成進排事載在定例則　舉動時及陳賀時

雖無攻冶司進排足以此推移用之若以無輪運軍爲

托則旣有本水工又有各貢所定送假水工亦足以運

往此後則攻冶司進排永爲革罷而更勿橫侵事定式

施行若或復有此弊則各其司下吏移法司嚴刑勘處

一　璿源錄及　實錄奉安時　闕內外堂郎依幕所

用鍮要江大也洗草時依幕所用鍮要江大也內局

瓊玉膏劑造時提調醫官依幕所用鍮要江大也産

室廳時內局提調醫官依幕所用鍮要江大也鍮器色

吏自備進排亦是巨弊此後自各其衙門措備需用

勿使本曹進排事

當此弊瘼釐正之時此等不緊貽弊之事不可不矯革

無實職堂上則依例進排有實職或有提調兼帶之堂

上則勿爲進排至於郎廳勿論實職有無竝勿擧論事

定式施行之意分付工曹

10

봉상시공인奉常寺貢人

◎ 상언 봉상시의 제조와 정(正)에게는 일찍이 구종이 있어서 의례히 입역(立役)하지만, 낭청의 경우에는 원래 구종의 명색이 없습니다. 근래에 차용(借用)한다고 하면서 잘못된 규례를 만드니, 어찌 지탱하여 감당할 수 있겠습니까? 각별히 변통해 주시기 바랍니다.

◎ 제사 봉상시의 사례(事例)를 상세히 들으니, 낭청은 한 사람마다 배고지기[陪庫直]가 1명씩 있고, 일찍이 역인을 정급(定給)하지는 않았다. 구종이라는 것은 몇 년 전부터 여러 낭청이 만든 잘못된 규례다. 이것은 즉시 혁파하게 하고, 거둥하실 때와 차제(差祭)할 때 우장지기 1명을 대령꾼[待令軍]으로 정급할 것을 봉상시에 분부하고 정식하여 시행하라.

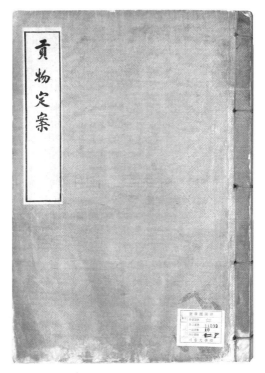

『공물정안』 표지
봉상시의 지역별 공물 내역을 담당 공인별로 정해 놓은 공안(貢案)

◎ 상언 무릇 제향의 물종에는 모두 정식이 있는데, 참기름과 꿀로 말
하자면 각 능침의 제향 때 실봉(實封)이 만약 6~7되이면 1말을 진배
하며, 능침 각처의 각 명일(名日) 및 기타의 제향에 모두 그러합니다.
지금 이후로 소봉(所封)에 따라 실수를 받도록 해 주시기 바랍니다.
◎ 제사 각 능의 제향에 진배하는 참기름과 꿀은 실수대로 받고, 만약
과외로 함부로 받는 폐단이 있으면 해당 관원은 경중에 따라 죄를

논하고 하인배는 법사에 보내어 죄를 다스리라.

◎ 상언 봉상시의 낭청 및 월령감찰(月令監察)이 제관에 임명되었을 때 의롱마 1필을 공인에게 책립하는데, 처음에는 말을 세우지 않고 먼 능은 3냥, 가까운 능은 2냥의 값을 받아 갑니다. 그들이 나아갈 때에 이르러서는, 역인 1명씩을 억지로 책립하게 하고서, 그 의롱도 메고 가게 합니다. 이미 말 값을 받고서 또 역인을 책립하니 어찌 지탱하여 보존할 수 있겠습니까? 특별히 변통해 주시기 바랍니다.

◎ 제사 낭청이 각 능의 제관에 임명될 때 의롱마 1필을 공인에게 이미 책립하였다면 마땅히 의롱을 실어야 하는데, 이렇게 하지 않고 관원이 모군삯의 돈을 받아 쓰고 또 역인을 책립한다니 절대로 근거가 없다. 이는 바로 혁파하되, 다시 범하는 자가 있으면 해당 관원은 경중에 따라 죄를 논하고 감찰의 의롱마는 월령을 이미 변통하였으니 그대로 두라.

◎ 상언 제향에 쓰는 중포(中脯)는 처음에『오례의(五禮儀)』에 길이와 너비의 준절(準折)이 있었는데, 요사이 그 몸체가 점점 커졌습니다. 여름 달에 만든 포는 쉽게 썩어서 상하기에 이르므로, 봉상시에서『오례의』의 척수(尺數)에 따라 한결같이 만들도록 일찍이 정탈하였는데, 행한 지 오래지 않아서 또다시 전과 같아졌습니다. 지금부터 이후로 중포의 제조는 한결같이『오례의』의 척수에 따르도록 해 주시기 바랍니다.

◎ 제사 제향에 쓰는 중포는 『오례의』에 길이와 너비의 준절이 있는데, 길이와 너비가 점점 커졌을 뿐 아니라 또 여름 달을 맞이하면 쉽게 썩어서 상하기에 이른다니 일이 매우 미안하다. 제조가 『오례의』의 척수를 넘지 못하도록 정탈받았으니, 엄칙하지 않을 수 없다. 그런데도 원역 무리가 국전(國典)을 좇지 않고 다시 예전의 버릇을 답습하다니 헤아릴 수 없을 만큼 놀랍다. 이다음에 만약 어기는 자가 있으면 관원은 파직하고 하리는 법사에 보내어 도배(徒配)하라.

◎ 상언 봉상시에는 일찍이 사령의 명색이 없었습니다. 중간에 1명의 사령을 처음 세웠는데, 사령이 만약 공고(公故)로 나가면, 공인으로 하여금 가사령(假使令)을 책립하게 하고, 가사령에게 또 사정이 생기면 또 공인에게 책임 지우니, 어찌 한없는 폐단이 아니겠습니까? 지금부터 이후로는 사령의 명색을 특별히 혁파해 주시기 바랍니다.

◎ 제사 봉상시에서는 중간에 1명의 사령을 처음 세웠는데, 이는 형편상 부득이한 데서 나온 것이다. 비록 혁파하기 어렵다 하더라도 관원이 혹은 공무로 말미암아 나가게 되었을 때, 또 가사령을 책립하는 것은 커다란 공폐가 된다. 가사령은 혁파하고, 다시 범하는 자가 있으면 해당 관원은 경중에 따라 죄를 논하라.

◎ 상언 낭청이 공사(公事)로 출입할 때 관디판지기[冠帶板直] 1명, 교외로 사행(私行)할 때 우장지기 1명씩, 아홉 낭청이 녹봉을 받을 때 역인 각 2명을 책립하는 것을 특별히 혁파해 주시기 바랍니다.

◎ 제사 낭청이 공사로 출입할 때에는 마땅히 관디판지기가 있어야 하지만, 교외로 사행할 경우에는 우장지기를 따로 정하는 것이 결코 마땅하지 않다. 아홉 낭청이 녹봉을 받을 때 역인으로 하여금 받아 오게 하는데, 이는 다른 관사에 없는 것이다. 이 두 가지는 과조(科條)를 엄중히 세워서 영구히 혁파하고, 만약 좇아서 행하지 않는다면 각별히 죄를 논하라.

◎ 상언 능행하실 때 배종관(陪從官) 및 전사관(典祀官)의 양찬가(糧饌價)는 관에서 마련하여 주는데, 반과(盤果) 4~5그릇을 공인이 담당하니 특별히 변통해 주시기 바랍니다.

◎ 제사 능행하실 때 배종관 및 전사관의 양찬가는 관에서 마련하지만, 반과 4~5그릇의 경우에는 공인이 담당한다니 헤아릴 수 없이 놀랍다. 바로 혁파하되, 다시 어기는 자가 있으면 해당 관원은 엄중히 처단하라.

◎ 상언 입직(入直)하는 낭관(郎官)의 밥상을 들이고 내는 것은 봉상시의 군사가 거행하게 하였습니다. 지금은 역인이 담당하니, 이 또한 폐단이 되고 있습니다.

◎ 제사 낭청의 밥상을 들이고 내는 것은 본가(本家)의 비자(婢子)의 일이다. 만약 군인 벼슬의 관원이 있다면, 군사로 밥을 전달하는 것 역시 각사의 관례가 있다. 이 사(司)에서는 공인이 대신 행하게 하였다니 참으로 놀랍다. 바로 혁파하고, 각별히 엄금하라.

◎ 상언 제향의 각 물종을 받을 때 고자(庫子) 무리가 비싸거나 헐함을 물론하고 1말에 2~3되를 반드시 뜻대로 더 받습니다.

◎ 제사 제물을 받을 때 고자 무리가 함부로 더 받는다니 참으로 통탄할 만하다. 각별히 엄금하되, 만약 어기는 자가 있으면 법사에 보내어 죄를 다스리라.

◎ 상언 제첩(祭帖)에서 면제받으려 할 때의 정채(情債)를 봉상시에서는 공인에게 책임 지우지 말고 원역이 담당하게 해 주시기 바랍니다.

◎ 제사 각사의 관원이 값을 치르고 제사를 면제받는 것은 비단 공인에게만 폐단이 되는 것이 아니지만 그 사태를 살펴보면 참으로 한심하다. 지난번 연중(筵中)에서 엄칙하라는 특교가 이미 있었고 이조(吏曹)에서 이제 막 변통하였으니, 각사의 잘못된 폐단을 먼저 금단하지 않을 수 없다. 이로써 신칙하되 만약 혹시 다시 예전의 버릇을 답습한다면 해당 관원 및 이조 낭청은 잡아다가 심문하여 엄중히 처치하고, 해당 관사의 담당 하리와 이조 서리는 모두 법사에 보내어 각별히 엄하게 형벌하도록 정식하여 시행하라. 또 혹시 공인을 침해하지 않고서 원역으로 하여금 돈을 내게 하여 면제받으려 하는 자는, 공인전(貢人錢)·원역전(員役錢)을 물론하고 돈으로 제사를 면제받는 것은 한가지이니, 또한 금단하지 않을 수 없다. 이조 및 여러 각사와 공물 없는 아문을 한결같이 엄칙하라.

◎ 상언 제조가 실직(實職)이 없으면 공회(公會)의 의막(依幕)에 사령

(使令) 및 별구종(別丘從) 1명을 가정(加定)하여 보냅니다.

◎ 제사 각사 제조의 구종은 거의 다 1명인데, 봉상시에서는 2명으로 정하였다. 제조가 실직을 반드시 오래 지내고 있지 않으면 1명을 가정하는데, 다른 것 없이 곧 오래 세우면 해당 관사의 구종은 3명이니, 실로 이는 과외로 1명을 더 세우는 것이므로 영구히 혁파하라. 군직(軍職) 때에는 의막의 사령을 달리 변통할 방법이 없으니 그대로 두라.

◎ 상언 정해년(1707)에 가정(加定)한 공물은 영녕전(永寧殿)의 제향 물종인데, 친림(親臨)하실 때에는 지급하고, 섭행(攝行)하실 때에는 춘향(春享)·추향(秋享) 두 전(殿)의 대제(大祭) 물종뿐이며, 공신(功臣) 45위, 7사(七祀) 5위의 제사는 마련하지 않는데도 공인으로 하여금 진배하게 하니 매우 원통합니다.

◎ 제사 하향(夏享) 친제(親祭) 때의 공신·7사의 제수는 이미 정해년(1707)의 가정에 있으니 의례히 지급함이 마땅하고, 그 나머지 대제의 친향(親享) 때의 공신·7사의 제물은 유재로 마련하여 지급하되, 엄칙하여 정식하도록 선혜청·호조·봉상시에 분부하라.

◎ 상언 각 능묘의 다섯 명일(名日) 및 고유제(告由祭)에는 한과(漢果)가 있으므로 참기름과 꿀을 정사년(1737)에 신위마다 1되를 가정(加定)하였는데, 전사관(典祀官)이 부족하다고 핑계 대며 매번 더 받으니 매우 원통합니다.

◎ 제사 각 능묘의 제향에 소용되는 참기름과 꿀의 정식은 신위마다

꿀 4되 8홉 5사인데 변통하여 1되를 더했고, 참기름은 4되 2홉인데 역시 변통하여 1되를 더했다. 숙수(熟手: 조리사) 무리가 정해진 수 외에 더 받는다니 일이 매우 통탄할 만하다. 이후로는 전사관으로 하여금 그러한 폐단을 엄하게 금지하게 하되, 만약 다시 예전의 관습을 답습하면 해당 관원은 경중에 따라 죄를 논하고 하인배는 법사에 보내어 죄를 다스리라.

◎ 상언 봉상시에서 받는 마되[斗升]는 매우 크고, 또 가수(加數)가 있습니다. 호조에서 마되를 교정해 주시기 바랍니다.

◎ 제사 봉상시의 마되는 호조에 분부하여 크고 작음을 비교하여 바로잡고, 비단 봉상시뿐만 아니라 다른 각사에도 역시 마되가 고르지 않은 폐단이 있으니, 한결같이 비교하여 바로잡은 다음에 비변사에 논보(論報)하도록 봉상시·호조에 분부하라.

◎ 상언 조포(造脯)를 만들 때 소 1마리를 도살하면 색포(色脯) 1장 및 근각(筋角)을 관에 바치는데, 조포관(造脯官)이 맞이하여 만나는 빈객(賓客)에게 대접할 약간의 고기 안주를 진배하는 일은 언제 시작된 것인지 알 수 없지만, 그대로 규례가 되었습니다. 번번이 소를 잡을 때마다 손님상을 대접한다면서 갖가지 고기를 함부로 찾으니 지탱하여 감당하기 어려워 동전 3돈으로 입을 막습니다. 값을 치른 다음에 잡고기를 점취(漸取)하므로, 또 방구전(防口錢)을 지급한 것이 지금까지 9돈에 이르도록 많아졌고, 고기를 빼앗는 폐단이 이전보다

10배나 되어 매우 원통하고 답답합니다. 또 원통하고 답답함이 있는
데, 관에 바치는 힘줄[筋]을 잘라 갈 때 양쪽 등마루의 근육을 모두
베어 가니 매우 원통하고 답답합니다.

◎ 제사 조포를 만들 때 관원이 갖가지 고기를 억지로 가져가는 것이
박할(剝割)에 가깝다니 일이 매우 놀랍다. 대체로 쇠고기를 사사로이
쓰는 것은 사면(事面: 사리와 체면)을 매우 해친다. 고기가 변하여 돈
이 되었고, 돈이 또 늘어난 것이니 이 어찌 관원이 차마 할 바이겠는
가? 일의 이상스럽고 놀라움이 더할 수 없이 매우 심하다. 무릇 함부
로 거두는 데 관계된 것은 한데 아울러 혁파하고, 지금부터 이후로
만약 혹시 따르지 않으면 해당 관원을 우선 가려내어 쫓아 버리고
잡아다가 심문하도록 정식하여 시행하라.

◎ 상언 봉상시의 별제(別祭)가 요사이 크고 번거롭게 많아서 한 해 동
안 제향하는 물종에 부족함이 매우 많은데, 회계 가운데에는 오히려
구유재(舊遺在: 기존 공인의 미납분)가 많으므로, 가용(加用)하는 숫자
를 번번이 구유재에서 셈하여 덜어 내고는 지급하지 않습니다. 새로
운 공인이 진배한 물품을 옛 주인의 유재에서 옮겨 덜어 내어, 마침
내 대가 없이 진배하는 것으로 귀결되니 어찌 원통하지 않겠습니까?
지금부터 이후로 가용하는 물종은 곧바로 지급하여 유재에서 셈하
여 덜어 내지 말기 바랍니다. 또 혹시 별제에 소용되는 것이 있으면
원역 무리가 호조에 거짓으로 속여서 보고하여 별무가(別貿價)를 받
고자 하여 그들 스스로 나누어 먹고, 각 물종은 원공에서 인년(引年)

하여 책납하니 유재의 크고 많음이 실로 여기에서 말미암은 것입니다. 공인이 원통함을 품고서도 감히 입을 열지 못하는 것은 대부분의 원역을 모두 다 전복(典僕)이 하기 때문입니다. 만약 모자라는 바가 있으면 모든 일을 퇴탁(退托: 핑계 대고 퇴짜 놓음)하고 곧바로 볼기를 치기에 이릅니다. 원역 등은 다른 관사의 예에 따라 바깥사람으로 변통해 주시기 바랍니다.

◎ 제사 봉상시 공인의 각 물종은 유재가 매우 많고 탕감도 적지 않은데, 국은(國恩)을 알지 못하고 가용한 값을 받고자 한다니 그 정상(情狀)이 참으로 괘씸하다. 원역의 경우에 바깥사람으로 변통하는 것을 갑자기 가볍게 논의하기는 어려우니 모두 그대로 두라. 다만 서원 무리가 간혹 별제의 값을 부정하게 받아 내어 자기를 살지게 하는 바탕으로 삼고, 제향 물종은 공인에게 책출한다니 통탄할 만한 바다. 별무를 원역이 다 써서 없애 버리는 것은 근심할 만하니, 원공을 별제에 대신 담당하게 한 것은 엄중히 조사하여 엄하게 징벌하라. 이후로는 응행제(應行祭)·별제를 물론하고 소용은 공인의 유재에서 셈하여 덜도록 호조에 분부하라.

◎ 상언 작미(作米)의 일로 말하자면, 공미(貢米)의 원수(元數) 가운데 1섬마다 1되 1홉씩을 공미로 거두어 받아서 관에서 쓰는 것이 설립 초부터 흘러 온 규례인데, 이렇게 하지 않고 따로 백미를 용정(舂精)하여 골라 받습니다. 조금이라도 뜻대로 되지 않으면 볼기가 낭자하니 공인이 실로 감당하기 어렵습니다.

◎ 제사 각공으로 관에 바치는 작미는 의례히 본색(本色)의 쌀을 거두어 바치는데, 봉상시에서 독령(督令)하여 다시 용정하여 받는다니 매우 한심하다. 각별히 엄금하고, 만약 범하는 자가 있으면 해당 관원은 경중에 따라 죄를 논하고 하인배는 법사에 보내어 죄를 다스리라.

奉常寺貢人
一本寺提調及正則曾有丘從依例立役而至於郎
廳則元無丘從名色矣近來以借用爲言而仍成謬
規其何能支當乎各別變通事
詳聞本寺事例則郎廳每員有陪庫直一名曾無以役
人定給丘從之事自數年來諸郎廳創開謬規此則卽
令革罷而　擧動時及差　祭時雨裝直一名以待令
軍定給事分付該寺定式施行
一凡　祭享物種皆有定式而以油淸論之各　陵
寢　祭享時實封若爲六七升則以一斗進排　陵
寢各處每名日及其他　祭享皆然今後依所封實
數捧上事
各陵　祭享進排油淸從實捧上而如有科外濫捧之
弊則當該官員從輕重論罪下屬移法司科治
一本寺郎廳及月令監察差　祭時衣籠馬一匹貢
人處責立而初不立馬遠　陵則三兩近　陵則二

兩以價捧去而及其出往之時役人一名式勒令責

立同衣籠使之擔去旣捧馬價又責役人何以支保

乎特爲變通事

郎廳各　陵差　祭時衣籠馬一匹貢人處旣責立則

當載衣籠而不此之爲官員捧用雇價之錢又責立役

人萬萬無據此則卽爲革罷而復有犯者當該官員從

輕重論罪監察衣籠馬則月令旣變通置之

　　一　祭享所用中脯自有五禮儀長廣準折而近來其

　　體漸大夏月造脯易致腐傷故自本寺一從五禮儀

　　尺數製造事曾已定奪矣行之未久又復如前自今

　　以後中脯製造一從五禮儀尺數事

祭享所用中脯有五禮儀長廣準折而長廣非但漸大

且値夏月易致腐傷事甚未安提調定奪無踰五禮儀

尺數事非不嚴飭而員役輩不遵　國典復踵前習萬

萬可駭此後若有犯者則官員罷職下吏移法司徒配

　　一本寺則曾無使令名色矣中間創立一使令而使

　　令若以公故出去則使貢人責立假使令假使令亦

　　有故則又責於貢人豈非無限之弊乎自今以後使

　　令名色特爲革罷事

本寺中間創立一使令此則出於勢不得已雖難革罷

官員或因公出使則又責立假使令大爲貢弊假使令

則革罷復有犯者則當該官員從輕重論罪

一郎廳公事出入時冠帶板直一名郊外私行時雨
裝直一名式九郎廳受祿時役人各二名責立特爲
革罷事

郎廳公事出入時當有冠帶板直而至於郊外私行時
決不當別定雨裝直九郎廳受祿時以役人受來此是
他司所無者此兩款嚴立科條永爲革罷如不遵行則
各別論罪

一　陵幸時陪從官及典祀官粮饌價自官磨鍊以
給而盤果四五器貢人擔當特爲變通事

陵幸時陪從官及典祀官粮饌價自官磨鍊而至於盤
果四五器貢人擔當萬萬可駭卽爲革罷而復有犯者
則當該官員嚴勘

一入直郎官食床去來使本寺軍士擧行矣今則以
役人擔當此亦爲弊事

郎廳食床去來乃是本家婢子事若有旅宦之官員則
以軍士傳食亦有各司之例本司則使貢人替行誠極
可駭卽爲革罷各別嚴禁

一　祭享各物種捧上時庫子輩勿論貴賤每斗二
三升必爲惟意加捧事

祭物捧上時庫子輩濫捧誠甚可痛各別嚴禁而如有
犯者移法司科治

一祭帖圖免時情債本寺則不責貢人員役擔當事

各司官員給價頉祭不但貢人之爲弊其在事體誠極
寒心頃日　筵中旣有　特教嚴飭吏曹今方變通而
各司謬弊不可不爲先禁斷以此申飭如或復踵前習
則當該官員及吏曹郞廳拿問嚴處該司掌吏吏曹書
吏並移法司各別嚴刑事定式施行而且或有不侵貢
人使員役出錢圖頉者勿論貢人錢員役錢以錢免祭
則一也亦不可不禁斷吏曹及諸各司與無貢物衙門
一體嚴飭

　一提調無實職則公會依幕使令及別丘從一名加
　　定以送事
各司提調丘從幾皆一名而本寺則定以二名提調未
必長帶實職則一名加定便是長立該司丘從三名實
是科外加立一名永爲革罷軍職時則依幕使令無他
變通之道置之

　一丁亥加定貢物段　永寧殿祭享物種而　親臨
　時則上下而攝行時則春秋享兩　殿大祭物種而
　已功臣四十五位七祀五位祭則不爲磨鍊而使貢
　人進排極爲寃痛事
夏享　親祭時功臣七祀祭需旣有丁亥加定自當依
例上下其餘大　祭親享時功臣七祀祭物以遺在磨
鍊上下而嚴飭定式事分付惠廳戶曹奉常寺

　一各　陵墓五名日及告由　祭有漢果故油淸丁

巳年　每位加定一升而典祀官諉以不足每輒加
捧極爲寃痛事

各　陵墓祭享所用油清定式每　位清四升八合五
勺而變通加一升眞油四升二合而亦變通加一升熟
手輩定數外又爲加捧事極可痛此後使典祀官痛禁
其弊而若復蹈前習則當該官員從輕重論罪下屬移
法司科治

一本寺捧上斗升甚大又有加數戶曹斗升較正事
本寺斗升分付戶曹較正大小而非但本寺他各司亦
有斗升不一之弊一體較正後論報備局事分付該寺
戶曹

一造脯時牛一首宰殺則官納色脯一張及筋角而
造脯官適逢賓客若干待賓肉肴進排事不知出於
何時而仍成規例每於宰牛之時稱以待客床濫索
各色肉不能支堪故以錢文三戔防口矣給價之後
漸取雜肉故又給防口錢今至九錢之多而奪肉之
弊十倍於前極爲寃悶又有寃悶者官納筋割去時
兩脊筋肉盡爲割去極爲寃悶事

造脯時官員之勒取各肉近於剝割事極可駭大抵私用
牛肉甚損事面肉變爲錢錢又增加者是豈官員之所
忍爲者事之痛駭莫此爲甚凡係橫徵者一倂革罷從
今以後如或不遵則當該官員先汰後拿事定式施行

一本寺別　祭近來浩繁一年　祭享物種不足者

甚多而以會計中尙多舊遺在之故加用之數每以

舊遺在計減不爲上下以新貢人進排之物移減於

舊主人遺在終歸於無價進排豈不寃痛乎自今以

後加用物種隨卽上下勿以遺在計減且或有別

祭所用則員役輩瞞報戶曹圖受別貿價渠自分食

而各物種以元貢引年責納遺在浩多實由於此貢

人抱寃而不敢開口者盖員役皆是典僕爲之故若

有所嫌則凡事退托笞杖立至員役等依他司例以

外人變通事

本寺貢人各物種遺在甚多蕩減不少而不知　國恩

欲受加用之價其情狀誠爲可惡至於員役以外人變

通猝難輕議並置之但書員輩間或曲圖受出別　祭

之價以爲肥己之資而　祭享物種則責出於貢人其

所可痛者別貿之消融於員役可憫者元貢之替當於

別　祭嚴査痛懲此後則無論應行　祭別　祭所用

以貢人遺在計減事分付戶曹

一以作米事言之貢米元數中每石一升一合式以

貢米收捧官用乃是設立初流來之規而不此之爲

別以白米舂精擇捧少不如意則笞杖狼藉貢人實

爲難堪之事

各貢官納作米例以本色米徵納而本寺之督令改舂

精捧上極爲寒心各別嚴禁如有犯者當該官員從輕
重論罪下屬移法司科治

11

사복시공인 司僕寺貢人

◎ 상언 저희들이 요역(徭役)을 감당하기 어려운 것은 계하(啓下)한 마패(馬牌)로 출역(出役)한 견부(牽夫)로서 기안(騎鞍)·복안(卜鞍)을 스스로 갖추어 거행하는 사람이 한 해를 통틀어 계산해 보면 적어도 20,000여 명을 밑돌지 않아서입니다. 대체로 사복시의 사변입마(四邊立馬) 120필 중에 입번(立番)하는 견부·거딜[巨達]은 단지 50명이고, 그 나머지 70필은 이끄는 사람이 없습니다. 그러므로 저희들이 견부의 역을 대신하여 맡습니다. 봄가을로 역가미(役價米) 400섬을 마련하는 가운데 잡곡을 섞어 지급합니다. 그리고 당초에 출역꾼[出役軍] 1명당 고가(雇價)로 쌀 5되를 지급합니다. 근래에 요역이 점차 심해지는데 사복시의 재고[寺儲]가 부족해서 역시 수량을 맞추어 지급할 수 없습니다. 사복시에서 변통하고자 했으나 결과를 맺지 못했습니다. 지금 만약 한결같이 말의 마릿수에 따라 거딜을 갖추어 세운다면 거의 보존할

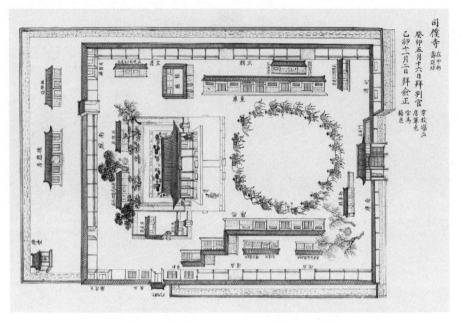

『숙천제아도』의 사복시(하버드대학교 옌칭도서관 소장)

수 있을 것입니다.

◎ 제사 사복시의 공인이 기안·복안을 스스로 갖추거나 또는 고용하
는 견부를 한 해를 통틀어 계산해 보면 20,000명을 밑돌지 않는다.
비록 약간의 역가를 마련하는 곡식이 있더라도 공인이 이로써는 실
로 지탱하여 보존할 형세가 없다. 좋은 쪽으로 변통할 것을 사복시
에 분부하라.

◎ 상언 각전·각 궁의 마요초(丁要草)·회초(灰草)에는 각기 공가(貢價)

가 있는데, 세절초(細折草)는 한 해를 통틀어 셈하면 500여 섬인데도 대가 없이 진배하니 매우 원통합니다. 마요초·회초의 예에 따라 한 결같이 값을 치러 주시기 바랍니다.

◎ 제사 각전·각 궁에는 이미 마요초·회초가 있고, 모두 공가가 있다. 세절초의 경우에는 본래 명목이 없고, 또 공가도 없는데, 공인이 공연히 진배한다니 일이 매우 이를 데가 없다. 혁파하도록 정식하여 시행하라.

◎ 상언 궐 내외의 여러 각사, 권설도감(權設都監)에 진배하는 곡초(穀草)는 호조에 봉감하여 출관(出關)한 다음에 진배하는 것이 금석지전 (金石之典)이지만, 호조의 출관을 기다려 진배하면 채찍으로 때리고 잡아 가두므로 우선 진배하고 나중에 출관합니다. 그 사이에 공실 (空失)하는 수효가 많아 지탱하여 감당함을 견뎌 낼 수 없습니다.

◎ 제사 궐 내외의 여러 각사, 권설도감에서 호조로 하여금 봉감하게 하지 않고 직접 봉감하여 진배하게 하고서 조금이라도 지체하면 출 패하여 침책(侵責)하고 잡아 가두는 작폐는 공인이 지탱하기 어려운 크나큰 이유다. 이다음부터는 궐 내외 각사에서는 호조에 봉감하여 호조에서 지위(知委)한 연후에 진배하고, 권설도감에서는 도청(都廳) 에서 산원으로 하여금 꼭 들어맞게 산적(算摘)하게 하여 작첩(作帖)하 고 답인(踏印)해서 공인에게 내어준 다음에 진배하도록 정식하여 시 행하되, 만약 어기는 자가 있으면 해당 낭청은 경중에 따라 죄를 논 하고 하인배는 법사에 보내어 죄를 다스리라.

◎ 상언 내수사의 시탄(柴炭)이 도박(到泊)하면, 내수사에서 단지 당일의 마패를 내서 하루를 넘지 않도록 사역합니다. 요사이에는 5일의 마패를 받아 내므로, 관용(官用) 외에 사사로이 쓰는 시탄을 헤아릴 수 없이 운반해 들이는데, 돌아가며 다시 시작해서 한 해를 통틀어서 하지 않는 날이 없습니다. 이는 공인 무리가 지탱하기 어려운 폐단이 됩니다.

◎ 제사 내수사의 시탄은 예전에는 하루의 패를 내어 말로 날라 바쳤다. 근래에는 5일의 패를 내어 공운(公運) 외에 또 사사로이 운반하여 공인이 이로 인해 지탱하기 어려우니 변통하도록 연백(筵白)하라.

司僕寺貢人

一矣徒等徭役難堪事段　啓下馬牌出役牽夫自
備騎卜鞍擧行者一年通計則少不下二萬餘名大
抵本寺四邊立馬一百二十匹內立番牽夫巨達只
五十名其餘七十匹無牽故矣等替當牽夫之役春
秋役價米四百石磨鍊中參以雜穀上下而當初出
役軍每名雇價米五升上下矣近來徭役漸劇寺儲
不敷亦不得照數上下自本寺欲爲變通而未果今
若一從馬首備立巨達則庶可保存事
本寺貢人自備騎卜鞍又雇牽夫一年通計不下二萬
名雖有若干役價磨鍊之穀貢人以此實無支保之勢
從長變通事分付司僕寺

一各　殿各　宮丅要草灰草各有貢價而細折草段

一年通計五百餘石而無價進排極爲寃痛一依丅

要草灰草例給價事

各　殿各　宮既有丅要草灰草皆有貢價而至於細折

草則本無名目又無貢價而貢人公然進排事甚無謂

革罷事定式施行

一闕內外諸各司權設都監進排穀草捧甘戶曹出

關後進排乃是金石之典而待戶曹出關進排則鞭

扑捉囚故先進排後出關其間空失數多不勝支當

事

闕內外諸各司權設都監不令戶曹捧甘直自捧甘使

之進排少或遲滯出牌侵責捉囚作弊大爲貢人難支

之端此後則　闕內外各司則捧甘於戶曹自戶曹知

委然後進排權設都監則都廳使算員的當算摘作帖

踏印出給貢人後進排事定式施行而如有犯者則當

該郎廳從輕重論罪下屬移法司科治

一內司柴炭到泊則自內司只出當日馬牌不過一

日使役矣近來則五日馬牌受出故官用外私用柴

炭無數運入周而復始通一年內無日不爲此爲貢

人輩難支之弊事

內司柴炭自前則出一日牌以馬運納近來則出五日

牌公運外又爲私運貢人以此難支　筵白變通

12

사도시공인 司䆃寺貢人

◎ 상언 사도시에 바치는 표성(瓢省)은 한 해 동안 진배에 응하는 것 외에 여러 곳의 진배는 본래부터 쓰고 돌려받는 물건인데, 거의 모두 파손되거나 잃었다고 하면서 애초에 돌려주지 않습니다. 부비를 셀 수 없는데도 끝내 회감하지 않으니 매우 원통하고 민망합니다. 지금 이후로 여러 곳의 진배는 일일이 회감하여 낭비하는 폐단이 없도록 해 주시기 바랍니다.

◎ 제사 표성은 쓰고 돌려주는 것이 곧 법례인데, 공인이 진배한 후에 각사의 하인배가 번번이 모두 사사로이 쓰고 끝내 돌려주지 않는다니 그 버릇이 참으로 통탄스럽고 놀랍다. 이다음에 만약 다시 예전의 버릇을 답습한다면, 해당 관원은 논책하고 하인배는 법사에 보내어 죄를 다스리라.

◎ 상언 사도시의 공인은 정원이 20여 명에 지나지 않아서, 공가(公家)의 행역(行役)은 공인이 윤회(輪回)하여 출역(出役)했습니다. 근래에 사도시의 관원이 책정(責定)한 사사로운 역이 날로 더하고 달로 늘어서 본디 정해진 대솔하인(帶率下人) 각 3명 외에도 사환과 축장(築墻)·부대(負戴) 등의 잡역을 행하여 공인에게 책정하지 않음이 없습니다. 이것이 바로 구원하기 어려운 한 가지 폐단입니다.

◎ 제사 관원에게는 이미 본디 정해진 대솔하인이 있다. 공인과 원역에 다름이 있는데도 관원이 제멋대로 축장·부운(負運) 등의 역을 행하하여 공인에게 모두 책임 지우니 일이 놀랍고 이렇게 심할 수 없다. 이러한 폐단을 만약 엄중히 막지 않는다면 공인은 실로 지탱하여 보존하기 어려울 것이다. 지금부터 모두 혁파하되 다시 이러한 폐단이 있으면 해당 관원은 경중에 따라 죄를 논하라.

◎ 상언 공인의 폐단 가운데 더욱 답답하고 절박한 것은 가승전(加升錢)입니다. 당초에 공인이 쌀·콩을 상납할 때에 1섬당 3되씩 더 바쳐서 공용(公用)의 바탕으로 삼았는데, 쓰고 남은 쌀을 관고(官庫)에 쌓아 두었다가 세월이 오래 지난 뒤에 발매(發賣)하여 작전(作錢)한 것이 1,000여 냥이고, 1푼의 이자로 공인에게 내어준 지 지금 44년에 이르렀습니다. 원금 외에 이자로 상납하는 것이 5배나 많기에 이릅니다. 예전에 조정에서 세월이 오래된 공·사의 채무를 탕감해 주실 때 끝내 탕감받지 못했으니, 이번에 이정(釐正)하실 때에 특별히 탕감해 주시기 바랍니다.

◎ 제사 예전에 사도시에서 받은 가승미(加升米)는 세월이 오래 지나 많이 쌓여서 작전한 1,100여 냥을 공인에게 나누어 주고, 해마다 1푼의 이자로 100여 냥을 받아 썼으므로, 거의 50년 동안 받은 것이 5배나 많기에 이르렀다. 이다음에는 지징(指徵)할 곳이 없거나 공물을 팔고 산 것은 모두 탕감하고, 그 나머지는 원금으로 받되 일시에 모두 바치면 그 폐가 없지 않을 것이다. 해마다 몇 냥씩 잘 헤아려 결정하여 받고 이자를 거두는 것은 혁파하도록 사도시에 분부하라.

司䆃寺貢人

一本寺所納瓢省一年應進排外各處進排自是用

還之物而盡皆破傷闊失云初不還下浮費不貨終

不會減極爲寃悶今後各處進排一一會減俾無浪

費之弊事

瓢省用還乃是法例而貢人進排之後各司所屬輒皆

私用終不還下其習誠極痛駭此後若復踵前習則當

該官員論責下屬移法司科治

一本寺貢人額數不過二十餘人公家行役則貢人

輪回出役而挽近以來本寺官員之責定私役日加

月增元定帶率各爲三名外行下使喚與築墻負戴

等雜役靡不責定於貢人此是難捄之一弊事

官員旣有元定帶率下人則貢人與員役有異而官員

任自行下築墻負運等役皆責於貢人事之可駭莫此

爲甚此弊若不嚴防貢人實難支保自今一併革罷而
復有此弊則當該官員從輕重論罪

　一貢人弊端中尤爲悶迫者加升錢當初貢人米太
　納上時每石三升式加納以爲公用之地而用餘米
　留儲官庫年久後發賣作錢千餘兩以一分邊利出
　給貢人今至四十四年本錢外以利錢上納者至於
　五倍之多曾前　朝家蕩減年久公私債時終未蒙
　蕩減今番釐正時特爲蕩減事

曾前本寺所捧加升米年久多儲作錢一千一百餘兩
分給貢人每年以一分邊利捧用一百餘兩故近五十
年所捧者至於五倍之多此後則指徵無處及貢物賣
買者一併蕩減其餘則以本錢捧上而一時盡納不無
其弊每年幾兩式酌定捧上徵利一款革罷事分付本
寺

13

군기시공인 軍器寺貢人

◎ 상언 저희들이 받는 공가(貢價)는 4,000섬에 불과한데도 책응(策應)은 호번(浩繁)합니다. 만약 과장(科場)이 열리면, 무일소(武一所)의 주장관으로서 허다한 포진(鋪陳)·그릇·인부·마필 등을 전담합니다.[3] 당상의 삭시사, 문신(文臣)의 삭시사, 호위청(扈衛廳)의 삭시사, 서북무사(西北武士)의 삭시사, 금군(禁軍)의 상록시사(賞祿試射)와 도시(都試) 및 여러 가지 시열(試閱)할 때, 기계(器械)를 옮기는 인마(人馬)를 소입(所入)되는 대로 책립합니다. 값은 작은데 역은 심해서 보존하기 어려운 바를 온 나라 사람들이 아는 바이고 또한 감당하기 어려움이 있는데, 이것이 중간에 창출(創出)되는 군기시의 요역입니다. 능행하

---

3 "每科場武一所及殿試 本寺 專當擧行 而主掌官一員 參上郎廳中 自戶曹劃出 啓下 試所所用物種 前期 捧甘於各司 而貢人領率進排", 『육전조례(六典條例)』兵典 軍器寺 總例.

六典條例 卷之八 軍器寺

○每年鳥銃所入體鐵定監官下送洪川縣打造
以納 ○火藥契製藥時本色郎廳進去看品 ○司
僕寺旗軍洗馬時本寺別破陣着紅天翼自慕華舘陪至殿庭
時本寺別破陣所用槍釰各二柄弓箭各二
○國恤時陵上守護所用槍釰自慕華舘陪至殿庭
部進排報于戶曹能書則十司書吏輪回書榜
廳中提調劃出 ○每科場武一所及殿試本寺專
當擧行而主掌官一員參上郎廳中自戶曹劃出
啓下試出 ○幸行時書員正書榜
○本寺書員同爲擧行
○差備所懸午正榜及科場

所用貫革破傷則報戶曹修改 ○動駕時司禁差
備所用鳥杖鐵椎排 ○風旗及侍衛所用螺
鈿槍付金槍道里箇造入則報戶曹出關
進上風旗竹則本寺措備 ○武監所持藥鉛子
佾三稷杖因傳敎修補造入則報戶曹改備進上
○稱慶陳賀時別方物封進因禮曹草記允下甲
冑筒箇級單子入啓後依判下造備進上 ○年
例生皮黑漆筒箇十五部造成物力九部與別方
物甲冑筒箇造成物力十三部報惠廳儲留中受
來 ○年例甲冑筒價十一部內兩南中二部儲留惠

「육전조례」 병전(兵典) 군기시(軍器寺) 총례(總例)

실 때의 반과(盤果), 차제(差祭)를 면제받으려 할 때의 정채(情債), 당상·낭청 집에서 혼례할 때의 의복은 비록 책출하는 일이 없는데도 각 낭청 집의 우장지기[雨裝直] 1명씩을 영구히 정해서 대령하고, 또한 가마꾼, 일꾼, 혼례·상례 때의 사환군[使喚軍]을 번번이 책출하므로, 값을 주고 고립(雇立)하니 장차 어찌 지탱하여 보존하겠습니까? 이들 요역은 일찍이 조정의 신칙으로 말미암아 군기시의 완의(完議)로 엄금하였습니다. 날이 오래돼서 금령이 느슨해지고 묵은 병폐가 전과 같으니 요즘 더욱 난감합니다. 한결같이 조정의 금령에 의거해서 군기시의 요역을 각별히 금단해 주시기 바랍니다.

◎ 제사 관원이 우장지기를 중간에 창출하는 것은 이렇게 폐막(弊瘼)을 이정(釐正)하는 때를 맞이하여 혁파하지 않을 수 없다. 그런데 공고(公故)일 때는 가마꾼·일꾼을 정해 주었고, 혼례·상례 때의 사환꾼은 완문(完文)으로 엄히 막았는데, 끝내 버릇을 고치지 않았으니 참으로 미안하다. 한결같이 아울러 혁파한 후에 만약 다시 범하는 자가 있으면 해당 관원은 경중에 따라 죄를 논하라. 능행하실 때의 반과, 차제를 면제받으려 할 때의 정채, 당상·낭청 집에서 혼례할 때의 의복에 대해서는 비록 책출하는 병폐가 없더라도 어찌 훗날에 다시 나타나지 않을 걸 알겠는가? 다시 더욱 엄칙할 것을 군기시에 분부하라.

◎ 상언 원공의 시우쇠[正鐵] 100근 대신에 신철(薪鐵) 200근을 갑절로 바치는 것은 본래 각 군문(軍門)에서 통행되던 규례였습니다. 그러므로 군기시에서도 예전에는 신철을 곱으로 받는 것이 공·사가 양쪽 다 원만하고 편한 방법이었습니다. 중년 이래로 받는 신철은 쇠찌끼를 쳐서 받으므로 관가에는 보탬이 되나 손해가 공인에게 미칩니다. 지금 이후로는 곱으로 받는 신철에서 쇠찌끼를 치는 폐단을 영구히 금단해 주시기 바랍니다.

◎ 제사 시우쇠 100근 대신에 신철 200근을 받는 것은 곧 군기시의 흘러 온 관례이니, 중간에 쇠찌끼를 쳐서 받는 것은 심하게 공인의 폐단이 된다. 이다음에는 쇠찌끼를 쳐서 받지 말도록 군기시에 엄칙하고, 만약 다시 예전의 관습을 답습하면 해당 관원은 경중에 따라 죄를

논하고 야장(冶匠)은 법사에 보내어 죄를 다스리라.

◎ 상언 과녁은 과시(科試)에 쓰는 것이므로, 당초에 호조에서 조비(措備)하고, 과시 후에는 해당 시소(試所)에 보관해 두었다가 과시를 맞이할 때마다 내어 쓰게 하는 것이 곧 전례입니다. 부서지거나 상하면 호조에 보고하여 훼손되는 대로 이내 고쳤는데, 호조에서 좇아서 들어주지 않으므로 아직 수리하여 고치는 데 미치기 전에 설장(設場)하면 양소(兩所)의 과녁을 옮겨서 가고 올 때에 저희들이 그 태재(駄載)의 역을 담당합니다. 또 여러 군문에서 달마다 요시사(料試射) 및 별시사(別試射)를 모화관·훈련원에서 베풀지 않고 번번이 남별영·남소영·금위영에서 베풀기 때문에 저희들이 또 실어 옮기는 일을 담당합니다. 대가 없는 역이 이처럼 번잡하고 힘에 겨우니 능히 보존할 수 있겠습니까? 엎드려 빌건대, 여러 군문의 요사(料射)와 별시사를 모화관·훈련원에서 베풀지 않고 별도의 곳에서 베푼다면 해당 영문의 과녁을 내어 쓰게 함으로써, 공인의 조그마한 힘이라도 느슨하게 해 주시기 바랍니다.

◎ 제사 무릇 과녁의 규례는, 과장에서 쓰는 것은 군기시의 공인이 담당하여 진배한다. 각 군문의 시사 때에 쓰는 것의 경우에는 각기의 군문에 있는 과녁을 가져다 쓰는 것이 본래의 법례다. 호위청·병조에서 만약 모화관·훈련원에서 시사를 하면 군기시의 과녁이 이미 그곳에 보관되어 있으니 잠시 빌려 쓰는 것도 무방할 듯하다. 남별영·남소영에 이설할 경우에도 역시 공인이 태운(駄運)하게 하여 단지

과녁이 손상될 뿐 아니라 실어 나를 때에 또 공인에게 많은 폐를 끼친다. 이다음에는 모화관·훈련원의 시사 외에 다른 각처의 시사 때에는 각기의 군영에 있는 과녁을 가져다 쓰도록 각 군문에 분부하고 정식하여 시행하라.

◎ 상언　어교(魚膠)는 크고 작음이 같지 않고, 가볍고 무거움이 고르지 않아, 작은 것은 2냥(兩)에 차지 못하거나 혹은 2냥을 넘고, 큰 것은 간혹 3~4냥이나 무거운 것도 있어서, 호조의 정식에는 2냥으로 1장(張)을 삼았습니다. 각처에서 쓰는 것이 혹은 크고 혹은 작으므로, 호조의 출관(出關)에서는 그 냥냥돈돈(兩兩錢錢)의 쓰임을 합하여 장수(張數)를 만듭니다. 쓰는 바가 간혹 작아서 3~4돈, 6~7돈으로 출관하면 의례히 1장으로 진배합니다. 이들의 잃는 바는 비록 대단하지 않으나, 만약 쓰는 곳이 간혹 2냥을 넘거나 혹은 4·5·6·7냥이나 많으면 중수(重數)로 출관하지 않고 반드시 장수로 출관하기 때문에 2냥쭝으로는 실로 견납(見納)하기 어렵습니다. 반드시 5~6냥쭝의 큰 어교로 진배해야 하므로 공실(空失)하는 수효가 3~4배를 면하지 못하니 장차 어찌 지탱하여 보존할 수 있겠습니까? 지금 이후로 여러 곳에서 쓰는 어교가 적게 들어가는 곳은 양(兩)으로 출관하고, 많이 들어가는 곳은 근(斤)으로 출관하되, 장수로 출관하는 규례는 영구히 혁파하여, 공·사가 양쪽 다 원만하고 편한 바탕으로 삼게 해주시기 바랍니다. 또 각처에서 간혹 호조에 보고하지 않고 먼저 봉감하여 가져다 쓰기 때문에 만약 1냥을 진배하면 회감은 겨우 1~2돈이

되어 근거 없이 공실함이 이와 같습니다. 지금 이후로 각처에서 먼저 봉감하여 독징(督徵)하는 폐단을 각별히 금단해 주시기 바랍니다.

◎ 제사 각처에 진배하는 어교는 혹은 양수(兩數)로 쓰거나 혹은 돈수(錢數)로 쓰는데, 호조에서는 번번이 장수로 출관하므로 공인이 추가로 진배하여 실로 감당하기 어려운 까닭이 된다. 이다음에 조금 들어가는 것은 양으로, 많이 들어가는 것은 근으로, 한결같이 그 들어가는 바에 따라 출관하도록 정식하여 시행하라. 먼저 봉감하고 가져다 쓰는 한 가지는 각별히 금단하고, 만약 다시 예전의 버릇을 답습하면 해당 관원은 경중에 따라 죄를 논하고 하인배는 법사에 보내어 죄를 다스리라.

◎ 상언 여러 상사에서 제약(劑藥)에 쓰는 꿩 깃은 공인들이 진배하는데 요 몇 해 사이에 호조에서 그 개수를 정하여 정례에 실어 올리고 함부로 쓰는 것을 금하였습니다. 여러 상사에서 정례에 있지 않은데도 직접 감결을 보내어 헤아릴 수 없이 가져다 씁니다. 공인들이 정례에 의지하여 추가 수효의 진배를 하고자 하지 않으면 출패하여 잡아 가두는 근심이 흔히 있으니, 한층 더 신칙해 주시기 바랍니다.

◎ 제사 여러 상사에서 약으로 쓰는 꿩 깃은 이미 호조의 정례에 있는데, 정례 외에 직접 봉감하여 헤아릴 수 없이 가져다 쓴다니 몹시 이상스럽고 놀랍다. 공인이 정례를 지키고자 하여 진배하려 하지 않으면, 발패(發牌)하여 잡아 가둔다니 더욱 무상(無狀)하다. 지금부터 각별히 금단하되, 혹시 다시 어기는 자가 있으면 해당 낭청은 경중에

따라 죄를 논하고 하인배는 법사에 보내어 죄를 다스리라.

◎ 상언　관청의 질지[作紙: 종이 값] 등의 쌀을 받을 때, 이른바 중간의
망석(網席)은 곧 잘못된 전례이므로, 곡물에 부족이 생김이 매우 호다
(浩多)합니다. 이다음에는 중간의 망석을 영구히 혁파해 주시기 바랍
니다.

◎ 제사　질지를 받을 때 중간의 망석이라니, 듣기에 몹시 괴이하고 놀
랍다. 각별히 엄금하도록 군기시에 분부하되, 만약 다시 예전의 버
릇을 답습하면 관원은 경중에 따라 죄를 논하고 하인배는 법사에 보
내어 죄를 다스리라.

軍器寺貢人

一矣徒所受貢價不過四千石而策應則浩繁若値
科場則以武一所主掌官許多鋪陳器皿人夫馬匹
等專當堂上朔試射文臣朔試射扈衛廳朔試射西
北武士朔試射禁軍賞祿試射與都試及諸般試閱
時器械所運人馬隨所入責立價小役劇其所難保
國人所知而又有難堪者中間創出之本寺徭役也
陵幸時盤果差祭圖免時情債堂郎家婚禮時衣服
雖無責出之事各郎廳家雨裝直一名式永定待令
而且轎軍役軍婚喪時使喚軍每每責出故給價雇
立將何以支保乎此等徭役曾因　朝家申飭自本

134

寺完議嚴禁矣日久禁弛宿弊如前近益難堪一依
朝禁本寺徭役各別禁斷事

官員雨裝直中間創出則當此釐正弊瘼之時不可不
革罷而公故時則定給轎軍役軍婚喪時使喚軍完文
嚴防而終不悛習誠極未安一倂革罷後若有復犯者
則當該官員從輕重論罪至於 陵幸時盤果差祭圖
免時情債堂郎家婚禮時衣服雖無責出之弊安知日
後不爲復出乎更加嚴飭事分付本寺

　一元貢正鐵一百斤代薪鐵二百斤倍納者自是各
　軍門通行之規故本寺在前則薪鐵甲捧者爲其公
　私兩便之道矣中年以來所捧薪鐵打淬捧上故利
　益官家害及貢人今後甲捧薪鐵打淬之弊永爲禁
　斷事

正鐵百斤代薪鐵二百斤捧上乃是本寺流來之例則
中間打淬捧上大爲貢人之弊端此後則勿爲打淬捧
上事嚴飭本寺而若或復踵前習則當該官員從輕重
論罪冶匠移法司科治

　一貫革乃科試所用故當初自戶曹措備而科試後
　藏置於該所每當科試時使之出用旣是前例破傷
　則報戶曹隨毀隨改而戶曹趁不聽施故未及修改
　前設場則兩所貫革推移去來之際矣等擔當其駄
　載之役且諸軍門每朔料試射及別試射不設於慕

華館訓鍊院而每設於南別營南小營禁衛營故矣
等亦當其載運無價之役如是繁重而能得保存乎
伏乞諸軍門料射與別試射不設於慕華館訓鍊院
而設於別處則出用該營門貫革以紓貢人一分之
力事

凡貫革之規科場所用則軍器寺貢人擔當進排而至
於各軍門試射時所用則以各其軍門所在貫革取用
自是法例而扈衛廳兵曹若試射於慕華館訓鍊院則
軍器寺貫革旣藏置其處暫時借用亦似無妨而至於
移設於南別營南小營時亦令貢人馱運不但貫革之
致傷輸運之際亦多貽弊於貢人此後則慕華館訓鍊
院試射外他各處試射時則以各其營所在貫革取用
事分付各軍門定式施行

一魚膠大小不同輕重不齊小者未滿二兩或過二
兩大者或有三四兩之重而戶曹定式則以二兩爲
一張各處所用或多或小故戶曹出關合其兩兩錢
錢之用而作爲張數所用或小以三四錢六七錢出
關則例以一張進排此等所失雖不甚大段而若其
用處或過二兩或過四五六七兩之多則不以重數
出關必以張數出關故以二兩重實難見納而必以
五六兩重大魚膠進排故空失之數未免三四倍將
何以支保乎今後諸處所用魚膠少入處則以兩出

關多入處則以斤出關而以張數出關之規永爲革
罷以爲公私兩便之地是白乎旀且各處或不報戶
曹先捧甘取用故假如一兩進排會減僅爲一二錢
白地空失如此今後各處先捧甘督徵之弊各別禁
斷事

各處進排魚膠或以兩數用之或以錢數用之而戶曹
則每以張數出關故貢人之加進排實爲難堪之端此
後少入者以兩多入者以斤一從其所入出關事定式
施行先捧甘取用一款各別禁斷而若復踵前習則當
該官員從輕重論罪下屬移法司科治

一諸上司劑藥所用雉羽貢人等進排而頃年戶曹
定其箇數載錄定例禁其濫用矣諸上司不有定例
直捧甘結無數取用貢人等托以定例不欲加數進
排則出牌囚禁之患比比有之更加申飭事

諸上司藥用雉羽旣有戶曹定例則定例外直捧甘無
數取用已極痛駭貢人欲守定例不欲進排則發牌囚
禁尤極無狀自今各別禁斷而或有復犯者則當該郎
廳從輕重論罪下屬移法司科治

一官廳作紙等米捧上時所謂中間網席乃是謬例
故穀物欠縮極爲浩多此後則中間網席永爲革罷
事

作紙捧上時中間網席聞甚怪駭各別嚴禁事分付本

寺而若復踵前習則官員從輕重論罪下屬移法司科

治

공가의 개념과 폐해

『공폐』를 온전히 이해하기 위해서는 공가(貢價)의 개념을 미리 검토해 둘 필요가 있다. 공가는 단순히 "공물의 가격"을 가리키는 것이 아니라, 크게 보아 두 가지 의미가 있다고 보아야 한다. 우선 좁은 의미에서의 공가는 공물의 가격을 가리키는 것으로서, 개별 공물의 단가(單價)에 해당한다고 할 수 있다. 공물의 단가는 원공(元貢), 별무(別貿), 사무(私貿) 등의 조달 경로에 따라서 각기 다른 수준을 보였는데, 기본적으로는 각각의 가격이 장기에 걸쳐 고정적이라는 특징을 보이고 있었다(이헌창 · 조영준 2008).

『공폐』에서도 공가가 단가의 의미로 사용된 사례가 없지 않지만, 대개는 그렇지 않다. 주된 용례는 넓은 의미의 공가에 해당하는 것으로서, 공물 조달의 대가(代價)로서 공인에게 지급하는 총액, 즉 가액(價額)을 가리킨다. 「예조공인」 조에서 "예조의 종이는 공가를 공인이 받아 내고서 진배하는 것이 조례"라고 한 것은 공인이 물품의 진배에 대한 대가로서 공가를 받았음, 즉 수가(受價)하였음을 잘 보여 준다.

공가의 수취와 공물의 진배 사이에 선후 관계가 바뀌는 경우도 있었다. 예컨대 「내섬시적두소두공인」 조에서 "적두·소두의 수가가 매년 7월에 있기 때문에, 4~6월에는 아직 수가하지 못한 채 우선 진배하는 것이 공인이 지탱하기 어려운 폐단"이라고 한 것은 공가를 미리 수취하지 않은 채 우선 납품을 하고, 나중에 공가를 받는 경우, 즉 "선진배 후수가(先進排後受價)"의 관행이 있었음을 보여 준다.

공가는 공인이 담당 관서로부터 수취하는 것이지만, 그 최종적인 귀속이 공인에게 이루어지지 않는 경우도 있었다. 예컨대 「예조공인」 조에서 "저희들이 해마다 공가 15섬을 약방과 고지기에게 나누어 주고 삯꾼이 거행하는 바탕으로 삼았"다고 하거나, 「사포서채소공인」 조에서 "축일 기별꾼에게 매달의 품삯 5냥 돈을 옮겨 줄 방법이 없었기에, 저희들의 공가 중에서 잘라 내어서 고립"하였다고 하는 사례가 그것이다. 주로 공인이 삯꾼을 고용하여 고립(雇立)하는 경우에 해당하며, 이런 사례에서는 공인이 공가의 (수취 주체인 동시에) 지급 주체가 되는 것이다.

호조나 선혜청에서는 다양한 명목에 대해 여러 가지 공가를 규정하고 있었는데, 그렇게 공가를 마련하는 행위를 "어린(魚鱗)"이라고 했다. 예컨대 「우피계」 조에서 "호조에서 공가를 어린하여 마련할 때 가용은 등외에 가할 것을 이미 정식"하였다고 한 사례가 보인다. 이때 "어린"은 물고기의 비늘이라는 뜻이므로, 전체 공가의 총액을 어떻게 분할(partition)하여 각기의 공물에 할당하는지를 가리키는 것이라 하겠다.

공가의 지급 수단은 주로 쌀이었지만, 그렇지 않은 경우도 있었다. 예컨대 「공조기인」 조에서 "호남 기인의 공가는 3분(3/5)은 쌀로 2분(2/5)은 무명과 돈으로 하는 것이 청례"라고 한 것을 보면, 쌀, 무명, 동전 등 다양한 수단이 공가의 지급에 사용되었음을 알 수 있을 뿐만 아니라, 그러한 수단들이 복합적으로 결제되었음이 확인되는 것이다.

공물 조달에 대한 반대급부로서 적절히 이루어졌어야 할 공가 지급과 관련하여, 여러 가지 폐단이 있었음을 『공폐』는 여실히 보여 준다. 가장 심각한 사례는 공가를 지급받지 않은 채 진배의 역만을 져야 했던 경우다. 예컨대 「사복시공인」 조에서 "세절초는 한 해를 통틀어 셈하면 500여 섬인데도 대가 없이 진배하니 매우 원통"하다는 공인의 하소연에 대해 "세절초의 경우에는 본래 명목이 없고, 또 공가도 없는데, 공인이 공연히 진배"한다는 처분 내용이 확인된다. 이는 소위 "무가(無價)"의 역에 해당하는 것으로서 때로는 "백지징납(白地徵納)"의 폐단이라고도 했다.

지급되는 공가에 비해서 진배의 부담이 과다한 경우 역시 문제가 되었다. 「군기시공인」 조에서 "저희들이 받는 공가는 4,000섬에 불과한데도 책응은 호번"하다고 한 것, 「풍저창공인」 조에서 "공가는 몹시 적으나 납부하는 바는 몹시 후하고 실하니, 공인이 버티기 어려운 병폐"라고 한 것, 「사포서채소공인」 조에서 "저희들의 공가인 동전

4,000냥은 2전·2궁의 공상을 마련하는 것입니다. 그런데 이 공상의 값으로 지금은 3전·4궁의 공상을 담당"한다고 한 것 등이 그러한 사례에 해당한다.

또한 시장에서의 구매 가격이 인상되어 공가의 지급이 상대적으로 부족해진 경우도 있었는데, 「선공감탄공인」 조에서 "당초의 공가가 비록 아주 넉넉하고 많았다고들 하지만, 옛날에는 헐했던 것이 지금은 비싸져서 호조의 숯 1섬에 별무가만 1냥"이라고 한 것을 통해 알 수 있다.

그리고 앞서 언급한 바와 같이 원공, 별무, 사무 등의 조달 단가에는 층위가 있었는데, 원공가가 별무가보다 비쌌음에도 원공가가 아닌 별무가를 적용하여, 결과적으로 공가의 총액을 줄여서 지급하는 경우도 있었다. 「의영고공인」 조에서 "가정한 공가를 대동례로 마련하지 않고 호조의 별무가로 마련"한다고 호소한 것이 바로 그러한 사례에 해당한다.

공가를 지급할 때 기존의 유재(遺在)를 공제하고 부분적으로만 지급한 경우도 공인을 괴롭히는 주요 요인 중 하나였다. 예컨대 「간수공인」 조에서 "공가를 내어줄 때에 그 묵은 유재로써 5분의 1을 계감했기 때문에, 받는 바가 9냥 2돈에 불과하니, 이로써 어찌 무득해서 진배할 것이며"라고 호소한 사례를 통해 이러한 사정을 엿볼 수 있다.

공인에게 지급하는 공물의 단가가 시장 가격보다 높았다는 점에서 공인은 일종의 프리미엄을 향유하는 특권을 가진 존재였다. 그렇기 때문에 공물주인권(즉 공인권)이 하나의 거래 대상으로 성립하였음이 현존하는 다수의 공인권매매문기를 통해 확인된다. 하지만 공가의 지급 과정에서 (앞서 열거한) 여러 가지 병폐가 현실화되고 있었기에, 공인의 공물 조달이 마냥 이익을 남기는 것만은 아니었다. 그러한 현실을 개선하고자 공인의 하소연을 듣고 기록한 것 중의 하나가 바로 『공폐』였다.

제2책

「공폐」 제2책 표지

14

선공감공인 繕工監貢人

◎ 상언 시우쇠는 크고 작은 국역이 있을 때 먼저 진배한 후에 출관 (出關)하기 때문에, 담당 부서에서 일개 서리의 하체(下帖)에 따라 진 배를 시킬 때에 자기의 관위(官威)에 기대어 남봉(濫捧)하는 일이 종종 있습니다. 출관할 때도 과반을 감축하므로 유재(遺在)가 산과 같아서 진배가 모두 녹아 없어져 버리게 되니 공인이 지탱하여 견딜 수 없습 니다. 지금부터는 임시로 설치한 여러 도감 및 구영선(九營繕)과 선공 감에서 소용되는 시우쇠는 출관한 후에 진배하고, 시급한 영역(營役) 은 산원(算員)을 분차(分差)하여 하체에 의거하여 진배할 것을 정식해 주시기 바랍니다.

◎ 제사 무릇 크고 작은 국역에 소용되는 시우쇠는 출관에 미치기 전에 먼저 진배하기 때문에 원역 등이 중간에서 남봉하여 자의로 투식(偸食) 하는데도 호조에서는 실입에 따라 회감하기 때문에 공인이 공연히 잃

는 것이 매우 많아 감당할 수 없다. 지금부터는 선공감과 구영선은 물론 여러 도감의 소용은 호조에서 출관한 후 진배하게 하되, 시급한 역은 감역(監役)을 분차하여 산원과 함께 그 용입(容入)한 실수를 산적(算摘)하여 체문(帖文)에 답인(踏印)하고 취용(取用)하게 하면 이러한 폐단을 막을 수 있을 것이니, 이로써 선공감·구영선·호조에 분부하라.

◎ 상언 별무하는 시우쇠 1근 값이 호조에서 상정(詳定)한 당초에는 5돈[錢]이었는데, 중간에 1돈을 줄이고, 또 1돈을 줄였고, 돈으로만 지급하도록 정식하였습니다. 그 후로 쌀·무명·돈으로 지급하기 때문에, 낙본이 아주 많습니다. 이전에 1돈을 줄인 것을 복구한 다음에, 돈으로만 지급하도록 영구히 정식해 주시기 바랍니다.

◎ 제사 시우쇠 1근 값이 애초에는 5돈이었는데, 그 값이 많아서 처음 1돈을 줄였고 다시 1돈을 줄였으며 돈으로만 지급하도록 정식하였는데, 그 후에 쌀·무명·돈으로 마련하니 억울하고 원통하다고 호소하는 까닭이 됨은 마땅하다. 이미 줄인 값은 비록 복구하기 어렵지만, 공가(貢價)를 마련할 때 비싼 쪽으로 지급하라는 뜻을 호조에 분부하라.

◎ 상언 권설도감에 소용되는 시우쇠는 호조에 쌓아 둔 것으로 지급하므로, 호조의 고자(庫子)로 하여금 실어다가 바치게 하는 것입니다. 요사이 관에서 위협하여 공인으로 하여금 거느려서 바치게 하므로,

실어 나르는 마세(馬貰) 및 허다하게 축났다고 하는 것을 근거 없이 거두어 바칩니다. 지금부터 이후로 호조의 시우쇠는 호조의 고자가 실어다가 바치게 해 주시기 바랍니다.

◎ 제사 각 도감에 소용되는 시우쇠는, 공인이 진배하면 공인이 의례히 실어다가 바치고, 호조가 진배하면 호조에서 의례히 실어다가 바치는데, 요사이에는 호조에서 실어다가 바칠 때에 선공감의 공인으로 하여금 대신 바치게 한다. 이후로는 혹은 호조의 역인에게 하게 하거나 혹은 말을 세내어 실어다가 바치고, 절대로 선공감의 공인에게 트집을 잡지 말도록 정식하여 시행하라.

◎ 상언 선공감의 환하빗은 각처의 목물(木物)을 실어다 두는 곳입니다. 이미 수레가 있고 또 원래의 군사가 있으니, 각처에 되돌려주는 목물은, 적으면 군사가 날라 오고 많으면 수레로 실어 나르되, 절대로 공인에게서 역인을 책출하지 말도록 해 주시기 바랍니다.

◎ 제사 선공감의 환하빗에 수레 1량이 있는 것은, 대개 쓰고 돌려주는 목물을 날라 보내기 위함이다. 또 원래 정해진 군사가 있으니 마땅히 이로써 운반해 오고, 만약 어쩔 수 없이 공인을 사환하더라도 많은 수를 함부로 쓸 수 없도록 엄가(嚴加)하여 신칙하라.

◎ 상언 선공감 제조의 집에는 원구종(元丘從) 외에 군직(軍職) 때에 별구종(別丘從)을 추가로 세우는데, 모군삯을 공인이 내줍니다. 지금부터는 혁파해 주시기 바랍니다.

◎ 제사 선공감의 제조가 반드시 실직을 오래 지내지는 않으면서, 군직 때에 구종을 추가로 세우는 규례는 다른 것 없이 곧 수를 더하여 오래 세운다. 이 한 가지를 영구히 혁파하도록 엄칙하여 시행하라.

◎ 상언 여러 상사, 각 아문의 포진(鋪陳)에 들이는 세승(細繩)은 생마(生麻)·숙마(熟麻)로 감결을 보내는데, 본처(本處)에서는 반드시 세승을 억지로 받습니다. 지금부터 이후로 각처의 포진에 들어가는 것은 세승으로 출관(出關)하여 세승으로 공물을 진배하게 해 주시기 바랍니다.

◎ 제사 여러 상사, 각 아문의 포진에 들어가는 것은 생마·숙마로 감결을 보내는데, 상사에서 새끼를 꼬기 어려워 생마·숙마를 받지 않고 직접 세승을 받는다. 그러므로 세승은 생숙마주인(生熟麻主人)이 진배하지만, 세승주인(細繩主人)은 진배하지 않고서 공연히 수가(受價)하니 일이 매우 부당하다. 이다음에 포진에 들어가는 것은 생숙마로 출관하지 말고 세승으로 출관하되, 생숙마와 세승에는 정밀하고 거칠에 다름이 있으니 무게를 비교하여 헤아려 정식하고, 고르지 않은 폐단이 없도록 호조에 분부하라.

◎ 상언 승정원에서 책을 도침(搗砧)하는 방망이에 들어가는 작은 박달나무를 해마다 정식대로 모두 한꺼번에 진배한 다음에도, 번번이 과외로 책납하는 폐단이 있습니다. 지금부터 이후로 한 해에 한꺼번에 지출하는 것 외에는 절대로 과외로 책납하지 말도록 신칙해 주시기

바랍니다.

◎ 제사 승정원에서 책을 꾸며서 만들 때 쓰는 방망이 2개는 5년마다 한꺼번에 지출하도록 정례에 실려 있는데, 번번이 과외로 책납하는 폐단이 있다니 일이 매우 놀랍다. 이후에 또 이러한 폐단이 있으면 해당 하리를 법사에 보내어 죄를 다스리라.

◎ 상언 선공감 사원(司員)이 국역에 의막(依幕)을 분차(分差)하는데, 겨울 석 달 동안 정역(停役)할 때에는 공고(公故)로 사진(仕進)하는 의막 외에 의막지기를 혁파하였습니다. 기사년(1749)부터 겨울 석 달 동안의 의막지기를 거행하기 시작했는데, 전과 같이 혁파해 주시기 바랍니다.

◎ 제사 국역이 있을 때에는 마땅히 관원을 의막에 분차함이 있어야 하겠지만, 국역이 없을 때에 어찌 의막을 사용하는가? 하물며 겨울 석 달은 선공감이 정역하므로, 공고의 의막 외에 날마다 대령하는 의막은 일찍이 이미 혁파하였다. 오래지 않아 복구되어 하인배가 의막채(依幕債)를 윤회(輪回)하며 공인에게 함부로 징수하며, 이를 소위 5일 의막이라 하니 그 폐단을 이루 말할 수 있겠는가? 이후로는 5일 의막을 혁파하고, 오직 공고로 분차할 때의 의막만을 정식하여 시행하라. 만약 다시 범하는 자가 있으면 해당 관원은 경중에 따라 죄를 논하고 하인배는 법사에 보내어 죄를 다스리라.

◎ 상언 병조에서 호궤할 때 들어가는 잡물(雜物)은 이전부터 원래 진

배하는 일이 없었습니다. 중간에 선공감 제조가 병조판서를 겸임했을 때, 마침 호궤를 맞이하여 잠깐 공인에게서 빌려 썼는데, 그 뒤로 이미 등록(謄錄)을 이루어 번번이 봉감하여 가져다 쓰고, 조금이라도 더디고 느즈러지면 항상 곤벌(棍罰)을 시행하니 어찌 원통하지 않겠습니까? 지금부터 이후로 영구히 막아 주시기 바랍니다.

◎ 제사 금군(禁軍) 호궤의 가가(假家)에 들어가는 것 및 다른 잡물은 병조에서 봉감하여 각사에서 진배한다. 병조판서가 일찍이 선공감 제조를 겸임했을 때 금위군(禁衛軍) 호궤의 잡물 또한 뒤섞어서 책납하게 하였는데 그대로 잘못된 규례를 이루어, 공인이 억울하고 원통하다며 호소함은 마땅하며, 사체의 구간(苟艱)이 심하다. 이다음에 다시 이러한 폐단이 있으면, 해당 대장은 논책하고 감관은 병조에서 곤장을 치고 내쫓도록 정식하여 시행하라.

◎ 상언 선공감의 원공은 5,000섬이고, 24사(司)의 요역을 모두 한목에 분정(分定)할 때, 원공 외에 400여 섬을 가록(加錄)하였으므로, 허다한 요역을 수년 동안 책응하여 매우 원통합니다. 다시 가록을 이정(釐正)하게 하고, 이미 행한 요역은 앞으로의 정간(井間)에 옮겨 적어, 원통하다고 호소하는 폐단이 없게 해 주시기 바랍니다.

◎ 제사 원공 외에 400여 섬을 가록하였음은 틀림없이 확실하므로, 마땅히 억울하고 원통하다며 호소할 만하다. 단지 선공감공인만 그런 것이 아니라 다른 각사의 공가(貢價)에도 또한 옛날에는 적었는데 지금은 많은 것이 반드시 있으니, 구례(舊例)를 교수(膠守)할 수는 없다.

이번에 응판(應辦)을 분배한 규례에 따라 한결같이 원수(元數)를 고산(叩算)하여 정간을 개정하도록 형조에 지위(知委)하여 고르게 거행할 바탕으로 삼으라.

◎ 상언 줄바의 원공은 영성(零星)하지만, 쓰는 곳은 번거롭고 많아서 그 진배하는 바의 허다한 명색을 모두 거행할 수는 없습니다. 한 해에 진배하는 수효가 수만 거리[艮衣]에 이르는데, 그 가운데 실입을 회감하는 것은 10분의 1이 되지 못하고, 그 나머지는 모두 전배(前排: 예전에 진배함)한 것을 쓰고 돌려보내는 것으로 귀결됩니다. 소위 전배란 여러 도감, 구영선에서 쓰고 남은, 마디마디 꺾여서 부서진 것으로서, 원래 쓰고 돌려보내는 일이 없었습니다. 비록 쓰고 돌려보낸 것이라 하더라도 국역에 다시 쓸 수는 없어서 공인들이 모두 새 물건으로 진배하는데, 회감할 수 없기 때문에 쌓여서 유재를 이루게 됩니다. 이는 공인이 공실(空失)하여 지탱하기 어려운 폐단의 까닭입니다. 이 줄바를 진배하는 수효를 장흥고의 석물(席物) 사례에 따라 관문(關文)을 내어 회감해 주시기 바랍니다.

◎ 제사 줄바의 진배는 그 수효가 매우 많은데, 중간에 서실하는 바도 마침내 그러함이 있다. 그런데 또 반드시 모두 공인의 말과 같지도 않지만, 원통하고 억울하다고 호소하는 까닭이 없지 않다. 이후로는 전배한 것을 쓰고 돌려받은 것은 다섯 차례 뒤에 회감하도록 호조에 분부하고 정식하여 시행하라.

◎ 상언 선공감의 공인은 군직(軍職)·제조(提調)의 집에 조보(朝報)를 분발(分撥)할 때 베껴 바치는 종이와 군사(軍士)의 모군삯을 합하여 달마다 12냥을 사원(司員) 9명에게 분차(分差)합니다. 영역(營役)은 의막의 다모 등을 정하여 보내는데, 비록 공고(公故)가 아니라도 날마다 본가(本家)에 대령하여 하인처럼 사환하니, 이는 실로 보존하기 어렵습니다.

◎ 제사 각사의 제조는 실직이 없으니, 만약 관의 물력이 있으면 조보채(朝報債)는 겸직하는 관서에서 지급하고 따로 베껴 보는 것을 반드시 엄중히 막을 필요가 없다. 억지로 공인으로 하여금 종이를 내어 등서하게 하고, 그대로 공인으로 하여금 날마다 전해 바치게 하는 것의 경우에는, 낭청도 오히려 해서는 안 되는 것인데 제조가 오히려 어찌 이러한 과외의 폐단을 끼칠 수 있겠는가? 이후로는 각별히 엄금하여 드러나는 대로 감역(監役)을 논책하라. 의막은 비록 공무에 나아가는 때가 아닌데도 또한 본가에서 대령하게 한다니, 극히 근거가 없다. 이는 반드시 의막을 빙자하여 억지로 공인을 부리려는 계책이다. 공가(公家)의 공인이 어찌 관원의 사인(私人)이 되겠는가? 일의 놀랍고 괴이함이 더할 수 없이 매우 심함을 뭇사람이 모두 아는 바이니, 공무에 나아가는 외에 까닭 없는 날의 의막은 모두 혁파하라. 만약 혹시 다시 범하면 해당 낭청은 경중에 따라 죄를 논하고 하인배는 법사에 보내어 죄를 다스리라.

◎ 상언 선공감에서 열두 가지를 나누어 맡은 서원(書員)에게는 옛날에

환방(換房)의 규례가 없었는데, 중간에 각 부서에서 먹는 바가 고르지 않아서 일 년간 윤회(輪回)하는 규례를 처음 만들고 하나의 역려(逆旅)를 지었습니다. 공물의 진배는 헤아릴 수 없이 많지만, 즉시 논보(論報)하여 회감하지 않았기 때문에 각 부서에서 공물을 써서 없애는 폐단에 이르렀습니다. 구례(舊例)에 따라 맡은 바를 영구히 정하여, 한없는 폐단을 없애 주시기 바랍니다.

◎ 제사 서원이 환방할 때 마침내 공인에게 폐를 끼치게 된다면 혁파하는 것이 마땅하겠지만, 무릇 일을 처리하는 방법을 각별히 헤아려서 잘 생각한 연후에야 뒷날의 폐단이 없을 것이다. 선공감에 분부하여 좋은 쪽으로 잘 처리한 다음, 즉시 비변사에 보고하라.

　　繕工監貢人
　　一正鐵段大小　國役時先進排後出關故因本色
　　一吏之下帖進排時挾其官威多有濫捧而出關時
　　過半減縮故遺在如山而進排皆歸消融貢人不能
　　支堪自今以後權設各都監及九營繕與本監所用
　　正鐵出關後進排爲乎旀時急營役則分差算員下
　　帖據進排事定式事
　凡大小　國役所用正鐵未及出關先進排故員役等
　從中濫捧恣意偸食而戶曹則從實入會減故貢人之
　空失甚多無以支保今後則勿論本監九營繕各都監
　所用自戶曹出關後使之進排而時急之役則分差監

役與算員眼同算摘其容入實數踏印帖文使之取用
則可杜此弊以此分付繕工九營繕戶曹

　一別貿正鐵一斤價戶曹詳定當初五錢矣中間減
　一錢又減一錢而純錢上下事定式矣其後以米木
　錢上下故落本太多曾減一錢復舊後純錢上下事
　永爲定式事

正鐵一斤價初則五錢而以其價多初減一錢再減一
錢以純錢上下定式而其後以米木錢磨鍊宜爲稱寃
之端旣減之價雖難復舊貢價磨鍊時從貴上下之意
分付戶曹

　一權設都監所用正鐵以戶曹所儲上下則使本曹
　庫子輪納矣近來以官威使貢人領納故輪運馬貰
　及許多稱縮白地徵納自今以後戶曹正鐵段以本
　曹庫子輪納事

各都監所用正鐵貢人進排則貢人例爲輪納戶曹進
排則戶曹例爲輪納而近來則戶曹輪納之時使繕工
監貢人替納矣此後則或令本曹役人或雇馬輪納切
勿侵責扵本監貢人事定式施行

　一本監還下色卽各處本物輪置之所也旣有車子
　又有元軍各處還下木物小則軍士輪來多則車子
　載運切勿責出役人扵貢人事

本監還下色有車子一輛者盖爲輪致用還木物且有

156

元定軍士當以此運來而如或不得已使喚貢人毋得
多數濫用事嚴加申飭

　　一本監提調家元丘從外軍職時別丘從加立則其
　　雇價貢人出給矣今則革罷事
本監提調未必長帶實職若開軍職時加立丘從之規
則便是加數長立此一款永爲革罷事嚴飭施行

　　一諸上司各衙門鋪陳所入細繩以生麻熟麻捧甘
　　而本處則必以細繩勒捧自今以後各處鋪陳所入
　　以細繩出關使細繩貢物進排事
諸上司各衙門鋪陳所入以生熟麻捧甘而上司難於
造繩不捧生熟麻直捧細繩故細繩則生熟麻主人進
排而細繩主人則不爲進排公然受價事極不當此後
鋪陳所入勿以生熟麻出關以細繩出關而生熟麻與
細繩精麤有異較量兩錢定式俾無不均之弊事分付
戶曹

　　一承政院搗冊方丁赤所入小朴達木每年定式都
　　下進排之後每有科外責納之弊自今以後一年都
　　下外切勿科外責納事申飭事
政院粧冊時所用方丁赤二介以五年都下載於定例
每有科外責納之弊事極可駭此後又有此弊則當該
下吏移法司科治

　　一本監司員　國役分差依幕多三朔停役時公故

仕進依幕外依幕直革罷矣自己巳冬三朔依幕直
始爲擧行依前革罷事

有　國役時宜有分差官員之依幕無　國役時安用
依幕況冬三朔則本監停役故公故依幕外逐日待令
依幕曾已革罷而非久復舊下屬濫徵依幕債於輪回
之貢人此所謂五日依幕其弊可勝言哉此後則五日
依幕革罷但於公故分差時依幕事定式施行而若復
有犯者當該官員從輕重論罪下屬移法司科治

一兵曹犒饋時所入雜物自前元無進排之事矣中
間本監提調兼帶兵曹判書時適値犒饋一時借用
於貢人而厥後已成謄錄每每捧甘取用少或遲緩
輒施棍罰豈不冤痛乎自今以後永爲防塞事

禁軍犒饋假家所入及他雜物自兵曹捧甘各司進排
而兵判曾兼本監提調時禁衛軍犒饋雜物亦令混同
責納仍成謬例貢人之稱冤宜矣事體之苟艱極矣此
後復有此弊則當該大將論責監官自兵曹決棍汰去
事定式施行

一本監元貢五千石零而二十四司徭役通同分定
時元貢外四百餘石加錄故許多徭役屢年責應極
爲冤痛更令釐正加錄已行之徭役移錄於來頭井
間俾無呼冤之弊事

元貢外四百餘石加錄的實則宜有稱冤不但本監貢

人爲然他各司貢價亦必有昔少而今多者不可膠守
舊例一依今番應辦分排之規叩算元數改定幷間知
委刑曹以爲平均擧行之地

　一條所元貢零星而用處浩繁其所進排之許多名
　色不能盡擧而一年進排之數至於累萬艮衣其中
　實入會減者未能爲什一而其餘則盡歸於前排用
　還所謂前排卽諸都監九營繕用餘寸寸折破者而
　元無用還雖曰用還不得復用於　國役貢人等皆
　以新件進排而不得會減故積成遺在此所以貢人
　空失難支之弊也同條所進排之數依長興庫席物
　例出關會減事

條所進排其數夥然則中間閪失果有然者然亦未必
盡如貢人之言而亦不無稱寃之端此後則前排用還
五次後會減事分付戶曹定式施行

　一本監貢人則軍職提調家朝報分撥謄納紙地軍
　士雇價合每朔十二兩司員九員分差營役則依幕
　茶母等定送而雖非公故逐日待令本家如奴使喚
　此實難保事

各司提調無實職而若有官物力則朝報債自兼司上
下別爲謄見不必嚴防而至於勒令貢人出紙謄書仍
使貢人逐日傳納郎廳尙不可提調尤豈可貽此科外
之弊乎此後則各別嚴禁隨現論責監役依幕則雖非

赴公之時亦令待令於本家極爲無據此必憑藉依幕
勒使貢人之計公家貢人豈爲官員之私人乎事之驚
駭莫此爲甚衆所共知赴公外無故日依幕一切革罷
若或復犯則當該郞廳從輕重論罪下屬移法司科治

　一本監十二掌書員古無換房之規而中間以各色
　所食之不均創開一年輪回之規作一逆旅貢物進
　排無算而未卽論報會減以致各色貢物蕩敗之弊
　依舊例永定所掌以除無限之弊事

書員換房之際果爲胎弊於貢人則革罷爲宜而凡處
事之道各別商量然後可無後弊分付本監從長善處
後卽報備局

15

선공감압도계공인 繕工監鴨島契貢人

◎ **상언** 벌지기[伐直]의 응역은 본래 매우 번다하기 때문에, 연호잡역(煙戶雜役)을 조정에서 한결같이 아울러 견감(蠲減)하셔서 오로지 국역에 응합니다. 그런데 고양 관아에는 사목(事目)이 없어서, 파정군보(把定軍保)뿐 아니라 고양 관아의 향교(鄕校), 객사(客舍), 관아 안과 군관청(軍官廳)의 삼반관속(三班官屬) 등이 종종 진배해야 할 점(簟)·염(簾)·노기(蘆器)·초완(草薍) 3,000~4,000뭇을 공연히 책납합니다. 벌지기 등이 이로 인해 탕패(蕩敗)하여 도산하였습니다. 그 모피(謀避)하려는 바가 사지(死地)를 피하는 것과 같아서 거의 빈 섬의 지경에 이르렀습니다. 연역(煙役)은 사목에 의거하여 침해하지 말고, 고양의 과외 징색(徵索)은 각별히 통금(痛禁)해 주시기 바랍니다.

◎ **제사** 벌지기 등의 연호잡역을 견감한 것은 오로지 압도(鴨島: 蘭芝島)의 초완을 간수(看守)·금양(禁養)하는 데서 말미암는다. 그런데도

고양 관아에서 간혹 파정군보한다니 매우 놀랍다. 경기감영에 엄칙하여 즉시 탈하(頉下)하고, 이후 만약 다시 군역을 정한다면, 해당 수령을 나문(拿問)하여 정죄(定罪)하라. 관가와 객사에서 펼치는 삿자리를 해마다 한 차례 한 번 납부하는 것이 설령 옳다고 하더라도, 향교, 군관청의 삼반관속 등이 여러 곳에 노렴(蘆簾), 노기, 초완 등물을 아울러 진배하게 한다니 매우 놀랍다. 이후에는 아울러 혁파하고, 다시 범하는 자가 있으면 해당 지방관은 엄감(嚴勘)하고 하인배는 경기도에서 엄형(嚴刑)·징급(徵給)할 것을 정식하여 시행하라.

◎ 상언 식년(式年)마다 문삼소(文三所)의 초시(初試) 때에 위배(圍排)에 소용되는 초완 10,000뭇을 참작하여 마련하도록 정식하여 내어준 유래가 이미 오래되었고, 본래 1뭇도 더 거두어들이는 일이 없었습니다. 요사이 영선(營繕)하는 하인 무리의 조종(操縱)이 더욱 심해져 부족하다고 하면서 관전(官前)에 꾸며서 고하여 바치고 공인을 붙잡아 갑니다. 정식 외에 더 거둘 수 없도록 과조(科條)를 엄중히 세워 주시기 바랍니다.

◎ 제사 식년의 문삼소 시장(試場)의 위배는 초완 10,000뭇으로 헤아려 결정한 지 그 유래가 이미 오래되었다. 지금 영선의 소속(所屬)이 부족하다고 하면서 공인을 붙잡아 가고 정식 외에 더 거두어들인다니, 참으로 놀랍다. 이는 비단 영선의 하인배만 환롱(幻弄)하는 것이 아니며 시소(試所)의 소속에게도 역시 공무를 빙자하여 함부로 거두는 폐단이 많다. 이후로 다시 범하는 자가 있으면 감역관은 죄를 논하

고, 삼소에 임명된 헌예(憲隸) 및 영선의 하인배는 법사에 보내어 죄를 다스리라.

◎ 상언 호조에서 몇 해 전에 정례할 때 혁파한, 꼭 필요하지 않은데도 진배하는 초완을 합하면 60,000여 뭇이 됩니다. 이는 곧 나래[飛乃: 이엉]를 혁파한 대신에 개부(盖覆)하는 물품입니다. 요사이 국역이 연하여 거듭되어 개부하는 60,000뭇의 풀로도 번번이 부족할까 염려합니다. 선공감에서 생각하는 초완의 상래(上來)도 옛날에 비해 수효가 많고, 중간에 함부로 거두는 것도 심하여 이루 다 헤아릴 수 없습니다. 그런데도 조금이라도 더디고 느즈러지면 일에 따라 생경하므로 감히 항거할 수 없습니다. 여러 가지 개부를 이어 쓸 길이 없어 번번이 나래를 사 가지고 대신 쓰며, 초완을 대신 쓰는 본뜻은 거의 없습니다. 각별히 변통해 주시기 바랍니다.

◎ 제사 나래를 혁파한 다음에 꼭 필요하지 않은 초완의 사용을 깎아내어 줄였으니, 손에 넣는 것이 60,000뭇이 되므로, 편결(編結)하는 값을 마련하여 나래를 혁파한 대신으로 쓰게 하면, 공인이 억울하고 원통하다고 호소할 까닭이 당연히 없을 것이다. 선공감의 관원 및 서원이 공인이 초완을 많이 획득한다고 하면서, 과외로 함부로 쓰는 폐단이 있다. 그러므로 공인이 비록 초완을 많이 얻게 되더라도 이미 헛되게 쓰는 것이 있으니, 지탱하여 써서 보존할 형세가 절대로 없다. 이다음에는 관원과 원역을 물론하고 만약 함부로 거두는 폐단이 있으면 관원은 경중에 따라 죄를 논하고 하인배는 법사에 보내어 죄를

다스리라.

◎ 상언 크고 작은 도감 때에 여러 가지 가가(假家)를 지어 만드는 데 들어가는 물종은 이미 정례에 소부(所付)됨이 없습니다. 그런데도 영선하는 서원 무리가 제멋대로 하체(下帖)하여 많은 수를 가져다 쓰고, 결국 실입에서 열에 일고여덟을 잃으니 실로 감당하기 어려운 폐단이 됩니다. 이다음에는, 모든 도감에 이미 이차산원(移差算員)이 있으니, 산원이 산적(算摘)하여 하체하고 가져다 쓰게 하며, 서원은 제멋대로 하체할 수 없게 하여, 중간에 공실(空失)하는 폐단이 없도록 정식하여 변통해 주시기 바랍니다.

◎ 제사 크고 작은 도감의 가가에 들어가는 물종을 서원 무리가 제멋대로 하체하여 중간에 다 써서 없어지므로 공인이 지탱하여 담당할 수 없으니, 그 폐단을 감당하기 어렵다. 이다음에는 도감에 분차(分差)한 감역 및 산원이 하나하나 산적하고 답인(踏印)하여 봉감한 연후에 공인이 진배하게 하라. 이와 같이 엄칙한 다음에 만약 어기는 자가 있으면 해당 관원은 경중에 따라 죄를 논하고 하인배는 법사에 보내어 죄를 다스리라.

◎ 상언 자문감(紫門監) 내외에서 소장(所掌)하는 나래·초바자 등의 물건을 우선 하체하여 가져다 쓴 다음에 온전히 회감하지 않는 것이 해마다 많게는 300~400동에 이르러, 근거 없이 서실하니 일이 매우 원통합니다. 해마다 한꺼번에 지급한 다음에는 다시 트집을 잡아서

요구하지 말도록, 과조를 엄중히 세워 보존할 수 있게 해 주시기 바랍니다.

◎ 제사 자문감에서 가져다 쓴 초바자 등의 물건을 회감하지 않은 것이 많으니, 공인들이 원통하고 억울하다고 호소함은 당연하다. 이후로는 자문감에서 한 해 동안 소용되는 초완이 몇 동인지 헤아려 정해서 편결하는 값과 아울러 60,000뭇 안으로 획출(劃出)하라. 자문감에 내어준 다음에는 다시 압도공인에게 트집을 잡아 요구하지 말게 하고, 자문감의 두 제거(提擧: 제조)가 헤아려서 잘 생각하여 정식하도록 분부하라. 자문감에서는 이와 같이 정식한 뒤에 만약 다시 예전의 버릇을 답습한다면, 관원은 경중에 따라 죄를 논하고 하인배는 법사에 보내어 죄를 다스리라.

◎ 상언 성균관의 승보(陞補) 및 사학(四學)의 학제(學製) 때 위배(圍排)하는 일에는 원래 정례가 없습니다. 그런데도 진배하지 않으면 공인을 붙잡아 가서 수없이 트집 잡고 요구하므로, 일이 매우 급박하여 어찌할 수가 없어서 위배합니다. 후에 그 철배(撤排) 때에 이르러서는 관속(館屬) 및 학속(學屬) 무리가 모조리 훔쳐 가서 1부(浮)도 돌려주는 일이 없고, 또 호조에 보고해서 회감할 수도 없습니다. 이렇듯 공인이 근거 없이 서실하니 어찌 원통하지 않겠습니까? 이후로 그 위배한 수에 따라 회감하여 주시거나, 위배를 영구히 못하도록 관학(館學: 성균관·사학의 통칭)에 감결을 보내 주시거나, 하나를 지시하여 정탈(定奪)하셔서 보존할 수 있게 해 주시기 바랍니다.

◎ 제사 관학의 담장이 무너지면, 과장(科場)을 벌일 때 위배하지 않을 수 없다. 국가의 기강이 크게 풀려서 관청에서 사사건건 영선하지 않았기에, 마침내 무너지는 대로 즉시 보수하지 않아 지금은 수습할 수 없는 지경에 이르렀다. 압도공인이 그 피해를 대신 받는다니, 또한 매우 불쌍하고 가엾다. 위배 한 가지를 지금부터 혁파하고, 담장이 무너진 곳은 낱낱이 보수하도록 엄칙하여, 영선을 척념(惕念)하여 거행하라.

◎ 상언 선공감 각 소장(所掌)의 진배에는 모두 공인이 있는데, 유독 압도빗만 원래 공인이 없습니다. 궐내의 각전 · 각 궁에 달마다 공상(供上)하는 대미추(大尾箒), 중미추(中尾箒), 달발[薥簾], 삿자리, 노기와 종묘 · 사직, 각 능침 이하 여러 곳의 수리에 들어가는 점, 염, 미추(尾箒), 바자[把子] 및 기타 각 도감, 여러 상사, 구영선, 자문감의 내외 소장, 문무의 과장, 삼군문의 호궤, 여러 가지 가가(假家)의 개부(盖覆)와 허다한 위배(圍排)의 초완, 바자, 미추 등의 물품을 서원 1명이 혼자서 담당합니다. 진배가 이루 다 헤아릴 수 없이 많아 모기가 태산을 짊어지는 것과 거의 같고 세력이 고단(孤單)하여 지탱하여 감당할 수 없습니다. 이러한 까닭으로 앞뒤의 색리가 서로 이어 패망하여 대부분 도망하였습니다. 그 손해가 관가에 미칠 즈음에 가까스로 새로 뽑을 수 있었기에, 바꾸어 주어 계(契)를 만들었습니다. 원공이 없으면 역가도 없으므로, 선공감의 여러 가지 요역과 대동(大同)의 질지[作紙] 등을 영구히 거론하지 말도록 해 주시기 바랍니다. 신해

년(1731)에 선공감의 절목으로 공물을 설정한 다음에 새로 뽑힌 사람들 또한 지탱하여 감당할 수 없었기에, 아침저녁으로 사람을 바꾸어 저희들에게 미치기에 이르렀습니다. 지금 벌지기는 탕진하고 공인은 지탱하기 어려우므로, 감히 이렇게 한 조목 한 조목씩 우러러 하소연하니, 대략 변통해 주시기 바랍니다.

◎ 제사 압도빗을 애초에는 서원이 진배했는데, 지탱하여 담당할 형세가 절대로 없었다. 한잡인(閑雜人)으로 하여금 담당하여 진배하게 하라. 대동의 질지와 선공감의 여러 가지 역은 영구히 거론하지 말라는 뜻으로 절목을 만들었는데, 다른 공인들을 반드시 뽑아 들이고자 하여 함께 응역한다니 일이 매우 부당하다. 선공감에서 밝혀 조사하고 잘 처리한 다음 비변사에 보고하도록 분부하라.

◎ 상언 승정원 당상·낭청의 대청(大廳) 및 대루청(待漏廳)과 홍문관·춘추관·시강원·익위사·도총부의 대청(臺廳) 등에 소배(所排)하는 차양의 삿자리는 정례 가운데 이미 있어서 훼손되는 대로 수보(修補)하는데, 정례에 셈하지 않은 것은 해마다 봄가을로 직접 감결을 보내어 책납합니다. 해당 관사에서 감결을 보내면 호조에서 관문(關文)을 내어준 연후에야 숫자대로 받아서 쓰게 해 주시기 바랍니다. 미추(尾箒)는 달마다 정해진 수를 진배하는데, 도배에 소용되는 미추도 그 안에 함께 들어 있지만 정식이 있지 않습니다. 봄가을 도배할 때 과외로 더 거두는 것도 마찬가지로 영구히 정식하셔서 함부로 거두는 일이 없게 해 주시기 바랍니다.

◎ 제사　궐내 각사의 차양 삿자리는 훼손되는 대로 수보하도록 정례에 실려 있다. 그런데도 각사에서 봄가을에 직접 감결을 보내어 억지로 받는다니 일이 매우 놀랍다. 이후로는 각사에서 직접 감결을 보내는 것을 한데 아울러 혁파하고, 반드시 호조의 감결로써 진배하게 하라. 만약 혹시 이러한 폐단이 다시 있으면, 직접 감결을 보낸 각사를 조사하여 찾아내어서 드러나는 대로 죄를 논하도록 정식하여 시행하라. 미추의 경우에는 달마다의 진배가 정례에 실려 있고 도배하는 빗자루도 그 안에 함께 들어 있는데, 또 도배하는 빗자루를 더 받는다니 일이 매우 놀랍다. 이후로 다시 이러한 폐단이 있으면, 해당 관원은 경중에 따라 죄를 논하고 하인배는 법사에 보내어 죄를 다스리라.

◎ 상언　선원록청(璿源錄廳), 보각(譜閣), 기로소, 돈녕부, 홍문관에 소배(所排)하는 달발은 이미 정례가 있어서 훼손되는 대로 수보하는데, 정례에 있지 않은데도 해마다 봄가을로 직접 봉감하여 함부로 받고, 만약 혹시라도 지체되면 출패하여 가두고 채찍질하는 근심이 망유기극합니다. 그러므로 어쩔 수 없어서 감결에 따라 진배하지만, 회감할 수 없어서 잃어버리는 바가 아주 많으니 실로 원통합니다. 이다음에는 해마다 몇 부(浮)씩 호조에서 출관(出關)하는 수를 기다려 받아 쓰되, 절대로 함부로 걷지 말게 해 주시기 바랍니다.

◎ 제사　선원록청, 돈녕부, 보각, 기로소, 홍문관에 소배하는 달발을 훼손되는 대로 수보하는 것은 곧 정례다. 그런데도 봄가을로 봉감하

여 전과 같이 함부로 받으면서 조금이라도 지체되면 폐를 끼치는 일이 많으니, 이다음에는 각기 아문에서 이문(移文)하면 호조에서 수보를 산적(算摘)하여 봉감한 다음에 진배하도록 정식하라. 만약 직접 봉감하는 폐단이 있으면, 각기 관서의 낭청은 죄를 논하고 하인배는 법사에 보내어 죄를 다스리라.

◎ 상언 압도(鴨島)의 벌지기를 모두 합한 수는 스물두 명이 되고, 봉족(奉足) 또한 스물두 명입니다. 그 응역하는 바는, 압도와 노초도(蘆草島)의 금벌(禁伐)을 분수(分授)하여, 종묘·사직, 각 능침, 궐내의 각전(各殿)과 여러 상사, 궐외의 각전, 각 묘(廟), 권설도감에 들어가는 삿자리, 노기, 달발을 전담하여 편결하고 메고 지어 날라 바치는 것입니다. 만약 불시의 역이 있으면, 양식을 싸 가지고 내부(來赴)하여 도로에 길게 서는 것이 자생(資生)하는 방법입니다. 초완을 정식에 따라 베어 바친 다음, 약간의 남은 풀로 농립모[農笠], 점, 염을 사사로이 짜서 입에 풀칠하는 바탕으로 삼습니다. 그런데 선공감에서 변초(邊草)를 행하하여 몹시 분운(紛紜)합니다. 체(帖)를 받은 각 집의 종무리가 정완(正亂)을 함부로 베어 벌지기가 감히 항거하지 못하고, 상납에 부족이 생겨 공인에게 손해가 미치니, 그 생계는 말할 것이 못 됩니다. 앞뒤로 완의(完議)하여 막고서 거듭 엄중히 타이르지 않은 것이 아닌데도 그 폐단이 전과 같으니, 각별히 정식하여 금단해 주시기 바랍니다.

◎ 제사 벌지기의 역은 초장(草場)의 금양(禁養)을 분수(分授)하여 삿자

리 등 여러 가지를 편결하여 진배하는 것으로 그 역이 몹시 괴롭다. 의지하는 바라고는 초완을 정식에 따라 베어 바친 다음에 변초의 남은 부분을 팔아먹으며 자생하는 것이다. 요사이 국강(國綱)이 심하게 느슨해져 선공감의 당상·낭청이 변초의 행하를 수없이 많이 작성하여 발급해서, 각 집의 종 무리가 세력을 빙자하여 어지러이 베는 것이 비단 변초뿐만 아니다. 또 정장(正場)에 미쳐서는, 국용(國用)에 부족이 생기기에 이르러 완의하여 막고서 거듭 엄중히 타이르지 않는 것이 아닌데도 그 폐단이 전과 같으니 변초의 행하를 다시 엄중히 막으라. 만약 다시 예전의 버릇을 답습하면 해당 관원은 경중에 따라 죄를 논하라.

◎ 상언 예전에는 감예관(監세官)이 내려갈 때 섬 안에서 세금을 많이 거두었으므로, 거느리는 서원·사령·역인 외에 다른 부서의 사령 2명을 더 데리고 갔습니다. 어지간한 기경처(起耕處)가 이제는 진폐(陳廢)되어 수년 동안 한 되, 한 홉의 세금을 거두는 일도 아예 없어졌습니다. 그러므로 거느리는 하인은 사환만으로 충분한데, 각 부서의 사령을 수를 더하여 데리고 가서는 음식을 억지로 달라고 하여 먹는 폐단을 일으킴이 망유기극합니다. 다른 부서의 사령 2명은 영구히 수를 줄여 주시기 바랍니다.

◎ 제사 감예관이 내려갈 때 서원·사령을 여럿 거느리므로, 그 사이에 폐단을 일으킨 일이 많아서 빈잔(貧殘)한 벌지기가 지탱하기 어려운 형편이 있다. 이후로 해당 부서의 서원·사령·역인 외에 다른 부서

의 사령을 데리고 가는 것을 지금부터 혁파하라. 다시 범하는 자가 있으면 해당 관원은 경중에 따라 죄를 논하라.

◎ 상언 당상·낭청 집의 삿자리·달발을 편결하는 역은 극심한 폐단이 됩니다. 빈잔한 벌지기 등이 양식을 싸 가지고 와서 서울에 머물러 묵으므로, 지탱함을 이겨 내지 못하고 도망하여 흩어지는 폐단이 매우 많습니다. 각별히 변통하셔서 벌지기 등이 지탱할 수 있도록 해 주시기 바랍니다.

◎ 제사 벌지기가 당상·낭청 집의 달발을 편결할 때, 여러 날 양식을 싸 가지고 와서 서울에 머물러 묵는 것을 지탱하여 감당함을 이겨 내지 못한다. 이후로는 엄히 막은 다음, 다시 범하는 자가 있으면 해당 관원은 경중에 따라 죄를 논하라.

繕工監鴨島契貢人
一伐直之應役本來甚繁故煙戶雜役自　朝家一
倂蠲減專應　國役而高陽官不有事目把定軍保
兺不喩本官鄕校客舍衙中與軍官廳三班官屬等
種種所排簟簾蘆器草亂三四千束公然責納伐直
等因此蕩敗逃散其所謀避如避死地幾至於空島
之境煙役段依事目勿侵本官科外徵索段各別痛
禁事
伐直等煙戶雜役蠲減者專由於鴨島草亂之看守禁

養而本官間或把定軍保事甚可駭嚴飭畿營卽爲頉

下此後若復定軍役則當該守令拿問定罪官家客舍

所鋪蘆簟之每年一次一納猶或可也而至於鄉校

軍官廳三班官屬等諸處蘆簾蘆器草薍等物竝令進

排者極爲可駭此後則竝爲革罷復有犯者則當該地

方官嚴勘下屬自本道嚴刑徵給事定式施行

　一每式年文三所初試時圍排所用草薍一萬束參

　　酌磨鍊定式出給其來已久元無一束加徵之事矣

　　近來營繕下人輩操縱滋甚稱以不足訐訴官前推

　　捉貢人定式外不得加徵事嚴立科條事

式年文三所試場圍排酌定草薍萬束其來已久卽今

營繕所屬稱以不足推捉貢人定式外加徵誠極可駭而

此不但營繕下屬之幻弄試所所屬亦多有憑公濫徵

之弊此後復有犯者監役官論罪三所所差憲隷及營

繕下屬移法司科治

　一戶曹年前定例之時革罷不緊進排草薍合爲六

　　萬餘束而此乃飛乃革罷代盖覆之物而近來　國

　　役稠疊盖覆六萬束之草每患不足而本監以爲草

　　薍上來比昔數多是如中間濫捧極爲無算少或遲

　　緩則因事生梗故莫敢抗拒各樣盖覆無路繼用每

　　以飛乃貿取代用殊無草薍代用之本意各別變通

　　事

飛乃革罷後剋減草薍不緊之用則所得者爲六萬束
故磨鍊編結價使之用於飛乃革罷之代則貢人宜無
稱寃之端而本監官員及書員謂以貢人多得草薍而
有科外濫用之弊然則貢人雖多得草薍旣有虛費萬
無支用保存之勢此後則勿論官員與員役若有濫徵
之弊則官員從輕重論罪下屬移法司科治

　　一大小都監時各樣假家造作所入物種旣無定例
　　所付故營繕書員輩恣意下帖多數取用末終實入
　　什失七八實爲難�之弊此後則凡都監旣有移差
　　算員使算員算摘下帖取用而書員段不得恣意下
　　帖俾無中間空失之弊事定式變通事
大小都監假家所入物種書員輩任自下帖中間消融
故貢人無以支當其弊難塻此後則使都監分差監役
及算員一一算摘踏印捧甘然後貢人進排而如是嚴
飭之後若有犯者則當該官員從輕重論罪下屬移法
司科治

　　一紫門監內外所掌飛乃草把子等物先下帖取用
　　之後全不會減者每年多至三四百同白地闊失事
　　甚寃痛每年都下後更勿侵責事嚴立科條俾得保
　　存事
紫門監取用草把子等物多不會減貢人稱寃宜矣此
後則紫門一年所用草薍酌定幾同并與編結價劃出

於六萬束內出給紫門後更勿侵責鴨島貢人事本監
兩提擧商量定式事分付而紫門監則如是定式之後
如或復踵前習則官員從輕重論罪下屬移法司科治
　一成均館陞補及四學學製時圍排之事旣無定例
　故不爲進排則捉去貢人無數侵責迫不得已圍排
　之後及其撤排之時館屬及學屬輩盡數偸取無一
　浮還下之事亦不得報戶曹會減則貢人之白地闒
　失豈不冤乎此後隨其圍排數會減是白去乃永勿
　圍排事館學良中捧甘是白去乃指一定奪以爲保
　存事
館學墻垣頹毀則設場時不得不圍排而　國綱大解
官不事事營繕終不隨頹修築今至於莫可收拾之境
鴨島貢人之替受其害亦甚可矜圍排一款自今革罷
墻垣頹毀處這這修築事嚴飭營繕惕念擧行
　一本監各所掌進排皆有貢人唯獨鴨島色段元無
　貢人而　闕內各　殿各　宮逐朔　供上大中尾
　箒亂簾蘆簟蘆器與　宗社各　陵寢以下諸處修
　理所入簟簾尾箒把子及其他各都監諸上司九營
　繕紫門內外所掌文武科場三軍門犒饋各樣假家
　盖覆與許多圍排草亂把子尾箒等物以一書員專
　爲擔當而進排無算殆同蚊負泰山者然勢孤力單
　不能支堪以此之故前後色吏相繼敗亡擧皆逃走

其害及於官家之際僅得新募替授設契而無元貢
無役價故本監諸般徭役大同作紙等永勿舉論事
辛亥年分本監節目設貢之後新募人等亦不能支
堪朝暮換面至及於矣徒等而到今伐直蕩敗貢人
難支故敢此逐條仰訴以冀大段變通事
鴨島色初則書員進排萬無支當之勢使閑雜人擔當
進排大同作紙本監諸役永勿舉論之意成節目則他
貢人之必欲援入而同爲應役事甚不當自本監明查
善處後報備局事分付

　一承政院堂上郎廳大廳及待漏廳與弘文館春秋
　館侍講院翊衛司都摠府臺廳等所排遮陽蘆簟段
　定例中旣有隨毀修補而不計定例每年春秋直捧
　甘責納自其司捧甘戶曹出關然後依數捧用爲白
　乎於尾簟段每朔定數進排而塗褙所用尾簟竝入
　其中是白去乙不有定式春秋塗褙時科外加徵一
　體永爲定式俾無濫捧事
闕內各司遮陽蘆簟以隨毀修補載於定例而各司春
秋直甘勒捧事甚可駭此後則各司直甘一倂革罷必
以戶曹甘結進排而如或更有此弊則查出直甘之各
司隨現論罪事定式施行至於尾簟每朔進排載於定
例塗褙簟幷入其中而又以塗褙簟加捧事極可駭此
後復有此弊則當該官員從輕重論罪下屬移法司科

治

一　璿源錄廳譜閣耆老所敦寧府弘文館所排亂

簾旣有定例隨毀修補而不有定例每年春秋直爲

捧甘濫捧如或遲滯則出牌囚鞭之患罔有紀極故

勢不獲已從捧甘進排而不得會減所失太多實爲

寃痛此後段每年幾浮式待戶曹出關數捧用而切

勿濫徵事

璿源錄廳敦寧府譜閣耆老所玉堂所排亂簾隨毀修

補乃是定例則春秋捧甘如前濫捧少或遲滯作弊多

端此後則自各其衙門移文戶曹算摘修補而捧甘後

進排事定式若有直捧甘之弊則各其司郎廳論罪下

屬移法司科治

一鴨島伐直都數爲二十二名奉足亦爲二十二名

其所應役則本島與蘆草島分授禁伐　宗社各

陵寢　闕內各　殿與諸上司　闕外各　殿各

廟權設都監所入蘆簟蘆器亂簾專當編結擔負輸

納若其不時之役則裹糧來赴長立道路其所以資

生者草亂依定式刈納後以若干餘草私結農笠簟

簾以爲糊口之資而本監邊草行下極爲紛紜受帖

各家之奴屬濫刈正亂伐直莫敢抗拒上納欠縮害

及貢人則其矣生涯非所可論前後完議防塞非不

申嚴而其弊猶前各別定式禁斷事

伐直之役分授草場禁養蘆簟等各種編結進排其役
甚苦而所賴者草薍依定式刈納後以邊草所餘賣食
資生矣近來　國綱大解本監堂郎邊草行下無數成
給各家奴屬憑勢亂刈非但邊草而已又及於正場以
致　國用之欠縮完議防塞非不申嚴其弊猶前邊草
行下更爲嚴防而若復踵前習則當該官員從輕重論
罪

　　一曾前段監刈官下去之時島中多有收稅故帶率
　　書員使令役人外加率他色使令二名矣如干起耕
　　處今旣陳廢數年以來元無升合收稅之事則帶
　　率下人足可使喚而各色使令加數帶去討食作弊
　　罔有紀極他色使令二名段永爲減數事
監刈官下去時多率書員使令故其間多作弊之事貧
殘伐直有難支之勢此後則當色書員使令役人外他
色使令帶去者自今革罷而復有犯者則當該官員從
輕重論罪

　　一堂郎家蘆簟薍簾編結之役極爲弊端貧殘伐直
　　等裹糧留京故不勝支撐逃散之弊甚多各別變通
　　以爲伐直等支撐事
伐直之編結堂郎家薍簾時多日裹糧留京不勝支堪
此後則嚴防後又有犯者則當該官員從輕重論罪

16

선공감장목계공인 繕工監長木契貢人

◎ 상언 광지영(廣智營)[4] · 집춘영(集春營)[5] · 여수영(旅帥營) · 역마영(驛馬
營) · 서영(西營)[6] · 남영(南營)[7] 등 여러 곳에 겨울의 석 달 동안 풍차(風遮)
에 소입(所入)되는 진장목 · 잡장목을 매년 수천 개나 진배하는데 하
나도 돌려주는 것이 없습니다. 이후에는 어영청(御營廳)의 예대로 그
영에서 거행하도록 해 주시기 바랍니다.

◎ 제사 광지영 · 집춘영 · 여수영 · 역마영 · 서영 · 남영에 지난겨울 풍
차에 소입되는 진장목 · 잡장목을 셀 수 없이 진배하였는데, 겨울이
지났는데도 끝내 돌려주지 않았다니 매우 놀랍다. 이후에는 반드시

---

4 광지영은 창덕궁 광지문 밖의 훈련도감 분영을 가리킨다.
5 집춘영은 창덕궁 집춘문 밖의 어영청 분영을 가리킨다.
6 서영은 창덕궁 경추문 밖의 금위영 분영을 가리킨다.
7 남영은 경희궁 개양문 뒤의 금위영 분영을 가리킨다.

해당 영의 대장(大將)이 성첩(成貼)하여 봉감하는 것을 기다린 후에 진배하고, 다음 해 봄에 돌려줄 때 해당 대장이 또 수효를 맞추고 봉감하여 찾아서 가져가게 하라. 만약 전과 같이 잃어버리게 되면 해당 대장을 논책하고, 담당 장교(將校)와 군병(軍兵) 등 두목은 곤장을 치고 구실을 그만두게 한 다음 그대로 징급(徵給)할 것을 정식하여 시행하라.

◎ 상언 병조에서 금군마(禁軍馬)를 점고(點考)할 때의 낙인(烙印) 자루를 종종 진배하는데, 정례에 없는 바입니다. 이후로는 각 군문의 관례와 마찬가지로 병조에서 거행하도록 해 주시기 바랍니다.

◎ 제사 병조에서 금군마를 점고할 때의 낙인의 나무자루를 부당하게 공인에게 요구한다니 이후로는 병조에서 담당하도록 정식한 다음, 병조에 분부하라.

◎ 상언 구영선 소관의 크고 작은 도감과 별공작(別工作), 수리(修理), 영건(營建), 나례(儺禮) 등의 여러 가지 가가(假家)에 들어가는 장목(長木)의 진배가 몇천 개인지 알지 못하는데, 회감의 경우에는 10분의 1도 차지 않습니다. 이다음에는 수리계(修理契)의 전례에 따라 분차(分差)한 산원(算員)으로 하여금 실수에 따라 하체(下帖)하여 진배한 다음에 바로 회감해 주시기 바랍니다.

◎ 제사 가가의 장목은 많은 수를 진배해도 태반이 원역의 손에서 다 써서 없어지므로, 호조의 회감이 겨우 10분의 1이 되어 공인이 원통

하고 억울하다고 호소함이 마땅하다. 분차한 감역(監役) 및 산원으로 하여금 그 용입(容入)을 헤아려 적당히 산적(算摘)하게 한 다음, 관원이 체문을 만들어 답인해서 공인에게 출급하고 진배하게 하여, 헛되이 잃어버리는 폐단이 없도록 하라. 진배할 때 하인배가 만약 중간에서 몰래 훔치고서 곧바로 되돌려주지 않는 일이 있으면, 해당 감역은 경중에 따라 죄를 논하고 하인배는 법사에 보내어 죄를 다스리라.

◎ 상언 크고 작은 거둥 때에 의정부·중추부·돈녕부·의빈부·승정원·홍문관·춘추관·시강원·익위사 등의 의막·가가(假家), 종친부·충훈부의 진향(進香) 때에 제물(祭物)의 가가 및 대제(大祭) 때에 헌관(獻官), 해래(偕來) 승지·사관의 수서계(受誓戒) 예의(隸儀: 의식을 미리 익힘), 망궐례(望闕禮)의 방물(方物)을 싸서 봉할 때, 여러 상사에서 약을 달일 때, 여러 가지 가가를 지어서 만들 때 각사의 공방·사령에게 정채(情債)를 갖추어 바칩니다. 뿐만 아니라 목물을 거두어 가지고 돌아올 때 각사의 하인배가 동서(東西)로 빼앗아 가서 대부분 서실하고 1개도 찾아서 가져오지 못하니, 매우 원통하고 억울합니다. 각별히 엄금해 주시기 바랍니다.

◎ 제사 궐 내외의 여러 상사 이하의 의막 및 여러 가지 가가를 조성하지 않을 수 없는 곳에는 선공감에서 거행하는데, 목물을 거두어 가지고 돌아갈 때에 각사의 하인배에게 빼앗겨서 하나도 찾아가지 못하는 것은 실로 공인이 지탱하기 어려운 폐단이 된다. 지어서 만들

때의 경우에 하인배가 정채를 내놓으라고 요구하는 것은 더욱 근거가 없다. 이후로는 각처에서 가가를 지어서 만들거나 거두어 가지고 돌아갈 때에 각사 하인배로서 1그루의 나무라도 빼앗아 가지거나 1닢의 돈이라도 강제로 빼앗는 자는 모두 법사에 보내어 죄를 다스리라.

◎ 상언 양자문에서 해마다 가져다 쓰는 목물이 거의 10,000여 개에 가깝습니다. 그러나 회감하는 수는 100개 미만이어서 근거 없이 공실(空失)하니, 이는 실로 지탱하기 어려운 폐단입니다. 이다음에는 궐내에서 가져다 쓰는 목물을 참작하여, 양자문의 서원에게 한꺼번에 지급하여 담당하게 해 주시기 바랍니다.

◎ 제사 목물을 자문감에 진배하는 것은 참으로 지탱하기 어려운 폐단이니, 한 해의 소용을 참작하여 양자문에 한꺼번에 지급하는 것이 마땅하다. 이로써 정식하여 시행하라.

繕工監長木契貢人
一廣智營集春營旅帥營驛馬營西營南營等各處
三冬風遮所入眞雜長木每年累千箇進排而無一
箇還下者此後則依御營廳例自其營擧行事
廣智集春旅帥驛馬西南營過冬風遮所入眞雜長木
無數進排過多而終不用還事極可駭此後則必待該
營大將成帖捧甘後進排翌春還下時該大將亦爲照

數捧甘使之推去而如或如前見失則該大將論責次
知將校及軍兵等頭目決棍除汰後仍爲徵給事定式
施行

　一兵曹禁軍馬點考時烙印柄次種種進排而定例
　所無此後則一依各軍門例自其曹擧行事
兵曹禁軍馬點考時烙印木柄不當責於貢人此後自
本曹擔當事定式後分付兵曹

　一九營繕所管大小都監別工作修理營建儀禮等
　各樣假家所入長木進排不知其幾千箇而至於會
　減未滿什一此後則依修理契例使分差算員從實
　入下帖進排後卽爲會減事
假家長木多數進排太半消融於員役之手故戶曹會
減菫爲十分之一貢人稱寃宜矣使分差監役及算員
量其容入的當算摘後官員作帖文踏印出給貢人使
之進排俾無虛實相蒙之弊而進排時下屬輩如有從
中偸竊不卽還下則當該監役從輕重論罪下屬移法
司科治

　一大小　擧動時議政府中樞府敦寧府儀賓府承
　政院弘文館春秋館侍講院翊衛司等依幕假家宗
　親府忠勳府進　香時祭物假家及　大祭時獻官
　偕來承史受誓戒隸儀望　闕禮方物封裹時諸上
　司煎藥時諸般假家造作時各司工房使令處非但

情債之備給而已木物撤還時各司下屬東西奪取
擧皆闊失無一箇推去極爲冤痛各別嚴禁事
闕內外諸上司以下依幕及諸般假家不得不造作處
自繕工監擧行而木物撤還之際見奪於各司下屬無
一推還者實爲貢人難支之弊至於造作時下屬之徵
索情債尤極無據此後則各處假家造作與撤還時各
司下屬之奪取一株木誅求一文錢者竝移法司科治
一兩紫門每年取用木物殆近萬餘箇而會減之數
未滿百箇白地空失此實難支之弊此後則　闕內
取用木物參酌都下於兩紫門書員處使之擔當事
木物進排於紫門監誠爲難支之弊參酌一年所用都
下於兩紫門便當以此定式施行

선공감송판공인 繕工監松板貢人

◎ **상언** 무릇 지금 온갖 공물(貢物)에는 모두 병폐가 있습니다. 그런데 판계(板契)의 경우에는 다른 것과 다른 점이 있습니다. 송판(松板)의 값은 1냥 5돈이고, 광송판(廣松板)의 값은 2냥 5돈입니다. 그런데 송판은 인장판(人葬板)으로 진배하고, 광송판은 좋은 품질의 수기판(壽器板)으로 진배합니다. 인장판과 수기판은 1닢의 값이 적어도 10여냥을 밑돌지 않고, 많게는 20냥에 가깝습니다. 이렇게 사소한 값으로써 비싼 값의 판자를 무납합니다. 이는 이미 본공(本貢)이 버티기 어려운 병폐입니다. 그리고 만일 용처(用處)가 자별(自別)하면 백변(白邊: 흰 겉재목)이 없는 것을 쓰기 때문에, 판자 하나의 값이 30~40냥에 이릅니다. 이와 같은데도 보존할 수 있겠습니까? 위의 네 가지 판자를 호조에서는 준절(準折)에 의거해서 출관(出關)하지만, 진배는 모두 준절의 밖입니다. 대개 호조의 준절에서 판자는 비록 감고(監考)

로 하여금 절가(折價)하게 하더라도 그 낙본의 실상을 파악할 수 있는데, 하물며 준절의 밖은 어떻겠습니까? 이다음에는 시가에 따라 급가(給價)하고 나서야 10배를 낙본할 걱정을 면할 수 있을 것입니다. 특별히 변통해서 지탱하여 보존하게 해 주시기 바랍니다.

◎ 제사 판계의 송판을 소용하는 각처에서 함부로 더 받는 병폐는 이루 다 말할 수 없다. 그러므로 정례할 때 송판의 두께나 너비를 한결같이 호조의 준절에 따라 적용했다. 그런데 만약 넓은 판자를 쓸 곳이 있는데 너비가 혹시 부족하면 판자를 덧붙여서 조성(造成)하도록 탑전(榻前)에서 정탈(定奪)했다. 송판은 준절에서 두께가 2치 5푼인데, 각처에서는 반드시 뇌물을 받고자 해서 준절보다 과도한 것을 책납한다. 그러므로 공인이 비용과 채무를 지탱하기 어려움은 모두 이로 말미암은 것이다. 이후에는 준절에 의거해서 받아 쓰고, 만일 준행하지 않으면 해당 관원은 경중에 따라 죄를 논하고 하인배는 법사에 보내어 죄를 다스리라.

◎ 상언 성균관 및 사학의 유생 본인이 죽으면 의례히 송판 5닢을 진배합니다. 호조에서 관문(關文)을 내는 날 재지기[齋直] 무리 40~50명이 일시에 나와서 술과 고기를 억지로 달라고 하여 먹고 정채(情債)를 내놓으로고 요구한 다음, 반드시 사대부가의 수기판을 받아 내기 때문에, 한 선비의 관 값이 40~50냥을 충분히 넘습니다. 그런데도 호조에서 지급하는 값은 9냥 5돈에 지나지 않아 도리어 인정(人情), 술·고기의 값에도 미치지 않습니다. 뿐만 아니라 조금이라도 뜻대

로 되지 않으면 결박하여 붙잡아 가서 여러 가지로 곤욕스러우니 실로 지탱하여 보존하기 어렵습니다. 지금부터 이후로 유생 본인이 죽으면 즉시 호조에서 그 값을 지급하고, 공인에게 요구하지 말도록 해 주시기 바랍니다.

◎ 제사 호조에서 세금으로 걷는 수장판(修粧板)은 평상시에 공인에게 맡겨서 쓰는 대로 지급하는데, 성균관·사학의 유생 본인이 죽으면 이전부터 이 판으로 제급(題給)하였다. 요사이에 와서는 성균관·사학에서 헤아릴 수 없이 퇴짜를 놓고, 하인배가 중간에서 뇌물을 거두며, 또 지금 관판의 값이 30~40냥에 이르는데도 호조에서 지급하는 값은 9냥 5돈에 지나지 않으니, 공인이 근거 없이 많이 소비함은 말하지 않아도 알 수 있다. 이는 실로 지탱하기 어려운 폐단이다. 조정에서 재상의 상(喪)에 관 값으로 목면을 지급하므로, 유생의 상에 목면 8필을 지급하는 것이 사리에 당연하다. 이에 따라 마련하여 정식하고 시행하도록 호조에 분부하라.

◎ 상언 선공감·양자문에서 모두 먼저 하체(下帖)하고 가져다 쓰므로, 10닢을 진배하고서 회감하는 수효가 1~2닢을 넘지 않습니다. 대저 먼저 하체하는 것이 비록 시급한 국역에 쓰는 것이라도 그 가운데 또 원역 무리가 사사로이 쓰는 폐단이 없지 않으니, 공인은 근거 없이 공실(空失)합니다. 지금부터 이후로 먼저 하체하는 폐단을 모두 금단하여 보존할 수 있게 해 주시기 바랍니다.

◎ 제사 선공감·자문감에서 먼저 하체하고 가져다 쓰는 목물이 만약

10닢이면, 마침내 회감하는 것은 2~3닢을 넘지 않고, 그 밖의 7~8닢은 원역이 사사로이 써서 공인이 공실한다니, 일이 근거 없음이 이보다 심할 수 없다. 이다음에는 선공·자문의 감역이 소입(所入)을 짐작하여 헤아려서 작첩(作帖)하고 답인(踏印)하여 공인에게 출급한 연후에, 공인으로 하여금 진배하도록 정식하여 시행하라.

◎ 상언 군기시의 과녁판은 의례히 송판으로 회감하는데, 송판의 두께는 2치 5푼을 넘지 않도록 준절하였습니다. 이는 충분히 과녁판의 두께가 됩니다. 군기시에서는 1닢을 톱질하여 나누면 2닢이 되고, 1좌(坐)는 2좌가 되기 때문에, 만약 준절에 따라 받으면 쪼개어 나눌 수 없으므로, 준절 외에 3~4치 정도로 두꺼운 판을 받습니다. 또 과녁판이 만약 짧거나 옹이[公伊]가 있으면 쓰지 않으므로, 옹이가 없고 길고 두꺼운 것을 갖추어 바치기 때문에, 1닢의 낙본이 4~5냥에 이릅니다. 한 해에 40~50닢을 진배한 낙본이 몇 냥 정도 되겠습니까? 지금부터 호조의 준절 외에 함부로 거두는 폐단을 영구히 금단해 주시기 바랍니다.

◎ 제사 군기시의 과녁 송판에는 애초에 준절이 있다. 준절 외에 군기시에서 길고 두꺼운 것을 책출하는 것은 엄가(嚴加)하여 금단하라. 만약 조종(操縱)하여 징채(徵債)하는 폐단이 있으면, 관원은 경중에 따라 죄를 논하고 하인배는 법사에 보내어 죄를 다스리라.

◎ 상언 의빈부·종친부·중추부에서 당상이 교체되면, 의례히 병풍을

고쳐 만드는 일이 있습니다. 호조에서는 병풍 1좌에 송판(松板) 1닢을 지급하는데, 공인은 병풍 1좌의 방구전이 적어도 7~8냥을 밑돌지 않습니다. 한 해에 한두 번이라고 하더라도 이미 감당하기 어려운데, 하물며 당상의 교체가 매우 잦으니 책응(策應)하여 따르되 감당하기 어렵습니다. 특별히 선처하셔서 지탱하여 보존할 수 있게 해주시기 바랍니다.

◎ 제사 의빈부·종친부·중추부에서 병풍을 고쳐 만들 때 들어가는 송판을 본색(本色)으로 진배하면 여러 가지로 퇴짜를 놓으므로, 호조에서 지급하는 값이 1냥 5돈에 불과하지만, 계인이 소비하는 판값은 7~8냥에 이르도록 많으니, 이는 공인이 지탱하기 어려운 폐단이 된다. 이다음에는 호조에서 받는 병풍기(屛風機)에 합당한 송판을 역인으로 하여금 세 곳에 실어 보내도록 정식하여 시행하라.

繕工監松板貢人

一凡今百各貢物皆有弊而至於板契與他有異而
松板價則一兩五錢廣松板價則二兩五錢而松板
則以人葬板進排廣松板則以好品壽器板進排人
葬板與壽器板一立價少不下十餘兩而多則近二
十兩以此些少之價貿納重價之板此旣本貢難支
之弊而如或用處自別則以無白邊者用之故一板
價至於三四十兩如此而能保存乎上項四種板子
戶曹則依準折出關而進排則皆是準折之外也盖

戶曹準折板雖使監考折價可燭其落本之實狀而
況準折之外者乎此後則從市直給價然後可免十
倍落本之患特爲變通以爲支保事

板契松板所用各處濫捧之弊不可勝言故定例時松
板厚廣一從戶曹準折用之而若有用廣板處而廣或
不足則以附板造成事　榻前定奪矣松板準折厚二
寸五分而各處則必欲捧賂以過於準折者責納故貢
人之費債難支皆由於此此後則依準折捧用如不遵
行則當該官員從輕重論罪下屬移法司科治

　一太學及四學儒生身死則例以松板五立進排而
戶曹出關之日齋直輩四五十人一時出來討食酒
肉徵索情債後必以士夫家壽器板責捧故一士之
棺價足爲四五十兩而戶曹上下之價則不過九兩
五錢反不及於人情酒肉之價兺不喩少不如意則
結縛捉去多般困辱實難支保自今以後儒生身死
則直自戶曹上下其價本勿責於貢人事

戶曹收稅修粧板常時逢授貢人隨用上下而館學儒
生身死則自前以此板題給近年以來館學無數點退
下屬從中徵賂且今棺板價至於三四十兩而戶曹上
下之價不過九兩五錢則貢人白地多費不言可知此
實難支之弊　朝家於卿宰之喪棺價以木綿上下則
儒生之喪以木綿八疋上下事理當然依此磨鍊定式

施行事分付戶曹

　　一繕工監兩紫門皆以先下帖取用故十立進排而

　　會減之數不過一二立是乎所大抵先下帖者雖用

　　於時急　國役其中亦不無員役輩私用之弊而貢

　　人則白地空失自今以後先下帖之弊一切禁斷俾

　　得保存事

繕工紫門兩監先下帖取用木物若十立則畢竟會減

不過二三立其外六七立則員役私用貢人則空失事

之無據莫此爲甚此後則繕工紫門監役酌量所入作

帖踏印出給貢人然後使貢人進排事定式施行

　　一軍器寺貫革板例以松板會減而松板之厚則準

　　折不過二寸五分此足爲貫革板之厚而軍器寺則

　　一立鉅解爲二立一坐爲二坐故若以依準折捧上

　　則不可剖解故以準折外三四寸許厚板捧上是遣

　　且貫革板如或短而有公伊則不用故以無公伊長

　　厚者備納故一立落本至於四五兩一年四五十立

　　進排之落本爲幾許兩耶自今戶曹準折外濫捧之

　　弊永爲禁斷事

軍器寺貫革松板自有準折準折外該寺之責出長而

厚者嚴加禁斷若有操縱徵債之弊則官員從輕重論

罪下屬移法司科治

　　一儀賓府宗親府中樞府堂上遞改則例有屏風改

造之事而戶曹則屏風一坐松板一立上下而貢人
則屏風一坐防口錢少不下七八兩雖一年一二次
猶爲難堪况堂上遞改頻數策應隨而難堪特爲善
處俾得支保事
儀賓府宗親府中樞府屏風改造時所入松板以本色
進排則多般點退故戶曹上下之價不過一兩五戔而
契人之所費板價至於七八兩之多此爲貢人難支之
弊此後則自戶曹捧上屏風機可合松板使役人輸送
三處事定式施行

18

선공감가판공인繕工監椵板貢人

◎ 상언 저희들의 소공(所貢)인 추목·가목과 가판은, 예전에는 두메의 여러 산이 울창하고 빽빽했기 때문에 무래(貿來)하기가 매우 쉬웠습니다. 근년에는 여러 산이 민둥하기 때문에 옛날에는 10닢을 소무(所貿)하던 값으로 지금은 2~3닢을 사기가 어렵습니다. 그런데 경영(經營: 헤아리고 도모함)하여 무작(貿斫)하고 뗏목을 만들어 떠내려 보낼 때에 고을마다 도달하는 곳에서 수세(收稅)하는 폐단이 전에 비해 10배가 되었습니다. 사옹원(司饔院)의 번조소(燔造所)는 소나무의 수세와 다름이 있는데, 매번 수세하기 때문에 100닢을 뗏목으로 만들어 내려보내도 서울에 도착하면 단지 40~50닢이 되니 실로 지탱하여 감당하기 어렵습니다. 각별히 변통해 주시기 바랍니다.

◎ 제사 추목·가목과 추판·가판은 소나무와 크게 다른데, 번조를 빙자하여 목세(木稅)를 섞어서 받는 것은 매우 부당하다. 이후에는

침어(侵漁)하지 말라는 뜻을 사옹원과 분원(分院)에 엄칙하고, 만약 횡침하면 해당 낭청은 경중에 따라 죄를 논하고 하인배는 법사에 보내어 죄를 다스리라.

◎ 상언 권설도감에 소용되는 목물을 10닢 진배하면 회감은 5~6닢에 지나지 않으니, 이로 인해 실로 지탱하여 감당하기 어렵습니다. 권설도감에 이미 이차(移差)한 산원(算員)이 있으니, 지금 이후로는 산적(算摘)하여 감결을 보낸 다음에 진배하도록 해 주시기 바랍니다.

◎ 제사 도감에 10닢을 진배하면 회감이 5~6닢에 지나지 않고, 그 나머지가 모두 소화(消花: 녹아 없어짐)에 돌아가니, 공인이 지탱하기 어려움이 실로 이로 말미암은 것이다. 도감에서 해당 낭청이 작첩(作帖)하고 답인(踏印)하여 공인에게 내어준 뒤에 진배하도록 정식하여 시행하라.

◎ 상언 상의원에 내입(內入)하는 물종은 정례 가운데 별역(別役)의 목물을 선공감에서 가져다 쓰는데, 1닢의 진배에 실입은 2~3자를 넘지 않습니다. 이다음에는 용입(容入)한 수를 산적한 다음 진배하도록 해 주시기 바랍니다.

◎ 제사 상의원의 별역에 소용되는 목물을 선공감의 공인이 진배하는데, 1닢을 진배하면 실입은 2~3자를 넘지 않으며, 그 나머지는 모조리 원역의 주머니에 들어가니 공인이 이로써 지탱하기 어렵다. 이다음에는 상의원의 관원이 그 소입(所入)을 헤아려 작첩하고 답인하여

공인에게 내어준 다음 진배하게 하고, 남은 수량이 있으면 하나하나 공인에게 내어주도록 정식하여 시행하되, 만약 다시 예전의 버릇을 답습하면 해당 관원은 경중에 따라 죄를 논하고 하리는 법사에 보내어 죄를 다스리라.

◎ 상언 금루관(禁漏官)이 궐내의 각전(各殿)에 끼우는 시패(時牌)에 소용되는 가판(假板)을 예전에는 해마다 한 차례씩 자문감에서 지어서 만들어 진배하였고, 본래 공인에게 함부로 침해하는 일이 없었습니다. 요사이 금루관의 하인 무리가, 능행하실 때 별시패(別時牌)라고 하면서 수본(手本)을 승정원에 속여서 아뢰어 선공감에 감결을 보내고 중간에 조종(操縱)함이 망유기극합니다. 말초(末稍)의 값을 거두어받는 것이 해마다 서너 차례이니, 이는 지탱하기 어려운 폐단이 됩니다. 각별히 엄하게 금지해 주시기 바랍니다.

◎ 제사 각전의 가판 시패는 70개로 정하여 훼손되는 대로 수보하거늘, 하인배가 능행 때의 별시패라고 하며 승정원에 속여서 아뢰어 감결을 보내어 가져다 쓰는 것이 해마다 서너 차례에 이를 정도로 많다. 이후로는 각별히 금단하되, 만약 범하는 자가 있으면 해당 금루관은 경중에 따라 죄를 논하고 하인배는 법사에 보내어 죄를 다스리라.

◎ 상언 승정원에서 벼룻집, 책상, 유서통(諭書桶)을 새로 만들고 수보하는 데 들어가는 추목가판(楸木假板)은 이미 산원이 마련하여 봉감하고 있으니, 마련되는 대로 받아 씀이 마땅합니다. 그런데도 자치

[尺寸]로 소입하는 물품을 번번이 넓고 두꺼운 전판(全板)으로 책납하는데, 값을 받고 만약 본색(本色)으로 진배하면 1닢에 반드시 뒷돈이 있으니, 이것이 제일의 폐단입니다. 각별히 변통해 주시기 바랍니다.

◎ 제사 승정원에서 벼룻집, 책상, 유서통을 새로 만들고 수보하는 데 들어가는 가판을 산원이 마련하여 봉감하는 것은 자치에 불과한데, 원역 무리가 반드시 넓고 두꺼운 전판으로 책납하고, 또 정전(情錢)을 받는다니 일이 매우 놀랍다. 지금 이후로 다시 이러한 폐단이 있으면, 해당 관원은 추고하고 하인배는 법사에 보내어 죄를 다스리라.

◎ 상언 각처에 소용되는 가판은 매번 임시로 지급하라는 감결을 보내는데, 장인 무리가 중간에서 조종하니 망유기극합니다. 반드시 넓고 두터운 가판으로 준절(準折) 외에 책납하며, 그 실입할 때에 이르러서는 자르고 쪼개어 다듬은 것은 셈하지 않고서 완성된 물건의 치수와 외양으로만 실입합니다. 1닢을 진배하면 실입은 2~3자[尺]에 지나지 않으니 원통하고 억울함을 이겨 낼 수 없습니다. 각별히 변통하셔서 보존할 수 있게 해 주시기 바랍니다.

◎ 제사 각처에 소용되는 가판은 매번 임시로 지급하라는 감결을 보내는데, 장인 무리가 뇌물을 찾고자 하여 반드시 준절 외에 넓고 두터운 판을 책납하며, 책납한 뒤에 호조에서는 완성된 물건으로 실입에 따라 회감하므로, 중간에 서실되니 참으로 공인이 지탱하기 어려운 폐단이 된다. 이후로는 각처에서 직접 감결을 보내는 것을 혁파하고,

산원이 실입을 산적(算摘)한 뒤에 감역 관원이 작첩하고 답인하여 공인에게 내어준 다음에 진배하게 하도록 정식하여 시행하라.

◎ 상언　가판의 호조 준절(準折)은 길이 7자, 너비 1자, 두께 2치인데, 도감에서 매번 넓고 두꺼운 가판을 책납하여 지탱함을 이겨 내기 어렵습니다. 각별히 신칙해 주시기 바랍니다.

◎ 제사　호조의 가판에는 준절이 있는데, 준절 외에 넓고 두꺼운 판을 책출하는 자는 엄가하여 금단하고, 범하는 자는 해당 관원은 경중에 따라 죄를 논하고 하인배는 법사에 보내어 죄를 다스리라.

◎ 상언　약방(藥房)을 이설(移設)하면, 승정원에서는 이설할 때의 계사지(啓辭紙)라고 하며 재절가판(裁折椵板)을 봉감하여 책납합니다. 이때 잠시 더디고 느즈러지면 출패하여 독납하고, 번번이 가판 1닢의 가전(價錢)을 갖추어 바친 다음에도 본래 회감하는 일이 없으니, 실로 감당하기 어렵습니다. 각별히 변통해 주시기 바랍니다.

◎ 제사　약원(藥院)을 이설할 때, 승정원의 계사지로 재절가판을 봉감하여 가져다 쓴다니 참으로 부당하다. 승정원에 이미 재절가판이 있으니, 재절한 종이를 수효가 많게 미리 갖추는 것이 마땅하다. 이다음에는 이설할 때 봉감하는 가판 한 가지를 혁파한 뒤, 만약 이러한 폐단이 있으면 해당 관원을 추고하고 하인배는 법사에 보내어 죄를 다스리라.

繕工監椵板貢人

一矣等所貢楸椵木與椵板在前則峽中諸山欝密
故貿來甚易矣近年則諸山童濯昔年十立所貿之
價今難貿二三立而經營貿斫作筏流下之際各邑
所到處收稅之弊比前十倍至於司饔院燔造所則
與松木收稅有異而每每收稅故百立作筏流下到
京則只爲四五十立實難支堪各別變通事

楸椵木與楸椵板與松木大異而憑藉燔造混捧木稅
極爲不當此後則勿侵之意各別嚴飭於司饔院及分
院如或橫侵則當該郎廳從輕重論罪下屬移法司科治

一權設都監所用木物十立進排會減不過五六立
以此實難支堪權設都監旣有移差算員今後則算
摘捧甘後進排事

都監進排十立則會減不過五六立其餘皆歸於消花
貢人之難支實由於此自都監當該郎廳作帖踏印出
給貢人後進排事定式施行

一尙衣院　內入物種定例中別役木物取用於繕
工監而一立進排實入不過二三尺此後則容入數
算摘後進排事

尙衣院別役所用木物繕工貢人進排一立則實入不
過二三尺其餘盡入於員役橐槖貢人以此難支此後
則本院官員量其所入作帖踏印出給貢人後使之進

排有餘數則一一出給貢人事定式施行而或有復踵
前習者則當該官員從輕重論罪下吏移法司科治

　一禁漏　闕內各　殿所挿時牌所用椵板曾前則
　一年一次式自紫門監造作進排元無貢人處橫侵
　之事矣近來禁漏下輩　陵幸時稱以別時牌手本
　瞞告於承政院捧甘本監中間操縱固有紀極末稍
　價錢徵捧每年三四次此爲難支之弊各別痛禁事
各　殿椵板時牌以七十箇爲定而隨毀修補則下屬
稱以　陵幸時別時牌瞞告政院捧甘取用每年至於
三四次之多此後各別禁斷如有犯者當該禁漏官從
輕重論罪下屬移法司科治

　一承政院硯匣書案謚書桶新造與修補所入楸木
　椵板算員旣有磨鍊捧甘則當依磨鍊捧用是去乙
　尺寸所入之物每以廣厚全板責納而捧價或以本
　色進排則一立必有後錢此是第一弊端各別變通
　事
政院硯匣書案謚書桶新造與修補所入椵板算員磨
鍊捧甘者不過尺寸而員役輩必以廣厚全板責納又
捧情錢事甚可駭今後復有此弊則當該官員推考下
屬移法司科治

　一各處所用椵板每以假下捧甘而匠人輩中間操
　縱固有紀極必以廣厚椵板準折外責納及其實入

198

之時不計裁折劈鍊以成器見樣實入一立進排實

入不過二三尺不勝冤痛各別變通以爲保存事

各處所用椵板每以假下捧甘而匠人輩欲索略必以

準折外廣厚板責納責納後戶曹則以成器從實入會

減故中間闕失誠爲貢人難支之弊此後則各處直捧

甘革罷以算員算摘實入後使監役官員作帖踏印出

給貢人後使之進排事定式施行

一椵板戶曹準折長七尺廣一尺厚二寸而都監每

以廣厚椵板責納不勝支撐各別申飭事

戶曹椵板有準折而準折外責出廣厚板者嚴加禁斷

犯者則當該官員從輕重論罪下屬移法司科治

一藥房移設則政院稱以移設時　啓辭紙裁折椵

板捧甘責納而暫時遲緩則出牌督納每以椵板一

立價錢備給之後元無會減之事實爲難堪各別變

通事

藥院移設時政院　啓辭紙裁折椵板捧甘取用誠甚

不當政院旣有裁折椵板則裁折紙地多數預備爲宜此

後則移設時捧甘椵板一款革罷後若有此弊則當該

官員推考下屬移法司科治

선공감죽공인 繕工監竹貢人

◎ 상언 승정원에서 차양(遮陽)을 받치는 대나무는 정례에는 훼손되는 대로 채워 넣는다고 하는데, 승정원에서 이문(移文)하면 호조에서 산적(算摘)한 후에 봉용(捧用)함이 당연합니다. 그러나 이렇게 하지 않고 매년 봄가을에 바로 선공감에 봉감하여 성화(星火)보다 급하게 독촉합니다. 선공감에 보장(報狀)이 미치지도 못한 때에 출차(出差)가 지체된다고 일컬으며 출패하니 실로 버티며 견디기가 어렵습니다. 승정원 및 홍문관·춘추관·시강원·익위사의 차양을 받치는 대나무를 해마다 또는 해를 걸러 몇 개씩으로 정식해서 지급하게 해 주시기 바랍니다.

◎ 제사 차양을 받치는 대나무는 훼손되는 대로 채워 넣는 것이 정례에 실려 있다. 그런데 승정원·홍문관·예문관·시강원·익위사에서 해마다 봄가을에 정례에 없는 것을 바로 봉감하여 받는다니 심히 놀

랍다. 지금부터 이후로 궐내의 각 관사에서 호조에 지위(知委)하고, 호조에서 봉감한 연후에 공인이 진배하라. 만약 정례를 따르지 않고 다시 바로 봉감하는 병폐가 있으면, 관원은 추고하고 하인배는 법사에 보내어 죄를 다스리라.

◎ 상언 경외(京外)에 거둥하실 때의 배설(排設)에 소입되는 대나무는 의례히 그 진배하는 대로 호조에 보고하여 회감하는데, 용입(容入)하는 대나무를 줄이고 또 줄여서 진배한 수에 비해 10분의 1도 차지 않고, 또 그중에서 단지 10분의 1의 회감만 허락하니, 원통하고 근심함을 견뎌 내기 어렵습니다. 회감하는 수도 예전에는 그 원공의 대죽(大竹)·중죽(中竹)에 따라 나누어 회감하였는데, 요사이에는 아울러서 중죽으로 회감하고, 대죽은 이미 쓸 곳이 없다고 하며 그대로 두고서 지급하지 않으니, 더욱 원통합니다. 전과 같이 회감해 주시기 바랍니다.

◎ 제사 배설하는 대나무는 비록 약간 잃는 바가 있더라도 이전부터 이미 10분의 1을 줄였으니 형세상 변통하기 어렵다. 대죽은 요즘 비록 쓸 수 없음이 허다하여 진배하여 잃는 바가 셀 수 없으니, 약간 셈하여 덜어 내는 것이 실로 편당한 데 부합한다. 이로써 호조에 분부하라.

◎ 상언 각처의 혼례·상례 때에 쓰는 차죽(遮竹)을 행하를 받고 빌려 간 다음, 혹은 여막(廬幕)에 쓰거나 혹은 차면(遮面)에 쓰면서 여러

가지 핑계를 대며 되돌려주지 않는 곳이 또한 많습니다. 한 해 두 해 서실한 수가 몇만 개인지 알지 못하며, 그 가운데 더욱 매우 지탱하기 어려운 것은 호조의 서리가 당상·낭청이나 선생의 분부라고 하면서, 적어도 20~30개를 밑돌지 않고 많으면 50~60개를 사통(私通)하여 빌려 가고서, 부러지거나 상하고 되돌려주지 않는 폐가 많다는 점입니다. 실로 지탱하기 어려우니 특별히 변통해 주시기 바랍니다.

◎ 제사 사대부가의 혼례·상례 때 받은 차죽을 관원에게 행하하여 빌려 간 다음, 돌려주는 것은 열에 겨우 한둘이다. 막중한 국용을 제조·낭청을 물론하고 임의로 행하하여 많은 수가 서실되니 일이 매우 한심하다. 호조 서리의 경우에는, 호조의 당상·낭청 및 선생의 분부라고 하면서 제멋대로 빌려 간다니 매우 놀랍다. 모두 혁파한 다음, 만약 다시 예전의 버릇을 답습하는 자가 있으면, 해당 관원은 경중에 따라 죄를 논하고 하인배는 법사에 보내어 죄를 다스리라.

◎ 상언 사월파일 현등죽(懸燈竹)의 폐단은 몇 해 전에 선공감 제조의 뜻을 비변사에 보고하여 궐 내외의 여러 상사, 여러 궁가, 액정(掖庭) 소속에게 감결을 보내어 엄하게 금지하셨기 때문에, 은혜를 입어 보존하였습니다. 그 뒤의 폐단이 전과 같아, 파일을 한 번 지나면 잃는 바가 거의 천여 개에 이르니, 이는 지탱하기 어려운 폐단이 됩니다. 각별히 변통해 주시기 바랍니다.

◎ 제사 선공감의 공죽(貢竹)은 곧 국가에서 수용(需用)하는 물종인데, 사월파일에 액정 소속, 궐 내외의 여러 상사, 여러 궁가를 물론하고

현등죽을 임의로 가지고 가며, 만약 진배에 응하여 책납하는 것이 있다고 하더라도 가지고 간 다음에 또 일일이 되돌려주지 않으니, 공인이 지탱하기 어려움은 오로지 이로 말미암은 것이다. 이후로는 선공감 해당 부서의 관원에게 각별히 금단하라. 만약 혹시 어긴다면 제조에게 아뢰고, 각처의 하인배는 법사에 보내어 죄를 다스리라.

　　繕工監竹貢人

一政院遮陽捧支竹定例中隨毀隨補則自政院移
文戶曹算摘後捧用當然而不此之爲每年春秋直
捧甘於本監督促急於星火本監未及報狀之際稱
以遲滯出差出牌實難支堪承政院及弘文館春秋
館侍講院翊衛司遮陽捧支竹或每年或間年幾箇
式定式上下事

遮陽捧支竹隨毀隨補載於定例而政院玉堂藝館講
院衛司每年春秋不有定例直捧甘捧上事甚可駭自
今以後　闕內各司知委戶曹自戶曹捧甘然後貢人
進排而若或不遵定例復有直捧甘之弊則官員推考
下屬移法司科治

一京外　擧動敎是時排設所入之竹例以從其進
排報戶曹會減而容入之竹減之又減比諸進排數
未滿十分一而又於其中只許十分一會減不勝寃
憫忿不喩會減之數曾前則就其元貢大中竹分而

會減矣近來則并以中竹會減大竹則旣無用處是

如置之不下尤極寃痛依前會減事

排設竹雖有若干所失自前旣減十分一則勢難變通

大竹則近雖不用許多進排所失不貲若干計減實合

便當以此分付戶曹

一各處婚喪時所用遮竹受行下借去之後或用於

廬幕或用於遮面多般稱頉不爲還給處亦多有之

一年二年闊失之數未知幾萬箇是白乎旀於其中尤

極難支者戶曹書吏稱以堂上郎廳先生之分付小

不下二三十箇多則五六十箇私通借去多有折傷

不還之弊實難支撐別爲變通事

士夫家婚喪時受遮竹行下於官員借去後還給者十

董一二莫重　國用勿論提調郎廳任自行下多數闊

失事極寒心至於戶曹書吏稱以本曹堂郎及先生分

付任自借去極爲可駭并爲革罷後若有復踵前習者

則當該官員從輕重論罪下屬移法司科治

一四月八日懸燈竹弊端年前以本監提調意報備

局捧甘於　闕內外諸上司諸宮家掖庭所屬痛禁

故蒙惠保存矣其後弊端如前一經八日則所失幾

至千餘箇此爲難支之弊各別變通事

繕工貢竹乃是　國家需用之物種則四月八日勿論

掖庭所屬　闕內外諸上司諸宮家任自取去懸燈竹

有若應進排責出者然持去後亦不一一還給貢人難

支專由於此此後則本監該色官員各別禁斷如或違

禁則告于提調各處下屬移法司科治

20

선공감탄공인繕工監炭貢人

◎ 상언 선공감에 탄공(炭貢)을 설치한 뜻은 오로지 야철(冶鐵)에 쓰기
위한 것인데, 각 관사의 하리배(下吏輩)가 설공(設貢)의 뜻을 알지 못
하고서 노탄(爐炭), 매탄(埋炭), 향탄(香炭), 칠탄(漆炭), 약탄(藥炭), 좌
철탄(坐鐵炭), 좌기탄(坐起炭), 포폄탄(褒貶炭), 타락탄(酡酪炭), 착유탄
(着油炭)을 물론하고 억지로 감결을 받습니다. 궐 내외의 여러 상사
와 각 도감에 진배하는 숯은 용입(容入)이 비록 되말홉사[升斗合勺]⁸
에 불과한데도 반드시 완석(完石)으로 책봉(責捧)하는데, 조금이라도
혹시 지완(遲緩)하면 출패하여 잡아 가두고 채찍질하니 한 해에 헛되
이 드는 비용이 많게는 수천 금(金)이기 때문에, 이렇게 공물을 바치

---

8 "되말홉사[升斗合勺]"는 적은 용적의 부피 단위를 가리킨다. 1말[斗]은 10되[升], 1되는 10홉
(合), 1홉은 10사[勺]에 해당한다.

는 사람이 가산을 탕진하게 됩니다. 비록 근래의 일로 말하더라도, 시강원 족반(足盤)의 소입(所入)은 1되에 지나지 않는데, 형조에 보내 버려 비용을 내지 않고자 하니, 1되의 값이 1푼에 불과한데도 부비는 10배입니다. 출패하여 형조로 보내는 폐단을 각별히 엄금해 주시기 바랍니다.

◎ 제사 1되 진배하는 숯을 1섬을 받기까지 하는 것은 사체가 매우 놀랍다. 여러 상사와 각 도감의 하인배를 물론하고, 이후로는 함부로 거두고자 출패하거나 가두는 예전의 버릇을 다시 답습한다면 해당 낭청은 경중에 따라 죄를 논하고 하인배를 법사에 보내어 죄를 다스리라.

◎ 상언 공조의 주성소(鑄成所: 산릉소)에서 두 차례 돌려주는 숯이 90여 섬이 되는데, 원래 1섬도 돌려주는 일이 없었습니다. 구영선의 여러 곳에서 돌려줄 것과 실입의 부족이 몇백 섬인지 알지 못합니다. 또 상의원의 진배로 말하자면, 향가(香家)에 소입되는 숯 30말을 진배하는데, 단지 4말만으로 실입합니다. 하리와 장수(匠手) 무리가 함부로 받는 것이 그치지 않기에 이르렀으니, 정식에 따라 관문(關文)을 내어 진배하되, 시급한 영역(營役)에는 수리계(修理契)의 예에 따라 그 용입을 산적(算摘)하여 가져다 쓰고, 실입의 부족한 수는 관에서 거두어들여 주시기 바랍니다.

◎ 제사 각처에서 함부로 받는 것이 수십 배일 뿐 아니라, 만약 한번 조사하여 드러내고 엄중히 징벌하지 않으면, 공인이 지탱하여 보존

할 길이 절대로 없다. 선공감에 분부하여 각별히 밝혀서 조사하고 첩보(牒報)하여, 엄중히 처리하는 바탕으로 삼고, 지금부터 이후로 만약 범하는 자가 있으면 관원은 경중에 따라 죄를 논하고 하인배는 법사에 보내어 죄를 다스리라.

◎ 상언 선공감의 장인에게 달마다 4섬씩 진배하는데, 원래 실입을 회감하는 일이 없어, 앞뒤의 공비(空費)가 몇 섬 정도인지 알지 못합니다. 출관(出關) 외에는 가져다 쓸 수 없도록 각별히 엄금하여 조금의 폐단이라도 덜어 주시기 바랍니다.

◎ 제사 선공감의 장인에게 달마다 숯 4섬을 진배하는데, 원래 회감이 없었다고 하니 매우 근거가 없다. 이다음에는 석 달에 한하여 서원과 공인이 회계하도록 엄칙하되, 만약 다시 이러한 폐단이 있으면, 해당 관원은 경중에 따라 죄를 논하고 하인배는 법사에 보내어 죄를 다스리라.

◎ 상언 구유재가 이미 탕감되었는데, 저희들이 새로 뽑힐 때 그 구유재를 대신 담당하였습니다. 만약 탕감할 수 없다면, 어찌 지극히 원통하지 않겠습니까? 다른 예에 따라 탕감해 주시기 바랍니다.

◎ 제사 모든 공물을 사고팔면서 구유재가 있으면 값을 덜어 사들이는 것이 곧 공인의 예습(例習)이다. 이름은 비록 신매(新買)가 절반이 넘지만 모두 구주인이며, 또 멀고 오래된 유재는 거의 모두 탕감되었다. 요사이 유재를 일단 가볍게 허락하기가 잠시 어려우니, 그 원통하고

억울하다 호소하는 바가 이와 같다. 각별히 자세하게 조사하여 잘
처리하도록 호조에 분부하라.

◎ 상언 당초의 공가(貢價)가 비록 아주 넉넉하고 많았다고들 하지만,
옛날에는 헐했던 것이 지금은 비싸져서 호조의 숯 1섬에 별무가만
1냥입니다. 그 잡비를 계산하면 5~6돈을 넘지 않지만, 지금 숯을 무
역하는 값이 적어도 8~9돈을 밑돌지 않으니, 허다한 폐해의 근원을
어떻게 지탱하고 감당하여 국역에 응하겠습니까? 무진년(1748)의 분
부에 따라 값을 올려 주시기 바랍니다.

◎ 제사 공가를 늘리는 것은 참으로 중대하고도 어렵다. 숯의 경우에
는 한 되 한 되, 한 홉 한 홉을 진배할 때 자연스러운 모축(耗縮)이 많
을 뿐만 아니라 그 부비의 액수도 다른 것에 비해 2~5배나 된다. 시
가 또한 매우 높이 올랐으니, 별무는 1섬당 1돈을 더하고, 비싼 쪽으
로 지급하도록 호조에 분부하라.

　　繕工監炭貢人
　一本監炭貢設置之意專爲冶鐵之用而各司下吏
　輩未諳設貢之意毋論爐炭埋炭香炭漆炭藥炭坐
　鐵炭坐起炭襃貶炭酏酪炭着油炭勒捧甘結　闕
　內外諸上司各都監進排之炭則容入雖不過升斗
　合勺而必以完石責捧少或遲緩則出牌囚鞭一年
　空費多至屢千金故爲此貢者家産蕩盡雖以近事

言之侍講院足盤所入不過一升而至移刑曹用費
圖脫是乎所一升之價不過一分而浮費則十倍出
牌移刑曹之弊各別嚴禁事

一升進排之炭至捧一石云者事極可駭無論諸上司
各都監下屬此後欲爲濫徵或出牌或囚禁復踵前習
則當該郎廳從輕重論罪下屬移法司科治

一工曹鑄成所兩次還下炭爲九十餘石而元無一
石還下之事九營繕諸處還下與實入欠縮未知其
幾百石而又以尙衣院進排言之香家所入炭三十
斗進排而只以四斗實入矣下吏與匠手輩濫捧無
已之致是如乎依定式出關進排而時急營役處則
依修理契例算摘其容入取用而實入欠縮之數自
官徵給事

各處濫捧不啻累十倍若不一番查出嚴懲則貢人萬
無支保之道分付繕工監各別明查牒報以爲嚴處之
地而自今以後若有犯者官員從輕重論罪下屬移法
司科治

一本監匠人處每朔四石式進排而元無實入會減
之事前後空費不知其幾許石出關外不得取用事
各別嚴禁以除一分之弊事

本監匠人處每朔炭四石進排而元無會減云極爲無
據此後則限三朔書員與貢人會計事嚴飭而如復有

210

此弊則當該官員從輕重論罪下屬移法司科治

　一舊遺在旣已蕩減而矣等新募時替當其舊遺在

　若不得蕩減則豈非至寃乎依他蕩減事

凡貢物買賣有舊遺在則減價買得乃是貢人例習名

雖新買過半皆是舊主人且久遠遺在幾盡蕩減近年

遺在姑難輕許而其所稱寃如此各別詳查善處事分

付戶曹

　一當初貢價雖曰豐厚古賤今貴而戶曹炭一石別

　貿價只一兩也計其雜費不過爲五六錢而卽今貿

　炭之價小不下八九錢則許多弊源其何以支堪而

　應　國役乎依戊辰分付增價事

貢價增加誠甚重難而至於炭則升升合合進排之際

非但自多耗縮其所浮費之數比他倍蓰市直亦甚高

踊別貿每石加一錢而從貴上下事分付戶曹

외선공목물차인外繕工木物差人

◎ 상언 근래에 경강(京江)의 목물이 몹시 귀해서 각 곳의 국역이 전에 비해 10배입니다. 그러므로 해마다 선공감에서 관동(關東)의 목물을 무래(貿來)할 것을 초기(草記)해서 정탈(定奪)한 후에 비변사에 보고하면, 비변사에서 보고한 목물의 수량을 줄여 강원감영에 발관(發關)하고 또한 강원감영에서도 삭감합니다. 그 양이 10분의 9이고, 1분의 목물이라야 철이 늦은 후에 비로소 행관(行關)하므로, 그해의 목물을 떠내려 보낼 수 없는 것인데, 영문(營門)에서 이를 함부로 벤 죄에 억지로 돌려서 속공(屬公)·징속(徵贖)하는 병폐가 흔히 있습니다. 이는 참으로 저희들의 지극히 원통한 일입니다. 게다가 그 떠내려 보낼 때 각 고을에서 공사(公私)를 물론하고 전부 수세(收稅)하는데, 감색(監色) 무리가 뗏목을 집류(執留)해서 수일 동안 조종(操縱)·징색(徵索)하는 병폐가 망유기극할 뿐만 아니라, 영문(營門) 또한 춘천(春川)

신영강(新迎江)[9]에 수세소(收稅所)를 두고 해마다 세전(稅錢) 300냥을 징봉(徵捧)합니다. 그래서 남는 돈이 비록 1,000냥에 이를지라도 모조리 각 관아 및 감색에서 사용하게 됩니다. 게다가 광주(廣州)의 사기소(沙器所: 분원)에서 수세하도록 허락한 것은 그 진상하는 사기(沙器)를 번조(燔造)하는 역 때문입니다. 하지만 받아야 할 세금을 감색 무리가 중간에서 투식(偸食)하니 공용(公用)에 보태는 것은 없이 단지 민폐(民弊)를 만들 뿐입니다. 당초에 소나무를 기르는 동안 3년에 한해서 번조소(燔造所)에서 토목(吐木)·소목(小木) 등으로만 차세(借稅)할 뜻을 비변사에 청하여 보고했습니다. 한번 수세를 허락한 후부터 누주(樓柱)·부등(不等: 아름드리 큰 재목)·판재(板材) 등물에 세금을 받는다는 것이 과연 말이 되겠습니까? 대개 일의 형세로 말하자면, 강원도의 목물을 이미 경강으로 떠내려 보낼 수 없는 것이 목물이 너무 귀한 이소고연(理所固然)입니다. 강원감영에서 이미 무취(貿取)할 길을 막았는데 허다한 국역을 외도고(外都庫)에 책납하는 것이 어찌 절박하고 답답하기가 심하지 않겠습니까? 지금부터 이후로 각 고을의 수세는 한결같이 아울러 혁파하여 그 사상(私商) 무리가 남작(濫斫)하는 병폐를 막고 국용의 목물은 여러 곳의 사양산(私養山)에서 무취하게 하여 앞으로 닥칠 국역에 이어서 쓸 수 있도록 특별히 선처해 주시기 바랍니다.

9 　신연강(新淵江)을 가리킨다. "新淵江 自母津昭陽兩江流合爲新淵江 入楊根龍號江 自官門西距十五里", 『여지도서(輿地圖書)』.

◎ 제사 외선공감 목물의 병폐는 참으로 호소한 바와 같다. 지금 이후로는 비변사에서 그 수효를 잘 헤아려 정하라. 비록 일주편목(一株片木)일지라도 감영(監營)에서 멋대로 줄일 수 없다. 게다가 즉시 떠내려 보내는 것을 허락하고, 유체(留滯)에 이르지 않게 하라. 그런데 만일 이 금령을 따르지 않는다면 호조에서 바로 초기(草記)해서 각별히 엄칙하라. 수세 한 조항의 경우에는, 사옹원에서 세금을 받는 것은 번조(燔造)에 보태서 사용하는 것에 불과하니, 그중에 국용에 가합(可合)한 것은 일절 수세하지 말 것을 감영·분원(分院)에 분부하고 정식하여 시행하라.

◎ 상언 외도고주인(外都庫主人)은 기사년(1749)부터 외선공감공인을 혁파한 다음에 국용의 목물을 전담하여 진배했습니다. 애초에는 각처에서 쓰는 목물의 크고 작음을 물론하고 반드시 별례방(別例房)을 관유(關由)했고, 별례방에서 하체(下帖)한 연후에 진배하였으므로, 차오가 조금도 없었습니다. 요사이 양자문(兩紫門)과 구영선(九營繕)에서 직접 하체하여 가져다 쓰기 때문에, 중간에 잃어버리는 것이 매우 많습니다. 각처에서 목물을 받을 때 인정(人情)을 요구하는 것이 외선공감의 관례보다 더욱 심하므로, 한 해의 부비가 천여 금(金)에 이르고, 각 영문과 세력가에서는 예전 공인의 구채(舊債)를 번번이 침책(侵責)하니, 이쪽저쪽으로 지탱하여 감당함을 견딜 수 없어서, 퇴거(退去)하고 싶습니다.

◎ 제사 외도고주인은 사사로이 서로 팔고 사는 목상(木商)인데, 외선

공감공인이 정해지기 전에 목물을 살 방법이 없어서 쓸 때마다 값을 치르고 사들였으니, 이는 공인이 아니다. 양자문·구영선에서 소용하는 모든 목물에 관계된 것은 마땅히 호조에 청해서 얻어야 하는데, 이렇게 하지 않고 제멋대로 하체하여 직접 가져다 쓰니, 참으로 놀랍다. 목물을 받을 때의 경우에는, 중간에 다 써서 없애 버리고서 또 정채(情債)를 거둔다니, 역시 매우 놀랍다. 이다음에는 각처에서 쓰는 목물은 모두 호조에서 산적(算摘)하고 출관(出關)하여 분부한 연후에 가져다 쓰게 하라. 이와 같이 정식하여 분부한 다음에 양자문·구영선에서 만약 직접 하체하여 임의로 가져다 쓰면, 관원은 경중을 헤아려 죄를 논하고 하인배는 법사에 보내어 죄를 다스리라.

外繕工木物差人

一近來京江木物絕貴各處　國役比前十倍故每
年本監以關東木物貿來事草記定奪後報備局則
自備局所報木物減數發關于原營又自原營減削
其十分之九是白遣一分木物乙沙節晚後始乃行關
乙仍于當年木物不得流下則營門勒歸之於濫斫
之科屬公徵贖之弊比比有之此誠矣等至冤是白
乎旀且其流下之時各邑勿論公私一體收稅而監
色輩執留筏木累日操縱徵索之弊固有紀極益不
喩營門又置收稅所於春川新迎江每年稅錢三百
兩徵捧而餘錢則雖至千兩盡爲本官及監色之所

用且廣州沙器所許令收稅者爲其　進上沙器燔

造之役而監色輩所捧稅中間偸食無補公用而徒

作民弊當初自燔造所養松間限三年吐木小木等

旀借稅之意請報備局矣一自許稅之後樓柱不等

板材等物捧稅者其果成說乎盖以事勢言之關東

木物旣不得流下於京江則木物之絶貴理所固然

是白如乎原營旣塞其貿取之路而許多　國役則

責納於外都庫者豈不切悶之甚者乎從今以後各

邑收稅一倂革罷以塞其私商輩濫斫之弊是白遣

國用木物段諸處私養山使之貿取可以繼用於來

頭　國役特爲善處事

外監木物之弊誠如所訴今後則備局酌定其數爻雖

一株片木自監營不得擅減且卽許流下毋至留滯而

如或不遵此令則戶曹直爲草記各別嚴飭至於收稅

一款則厨院稅捧不過添用於燔造者其中可合於

國用者則切勿收稅事分付監營分院定式施行

　　一外都庫主人自己巳年外監貢人革罷之後　國

　　用木物專當進排而初頭則各處所用木物毋論巨

　　細必爲關由於別例房而自別例房下帖然後進排

　　故少無差誤之弊矣近來兩紫門九營繕直下帖取

　　用故中間見失甚多各處木物捧上之時人情求索

　　甚於外監之例故一年浮費至於千餘金是遣各營

門勢家前貢人舊債每每侵責以此以彼不勝支堪
欲爲退去事

外都庫主人乃私相賣買之木商而外監貢人未定之
前木物無可貿之道隨用給價買取此非貢人而兩紫
門九營繕凡係所用木物當請得於戶曹而不此之爲
任自下帖直爲取用誠甚可駭至於木物捧上時中間
消融又徵情債亦極可駭此後則各處所用木物皆令
地部算摘出關分付然後乃爲取用而如是定式分付
之後兩紫門九營繕如或直下帖任意取用則官員從
輕重論罪下屬移法司科治

선공감원역繕工監員役

◎ 상언 선공감의 공장(工匠)은 인원수가 적고 빈잔하며 각 부서의 편수[邊首] 외에는 이미 요포(料布)가 없기 때문에 여리(閭里)의 사장(私匠) 무리가 모두 선공감을 피해 내수사 및 각 군문에 투속(投屬)합니다. 그 때문에 선공감에서는 정원을 채울 수가 없으니 실로 한심합니다. 대저 종묘와 사직, 능침 및 궐 내외 공해(公廨)와 여러 도감의 영역 (營役)을 담당하지 않음이 없었기 때문에, 여러 차례 공장을 거느리고 맨 먼저 거행하는데, 목수와 미장이는 각기 10명에 불과하고 석수 (石手) 및 개장(蓋匠)은 합쳐서 20명 미만이니, 이렇게 수가 적은 장수 (匠手)로써 국역이 잇달아 거듭되는 때를 맞이하여 매번 소홀하고 간략함을 걱정합니다. 여러 상사의 하인 및 종반(宗班)·사대부의 하인 무리가 장수를 책출하는 병폐가 없는 날이 없습니다. 해당 서리와 편수 등이 만약 국역과 상치(相値)된다고 말하면, 국역의 완급(緩急)

을 따지지 않고서 좌우에서 잡아끌며 생경하기에 이릅니다. 이러한 고질적인 병폐를 만약 엄금하지 않는다면 해악이 장차 관가에 미칠 것입니다. 사가(私家)에서 횡침하는 폐단을 일절 엄금하여 응역에 전의(專意)하도록 해 주시기 바랍니다.

◎ 제사 선공감에서 목수·미장이·석수·개장이 담당하는 역은 사지(死地)를 피하는 것같이 아주 괴로운 일이다. 약간의 살아남은 자들이 실로 어렵게 지탱하는 가운데, 상사의 하인배 및 종반·사부가에서 장수를 책출하는 폐단은 망유기극하다. 만약에 엄히 막지 않는다면 국역에 일이 생길 것이 틀림없다. 이후에 만약 전과 같이 횡침하는 자가 있으면, 선공감 제조(提調)는 드러나는 대로 초기(草記)하여 죄를 논하도록 정식하여 시행하라.

◎ 상언 환하빗의 수응(酬應)은 매우 번거로워서 국용의 목물은 쓰는 대로 진배하는데, 군사(軍士) 한 사람이 수직(守直)하여 출납하게 하여, 마치 고지기 같음이 있습니다. 이를 병조에서 고립(雇立)하는데, 번번이 사대부가의 사나운 종을 정하여 보내어, 닿는 일마다 생경하므로 실로 민박(悶迫)합니다. 서로 교체할 때마다 사람을 바꾸어 대신 보내므로, 앞뒤의 군사에게 준 물건은 추심할 길이 없습니다. 이후로는 병조에서 정하여 보내지 말게 하고, 선공감에서 그 확실하고 부릴 만한 자를 골라 영구히 입역(立役)시켜 주시기 바랍니다.

◎ 제사 환하빗은 맡아서 관리하는 목물이 많고, 병조에서 양반가의 호노(豪奴)를 고립하여 매우 자주 갈아들이는데, 성질이 모질고 거만

함이 특히 심하다. 목물을 많이 잃어버릴 뿐 아니라 닿는 일마다 생경하니, 만약 영구히 정하지 않는다면 일에 소홀함이 많을 것이다. 이후로는 고립을 영구히 혁파하고, 어질고 착하며 부지런하고 성실한 사람을 잘 골라서 뽑도록 행하하여, 영구히 정해서 수직에 전의(專意)하도록 병조와 선공감에 분부하라. 이와 같이 변통한 뒤에 만약 다시 전과 같이 서실하는 폐단이 있으면, 해당 서원·고지기는 법사에 보내어 죄를 다스리라.

◎ 상언 사인사(舍人司)의 유서통(諭書筒) 및 이조의 시호통(諡號筒)·홍패(紅牌) 등의 물품은 소용하는 대로 감결을 보내어 책납하므로, 선공감에서 매번 새로 만들어 진배하는데, 호조에서 번번이 전배(前排)로 지급합니다. 모든 진배 물종은, 호조에서 비록 새로 만들어서 들인 것을 지급하더라도, 모두 쓰고 나서 돌려주는 것인데, 여러 상사에서 정례 및 호조의 지급 여부를 헤아리지 않고 여러 차례 받아서 쓰고서 하나도 돌려주지 않습니다. 또 쓸 곳이 있으면 모두 다 맡겨서 책납하니, 매우 감당하기 어렵습니다.

◎ 제사 사인사의 유서통, 이조의 시호통·홍패 등의 물품은 호조에서 보낸 감결에 따라 한결같이 진배하는데, 진배한 뒤에 끝내 돌려주지 않고, 호조에서는 매번 전배를 책용(責用)하게 하니 공인이 지탱하여 담당할 수 없다. 이후로 각사에서 만약 돌려주지 않으면, 해당 관원은 경중에 따라 죄를 논하고 하인배는 법사에 보내어 죄를 다스리라.

◎ 상언 궐 내외의 여러 상사에서 정례에 있지 않은 여러 가지 나무와 쇠로 된 기계(器械) 및 궤짝, 자물쇠 등의 물건을 직접 봉감하여 입량(入量)을 책징(責徵)하면서 하나도 회감함이 없고, 또 되돌려주지 않으며, 조금이라도 지체하면 가두어 다스림이 몹시 잦으니 더욱 감당하기 어렵습니다. 지금 이후로는 과조(科條)를 엄중히 세워서 물종의 크고 작음을 물론하고 상사에서 호조에 이문(移文)하여 출관(出關)을 기다려서 가져다 쓴 다음 하나하나 되돌려주어서, 선공감을 횡침할 수 없도록 해 주시기 바랍니다.

◎ 제사 궐 내외의 여러 상사에서 정례에 실린 것 외에 여러 가지 나무와 쇠로 된 기계, 궤짝, 자물쇠 등의 물건을 직접 봉감하는데, 공인이 정례에 없다고 하며 어기거나 거절하면 출패하여 가두어 다스린다니 일이 매우 놀랍다. 이다음에 만약 전과 같은 폐단이 있으면, 해당 관원은 경중에 따라 죄를 논하고 하인배는 법사에 보내어 죄를 다스리라.

◎ 상언 사대부가에서 허물어진 집을 고쳐 세울 때 소용하는 뭇줄·살대[箭木]·철물 등을 억지로 빌려서 바치게 하는데, 해당 이서 무리가 위협·협박하여 얻어 보냅니다. 한 달 동안을 지낸 뒤에 찾아내어 받아 내려 하면, 혹은 역을 아직 시작하지 않았다고 하거나 혹은 역을 마치기를 기다려서 내어주겠다고 말하므로, 일을 끌어서 미루어 나가는 것이 매우 오래됩니다. 비록 간신히 추심하여 오더라도 모두 부러지거나 상해서 이내 쓸모없는 물건이 되어 버리니, 실로 지탱

하여 감당하기 어렵습니다. 일절 엄하게 막아 주시기 바랍니다.

◎ 제사 뭇줄·살대·철물 등의 종류를 제조와 낭청이 임의로 행하하는 것은 일이 매우 부당하다. 또 하리 무리를 두려워하고 꺼려서 세력 있는 사대부에게 빌려 보낸 것이 많은데, 혹은 찾아내어 받지 못하거나 혹은 비록 찾아내어 받았더라도 깨지거나 부러지고 썩거나 상해서 실로 다시 쓰기 어려우니, 공인이 지탱하기 어려움은 실로 이들 폐단에서 말미암는다. 행하하는 한 가지를 바로 혁파하되, 만약 범하는 자가 있으면 관원은 경중에 따라 죄를 논하고 하인배는 법사에 보내어 죄를 다스리라.

◎ 상언 선공감에서 행용(行用)하는 나무그릇은 정례 가운데 수를 정하였는데, 물력은 호조에서 한 번 지급하여 지어 만들게 하고는, 여러 곳의 제향 및 대소의 과장(科場)에 옮겨서 씁니다. 제향에 쓴 것은 여러 차례 메고 나를 때에 저절로 부러지고 상해서 쓰기 어렵습니다. 과장에 들어가는 것은 책상, 벼룻집, 서판(書板), 전반(剪板), 긴 자, 촛대 등의 물품인데, 설과(設科)할 때 입량(入量)을 진배하면서 비록 지나치게 함부로 거두더라도 감히 정례의 수량대로 해 달라고 하지 못합니다. 그 가운데 긴 자, 서판, 세겹줄바는 무한히 책납하니 더욱 지탱하여 담당하기 어렵습니다. 쓰고 나서 되돌려주는 물품의 경우에는 시일(試日)이 끝나면 시소(試所)에서 수효를 맞추어 내어주어서, 잔공(殘貢)이 보전하는 바탕이 되게 해 주시기 바랍니다.

◎ 제사 나무그릇을 의례히 여러 곳의 제향 및 대소의 과장에 진배하

는데, 제향에 쓰는 것은 참으로 가볍게 의논하기 어렵지만, 과장에 진배하는 것의 경우에는 실로 함부로 받는 폐단이 많다. 이다음에는 산원(算員)을 계획(計劃)하여 하나하나 산적(算摘)하게 하여, 과장에 쓴 각 물종을 실수에 따라 회감하고, 쓰고 되돌려주는 물품은 시일이 끝나면 시소에서 수효를 맞추어 내어주도록 주장관에게 엄칙하라. 이와 같이 신칙한 다음에 다시 서실하는 폐단이 있으면, 해당 주장관은 경중에 따라 죄를 논하고 하인배는 법사에 보내어 죄를 다스리라.

◎ 상언 우산의 전배(前排)는 모두 부서져서 상한 것인데, 여러 도감 때에 오직 전배를 쓰고, 마침내 돌려주는 것은 거의 모두 부러지고 깨져서 쓰기 어렵습니다. 그런데도 번번이 도감과 길례 때에 호조에서는 반드시 전배로 책납하고, 우산에 소입되는 종이·대나무를 장인(匠人) 무리로 하여금 근거 없이 스스로 갖추어 쓰는 대로 진배하게 하는 것은 일이 매우 불쌍하고 가엾습니다. 예전에는 여러 도감의 당상·낭청이 혹시 군직(軍職)이면 그 의막에 소용된 것을 진배하고, 실직(實職)이 있으면 그 겸임하는 아문으로부터 진배하였습니다. 요사이는 공인으로 하여금 한데 아울러 책응(責應)하게 하니, 장차 도망쳐 흩어질 지경에 이르렀습니다. 비록 전배를 쓰더라도 한도를 정하여 탕감해 주시기 바랍니다.

◎ 제사 도감을 임시로 세울 때에 진배하는 우산은 호조에서 반드시 전배로 쓰고 돌려주므로, 공인이 스스로 갖추는 폐단이 없지 않았으

나 이는 갑자기 변통하기 어렵다. 이후로는 도감의 당상이 군직이면 선공감에서 진배하고, 실직 및 제조의 겸임이 있으면, 각기의 아문에서 대령하여, 공인의 조금의 폐단이라도 덜어 주도록 정식하여 시행하라.

◎ 상언 제향에 쓰는 담소통(擔小桶)은 훼손되는 대로 끈을 바꾸도록 이미 정례에 실려 있는데, 영희전(永禧殿)에서 쓰는 것은 제사마다 끈을 바꿉니다. 또 종묘·사직에서는 단지 봄가을로 끈을 바꾸었기 때문에, 편판(片板)과 대죽(帶竹)이 자연히 마르고 저절로 꺾여 이미 헐어서 깨지기에 이르렀습니다. 종묘서(宗廟署)의 관원이 각 제사를 맞이할 때마다 억지로 선공감에서 끈을 바꾸어 바치게 하였는데, 막중한 제향에 쓰이는 그릇이라 감히 어기거나 거부하지 못하고서 명령에 따라 끈을 바꾸었습니다. 들어가는 물종은 공인이 담당하게 하고서 회감하는 바가 없으니 원통하고 억울하다는 호소가 있음이 마땅합니다. 종묘·사직과 진전(眞殿)에서 제향통(祭享桶)의 끈을 바꾸는 규례에 서로 같지 않음이 없을 것입니다. 여러 산천의 여러 가지 제향 때에 쓰는 담소통도 아울러 제사 때마다 끈을 바꾸도록 정식하여, 공인이 근거 없이 진배하는 폐단을 면하게 해 주시기 바랍니다.

◎ 제사 제향 때 쓰는 담소통을 종묘·사직에서는 봄가을에 끈을 바꾸므로, 판죽(板竹)이 헐어서 깨지는 우려가 있는데, 정례 외에 억지로 끈을 바꾸게 하여 공인이 원통하고 억울하다고 호소하는 데 이르게 되었다. 영희전에 쓰는 것의 경우에는, 담소통에 제사 때마다 끈을

바꾸는 것이 참으로 수가 많다. 당초에 정례할 때 아주 상세한 데까지 미치지는 못하여, 이렇게 어느 정도 같지 않은 폐단이 있다. 이다음에는 모두 네 분기에 끈을 바꾸게 하도록 정례에 세보(洗補)하고, 또 호조에서 각 해당 관서에 분부하게 하라. 만약 정례를 따르지 않는 자가 있으면 해당 관원은 경중에 따라 죄를 논하고 수복(守僕)은 초기(草記)하고 법사에 보내어 죄를 다스리라.

◎ 상언 식년을 맞이할 때마다 선원록청(璿源錄廳)에서 선원록(璿源錄) 및 십대가현록(十代加現錄)을 입성(入盛)하는 대궤(大樻) 3부, 단자(單子)를 입성하는 대궤 2부, 문서궤 및 여러 부서의 공장(工匠) 등에 소용되는 궤자(樻子)(모두 자물쇠를 갖춘 것), 돈녕부에서 족보를 수정할 때 소용되는 대궤 2부, 중궤 3부, 문서궤 1부 등(자물쇠를 갖춘 것), 충훈부에서 공신세계(功臣世系)를 수정할 때 문서를 입성하는 궤 2부(자물쇠를 갖춘 것)를 아울러 모두 직접 감결을 보내어 가져다 쓰며, 의금부에서 국안(鞫案)을 담는 궤 등은 의례히 전에 진배했던 것을 다시 진배하는데, 여러 상사에서 번번이 퇴짜를 놓고서 새로 만들어 진배하도록 책납하니, 그 출패가 두려워서 새로 만들어 진배합니다. 준역(竣役)한 다음에 찾아서 받아 내려 하면, 문서를 넣어 두었다고 하며 끝내 돌려주지 않고, 호조에서는 그 새로 만든 물력(物力)을 주지 않으니 참으로 원통합니다. 특별히 정식하셔서, 지탱하여 보존할 수 있게 해 주시기 바랍니다.

◎ 제사 선원록청·돈녕부·충훈부·의금부에 여러 가지 궤자를 진배

하면 쓰고 돌려주어야 하는데, 끝내 돌려주지 않는다니 매우 부당하다. 각별히 엄칙하고, 이후로 만약 이와 같은 폐단이 있으면, 관원은 경중에 따라 죄를 논하고 하인배는 법사에 보내어 죄를 다스리라.

◎ 상언 사인사(舍人司)에서 약재를 넣어 담는 궤짝 2부(部)와 문서 궤짝 1부(자물쇠를 갖춘 것), 철협도(鐵挾刀), 석쇠, 부젓가락, 칼 등의 물품을 해마다 세수(歲首)에 전례에 따라 봉감하여 책납합니다. 기로소 및 종친부, 중추부, 여러 상사에서는 약방(藥房)에서 쓰는 물종을 호조에서 한 번 지급하면 제호탕(醍醐湯), 전약(煎藥), 납약(臘藥)을 제조(劑造)할 때에 통용(通用)하게 합니다. 연한을 정하여 훼손되는 대로 첨철(添鐵)하도록 정례에 실려 있는데, 사인사에서는 해마다 봉감하여 독봉(督捧)하니, 실로 답답하고 절박합니다. 절대 첩징(疊徵)하지 말라는 뜻을 전부 더욱더 신칙해 주시기 바랍니다.

◎ 제사 의정부·기로소·중추부·종친부에 약방에서 쓰는 여러 가지 물종을 한 번 진배한 다음, 연한을 정하여 훼손되는 대로 수보하도록 정례에 실려 있는데, 유독 의정부의 약방에서 해마다 직접 봉감하여 책납한다니 매우 놀랍다. 이다음에는 예전의 전교에 따라 봉행(奉行)하도록 엄칙하고, 만약 다시 예전의 버릇을 답습한다면 약방의 고지기는 정례의 전교에 따라 논단(論斷)하도록 정식하여 시행하라.

◎ 상언 선공감의 회부(會簿) 가운데 전배(前排) 등의 물품은 예부터 허록(虛錄)인데, 번번이 전배라고 하면서 셈하지 않고 내어 씁니다. 그렇

기 때문에 멀고 오래된 전배를 대신하여 새로 만들어 책응(責應)하는데, 모든 국역과 여러 도감 때에 소용되는 물종을, 혹은 전부 돌려주지 않고 혹은 열에 일고여덟을 잃어버려서, 끝내 받아 내지 못합니다. 호조에서 환봉상(還捧上) 문서에 따라 한결같이 전례에 따라 기록하여 싣습니다. 이른바 전배는 이름만 있고 실제로는 없으니, 알맞게 고려하여 변통해 주시기 바랍니다. 전배한 물건은 한도를 정하여 내어 쓴 다음에 다른 예에 따라 탕감해 주시기 바랍니다.

◎ 제사 전배한 물종을 쓰고 돌려주는 것은 중간에 서실하는 바가 매우 많아서 호조에서는 전례에 따라 기록하여 실으니, 이름만 있고 실제로는 없는 것이다. 만약 한번 명백히 조사하여 처리하지 않는다면, 원역·공인이 실로 혼동하여 지탱하기 어려운 폐단이 있다. 허와 실을 자세히 조사하여 존치나 감면을 참작하도록 호조에 분부하라.

◎ 상언 전배한 뭇줄은 비이슬에 한번 젖으면 쉽게 썩어서 상하기에 이르며, 무겁고 가벼운 토목 공사에는 자연히 닳아서 끊어지니, 이는 오래 쓰는 물품이 아닌데도, 거듭 무상(無常)한 역에 응하는 것은 실로 감당하기 어렵습니다.

◎ 제사 전배한 뭇줄이 토목 공사를 거듭 겪으면, 서실되거나 닳아서 끊어지는 폐단은 참으로 그러하니, 좋은 쪽으로 잘 처리하도록 호조에 분부하라.

◎ 상언 전배한 철물은 돌을 다듬거나 땅을 파는 데 쓰지 않은 것이 없

어서, 무뎌지는 대로 거듭 단련하고, 부서지면 다시 주조하므로, 저절로 소삭(銷鑠)되어 점차 형체가 없어지는데, 호조에서는 번번이 완전하고 튼튼한 것으로 책용하니, 참으로 원통합니다.

◎ 제사 전배한 철물은 돌을 다듬거나 땅을 파서 저절로 닳아서 없어지기에 이르렀는데도, 호조에서 책용하는 것에 만약 새로운 물건이 있다면 공인이 원통하고 억울하다고 호소함은 마땅하다. 헤아려 생각해서 잘 처리하도록 호조에 분부하라.

◎ 상언 전배한 목물은 곧 교량(橋樑)과 기계(機械)에 소용되는 것이며, 몸체가 무거우며 길고 커서 높이 쌓을 곳이 없고, 실어 나르기도 쉽지 않아서, 교외의 들판에 노치(露置)하여 모두 썩어 버립니다. 기계에 소입되는 것은 각처에서 가져다 쓸 때 제멋대로 자르고 꺾으며, 혹시 남은 것이 있더라도 역시 모두 썩어 버립니다. 그 전배를 책납할 때를 맞이하면 실로 지탱하기 어려운 폐단이 있습니다.

◎ 제사 전배한 목물 가운데 교량·기계 등의 물종이 썩거나 잘리고 꺾였음은 참으로 말한 바와 같다. 예전부터 변통하고자 하지 않은 것이 아니지만 실로 잘 처리할 길이 없다. 만약 모두 전배로써 책납한다면, 당연히 원통하고 억울하다고 호소함이 있을 것이니, 좋은 쪽으로 변통하도록 호조에 분부하라.

繕工監員役

一本監工匠額少貧殘而各色邊首外既無料布故
閭里私匠輩皆避本監投屬於內需司及各軍門故
本監則無以充定實爲寒心大抵
宗社　陵寢及　闕內外公廨與諸都監營役無不
擔當故多率工匠先登擧行而木手與泥匠各不過
十名石手及盖匠竝未滿二十名以此數少匠手當
國役稠疊之時每患苟簡而諸上司下人及宗班士
夫奴輩責出匠手之弊無日無之該吏與邊首等若
言以　國役相値則不計　國役之緩急左右掉曳
致有生梗此等痼弊若不嚴禁則害將及官矣私家
橫侵之弊一切嚴禁以爲專意應役事
本監木手泥匠石手盖匠爲役偏苦如避死地若干所
存者實難支撐之中上司下人及宗班士夫家責出匠
手之弊罔有紀極若不嚴防則　國役生事必矣此後
若有如前橫侵者則本監提調隨現草記論罪事定式
施行

一還下色酬應極繁　國用木物隨用進排而使一
軍士守直出納有若庫直然此乃兵曹雇立而每以
士夫家悍僕定送觸事生梗實爲悶迫而每於遞等
換面替送故前後軍士所授之物推尋無路此後段
勿令兵曹定送自本監擇其有根着可使者永爲立

役事

還下色多有典守木物而自兵曹雇立兩班家豪奴頻
數遞易頑慢特甚非但多失木物觸事生梗若不永定
則事多疎忽此後則永罷雇立行下極擇良善勤幹人
永定專意守直事分付兵曹與本監而如是變通之後
若復有如前闊失之弊則當該書員庫直移法司科治
　一舍人司諭書筒及吏曹謚號筒紅牌等物隨所用
　捧甘責納故本監每以新造進排而戶曹每以前排
　上下而凡進排物種自戶曹雖給新造所入皆是用
　後還下者而諸上司不計定例及戶曹上下與否累
　次捧用一不還下又有用處則一任責納極爲難堪
　事
舍人司諭書筒吏曹謚號筒紅牌等物一從戶曹捧甘
進排進排之後終不還下而戶曹則每令前排責用貢
人無以支當此後各司若不還下則當該官員從輕重
論罪下屬移法司科治
　一闕內外諸上司不有定例各樣木鐵器械及櫃子
　鎖鑰等物直捧甘入量責徵無一曾減亦未還下而
　少或遲滯則囚治頻頻尤極難堪今後則嚴立科條
　毋論物種巨細自上司移文戶曹待出關取用後一
　一還下俾不得橫侵該監事
闕內外諸上司定例所載外各樣木鐵器械櫃子鎖鑰

等物直爲捧甘而貢人以定例所無違拒則出牌囚治
事甚可駭此後若有如前之弊則當該官員從輕重論
罪下屬移法司科治

　一士夫家頹舍改建時所用束茫箭木鐵物等勒令
　借納該吏輩畏威得送閱月後推尋則或稱未始役
　或云待畢役出給故延拖許久雖艱辛推來盡爲折
　傷便作無用之物實難支堪一切嚴防事
束茫箭木鐵物等種提調與郎廳任意行下事極不當且
下吏輩畏憚有勢士夫多有借送者而或未推尋雖或
推尋破折腐傷實難更用貢人之難支實由於此等之
弊行下一款卽爲革罷而如有犯者則官員從輕重論
罪下屬移法司科治

　一本監行用木器皿定例中定數而物力則自戶曹
　一番上下使之造作以爲移用於諸處　祭享及大
　小科場而　祭享所用則累度擔運之際自爾折傷
　難用科場所入則書案硯匣書板剪板長尺燭臺等
　物而設科時入量進排雖甚濫徵不敢爭之以定例
　之數而其中長尺書板三甲條所無限責納尤難支
　當也至如用後還下之物段畢試日自試所照數出
　給以爲殘貢保全之地事
木器皿例爲進排於諸處　祭享及大小科場　祭享
所用固難輕議而至於科場進排則實多濫捧之弊此

後則使計劃算員一一算摘科場所用各物種從實會
減用還之物則畢試日自試所照數出給事嚴飭主掌
官而如是申飭之後復有闊失之弊則當該主掌官從
輕重論罪下屬移法司科治

　　一雨傘前排皆是破傷者而諸都監時專用前排畢
　　竟還下者擧皆折破難用而每於都監與吉禮時戶
　　曹必以前排責納而雨傘所入紙竹使匠人輩白地
　　自備隨用進排者事甚可矜也在前則諸都監堂郎
　　或是軍職則進排其依幕所用而有實職則自其所
　　帶衙門進排矣近來則使貢人一併責應將至逃散
　　之境雖用前排定限蕩減事
權設都監時進排雨傘自地部必以前排用還故貢人
不無自備之弊而此則猝難變通此後則都監堂上軍
職則自本監進排有實職及提調兼帶則自各其衙門
待令以除貢人一分之弊事定式施行

　　一　祭享所用擔小桶隨毀改帶旣載定例　永禧
　　殿所用則每　祭改帶而　宗廟　社稷則只以春秋
　　改帶故片板帶竹自乾自折已至毀破而　宗廟署
　　官員每當各　祭勒令該監改帶以納莫重　祭享
　　所用之器不敢違拒依令改帶而所入物種使貢人
　　當之無所會減宜有稱寃也　宗社與　眞殿祭享
　　桶改帶之規似無異同是乎於諸山川各項　祭享

時所用擔小桶立以每　祭改帶事定式俾免貢人

白地進排之弊事

祭享時所用擔小桶　宗廟　社稷則春秋改帶故板竹

有毀破之患定例外勒令改帶以致貢人之稱寃至於

永禧殿所用則擔小桶每　祭改帶誠爲太數當初定

例時未及消詳有此多小不同之弊此後則俱令四等

改帶事洗補於定例而亦令戶曹分付各該司如有不

遵定例者則當該官員從輕重論罪守僕草記移法司

科治

　一每當式年　璿源錄廳璿源錄及十代加現錄入

　盛大樻三部單子入盛大樻二部文書樻及各色工

　匠等所用樻子竝具鎖鑰敦寧府族譜修正時所用

　大樻二部中樻三部文書樻一部等具鎖鑰忠勳府

　功臣世系修正時文書入盛樻二部具鎖鑰竝皆直

　捧甘取用爲乎旀禁府鞫案入盛樻等例以前排進

　排而諸上司每每點退責納新排恐其出牌新造進

　排而竣役後推尋則稱以文書藏置終不還下而自

　戶曹不給其新造物力誠甚寃痛特爲定式俾得支

　保事

璿源錄廳敦寧府忠勳府禁府各樣樻子進排用還者

終不還下極爲不當各別嚴飭此後若有如此之弊則

官員從輕重論罪下屬移法司科治

一舍人司藥材入盛樻二部文書樻一部具鎖鑰鐵
挾刀炙金火箸刀子等物每年歲首循例捧甘責納
而耆老所及宗親府中樞府諸上司則藥房所用物
種自戶曹一番上下使之通用於醍醐湯煎藥臘藥
劑造時而定年限隨毀添鐵事見載定例而舍人司
則年年捧甘督捧實爲悶迫切勿疊徵之意一體更
加申飭事

議政府耆老所中樞府宗親府藥房所用各樣物種一
番進排後定年限隨毀隨補載於定例而獨政府藥房
每年直捧甘責納極爲可駭此後則依前　傳教奉行
事嚴飭若或復踵前習則藥房庫直依定例　傳教論
斷事定式施行

一本監會簿中前排等物自古虛錄而每稱前排無
算出用故久遠前排之代新造責應而凡　國役與諸都
監時所用物種或全不還下或什失七八而終不見
推一從戶曹還捧上文書循例載錄故所謂前排名
存實無參量變通前排之物定限出用後依他例蕩
減事

前排物種用還者中間闕失甚多而戶曹則依例載錄
名存實無者若不一番明查處置則員役貢人實有混
同難支之弊詳覈虛實參酌存減事分付戶曹

一前排束芟一沾雨露則易致腐傷重輕土木之役

則自然耗絶此非久用之物而累應無常之役者實
爲難堪事

前排束莄累經土木之役則闊失耗絶之弊誠有然者
從長善處事分付戶曹

一前排鐵物無非治石掘土之用而隨鈍累鍊隨破
改鑄故自爾銷鑠漸無形體而戶曹每以完固責用
誠甚寃痛事

前排鐵物治石掘土自致消磨而地部責用有若新件
貢人之稱寃宜矣商量善處事分付戶曹

一前排木物乃是橋樑與機械所用而體重長大積
峙無處輸運未易露置郊野盡爲腐朽機械所入則
各處取用時任自裁折雖有所餘亦皆腐傷當其前
排責納之時則實是難支之弊事

前排木物中橋樑機械等物種其腐傷裁折誠如所言
自前非不欲變通實無善處之道矣若皆以前排盡數
責納則宜有稱寃從長變通事分付戶曹

23

제용감공인濟用監貢人

◎ 상언 국용의 병풍은 원래 제용감의 소관이 아니고 예전에 판적사 [版籍]의 소관이었습니다. 역가(逆家)의 병풍 약간을 제용감에 봉수(逢授)할 때에 여러 상사에서 연줄을 대어 차용(借用)하던 것이 그대로 그릇된 법규가 되었습니다. 크고 작은 국용 및 여러 상사에서 소용되는 병풍을 모두 공물주인에게 요구하는데 그 폐해가 수가(受價)하는 역보다 심함이 있습니다. 일찍이 인조조(仁祖朝, 1623~1649)에 비로소 제용감 당상·낭청의 연백(筵白) 및 저희들의 상언·복계(覆啓)로 말미암아, 병풍의 경우에는 각 아문으로 하여금 조비(措備)하여 쓰게 하고 일절 공인에게서 취용(取用)하지 말게 할 것을 누차 승전(承傳)을 받들었고, 승정원·홍문관 외에 다른 상사에는 호조에서 따로 만들어 줌이 지금까지 폐지되지 않았습니다. 과외의 침책(侵責)은 또한 다시 이와 같습니다. 장생전(長生殿)의 재궁(梓宮)에 옻칠을 할

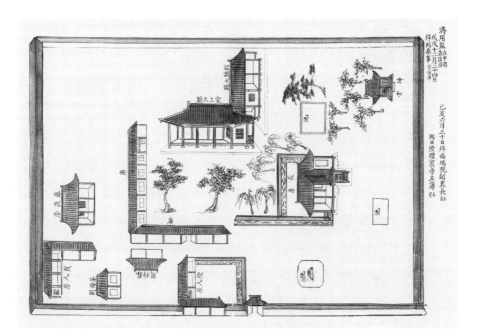

『숙천제아도』의 제용감(하버드대학교 옌칭도서관 소장)

때에 여염(閭閻)의 물건을 차용함은 사체가 온당하지 않습니다. 일찍이 호조에서 따로 만들어서 장생전의 고지기에게 봉수하여 배설(排設)하게 했는데도, 지금 또한 저희들에게 횡침합니다. 권설도감의 당상·낭청으로서 실직(實職)이 없는 사람 외에는 모두 각 그 아문으로하여금 배설하게 하고 일절 제용감에 침책하지 말게 할 것을 또한승전을 받들었습니다. 세월이 이미 오래되었는데 그 침책하는 바가전과 같으니 어찌 지탱하여 보존할 수 있겠습니까? 이번에 두 혼궁(魂宮)·묘소[10]의 여러 곳에 배설하고 경외(京外)의 권설도감에 진배하는 병풍이 첩출층생(疊出層生)하니 보존할 형세가 만무합니다. 중간에 창개(創開)한 여러 곳의 진배를 한결같이 승전을 받들어 정탈(定奪)하여 다시 엄칙하여 조금이라도 보존하게 해 주시기 바랍니다.

◎ 제사　지난겨울 선화문(宣化門)에 친림(親臨)하셨을 때에 제용감에서 병풍을 진배하는 병폐를 굽어 물으셨다. 임금께서 하교하시기를, "나의 와처(臥處)에 혹시 병풍이 없거나 여러 신하가 잠시 있는 의막(依幕)에 병풍이 없더라도 어찌 해롭겠는가? 나는 마땅히 공민(貢民)을 위해서 없앤다."라고 하셨다. 올여름 이정청[釐正]의 여러 당상이 입시(入侍)했을 때에 또한 지난겨울의 하교를 책에 쓰라는 명령이 있어서 성교(聖敎)를 공경히 받들어 책자에 적어서 올렸다. 이후로는 궐 내외의 여러 상사·각 아문·권설도감에서 좌기(坐起: 출근하여 일함)하는 의막에 겨울을 지내기 위한 병풍을 진배하는 법규를 한결같이 아울러 혁파하라. 기타 국용의 병풍은 전과 같이 진배할 것을 정식하라. 그런데 이 외에 만약 임금의 명령을 위월(違越)하거나 정식(定式)을 따르지 않고 다시 공인을 침범한다면, 대신 외에는 아울러 종중(從重) 감처(勘處)하고, 하인은 엄형(嚴刑)하고 원배(遠配)하며, 경솔하게 거행한 낭청은 경중에 따라 엄감하고, 제조 역시 논책하라.

---

10 영조의 첫째 아들인 효장세자(孝章世子: 眞宗으로 추존)의 부인인 세자빈 조씨(趙氏, 1715~1751: 孝純王后로 추존)와 영조의 둘째 아들인 사도세자(思悼世子: 莊祖로 추존)의 첫째 아들인 의소세손(懿昭世孫, 1750~1752: 懿昭世子로 추존)의 혼궁과 묘소를 의미하는 듯하다.

◎ 상언 제조에게는 초헌꾼[軺軒軍] 4명, 배사령(陪使令) 1명을 역인으로
날마다 대령시키지만, 낭청에게는 단지 우장지기 1명만 있어서, 유
사(留司)·고지기 8명을 의례히 공인의 노비 명분으로 제용감에 남겨
두어 당상·낭청의 사환으로 갖추었습니다. 정묘(1747) 연간에 제조
가 긴요하지 않은 고지기가 너무 많다는 이유로 색구(色丘: 구종의 우
두머리)로 환작(換作)하고 각 낭청에게 분정(分定)하여 수행하게 한 것
이 처음 나왔으니, 본래 정해진 별고지기 2명으로 하여금 곳간을 지
키게 하시기 바랍니다.

◎ 제사 각사 제조의 구종(丘從)은 많아도 2명에 지나지 않는데, 제용
감에서 4명으로 정하였다니 참으로 너무 많다. 2명은 혁파하고, 단
지 2명만 남도록 엄칙하여 시행하라. 고지기를 색구로 만든 것의 경
우에는, 곧 구례(舊例)가 아니니 바로 혁파하여 복구하도록 제용감에
분부하라.

◎ 상언 제용감의 고지기를 예전에는 공인의 노자(奴子)로써 책립했으
므로, 별다른 폐단이 없었습니다. 정묘년(1747) 이후로는 제조의 행
하에 따라 차정하므로, 전례 없는 채전(債錢)으로 한 해에 60냥을 갖추
어 바치며, 또 소소한 폐단이 많으니, 특별히 금단해 주시기 바랍니다.

◎ 제사 당초에 제용감의 고지기를 공인에 속한 8명으로 인원수를 정
한 것은 대개 제용감에서 받는 것은 모두 공인이 바치는 것이기 때
문이다. 공인으로 고지기를 책립하는 것은 물종을 받을 때에 혹시
정채(情債)를 받을까 깊이 우려해서 그런 것이다. 중간에 공인으로

고지기 8명을 세워 나누어 주어도, 낭청이 사환을 따로 세우도록 공인에게 행하므로, 징채(徵債)의 폐단이 날로 달로 더하고 불어나 바야흐로 공인이 지탱하기 어려운 폐단이 되었다. 고지기를 따로 세우는 것은 한꺼번에 혁파한 다음에, 예전처럼 공인이 세우는 자를 고지기로 한 다음, 비변사에 보고하도록 제용감에 분부하라.

◎ 상언 제용감의 낭청 집에서 혼례·상례 때에 소용되는 포진(鋪陳), 그릇, 의상 등의 물품을 번번이 공인에게 징책(徵責)하는데, 이는 곧 중간에 창시(創始)된 것입니다. 한번 지나간 다음에는 간혹 해를 넘기도록 주지 않아서, 서실할 지경에 이르게 됩니다. 뿐만 아니라 반드시 깨끗하고 좋은 것으로 책납하며, 당상과 낭청 집에서 쓰기만 하는 것이 아니라 행하하여 빌려 보내는 폐단이 있습니다. 만약 색이 변하거나 기한을 어기는 일이 있으면, 그 책망하기에 이르는 바가 마치 수가(受價)하고 응납(應納)하는 것과 같으니, 이는 실로 커다란 폐단입니다.

◎ 제사 이는 과외의 일이니 아울러 모두 혁파한 다음, 만약 어기는 자가 있으면 해당 낭청은 경중에 따라 죄를 논하라.

◎ 상언 당상이 먼 곳에 갔다가 돌아올 때, 중간에 다담을 마련하여 준비하는 일이 있는데, 1섬의 쌀을 저희들이 갖추어 바치면, 그것으로 음식을 만드는 역할은 고지기 무리가 담당하였습니다. 정묘년(1747)부터 저희들의 노속(奴屬)인 고지기 8명을 혁파하고, 방외인(方外人)

2명을 새로 정하여 책립한 다음, 그 다담을 마련해 내는 역할을 공인에게 옮겨 책임 지우고, 그 1섬 가운데 절반을 덜어 내었습니다. 행행(行幸)하실 때 낭청이 수가(隨駕)할 즈음의 조반과 다담을 한데 아울러 공인에게서 거두어 받아 내는데, 다담의 가미(價米)를 공인에게 물어내게 하는 것이 본래 식례(式例)가 아닌데도, 그것으로 음식을 만드는 역할 또한 따라서 공인에게 함부로 요구하니, 이는 커다란 폐단이 됩니다.

◎ 제사 당상·낭청의 반과(盤果)는 일절 혁파하고, 능행 때에 밥을 스스로 지참함은 이미 조령(朝令)이 있으니, 이에 따라 거행하도록 제용감에 별도로 신칙하되, 이후로 만약 범하는 자가 있으면 해당 당상·낭청은 경중에 따라 죄를 논하라.

◎ 상언 제용감에 책립하는 역인은 오로지 국가를 위해 진배하는 역입니다. 요 몇 해 이래 낭관의 과외 사역이 날로 더욱 심해져 거의 행하하여 빌려 보내는 지경에 이르렀기 때문에, 40명의 장립(長立)한 역인이 번번이 부족할까 염려합니다. 날마다 고용하는 사람 또한 적지 않으니, 이는 커다란 폐단이 되는 일입니다.

◎ 제사 제용감에서 날마다 입역(立役)하는 역인 40명은 오로지 국역을 위한 것이니, 원래 관원에게 간섭되지 않는다. 요즈음 국강이 해이해짐에 따라 낭관이 마치 당연한 듯이 원역 및 군사를 부리며 과외로 사역함이 날로 더욱 심해져 바야흐로 보존하기 어려운 지경에 이르렀으니, 일의 놀라움이 이보다 심할 수 없다. 제조가 게을러서 면밀

히 살피지 않은 것 역시 매우 미안하다. 지금부터 이후로 각별히 엄중하게 막되, 만약 다시 어기는 자가 있어 적간(摘奸)할 때 드러나면 해당 관원은 경중에 따라 죄를 논하라.

◎ 상언 수가(隨駕)할 때의 반과(盤果)는, 식례 가운데 능행에만 제조에게 쌀 1섬씩 공인이 마련하여 바쳐서 공궤하되, 제조가 수가하지 않으면, 낭관(郎官)이 품고(稟告)한 후에 반 섬을 덜어 받아, 오직 아침·저녁으로만 공궤하며, 다른 반과는 없습니다. 당상·낭청이 수가하면, 낭관에게는 본래 공궤하는 일이 없습니다.

◎ 제사 능행절목(陵幸節目)에 대신 이하는 모두 밥을 스스로 지참하게 하였거늘, 반과 한 가지는 더욱 논할 만함이 없다. 지금 이후로는 혁파하고, 만약 다시 범하는 자가 있으면 해당 낭청은 경중에 따라 죄를 논하라.

◎ 상언 제용감 소관의 화지(花紙) 1권당 염색하는 가미(價米)가 1말 2되인데, 진배할 즈음에 장수(匠手) 무리의 폐단이 없지 않으므로, 애초에는 화장(花匠)에게서 염색하지 않고 1권당 값을 동전으로 2냥씩 방납(防納)하였습니다. 그런데 만약 진연(進宴)과 과거 때를 맞이하면, 소용되는 화지가 거의 100권에 이르러 그 낙본되는 바를 실로 셀 수가 없습니다. 만약 변통하지 않으면, 반드시 지탱하여 감당할 수 없을 것입니다.

◎ 제사 장인이 조종(操縱)하는 폐단은 무슨 일이든 그렇지 않겠는가?

이다음에는 화지를 호조에서 받아 장인에게 출급하도록 정식하여 시행하라.

◎ 상언 제용감에서 별무하는 물종의 수효가 많은데, 그중에는 지징(指徵)할 곳이 없고 사망한 지 몹시 오래되어 무면(無面: 돈이나 물건이 축나는 일)이 가장 많은데도, 호조에서는 항상 전유재(前遺在)의 수효가 많다고 하며 값을 치르지 않으니, 실로 원역 무리가 감당할 수 없습니다.

◎ 제사 제용감에서 한번 정례한 다음에는 여러 가지 물종의 견감(見減)한 가전(價錢)이 많게는 수만 냥에 이른다. 이로써 원역이 실로 지탱하기 어려운 형세인데, 지금 별무한 것에서 오래된 유재를 셈하여 덜어 내는 것은 더욱 원역이 감당하기 어려운 폐단이다. 제용감은 다른 각사와 달리, 날마다의 수응(酬應)이 2~5배일 뿐 아니다. 원역 무리를 호조에서 진념(軫念)하여 돌보아 주지 않는다면 앞으로 각처의 진배에 일을 일으킬 것임에 틀림없다. 이다음에는 각 물종을 마련할 때 몹시 오래된 유재는 반드시 2~3필씩 차차로 계감한다면, 세월이 오래된 다음에 자연스레 모두 줄어들 것이니, 이로써 호조에 분부하라.

◎ 상언 세 정승이 입는 능라제복(綾羅祭服) 3건은 호조에서 제용감으로 하여금 지어 만들게 하여 봉수(逢授)하고 정승이 제관으로 임명될 때 진배하는데, 요 몇 해 이래 중재신(重宰臣)이 제관에 임명될 때

간혹 능라제복을 책납하여 해당 하리가 위령(威令)에 겁을 내어 어쩔 수 없이 진배하니, 사체가 매우 부당하며 폐단을 셀 수가 없습니다.

◎ 제사 대신은 마땅히 능라제복을 입고, 비록 숭품(崇品)된 중신이라도 모시제복을 입음이 마땅하다. 경재(卿宰)가 능라제복을 책납하는 것은 사체가 미안하다. 이다음에는 모두 막도록 호조에 분부하고 정식하여 시행하라.

濟用監貢人

一 國用屛風元非本監所管而在昔版籍所管逆
家屛風若干逢授於本監時諸上司夤緣借用仍爲
謬規大小 國用及諸上司所用屛風皆責於貢物
主人其所爲弊有甚於受價之役矣曾在 仁廟朝
始因本監堂郎 筵白及矣等上言覆 啓至於屛
風則令各衙門措備用之切勿取用於貢人事累奉
承 傳是遣政院玉堂外他上司則自戶曹別爲造
給至今不廢矣科外侵責又復如此 長生殿梓宮
着漆時借用閭閻之物事體未安曾自戶曹別爲造
作逢授於 本殿庫直處使之排設是去乙今又橫
侵於矣等處權設都監堂郎無實職外皆令各其衙
門排設切勿侵責於本監事又奉承 傳歲月旣久
其所侵責如前何能支保乎今番兩 魂宮墓所諸
處排設及京外權設都監進排屛風疊出層生萬

無保存之勢中間創開諸處進排一依奉承　傳定

奪更爲嚴飭以爲一分保存事

昨冬宣化門　親臨時俯　詢本監屛風進排之弊　上

教若曰予之臥處或無屛風諸臣暫時依幕無屛風何

害乎予當爲貢民而罷之今夏釐正諸堂入　侍時又

有昨冬　下教書諸册之　教敬奉　聖教錄上册子

此後則　闕內外諸上司各衙門權設都監坐起依幕

過多屛風進排之規一倂革罷其他　國用屛風依前

進排事定式而此外若或違越　上教不遵定式更侵

貢人大臣外竝從重勘處下人嚴刑遠配率爾擧行之

郎廳從輕重嚴勘提調亦爲論責

　　一提調則輍軒軍四名陪使令一名以役人每日待

　　令而郎廳則只有雨裝直一名而留司庫直八名例

　　以貢人奴名留待本監以備堂郎使喚矣丁卯年間

　　提調以不緊庫直之太多換作色丘分定隨行於各

　　郎廳始出元定別庫直二名使之守庫事

各司提調丘從多不過二名本監之定以四名誠爲太

多二名革罷只存二名事嚴飭施行至於以庫直作色

丘乃非舊例卽爲革罷復舊事分付該監

　　一本監庫直曾前則以貢人奴子責立故別無弊端

　　矣丁卯以後以提調行下差定故無前例債錢一年

　　六十兩備給亦多小小弊端特爲禁斷事

當初本監庫直以貢人所屬八名定額盖本監所捧皆
是貢人之所納者故以貢人賣立庫直者深慮物種捧
上之際或捧情債而然也中間以貢人所立庫直八名
分給郎廳使之使喚別立行下庫直故徵債之弊日加
月增方爲貢人難支之弊別立庫直則一併革罷後依
前以貢人所立者爲庫直後報于備局事分付該監

　一本監郎廳家婚喪時所用鋪陳器皿衣裳等物每
　每徵責於貢人處此乃中間創始者而一番經過之
　後或經年不給以致闊失之境分叱不喩必以鮮明
　者責納而非但堂郎家用之有行下借送之弊如有
　色渝愆期之事則其所致責有若受價應納者然此
　實巨弊事
此是科外之事竝一切革罷後如有犯者當該郎廳從
輕重論罪

　一堂上遠地往返時間有茶啖辦備之事而一石米
　自矣徒等備納則其熟設之役庫直輩擔當矣自丁
　卯矣徒等奴屬庫直八名革罷以方外人二名新定
　責立之後同茶啖設辦之役移責於貢人而除出其
　一石中折半　行幸教是時郎廳隨　駕之際朝飯
　與茶啖一併徵責於貢人處茶啖價米之徵出貢人
　本非式例而其熟設之役又從而橫責於貢人此爲
　巨弊事

246

堂郎盤果一切革罷而　陵幸時自持飯旣有　朝令

依此擧行事另飭該監此後如有犯者當該堂郎從輕

重論罪

　一本監責立役人專爲　國家進排之役而近年以

　來則郎位科外使役日以益甚殆至於行下借途之

　境故四十名長立之役人每患不足日日雇人亦此

　不些此爲巨弊事

本監每日立役役人四十名專爲　國役則元不干涉

於官員而近因　國綱之解弛郎官視若應使之員役

及軍士科外使役日以益甚方至於難保之境事之可

駭莫此爲甚提調之慢不致察亦甚未安從今以後各

別嚴防而若復有犯者現露於摘奸時則當該官員從

輕重論罪

　一隨　駕時盤果段式例中　陵幸兪提調米一石

　式自貢人辦納供饋而提調不爲隨　駕則郎官稟

　告後除捧半石只爲朝夕供饋別無盤果而堂郎隨

　駕則郎官元無供饋事

陵幸節目大臣以下皆令自持飯則盤果一款尤無可

論今後則革罷若有復犯者則當該郎廳從輕重論罪

　一本監所管花紙每一卷入染價米一斗二升而進

　排之際匠手輩不無弊端故初不入染花匠處每一

　卷價以錢二兩防納而若値　進宴與科擧時則所

用花紙幾至百卷其所落本實爲不貲若不變通則
必無支當事

匠人操縱之弊何事不然此後則花紙自戶曹捧上出
給匠人事定式施行

一本監別貿物種數多而其中指徵無處及久遠死
亡無面最多而戶曹則輒稱前遺在數多不爲給價
實爲員役輩難堪事

一自本監定例之後各樣物種見減之價錢多至於數
萬兩以此員役實有難支之勢以舊遠遺在計減於卽
今別貿者尤爲員役難堪之弊本監與他各司有異逐
日酬應不啻倍蓰員役輩自地部若不軫念顧護則前
頭各處進排生事必矣此後則各物種磨鍊時久遠遺
在必以二三疋次次計減則年久之後自當盡減以此
分付戶曹

一三相位所着綾羅祭服三件戶曹使本監造作逢
授相位差祭時進排而近年以來重宰臣差祭時間
或責納綾羅祭服該吏㥘於威令不得不進排事體
不當弊端不貲事

大臣宜着綾羅祭服雖崇品重臣當服苧布祭服而卿
宰責納綾羅祭服事體未安此後則一切防塞事分付
戶曹定式施行

도련주인 搗鍊主人

◎ 상언　저는 제용감의 도련주인으로서 방물면주(方物綿紬) 및 국용의 각색면주(各色綿紬)를 담당하여 도련하는데, 수가(受價)의 값은 1필당 교미(膠米)를 아울러 4되에 불과합니다. 대개 여항(閭巷)에서 도련하는 값으로 말하자면, 여름에는 2돈 5푼, 겨울에는 3돈이 세상에서 통용되는 규례입니다. 그러나 제가 받는 4되의 쌀은 장되[市升]로 계산하여 겨우 2되 6~7홉이고, 그 값도 1돈에 불과합니다. 여항의 도련하는 값에 비하면 3분의 1입니다. 그런데 방물면주에 대해 말하자면, 제용감에서 2~5배로 봉상하기 때문에 제가 도련하는 수효도 또한 그에 따라서 2~5배인데, 호조에서는 단지 방물 실수의 도련한 값만 지급합니다. 1필에 1돈이면 절반이 되어 무가(無價)의 역이니 제가 어찌 보존할 수 있겠습니까? 도련은 또 때가 급해서, 매번 겨울 추위에 많이 나오기 때문에, 힘써서 빨리 역을 마치기 위해 어쩔 수 없이

빚을 내어 사람을 고용하였는데, 해가 가고 해가 오면서 매번 부채가 늘어나 지금은 패가(敗家)할 지경입니다. 지금 각공(各貢)을 보면, 모두 병폐가 있다고는 하지만 수가(受價)가 많으면 누만 섬에 이르고 적어도 수천 섬 아래로는 내려가지 않습니다. 그런데 제가 도련의 값으로 받는 것은 불과 4~5섬이니, 받는 것은 적은데 병폐가 큰 것으로 저와 같은 이가 없습니다. 지금 순막(詢瘼)하시어 병폐를 제거하는 날을 맞이하여, 값을 올리도록 변통하셔서 죽어 가는 목숨을 구해 주시기 바랍니다.

◎ 제사 도련가(搗練價)를 잘 헤아려 결정한 지 이미 오래되었고, 그동안 연거푸 이정하였으나, 아직 변통할 수 없는 것은 반드시 위절(委折)이 있어서 그러하다. 비록 갑자기 증가(增價)하기는 어렵더라도, 제용감에서 명백히 조사하여 과연 허시(許施)할 단서가 있다면 되돌아가서 좋게 처리할 것을 제용감과 호조에 분부하라.

搗鍊主人

一矣身以濟用監搗鍊主人方物綿紬及　國用各
色綿紬擔當搗鍊而受價之價則每疋膠米竝不過
四升是白乎所盖以閭巷搗鍊價言之夏則二錢五
分多則三錢乃是擧世之通規而矣身所受四升米
計以市升僅爲二升六七合其價不過一錢比閭巷
搗鍊之價爲三分之一而以方物綿紬言之自該監
倍蓰捧上故矣身搗鍊之數亦隨而倍蓰戶曹則只

給方物實數搗鍊價一疋一錢乙沙半是無價之役
矣身何由而保存乎搗鍊且是時急而每多出於冬
寒故不得不務速畢役出債雇人年復年來每多負
債今至敗家之境見今各貢皆曰有弊而受價多至
累萬石少不下數千石而矣身搗鍊之價所受不過
四五石受小弊大者無如矣身者也今當　詢瘼祛
弊之日變通增價以救垂死殘命事
搗鍊價酌定已久其間累經釐正而尙不得變通則必
有委折而然雖難遽爾增價自本監明查果有許施之
端則往復善處事分付該監與戶曹

25

제용감원역濟用監員役

◎ 상언 저희들은 무릇 국가의 길흉대례(吉凶大禮)에서 담당하여 거행하지 않는 것이 없습니다. 그러나 원래 관깃[官衿]의 공물이 없어 앙포(仰哺: 부모를 봉양함)하고 자생하는 것을 오로지 호조에서 별무하는 물종에 기댈 뿐입니다. 한 해의 별무로 수가(受價)하는 액수가 거의 30,000냥에 가까워, 여러 가지 물종을 조비(措備)하여 진배하고, 허다한 부비를 또한 책응(責應)하고, 그 외에 나머지를 나누어 먹으며 자생했습니다. 한 번 정례한 후부터 한 해의 별무로 수가하는 액수가 10,000냥에 불과하니, 물종을 조판(措辦)하고 내외의 여러 곳에 진배할 때의 허다한 부비를 장차 어찌 판득(辦得)해서 책응하겠습니까? 이러한 까닭으로 원역 무리가 서로 잇달아 도피한 것이 5~6인에 이르렀습니다. 그러므로 호조의 전전(前前) 판서가 국가에 일이 생길까 걱정하여 연품(筵稟)해서 선처하는 명령이 있기에 이르렀습니다.

그러나 변통에 미치지 못했는데, 뜻밖에도 체직(遞職)되었습니다. 그
후에 제용감에서 여러 차례 논보(論報)했는데, 시임(時任) 판서에 이르
러 저희들이 버티기가 어려운 병폐를 깊이 슬퍼해서 비로소 별무례
(別貿例)로 작공(作貢)하여 호조에서 지출했습니다. 이는 실로 저희들
에게 결초·망극한 은혜입니다. 선혜청의 대동례(大同例)로 작공한 것
에 비하면, 오히려 향우지탄(向隅之歎: 좋은 때를 만나지 못하여 한탄함)
이 없지 않습니다. 감히 이렇게 우러러 하소연합니다. 대개 호조에서
정례한 후에 한 해 소득이 20,000냥이고, 선혜청의 대동례로 작공한
것 및 호조의 별무로 작공한 것을 견주어 계산하면 그 사이의 가감
이 600여 냥에 불과하나, 그 득실이 됨은 천양일 뿐만 아니라, 게다
가 제용감의 소관인 연해(沿海)의 정포(正布)를 작미(作米)해서 선혜청
에 유치(留置)하는 수량이 적지 않습니다. 그런데 다른 관사에는 오
히려 작공을 허락했으니, 제용감의 원공에서 부족한 것을 작공하도
록 허락하게 한다면, 호조에서는 조금이라도 손해 보는 바가 없고 저
희들에게는 실로 하늘과 같은 은택이어서 요뢰(聊賴: 의지하여 살아감)
하여 복역할 수 있는 밑천이 거의 될 것입니다. 아! 하소연할 길이 없
어서 장차 뿔뿔이 흩어질 지경이었는데, 이정청(釐正廳)을 설치하는
때를 맞이하였으니, 이는 곧 저희들에게 거의 죽어 가던 날에 이르러
오히려 살아나는 시기인 것입니다. 삼가 바라건대 잘 연품(筵稟)하여
서 특별히 대동례로 작공하도록 해 주시기 바랍니다.

◎ 제사 호조에서 정례할 때에 제용감의 각 물종에 대한 무역가(貿易價)
가 줄어든 액수가 25,000여 냥에 이를 정도로 많았다. 그래서 원역

이 먹는 바도 역시 많이 감삭되어서 실로 목전(目前)에 버티기가 어려운 걱정이 있었다. 원역이 버티기가 어려우면, 허다한 진배가 반드시 장차 대단한 낭패일 것이다. 그러므로 선혜청에 있는 호조의 정포가(正布價)를 작공해서 원역에게 주어 보존할 뜻을 그때의 호조판서가 진달(陳達)해서 윤허를 받았는데 아직도 작공하지 않았다. 이는 대개 그 후의 호조판서에게 지난(持難)한 바가 있어서 그러했던 것이다. 대체로 본공(本貢)을 줄인 바로 호조에서 얻은 돈이 25,000여 냥에 이를 정도로 많은데, 도리어 이 650여 냥의 작공을 아까워하는 것은 실로 마땅하지 않다. 만약 지금 변통에 미치지 못한다면 버티기 어려운 걱정이 앞으로 닥치게 될 것이니, 재빨리 작공하고 비변사에 보고할 것을 호조에 분부하라.

濟用監員役

一矣徒等凡於　國家吉凶大禮無不擔當擧行而
元無官衿貢物仰哺而資生者專靠於戶曹別貿物
種一年別貿受價之數殆近三萬兩而各樣物種措
備進排許多浮費又爲責應其外贏餘分食資生矣
一自定例後一年別貿受價之數不過萬兩而物種
措辦及內外諸處進排之際許多浮費將何以辦得
責應乎以此之故員役輩相繼逃避者至於五六人
故戶曹前前判書爲慮　國家生事至有　筵稟善
處之敎而未及變通而意外遞職其後自本監連次

論報而至於時任判書深軫矣徒等難支之弊始乃
別貿例作貢自戶曹上下此實矣徒等結草罔極之
恩比諸惠廳大同例作貢則猶不無向隅之歎敢此
仰籲是白置盖戶曹定例後一年所得二萬兩是遣
以惠廳大同例作貢及戶曹別貿作貢較計則其間
加減不過六百餘兩其爲得失不啻天壤玆不喩且
本監所管沿海正布作米之留於惠廳者其數不些
而他司猶許作貢則本監之元貢不足者使之許令
作貢在戶曹少無所損在矣等實爲如天之澤而庶
可以聊賴服役之資呼籲無路將至渙散之境矣適
當釐正設廳之時此乃矣等垂死之日猶生之秋伏
乞善爲　筵稟特爲大同例作貢事

度支定例時濟用監各物種貿易價見減之數至於二
萬五千餘兩之多而員役所食亦多減削實有目前難
支之慮員役難支則許多進排必將大段狼狽故以惠
廳所在戶曹正布價作貢付之員役以爲保存之意其
時度支長陳　達蒙　允而尙未作貢此盖其後度支
長有所持難而然也大抵本貢所減度支所得之錢
至於二萬五千餘兩之多反惜此六百五十餘兩作貢
者實未得當若不及今變通實有前頭難支之慮斯速
作貢報備局事分付戶曹

『공폐』에 등장하는 일꾼들

『공폐』에 등장하는 인물 중에는 통상의 공인 외에도 "○○軍"으로 표현되는 사람들이 더러 있다. 대개 "軍"으로 끝나는 명칭의 직업은 군인의 경우에 해당하지만, 『공폐』에 등장하는 "○○軍"의 사례는 (극히 예외적인 경우를 제외하고는) 대부분 군인이 아니라 일꾼으로서, "軍"을 "군"이 아닌 "꾼"으로 읽어야 할 것이다. 이들 "○○軍"이 정부나 왕실에 서비스를 제공하여 공인과 같은 역할을 하는 경우에는 담당 관서에서 "꾼가[軍價]"를 지급하게 되며, 이는 앞서 소개한 공가(貢價)와 별반 다르지 않고, 어떤 경우에는 역가(役價)라고 한 것과도 마찬가지 의미에 해당한다. 그래서 「선공감구영선군계공인」의 사례에서 볼 수 있듯이 공계(貢契)가 아닌 군계(軍契)로 표현되는 사례도 보이고, 이런 것도 사실은 '꾼계'라고 해야 할지도 모르겠다.

『공폐』에 등장하는 일꾼 중에서 가장 흔한 것으로는 특정한 직업이나 기술이 명시되지 않은 채 등장하는 '날품팔이꾼'들이 있다. 예컨대 「예조공인」, 「세마계인」, 「훈조공인」 조에서는 삯꾼[雇軍]이 등장하고, 「공조기인」 조에서는 일꾼[役軍]이, 「와서공인」, 「선공감구영선군계공인」 조에서는 모군꾼[募軍]이 보인다. 이들은 모두 임시로 고용되어 일정한 대가를 지급받고 노역을 제공한 자들에 해당한다. 「광흥창공인」 조에 보이는 잡색꾼[雜色軍] 역시 여러 가지 일을 맡아 처리한 인부를 가리키는 것으로 보이며, 이 경우 군대 조직에 해당하는 '잡색군'과는 전혀 다른 의미라고 할 수 있다.

그 밖의 다양한 "꾼" 명색에 있어서는, 각기 어떤 일을 전담하였는지가 그 명칭 속에 잘 드러나고 있으므로, 하나하나 살펴보도록 하자. 우선 운송이나 운반을 담당한 일꾼들이 있다. 그중에서 인원을 운송한 직책으로는, 「호조공인」 조에 보이는 가마꾼[轎軍], 「제용감공인」 조에 보이는 초헌꾼[軺軒軍], 「광흥창공인」 조에 보이는 남여꾼[藍輿軍] 등이 대표적이다. 물품을 운반한 직책도 여러 가지가 확인되는데, 그중에서 「내섬시공인」 조의 갸자꾼[架子軍]은 '갸자'라는 들것을 이용하여 운반을 한 것으로 보이는 반면, 「광흥창공인」, 「귀후서공인」 조의 담지꾼[擔持軍]이나 「내섬시공인」 조의 담부꾼[擔負軍] 등의 경우 운반의 도구가 무엇이었는지는 알 수가 없다.

다음으로, 약의 조제나 음식의 준비 과정에 참여한 사람들이 있었다. 예컨대 「예조공인」 조에 보이는 연말꾼[研末軍]은 약을 만드는 과정에서 약재를 빻아 가루로 만드는 역할을 담당한 사람이며, 「칠공인」, 「귀후서공인」 조에 보이는 취반꾼[炊飯軍]은 말 그대로 밥을 짓는 일을 했던 사람이고, 「장원서공인」 조의 작실꾼[作實軍]은 열매의 껍질을 벗기는 일을 맡았던 사람이다. '작실'이라는 용어의 이해를 위해서는, 겉잣[皮柏子]의 껍질을 벗기면 실백잣[實柏子]이 된다는 사실을 상기해 보면 좋을 것이다. 장원서공인의 하소연에서는 작실꾼의 역할을 공인이 아닌 숙수(熟手)에게 맡겨 달라는 요청을 확인할 수 있다.

일꾼들 중에서 눈에 띄는 또 하나의 부류는 바로 소식을 전하는 업무를 담당한 자들로서, 다른 말로는 정보의 전달자(messenger)라고도 할 수 있겠다. 예컨대 「예조공인」 조의 조보꾼[朝報軍]은 승정원에서 작성한 일기를 베껴서 회람하는 조보를 전달한 자들이며, 「사포서채소공인」 조의 기별꾼[奇別軍]도 마찬가지 직책이라고 할 수 있다. 또한 「예조공인」, 「공조기인」, 「상의원공인」 조에 등장하는 도목꾼[都目軍]과 방목꾼[榜目軍] 또는 방꾼[榜軍] 역시 승진이나 급제 등의 인사이동에 관한 정보를 전달한 사람들이다.

과거 시험과 관련한 인물도 보이는데, 「광흥창공인」 조의 책보꾼[冊袱軍]은 관원이 과거 시험장에 들어갈 때 대동한 자들로서 시험장[科場]에 책을 가지고 가는 경우가 많았음을 잘 보여 주고 있다. 또한 「귀후서공인」 조의 천동꾼[天童軍]은 과거에 합격하고 나서 방방(放榜) 과정에서 급제자에게 지급된 자들로서 유가(遊街: 퍼레이드)에 공인들이 동원된 사정을 잘 보여 준다.

그 밖에도 「구피계인」 조에 보이는 숙정꾼[熟正軍]은 가죽을 다루어 부드럽게 만드는 역할을 담당했던 자들이고, 「세마계인」 조에 보이는 결꾼[格軍]은 뱃사공을 거들었던 선원이다. 또한 『공폐』에는 등장하지 않지만, 최근의 한 연구(김미성 2014)는 선공감 소속의 영선군계 (營繕軍契), 자문감 소속의 자문군계(紫門軍契), 도안청 소속의 제향 군계(祭享軍契) 등 노동력 조달을 전문으로 한 '꾼계' 조직에 대하여 고찰하기도 했다.

제3책

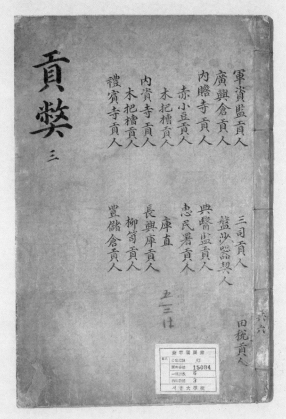

貢弊 三

軍資監貢人
廣興倉貢人
內贍寺貢人
赤小豆貢人
木把槽貢人
內資寺貢人
木把槽貢人
禮賓寺貢人

三司貢人
盤沙器品契人
典醫監貢人
惠民署貢人
庫直
長興庫貢人
柳笥貢人
豊儲倉貢人

田税貢人

「공폐」제3책 표지

26

군자감공인 軍資監貢人

◎ 상언 양창(兩倉: 군자감·광흥창)의 공역 중에서 호조의 공안(貢案)에 실려 있는 것은 단지 지배 한 가지인데, 공석(空石)은 국초(國初)부터 삼남(三南: 충청·전라·경상)과 경기의 각 고을에서 전세(田稅)로 쌀과 콩을 상납(上納)할 때 1섬마다 빈 공석[空空石] 1닢씩을 세선(稅船)에 더 실어 올려 보내, 공인으로 하여금 진배하게 하였습니다. 삼남은 중간에 폐각(廢閣)하였고, 경기는 예에 따라 올려 보냈습니다. 당초에 삼남의 공석이 오히려 부족했는데, 단지 경기 한 도의 공석으로 어찌 능히 허다한 진배를 감당할 수 있었겠습니까? 공석은 원래 급가(給價)하는 법규가 없는데, 갑자기 번거로운 역을 당하여 한 해에 진배하는 것이 거의 수십만 닢에 이르러, 공인이 이로 인하여 탕잔하였습니다. 묘당(廟堂)에서 특별히 더 진념(軫念)해 주셔서 삼남의 공석을 국초의 정식대로 올려 보낼 것을 복계(覆啓)하고 윤허를 받아,

전과 같이 올려 보냈습니다. 임인년(1722)에 전라감사가 올린 장계에 따라 그대로 어명을 다시 취소했고, 오직 경기에서 지금 갖추어 바치고 있습니다. 생각건대, 이러한 초물(草物)은 본래 지방 민부(民夫)의 역인데, 그 폐단을 없애기 위해 공인을 설치한 것이니, 공인 또한 나라의 근본입니다. 어찌 대가 없이 억지로 징수하는 것이 옳겠습니까? 호조에서 그 값을 마련하여 주시고, 그렇지 않으면 전에 정탈해 주신 대로 삼남에 책납하셔서 공인으로 하여금 지탱하여 보존할 수 있도록 해 주시기 바랍니다.

◎ 제사 공인들이 원통하다고 하는 것이 이와 같을지라도, 60,000여 닢을 용하(用下)한다는 것 또한 이와 같을 리가 없다. 삼남의 빈 공석을 혁파한 후에 지금 돌연 복구하는 것은 어렵겠지만, 양창의 공인배가 지탱하기 어려운 폐단도 고려하지 않을 수 없다. 그러므로 호조의 낭청 및 산원을 별도로 정하여, 우선 한 해에 경기의 공석이 올라오는 수량 및 양창·별영(別營)에서 연례적으로 획급하는 수량을 계산하라. 또 각처에서 진배하는 총수량 중에서 필요의 여부를 따져서 두어도 되는 것은 두고, 없애도 되는 것은 없애고, 수를 줄여도 되는 것은 줄이라. 그 후에 다시 그 진배하는 수량을 비교하여 계산하되, 오히려 과다하다면 헤아려서 마땅히 더 지급해 주어, 원통하다고 하는 일이 없도록 호조에 분부하라.

◎ 상언 각처에 진배할 때 사헌부와 상사의 하인이 긴급히 진배인을 불러서, 혹시 바로 대답하지 않으면, 반드시 삼소임(三所任)에게 출패

합니다. 이른바 패례(牌例)가 많으면 10여 냥, 적으면 5~6냥이니, 그 가혹한 폐단이 망유기극합니다. 이다음에 진배인이 혹시 잘 거행하지 않는 일이 있으면, 단지 해당 진배인만 다스리시고, 삼소임은 건드리지 말도록 과조(科條)를 엄중히 세워 주시기 바랍니다.

◎ 제사 상사의 하인이 바로 진배하지 않는다고 하면서 삼소임에게 출패하는 폐단이 망유기극하다. 이다음에는 단지 진배인만 다스리고 삼소임은 건드리지 말도록 하고, 만약 어기는 자가 있으면 해당 낭청은 경중에 따라 죄를 논하고 하인배는 법사에 보내어 죄를 다스리라.

◎ 상언 종묘·사직 이하의 여러 산천에서 제향할 때 소용되는 모둔(茅芚)은 국초 이래로 봉상시의 공안에 실려 있어서, 양호(兩湖: 호서·호남)에서 해마다 봉상시에 714부(浮)를 바칩니다. 지난번 병선(兵燹)의 여파로 봉상시의 공인이 뿔뿔이 흩어져 남은 자가 없었기 때문에, 잠시 양창에서 임시로 빌린 것이 인순(因循)하여 지금에 이르렀습니다. 그런데 각처에 소용되는 모둔은 점차 한층 더해져 한 해의 소용이 많게는 10,000여 부에 이릅니다. 기축년(1709)에 공인의 등문(登聞)에 따라 호조에서 40섬의 쌀을 양창에 지급하였지만, 이것이 어찌 10,000여 부의 값이 되기에 충분하겠습니까? 요사이 여러 상사와 구영선에서 함부로 거두는 폐단은 실로 공인이 패망하는 까닭이 됩니다. 지금 한결같이 옛 규례를 따라 봉상시에 돌려보내고, 그렇게 하지 않으신다면 양호의 모둔을 수효를 맞추어 양창에 책납하되, 양호

의 모둔 외에 더 진배하는 수량은 호조에서 마련하여 값을 치러서, 대가 없는 역에서 벗어날 수 있게 해 주시기 바랍니다.

◎ 제사 종묘·사직 이하의 여러 산천에서 제향에 소용되는 모둔 714부는 양호에서 해마다 상납했는데, 일단 혁파된 다음부터는 양창의 공인이 담당하여 진배하게 했고, 가미(價米) 40섬은 호조에서 반으로 나누어 내어주었다. 대체로 한 해 동안 진배한 수량을 본래 수효를 헤아리지 않고 값을 치렀기 때문에, 공인이 억울하고 원통하다고 호소함이 이와 같다. 역시 공석(空石)의 예에 따라 진배하는 수량을 대략 정하고, 사용하고 돌려주어야 하는 곳인 경우에는 즉시 되돌려주도록 하라. 이와 같이 정례한 다음, 각 관서의 소속이 혹 정례 외에 함부로 거두는 폐단이 있거나 또 쓰고 나서 돌려주지 않는 행위가 있으면, 해당 낭청은 경중에 따라 죄를 논하고 하인배는 법사에 보내어 죄를 다스리라.

◎ 상언 패선(敗船)의 역가를 받아먹을 수 없음은 더욱 원통합니다. 역가의 원수(元數)가 이미 많이 감축되어, 지금 잔존하여 와서 바치는 것도 영성(零星)함을 면하지 못합니다. 비록 아무 폐단 없이 모두 도달할 수 있다고 하더라도, 이렇게 요역이 몹시 번거롭고 바쁜 때를 맞이하면 오히려 부족할까 염려하는데, 또한 하물며 패선하여 잃어버린 것이 있다면, 도리어 어찌 응역할 수 있겠습니까? 호조에서 마련하여 지급하는 것이 마땅합니다. 해안을 따라 치패(致敗)한 역가의 경우에는 해당 지방관이 정식에 따라 원곡(元穀)과 아울러 한꺼번

에 올려 보냈는데, 요사이 외읍(外邑)에서 단지 원곡만 보내고 역가 는 보내지 않습니다. 호조에서는 지방관에게 핑계 대며 지급하지 않 아 공인이 중간에서 서실하기에 이르니, 어찌 원통하지 않겠습니까? 갑진년(1724) 이후에 패선의 역가를 3분의 1만 지급했고, 나머지 2분 은 아직 받지 못했으니, 하나하나 지급해 주시고, 해안을 따라 치패 한 것은 해당 고을의 열미(劣米)를 올려 보내고 진성(陳省) 가운데 그 역가를 구별하도록 엄격하고 명백하게 관문(關文)을 보내 주시기 바 랍니다.

◎ 제사 이미 호조의 역가 조에서 논열하였으니, 마찬가지로 시행하라.

◎ 상언 군자감에서 좌기할 때 여러 낭청이 소좌(所座)하는 자리, 그릇 및 말구유는 공인이 담당하게 하지 말도록 해 주시기 바랍니다.

◎ 제사 자리, 그릇, 말구유는 공용미(公用米) 5말 및 질지미[作紙米]가 있으니 이로써 사서 쓰고, 공인의 진배는 영구히 혁파하도록 군자감 에 분부하고 정식하여 시행하라.

◎ 상언 대소과장(大小科場) 및 거둥하실 때에 공인들이 진배하는 물건 을 조비(措備)하여 진배하는 곳에 실어 내어 이르면, 각사의 하인배 가 모조리 빼앗아 가져서 일을 일으킬 지경에 이르렀으니, 각별히 엄 금해 주시기 바랍니다.

◎ 제사 대소과장 및 거둥하실 때에 각사의 소속이 진배하는 물건을 빼앗아 가지는 것이 이미 고질적인 폐단을 이루어 공인이 지탱하여

감당할 수 없음은, 그 형세상 참으로 그러하다. 각별히 각사에 봉감해서 엄가(嚴加)하여 금단하고, 또 군자감에서 적발하여 비변사에 논보(論報)하되, 해당 관원은 경중에 따라 죄를 논하고 하인배는 법사에 보내어 죄를 다스리라.

◎ 상언 궐내에 거둥하실 때 각처에서 의막을 담당하는 하인에게서 돈을 거두는 것을 각별히 엄금해 주시기 바랍니다.

◎ 제사 궐내의 의막 때에 뇌물을 달라고 한다니 일이 몹시 놀랍다. 이후로 각별히 금단하고, 만약 어기는 자가 있으면, 해당 이예를 적발하여 법사에 보내어 엄하게 형벌하고 귀양살이를 하게 하며, 신칙하지 않은 관원은 잡아다 심문하고 엄중히 처리하라.

◎ 상언

- 호조의 사통(私通)에 의거해 당상·낭청이 분부한 내용에 초둔·지배를 진배하는 것이 종종 있는데, 이다음에는 진배하지 말도록 해 주시기 바랍니다.
- 여러 궁가에서 혼례·상례를 치를 때에 초둔의 배설(排設)을 공인에게 분부하는 폐단을 금단해 주시기 바랍니다.
- 군자감의 여러 낭청이 공고(公故) 외에 의막(依幕)의 사환을 행하하는 것과 능행하실 때 소착(所着)하는 제구(諸具)를 공인으로 하여금 책납하게 하는 것을 영구히 막아 주시기 바랍니다.

◎ 제사 이상의 세 조목을 지금부터 혁파한 다음, 만약 어기는 자가 있

으면 해당 관원은 경중에 따라 죄를 논하고 하인배는 법사에 보내어 죄를 다스리라.

◎ 상언 군자감 군사(軍士)의 역을 공인이 대행하는 폐단을 금단해 주시기 바랍니다.

◎ 제사 군자감에서는 이미 고립(雇立)하는 군사가 있으니, 공인으로 하여금 군사의 역을 바꾸어 행하게 한 것은 부당하다. 지금부터 혁파하되, 만약 다시 예전의 버릇을 답습하는 자가 있으면 해당 관원은 경중에 따라 죄를 논하고 하인배는 법사에 보내어 죄를 다스리라.

　　　軍資監貢人
　　一兩倉貢役載在地部貢案者只是地排一種而空
　　石則自　國初三南與京畿各邑田稅米太上納時
　　每石空空石一立式稅船添載上送使貢人進排矣
　　三南則中間廢閣京畿則依例上送而當初以三南
　　空石猶爲不足只以京畿一道空石何能當許多進
　　排乎空石元無給價之規而猝當贅役一年進排殆
　　至數十萬立貢人因此蕩殘廟堂特加軫念三南
　　空石依　國初定式上送事覆　啓蒙　允而如前
　　上送矣壬寅年因全羅監司狀　聞仍爲還寢而惟
　　京畿至今備納顧此草物本是外方民夫之役而爲
　　其除弊設置貢人則貢人亦邦本也安有無價勒徵

之義耶自戶曹磨鍊其價不然則依前定奪責納於

三南俾得貢人支保事

貢人稱冤雖如此六萬餘立用下云者亦無如此之理

三南空空石革罷之後今難猝然復舊而兩倉貢人輩

難支之弊則不可不念別定戶曹郎廳及算員先計一

年內京畿空石上來之數及兩倉別營空石年例劃給

之數又於各處進排都數中量其緊歇可存者存之可

罷者罷之可以減數者減之後更爲較計其進排之數

猶爲過多則量宜加給俾無稱冤事分付戶曹

　　一各處進排時憲府與上司下人急招進排人或未

　　卽對答則必爲出牌於三所任所謂牌例多則十餘

　　兩少則五六兩其爲酷弊罔有紀極此後進排人或

　　有不善擧行之事則只治當該進排人勿侵三所任

　　事嚴立科條事

上司下人稱以未卽進排而出牌三所任之弊罔有紀

極此後則只治進排人勿侵三所任而如有犯者則當

該郎廳從輕重論罪下屬移法司科治

　　一　宗社以下諸山川　祭享時所用茅芚乃是

　　國初以來奉常寺貢案所載而自兩湖歲納七百十

　　四浮於該寺矣向於兵燹之餘該寺貢人渙散無餘

　　故姑爲權借於兩倉因循至今而各處所用之芚漸

　　漸層加一年所用多至萬餘浮己丑因貢人登　聞

自戶曹上下四十石米於兩倉而此何足爲萬餘浮
之價耶近來諸上司九營繕濫徵之弊實爲貢人敗
亡之階今若一依古規還送於奉常寺而不然則兩
湖之苞照數責納於兩倉而兩湖苞外加進排之數
自地部磨鍊給價得免無價之役事

宗社以下諸山川　祭享所用茅苞七百十四浮自兩
湖逐年上納一自革罷之後使兩倉貢人擔當進排而
價米四十石則自地部分半出給大抵一年進排之數
元無計數給價之事故貢人之稱冤如此亦依空石例
略定進排之數至於用還處卽令還下依此定例之後
各其司所屬或有定例外濫徵之弊又有用後不還之
擧則當該郞廳從輕重論罪下屬移法司科治

　一敗船役價之不得受食尤有冤焉役價元數已多
　減縮時存來納者未免零星雖得無弊盡到當此徭
　役之繁劇猶患不足又况有敗船見失者則尤何以
　應役耶宜自戶曹磨鍊上下而至若依岸致敗之役
　價則當該地方官依定式竝與元穀一體上送矣近
　來外邑只送元穀不送役價戶曹則諉諸地方官而
　不爲上下以致貢人之中間闊失豈非冤痛乎甲辰
　以後敗船役價三分之一上下其二則尙未受得一
　一上下而依岸致敗者該邑劣米上送陳省中區別
　其役價事嚴明發關事

已爲論列於戶曹役價條一體施行

　一本監坐起時諸郎廳所坐鋪陳器皿及馬槽勿使

　貢人擔當事

鋪陳器皿馬槽則有公用五斗米及作紙米以此貿用

貢人進排則永爲革罷事分付本監定式施行

　一大小科場及　擧動敎是時貢人等措備進排之

　物輸致進排之處則各司下輩全數奪取至於生事

　之境各別痛禁事

大小科場及　擧動時各司所屬奪取進排之物者已

成痼弊貢人之不能支當其勢誠然各別捧甘於各司

嚴加禁斷而亦自本監摘發論報于備局當該官員從

輕重論罪下屬移法司科治

　一　闕內擧動敎是時各處依幕次知下人徵錢事

　各別嚴禁事

闕內依幕時索賂云者事極驚駭此後各別禁斷如有

犯者當該吏隷摘發移法司嚴刑定配不飭之官員拿

問嚴處

　一戶曹私通據堂郎分付內草芚地排進排者種種

　有之此後勿爲進排事

　一諸宮家婚喪時草芚排設分付貢人之弊禁斷事

　一本監諸郎廳公故外依幕使喚行下及　陵幸時

　所着諸具使貢人責納事永爲防塞事

以上三條自今革罷後若有犯者則當該官員從輕重

論罪下屬移法司科治

　一本監軍士之役貢人代行之弊禁斷事

本監旣有雇立軍士則使貢人替行軍士之役不當自

今革罷若有復踵前習者則當該官員從輕重論罪下屬

移法司科治

27

광흥창공인 廣興倉貢人

◎ 상언 초둔은 본래 양창 소속의 역이 아니며, 곧 봉상시의 공안에 실려 있습니다. 그런데 해당 주인이 견디기가 어려워 뿔뿔이 흩어져서 제향(祭享)에 소용되는 초둔을 책출할 곳이 없었습니다. 정축년(1697)에 묘당(廟堂)의 회계(回啓)로 말미암아 초둔이 비록 제향의 소용에 관계될지라도 지배에 불과하니 공석(空石)으로 대용하고 일이 정해지는 동안에 한해서 잠깐 줄일 것을 변통했습니다. 그러나 일이 정해진 후에도 아직 봉상시로 되돌려보내지 않고 저희들로 하여금 대신하여 맡게 하니 너무나 원통하고 절박합니다. 기축년(1709)에 저희들의 격고(擊鼓)로 말미암아, 초둔의 진배를 봉상시로 되돌려보내지 않을 것이라면 대가 없는 역을 억지로 정할 수 없으니, 그 소용을 하나하나 계산해서 급가(給價)할 것을 계하(啓下)한 후에 초둔의 값으로 양창에 각기 20섬씩을 내어줬습니다. 그러나 초둔의 원래 규정된

수량은 양호(兩湖)의 714부(浮)인데, 양창의 진배는 10,000여 부일 뿐만 아니니, 40섬의 쌀로써 어찌 이 초둔을 갖추겠습니까? 양호로 하여금 구례(舊例)에 의거해서 올려 보내게 하고, 봉상시로 되돌려보낸 후에 양창 초둔의 명색(名色)을 영구히 혁파해 주시기 바랍니다. 그렇지 않으면, 양호의 초둔을 양창에 귀속시키고, 양호로 하여금 법례에 의거해서 올려 보내게 해 주십시오. 만약 이와 같이 변통하지 못하면, 호조에서 따로 마련하여 급가(給價)하거나, 각 곳에 진배하는 초둔을 하나하나 산적(算摘)하여 실제 수량에 따라 급가해서, 지탱하여 보존하게 해 주시기 바랍니다.

◎ 제사 이미 군자감에서 논열하였으니 전부 시행하라.

◎ 상언 여러 상사의 풍차(風遮)·차양(遮陽)의 초둔은 한 해에 한 차례 진배하고, 더 받을 수 없도록 별단(別單)을 서계(書啓)하여 정식하였습니다. 근래에 한 해 안에 혹은 두세 차례 봉감하여 받으니, 지금부터 한 해에 한 차례만 진배하도록 다시 정식하여 엄중히 밝혀 신칙해 주시기 바랍니다.

◎ 제사 여러 상사의 풍차·차양의 초둔을 진배하는 정식은 호조의 정례에 분명히 실려 있으니, 과외로 직접 봉감하여 함부로 더 거두는 폐단은 각별히 금단하라. 봉감하는 한 가지는 지금부터 혁파하되, 이다음에 만약 다시 예전의 버릇을 답습하면 해당 낭청은 경중에 따라 죄를 논하고 하인배는 법사에 보내어 죄를 다스리라.

◎ 상언 친국 및 추국(推鞫)하실 때, 죄인 수막(囚幕)의 개부(盖覆: 지붕을 덮는 것)는 의례히 선공감에서 거행하고, 지배는 양창에서 담당하는데, 긴급한 때를 맞이할 때마다 소배(所排) 외에 개부 등의 별역(別役)을 억지로 양창에서 책응(責應)하게 하니 실로 원통하고 억울합니다. 지금부터 이후로 죄인의 수막에 개부하는 초완은 선공감·자문감으로 하여금 구례에 따라 담당하여 거행하도록 과조를 엄히 세워서 군더더기 역이 없도록 해 주시기 바랍니다.

◎ 제사 친국 및 추국하실 때 죄인 수막의 개부는 선공감에서 담당하고, 지배는 양창에서 담당하는 것이 규례인데, 중간에 모두 양창에 책임을 지운 것은 참으로 부당하다. 이다음에 개부는 선공감으로 하여금 전과 같이 거행하도록 호조·선공감·군자감에 분부하라.

◎ 상언 양창의 공역은 오직 지배의 진배뿐입니다. 공석(空石)은 예로부터 각 도에서 세곡을 상납할 때 1섬당 빈 공석을 1닢씩 양창에 더 바쳐서 국용의 바탕이 되었으므로, 경기의 한 도는 지금까지 준행하지만, 삼남(三南)은 중년에 공연히 폐각(廢閣)했습니다. 병신년(1716)에 양창의 공인이 격고(擊鼓)하여 상언하였기에, 정유(1717)와 무술(1718) 두 해에는 전례를 회복하여 올라왔지만, 관찰사의 장문(狀聞)으로 인해 또 정폐(停廢)하였습니다. 모든 곳에 진배하는 공석을 한 해를 통틀어 셈해 보면, 거의 수십만 닢이 넘는데도, 근거 없이 공인에게 제멋대로 책임 지우니 어찌 원통하지 않겠습니까? 삼남의 공석은 구례(舊例)에 따라 올려 보내게 하고, 그렇지 않으면 공석 값으로

선혜청의 예에 따라 1닢당 가미(價米) 2되씩을 마련하여 올려 보내게 하여, 무역하여 진배하는 바탕이 되도록 하되, 만약 이와 같지 않다면 각처에 진배하는 공석은 한결같이 감결(甘結)의 수에 따라 값을 치러 주시기 바랍니다.

◎ 제사 이미 군자감에서 논열하였으니, 마찬가지로 시행하라.

◎ 상언 해마다 각 고을에서 전세(田稅)가 올라올 때, 패선(敗船)의 역가와 원인정(元人情)은 호조에서 수에 따라 마련하여 지급하도록 일찍이 이미 정식하여 낱낱이 지급했습니다. 요사이에는 해마다 각 고을에 대한 패선의 역가와 원인정을 지급하지 않은 것이 많습니다. 해안을 따라 치패(致敗)한 곡물의 경우에는 지방관이 증렬미·증렬콩·잡비를 잇달아 와서 바치지만, 역가와 원인정은 호조에서 지급하지 않습니다. 큰 바다의 치패 및 해안을 따라 치패한 곡물의 상납은, 역가와 원인정 역시 서로 견주어 고찰해서 마련하고, 정식에 따라 지급해 주시기 바랍니다.

◎ 제사 이미 호조의 역가 조에서 논열하였으니, 마찬가지로 시행하라.

◎ 상언 거둥하실 때 어막(御幕)의 수라간 및 궐 내외 여러 상사와 각 아문의 의막(依幕)은 기한보다 앞서 결구(結構)하는데, 반드시 초둔으로 4~5겹 개부(盖覆)하고, 위배(圍排) 또한 초둔으로 지배를 설치한 위에 다시 초둔 4~5겹을 더하는데, 이와 같은 때에 하졸이 부르짖어 외치는 양창의 소리가 먼 곳과 가까운 곳에 떠들썩합니다. 저희들은

양창에 100명 남짓 전도(顚倒)하는데, 수응(酬應)이 조금이라도 뜻과 같지 않으면, 마침내 갈빗대와 이빨을 분질리는 근심을 면하기 어렵습니다. 훈련도감·금위영에서 호궤할 때 소입(所入)되는 초물(草物)은 이미 한절이 없고, 파장(罷場)할 때 여러 하인 및 술 취한 군병들이 허다한 물종을 제멋대로 빼앗아 가져도 감히 손댈 수가 없어서 모조리 잃어버리게 되니, 매우 원통합니다. 지금부터 이후로는 별도로 과조를 세워서 엄칙하여 금단해 주시기 바랍니다.

◎ 제사 가가(假家)의 개부와 위배는 선공감에서 담당하고, 지배는 양창에서 담당하는데, 각사에서 이렇게 봉감하지 않고서, 모두 양창에서 진배하게 하여 침학하는 폐단이 망유기극하다. 훈련도감의 지배는 양창에서 진배하지만, 금위영·어영청은 원래 진배의 규례가 없으므로 모두 각별히 금단하되, 만약 다시 예전의 버릇을 답습하면 해당 대장(大將)은 추고하고 장교(將校)는 병조로 하여금 곤장을 쳐서 쫓아내라.

◎ 상언 공석·망얽이를 되돌려주지 않는 일이 있습니다. 초둔·망석(網席)의 경우에는, 쓰고 나서 되돌려주는 곳이 있지만, 각처의 하인배가 중간에 사사로이 쓰고 돌려주지 않으니 실로 감당하기 어렵습니다. 과조(科條)를 엄히 세워서 추심(推尋)해 주시기 바랍니다.

◎ 제사 초둔·망석을 각사에 진배한 다음에 하인배들이 모두 사용하고 돌려주지 않아서 공인이 잃어버리는 수량이 매우 많으며, 이로 인해 실로 지탱하여 보존할 길이 없다. 이다음에는 낱낱이 사용하고 돌려

주도록 엄칙하되, 만약 다시 예전의 버릇을 답습하면 해당 관원은 경중에 따라 죄를 논하고 하인배는 법사에 보내어 죄를 다스리라.

◎ 상언 무릇 초둔은 길이가 2자 6치를 넘지 않고, 너비가 2발 반을 넘지 않으며, 3발을 넘는 것은 없습니다. 근래에 각처의 하인배가 반드시 4~5발을 책봉(責捧)합니다. 이와 같은 길이와 너비는 아무리 값을 쥐여 주어도 사기 어려워서, 부득이 따로 편결(編結)하여 상납하는데, 온갖 핑계로 퇴짜를 놓고서는 1부(浮)의 대가로 반드시 동전 1냥, 혹은 1냥 2돈, 심하게는 1냥 7돈씩을 거두어들입니다. 이러한 폐단이 날로 더욱 심해 가니, 초둔의 진배는 2발 반으로 납상하도록 과조를 엄중히 세워서 보존할 수 있게 해 주시기 바랍니다.

◎ 제사 풍차의 초둔은 예전에는 파손되는 대로 이내 고쳤으며, 공인이 스스로 맡아서 매달았으므로, 원래 조종(操縱)하는 폐단이 없었다. 일단 정례한 뒤로는, 각처에 바칠 때에 반드시 길이와 너비가 4~5발인 것으로 억지로 정하여 책납하는데, 4~5발은 항상 쓰는 것이 아니기 때문에, 실로 무득(貿得)할 곳이 없어서 부득이 따로 편결하여 진배하면, 또 퇴짜를 놓고 돈을 받아 입을 막는 데 이르고 말았으니 일이 매우 놀랍다. 이다음에는 공인으로 하여금 스스로 맡아서 매달도록 정식하여 시행하되, 길이는 3자로 정하고, 너비는 2발 반으로 정해서, 각처에서 만약 다시 예전의 버릇을 답습하면, 해당 관원은 경중에 따라 죄를 논하고 하인배는 법사에 보내어 죄를 다스리라.

◎ 상언 광흥창에 납부하는 흥양(興陽) 등 여섯 고을의 임자조(1732) 전
세를 탕감하였는데, 역가 또한 탕감하는 가운데 들어갔기 때문에,
그 대가를 지급해 주시도록 호조에 호소하였습니다. 호조에서는 역
가를 재감(裁減)한 대가를 진휼청에서 지급한 전례가 이미 많으므로
진휼청에서 지급하도록 비변사에 보고하였더니, 전례를 살펴서 시행
하도록 진휼청에 분부하였습니다. 광흥창에서 제사에 따라 진휼청
에 보고하니, 회제(回題)에서 진휼청의 저장곡에 여유가 있을 때를 기
다려 지급하겠다고 하고서는 아직도 지급하지 않았으므로 또 비변
사에 여러 차례 봉감을 올렸더니, 진휼청에서 40년 전에는 진휼청에
서 비록 지급한 전례가 있지만, 그 뒤로는 무릇 여러 역가를 탕감한
대가를 호조에서 가까운 예에 따라 지급하는 것이라고 하며 책임을
미루고 허용하지 않으니, 빈손으로 응역해서 장차 어찌 보존할 수
있겠습니까? 위의 흥양 등 여섯 고을을 탕감한 대가인 역가를 바로
지급하라는 뜻을 각별히 변통해 주시기 바랍니다.

◎ 제사 재감(災減)의 급대(給代)가 진휼청에서는 몹시 오래된 전례이므
로 지금 근거를 끌어오기는 어렵다. 호조에서는 이미 지급한 가까운
예가 있으니, 가까운 예에 따라 시행하도록 호조에 분부하라.

◎ 상언 광흥창 사면(四面)의 대지[基垈]에 집을 짓고 머물러 살아가는
10여 호(戶)에는 원래 세금을 거두지 않고, 또 사역도 없으니, 광흥창
안에서 눈을 치우고 풀을 뽑는 역을 담당하게 함이 마땅합니다. 저
희들은 공역이 매우 번잡한 가운데 또 이런 역을 맡고 있으니, 실로

너무 답답합니다. 창기(倉基)에 머물러 살아가는 사람들에게 특별히 담당하게 하여, 공인의 조그마한 폐단을 없애 주시기 바랍니다.

◎ 제사 광흥창의 사면은 곧 창기이니, 풀을 뽑는 역은 머물러 살아가는 사람이 담당하여 거행하고, 눈을 치우는 역은 공인이 전과 같이 거행하도록 정식하여 시행하라.

◎ 상언 직접 봉감하여 함부로 거두는 폐단은 역시 지탱하기 어려운 일입니다. 대저 저희들이 진배하는 물종은 호조에 관계된 것이니, 호조에 관유(關由)한 다음에야 진배할 수 있는데도, 근래에 여러 상사, 각 도감과 구영선·양자문에서 간혹 직접 봉감하여 넘치는 수효를 가져다 씁니다. 감결 가운데 그 '각(吿)' 자와 '식(式)' 자를 적어서 제멋대로 갑절을 거두어들이는 일이 흔히 있었기 때문에, 묘당(廟堂)의 신칙이 한두 번에 그치지 않았는데도 각사의 하인이 방자하게도 받들어 행하지 않아서 그 폐단이 더욱 심해졌습니다. 이다음에 만약 호조의 봉감이 없으면 절대 진배하지 말게 하고, '각' 자와 '식' 자를 몰래 적어서 함부로 거두는 폐단을 각별히 엄금해 주시기 바랍니다.

◎ 제사 궐 내외의 여러 상사에서 직접 봉감하는 폐단은 모두 하인배가 뇌물을 받아 내려는 속셈 때문이다. 이다음에는 여러 상사에서 직접 봉감하는 것을 그만두게 하고, 반드시 호조의 감결이 있은 뒤에 거행하도록 다시 더욱 엄칙하라. '각' 자와 '식' 자로 농간 부리는 폐단의 경우는, 실로 매우 놀랍다. 대개 봉감할 때에 여러 곳에 진배하는 물종의 모든 수량을 합쳐서 쓰면, 그 수가 매우 많아져서 덜거

나 깎일까 염려하게 된다. 만약 '각' 자나 '식' 자를 쓰면 그 수에 많음이 없는데도 모두 합한 수량과 거의 같아져서, 속임수를 써서 넘치게 할 수 있기 때문이다. 실제로 셈해 보면, '각' 자와 '식' 자 때문에 결국 회감하는 열 곳은 10배가 되고, 백 곳은 100배가 되니, 이는 간리(奸吏) 무리의 교악(巧惡)한 습속이 되었다. 이다음에는 각별히 금단하되, 만약 다시 어기는 자가 있으면 해당 관원은 경중에 따라 죄를 논하고 하인배는 법사에 보내어 죄를 다스리라.

◎ 상언 광흥창 관원이 과거를 보려고 과장(科場)에 들어갈 때 책보꾼[冊袱軍]을 간혹 공인으로 책립하는데, 이후로는 엄중히 막아 주시기 바랍니다.

◎ 임금이 써 내리신 글 더욱 근거가 없음.

◎ 제사 관원이 과거를 보러 갈 때 책보꾼을 책립한다니 헤아릴 수 없을 만큼 놀랍다. 더군다나 책을 끼고 과장에 들어가는 것도 이미 특교(特敎)의 금령(禁令)이 있다. 지금 이후로 다시 예전의 버릇을 답습하면 해당 관원은 본율(本律)에 따라 엄감(嚴勘)하라.

◎ 상언 거둥하실 때 가가(假家)의 지붕을 이는 초둔은, 여러 상사의 하인이 인정(人情)이라고 하면서 초둔 1~2부(浮)씩을 빼앗아 가니, 각별히 금단해 주시기 바랍니다.

◎ 제사 지금부터 시작하여 각별히 금단하되, 만약 다시 어기는 자가 있으면 여러 상사의 하인배는 법사에 보내어 죄를 다스리라.

◎ 상언 무릇 거둥하실 때 각사의 가가(假家)를 당초에는 차장(遮帳)으로 했는데, 만약 비가 내리면 전설사(典設司)의 유둔(油芚)으로 했습니다. 전설사에서 억울하고 원통하다고 호소하며 탈보(頉報: 면제의 요청)하였기에, 양창의 초둔으로 합니다. 무릇 여러 개부나 위배(圍排)를 선공감의 초완으로 하도록 계하여 정식하였는데, 거둥하실 때 각사의 가가를 어찌 양창의 초둔으로만 진배하는 것입니까? 선공감에는 압도계(鴨島契)의 공물이 있어서, 문과(文科) 때에 담장을 가리는 초바자를 편결하는 데 소입(所入)되는 망얽이는 그들이 이미 스스로 갖추는데, 번번이 양창에 대가 없이 망얽이를 무한정 책납하니 역시 원통함에 이릅니다. 지금 이후로는 거둥하실 때 각처 가가의 개부와 위배는 초완으로 진배하고, 파자를 편결하는 데 소입되는 망얽이는 선공감에서 담당하게 하여, 양창은 건드리지 말도록 하는 뜻을 영구히 정식하여 시행해 주시기 바랍니다.

◎ 제사 거둥하실 때 각사의 가가를 지어 만드는 개부와 위배에 소입되는 초완과, 초바자를 편결하는 데 소입되는 망얽이는 압도계 공인이 담당하여 진배하는 것이 전례인데, 모두 양창에 책납한다니 일이 매우 부당하다. 이다음에는 제각각 진배하도록 양창 및 선공감에 엄가하여 분부하라. 만약 예전처럼 함부로 거둔다면, 해당 관원은 경중에 따라 죄를 논하고 하인배는 법사에 보내어 죄를 다스리라.

◎ 상언 일찍이 광흥창의 네 관원을 지낸 자에게는 기처양상(己妻兩喪: 자신과 아내의 두 초상)에 담지꾼[擔持軍] 15명씩을 공인으로 정하여 보

내는데, 동교(東郊)는 관왕묘(關王廟), 서교(西郊)는 자연암(紫煙巖: 남대문 밖 반석방에 위치한 바위)을 한계로 하여, 한 사람당 대신하는 쌀 3되씩, 합해서 4말 5되를 집에 바쳤습니다. 신사년(1701)부터 부모양상(父母兩喪: 아버지·어머니의 두 초상)에 더 내도록 정식하여, 혹은 쌀을 바치거나, 혹은 잡색꾼[雜色軍]을 차정(差定)하되, 남쪽은 진두(津頭), 동·서교는 10리를 한계로 하였습니다. 국역이 몹시 번거롭고 바쁜 가운데 책응(責應)하기 매우 어려우니, 전과 같이 쌀을 바쳐서, 분폐(分弊)를 없애 주시기 바랍니다.

◎ 제사 경각사에서는 일찍이 관원을 지낸 자가 비록 상중에 있더라도 원역 및 공인이 담지하는 예가 원래 없는데, 광흥창에서는 공인이 담지하게 한다니 참으로 놀랍다. 이다음에는 담지와 봉미(捧米) 등의 일을 모두 혁파하되, 만약 잘못된 규례를 다시 답습하는 자가 있으면 해당 관원은 경중에 따라 죄를 논하라.

◎ 상언 광흥창의 포진(鋪陳)은 관에서 조비(措備)하고, 월령감찰(月令監察)과 청대감찰(請臺監察)이 깔고 앉는 포진은 질지빗에서 또한 조비하여 행용(行用)하였으므로, 일찍이 공인을 침급(侵及)하는 폐단이 없었습니다. 중년(中年)부터 의막의 사령 무리가 행용을 조심하지 않아서 오래지 않아 모두 해어지자, 또다시 공인에게 책납하였는데 감히 어기거나 거부하지 못했습니다. 한번 빌려주면 그대로 전례가 되어 버려, 힘으로 으르고 협박하며 책납하고, 사령들이 각각 각처에 가지고 가서 의막에 행용한 다음에 그대로 경중(京中)에 두고서 즉시

되돌려주지 않습니다. 혹은 찢어져 결딴이 나서 쓸모가 없고, 혹은 술집에 전당(典當)하거나 서실되어 돌아오지 않으니 매우 원통합니다. 이다음에는 포진을 예전처럼 관에서 조비하여 공인을 건드리지 말아서, 지탱하여 보존할 수 있게 해 주시기 바랍니다.

◎ 제사 포진과 같은 물건은 관에서 조비하여 원래 공인을 침급하는 폐단이 없었다. 중년 이래 의막의 제구(諸具)를 사령 무리가 서실한 다음에 공인에게 책납한 것이 그대로 잘못된 전례를 이루어서 여기에 이르렀으니, 공인이 억울하고 원통하다고 호소하는 것이 참으로 이상스럽고 놀랍다. 이다음에는 광흥창의 오두빗 · 질지빗에서 물력을 만들어 쓰도록 엄칙하되, 만약 또다시 공인에게 책임 지우면, 해당 관원은 경중에 따라 죄를 논하고 하인배는 법사에 보내어 죄를 다스리라.

◎ 상언 이른바 남여꾼[藍輿軍]은, 예전에는 지급하거나 받는 날에 광흥창 안의 각 창고에서 감합(勘合)하고 착함(着啣)할 때에만 거행했습니다. 중년부터 사령 무리가 비록 분부가 없더라도 관원이 하창(下倉)할 때, 호조의 낭청 및 대감(臺監)이 회창(回倉)할 때, 남여꾼을 여섯 명씩 번번이 책출하여 마포의 선소(船所) 등에서 대후(待候)하게 하니, 그 폐해를 셀 수 없습니다. 지금 이후로는 정식하여 폐해를 없애 주시기 바랍니다.

◎ 제사 감찰(監察), 호조의 낭관, 광흥창의 관원을 물론하고, 회창하며 감합할 때 단지 광흥창 안에서만 남여를 타고 그 외에는 남여를

탈 수 없도록 정식하여 시행하라. 만약 다시 예전의 버릇을 답습하면 해당 관원은 경중에 따라 죄를 논하라.

◎ 상언 관원의 집에서 혼례·상례를 치를 때, 초둔·지배를 행하하는 것을 관원은 4촌에 한하여 시행하도록 할 것을 완문으로 거행하였습니다. 중년에는, 혹시 친하고 친하지 않음에 따라 전하고 전해서 행하를 요청하고 빌려 간 다음, 간혹 지급하지 않는 폐단이 있습니다. 지금 이후로는 전과 같이 완문으로 거행하도록 해 주시기 바랍니다.

◎ 제사 관원의 집에서 혼례·상례를 치를 때, 행하하여 빌려 쓰는 초둔·지배는 이미 흘러 온 완문이 있으니 반드시 엄중히 막을 필요가 없으나, 4촌에 한해서 빌려 쓰는 것과 그 외의 친구 집에 행하하는 것은 실로 공인이 지탱하기 어려운 폐단이 된다. 바로 혁파하고, 만약 다시 어기는 자가 있으면 해당 관원은 경중에 따라 죄를 논하라.

◎ 상언 영선(營繕)하는 각처의 담장을 훼손되는 대로 고쳐 지을 때, 흙을 지고 돌을 줍기 위한 공석(空石)을 진배하는 것은 본래 대가 없는 역이어서 지탱하여 감당함을 견뎌 낼 수 없는 가운데, 비를 가린다며 공석을 책납함에 한정이 없습니다. 성균관 서별당(西別堂)의 여러 곳 수백 칸 및 의정부 이하 사학(四學), 질병가(疾病家) 등 모든 곳의 담장에 해마다 지붕을 이는데, 번번이 양창에 공석을 책납하며, 때로는 돈을 강제로 요구합니다. 공석은 본래 대가 없는 일이므로, 허다

한 진배는 실로 지탱하기 어렵습니다. 각처의 담장에 지붕을 이는 것 및 고쳐 지을 때에 비를 가리고자 하는 것은, 선공감의 초완으로 나래[飛乃]를 담당하고, 양창에서는 단지 고쳐 짓는 흙을 지고 돌을 줍는 공석을 진배하도록 정식하여, 지탱하고 보존할 수 있게 해 주시기 바랍니다.

◎ 제사 공석을 진배하는 곳에서 헛되이 잃어버리는 폐단이 없지 않다. 한번 조사하여 바로잡지 않을 수 없으므로, 군자감공인의 설폐조에서 이미 자세히 논한 것과 마찬가지로 시행하라.

　　　廣興倉貢人

一草芚本非兩倉所屬之役乃是奉常寺貢案所付

而當該主人難堪渙散　祭享所用草芚責出無處

丁丑年因廟堂回　啓草芚雖係　祭享所用而不

過爲地排以空石代用限事定間姑減事變通而事

定後尙不還送於本寺使矣等替當萬萬寃迫己丑

年因矣等擊皷草芚進排旣不還送于本寺則無價

之役不可勒定計其所用一一給價事　啓下後草

芚價兩倉各二十石式上下而草芚元付之數兩湖

七百十四浮而兩倉進排則不翅萬餘浮以四十石

米何以辦此草芚使兩湖依舊例上送而還歸奉常

寺後兩倉草芚名色永爲革罷不然則兩湖草芚歸

之兩倉而使兩湖依例上送若不如是變通則自戶

曹別爲磨鍊給價而各處進排草芚一一算摘從實
數給價以爲支保事
已爲論列於軍監一體施行
　一諸上司風遮遮陽草芚一年一次進排而無得加
　捧事別單書　啓定式矣近來一年內或二三次捧
　甘捧上自今一年一次進排事更爲定式嚴明申飭
　事
諸上司風遮遮陽草芚進排定式昭載於戶曹定例科
外直捧甘濫徵之弊各別禁斷捧甘一款自今革罷而
此後若復踵前習則當該郞廳從輕重論罪下屬移法
司科治
　一親鞫時及推鞫時罪人囚幕盖覆例以繕工擧行
　地排則兩倉擔當而每當窘急之時所排外盖覆等
　別役勒令兩倉責應實涉冤枉今後罪人囚幕盖覆
　草薍令繕工監紫門監依舊例擔當擧行事嚴立科
　條俾無贅役事
親鞫及推鞫時罪人囚幕盖覆則繕工擔當地排則兩
倉擔當自是規例而中間都責於兩倉者誠甚不當此
後盖覆則使繕工監依前擧行事分付戶曹繕工監軍
資監
　一兩倉貢役只是地排進排而空石則自古各道稅
　穀上納時每石空空石一立式添納于兩倉以爲

國用之地故京畿一道至今遵行而三南則中年公
然廢閣丙申年兩倉貢人擊鼓　上言丁酉戊戌兩
年復舊上來矣因道臣狀　聞又爲停廢百各處進
排空石一年通計則將過數十萬立而白地橫責於
貢人豈不冤痛哉三南空石依舊例使之上送不然
則空石價依宣惠廳例每立價米二升式磨鍊上送
以爲貿易進排之地而若不如是則各處進排空石
一從甘結數給價事

已爲論列於軍監一體施行

一每年各邑田稅上來時敗船役價與元人情自戶
曹依數磨鍊上下事曾已定式這這上下矣近年則
各年各邑敗船役價與元人情尙多未上下者至於
依岸致敗穀物則地方官拯劣米太雜費連爲來納
而役價與元人情則戶曹不爲上下大洋致敗及依
岸致敗穀物上納則役價與元人情亦爲相考磨鍊
依定式上下事

已爲論列於戶曹役價條一體施行

一擧動時　御幕次水剌間及　闕內外諸上司各
衙門依幕前期結構而必以草芚四五重盖覆圍排
亦以草芚地排所設之上更加草芚四五重如此之
時下卒呼喚兩倉之聲遠近譁然矣徒兩倉百有餘
人顚倒酬應少不如意則終難免折脅摺齒之患訓

局禁衛營犒饋時所入草物旣無限節罷場時諸下

人及醉酒軍兵等許多物種恣意奪取而不敢下手

盡爲見失已極寃痛今後別立科條嚴飭禁斷事

假家盖覆圍排繕工擔當地排則兩倉擔當而各司不

以此捧甘而都使兩倉進排侵虐之弊罔有紀極訓局

地排自兩倉進排而禁衛營御營廳元無進排之例竝

各別禁斷而若復踵前習則當該大將推考將校令兵曹

決棍汰去

　一空石網兀無還下之事至於草芚網席則有用後

　還下之處而各處下輩中間私用不爲還下實爲難

　堪嚴立科條以爲推尋事

草芚網席進排各司之後下屬等全不用還貢人所失

其數甚多以此實無支保之道此後則嚴飭這這用還

而若復踵前習則當該官員從輕重論罪下屬移法司

科治

　一凡草芚長不過二尺六寸廣不過二把半而無過

　三把矣近來各處下輩必以四五把責捧如此長廣

　雖持價難貿不得已別爲編結納上而百端點退一

　浮代必以錢一兩或一兩二錢甚者一兩七錢式徵

　捧此弊日益滋甚草芚進排則以二把半納上事嚴

　立科條俾得保存事

風遮草芚自前則隨毀隨補而貢人自當懸之故元無

290

操縱之弊一自定例之後各處捧上時必以長廣四五
把者勒定責納而四五把旣非常用者故實無貿得處
不得已別爲編結進排則又爲點退捧錢防口而後已
事極可駭此後則使貢人自當懸之事定式施行而長
則定以三尺廣則定以二把半而各處如或復踵前習
則當該官員從輕重論罪下屬移法司科治

　一本倉所納興陽等六邑壬子條田稅蕩減而役價
　亦入於蕩減中故其代上下事呼訴戶曹則戶曹以
　役價裁減代自賑廳上下已多前例自賑廳上下事
　報備局則考例施行事分付賑廳矣自本倉依題辭
　報賑廳則回題內待廳儲有裕上下云而尙未上下
　故又呈備局累次捧甘則賑廳以爲四十年前自賑
　廳雖有上下之例其後凡諸役價蕩減之代自戶曹
　依近例上下云而推諉不許空手應役將何保存乎
　上項興陽等六邑蕩減代役價趁今上下之意各別
　變通事
災減給代賑廳則久遠之例今難援據戶曹則旣有上
下之近例以近例施行事分付戶曹

　一本倉四面基垈作家居生者十餘戶而元無收稅
　且無使役則宜令擔當其倉內掃雪除草之役而矣
　徒貢役劇煩之中又當此役實爲切悶特令倉基居
　生之人擔當以除貢人一分之弊事

本會四面旣是會基則除草之役居生之民擔當舉行
掃雪之役貢人依前舉行事定式施行

　一直捧甘濫徵之弊亦爲難支之事大抵矣等進排
　物種旣係戶曹則關由戶曹後可以進排而近來諸
　上司各都監與九營繕兩紫門時或直捧甘濫數取
　用而甘結中潛錄其各字式字恣意倍徵者比比有
　之故廟堂申飭非止一再而各司下人慢不奉行其
　弊轉酷此後若無戶曹捧甘則切勿進排而各字式
　字潛錄濫徵之弊各別嚴禁事
關內外諸上司直捧甘之弊皆是下屬捧略之計此後
則諸上司直捧甘勿施而必有戶曹甘結然後舉行事
更加嚴飭至於各字式字之奸弊實有萬萬可駭者盖
捧甘之際諸處進排物種合書都數則其數甚多恐致
減削若書各字式字則其數無多而似若都數可以售
瞞過之計實則以各字式字之故畢竟會減十處爲十倍
百處爲百倍此爲奸吏輩巧惡之習此後則各別禁斷
而若有復犯者則當該官員從輕重論罪下屬移法司科
治
　一本會官員觀光次入場時冊袱軍或以貢人責立
　此後嚴防事
御筆書下尤爲無據
　官員赴擧時責立冊袱軍云者萬萬可駭況挾冊入場

旣有　特敎禁令此後復踵前習則當該官員依本律
嚴勘

一　擧動時假家盖覆草苫諸上司下人稱以人情
草苫一二浮式奪取各別禁斷事
自今爲始各別禁斷如有復犯者則諸上司下屬移法
司科治

一凡　擧動時各司假家當初則以遮帳爲之如或
有雨則以典設司油苫爲之矣典設司稱寃頗報以
兩倉草苫爲之凡諸盖覆圍排以繕工監草亂爲之
事　啓下定式則　擧動時各司假家豈獨以兩倉
草苫進排乎繕工監有鴨島契貢物則文科時墻垣
所遮草把子編結所入網兀渠旣自備而每以兩倉
無價網兀無限責納亦涉寃痛今後則　擧動時各
處假家盖覆圍排以草亂進排把子編結所入網兀
自繕工監擔當兩倉則勿侵之意永爲定式施行事
擧動時各司假家造作盖覆圍排所入草亂草把子編
結所入網兀鴨島契貢人擔當進排乃是前例而竝爲
責納於兩倉事極不當此後則各自進排事嚴加分付
於該倉及繕工監若或橫徵如前則當該官員從輕重
論罪下屬移法司科治

一曾經本倉四官員己妻兩喪擔持軍十五名式以
貢人定送而東郊則關王廟西郊則紫煙巖爲限每

名代米三升式合四斗五升納家矣自辛巳年父母

兩喪加出定式或納米或以雜色軍差定而南則津

頭東西郊則十里爲限　國役煩劇中責應甚難依

前納米以除分弊事

京各司曾經官員雖在喪元無員役及貢人擔持之例

而本倉則以貢人擔持誠極可駭此後則擔持與捧米

等事並革罷而或有復踵謬規者則當該官員從輕重

論罪

　　一本倉鋪陳自官措備月令監察與請臺監察所坐

鋪陳自作紙色亦爲措備行用而曾無侵及貢人之

弊矣自中年依幕使令輩不謹行用不久盡弊則又

復責納於貢人莫敢違拒一番借給則仍以爲例恐

嚇責納而使令等各各持去各處依幕行用後仍置

京中不卽還給或裂破無用或典當酒家闊失不還

萬萬寃痛此後則鋪陳依前以自官措備勿侵貢人

俾得支保事

鋪陳等物自官措備元無侵及貢人之弊中年以來依

幕諸具使令輩闊失後責納貢人仍成謬例致此貢人

之稱寃誠極痛駭此後則以本倉五斗色作紙色物力

造用事嚴飭而又若復責於貢人則當該官員從輕重

論罪下屬移法司科治

　　一所謂藍輿軍曾前則上下捧上日倉內各庫勘合

着銜時只爲擧行矣自中年使令輩雖無分付官員
下倉時戶曹郎廳及臺監回倉時藍興軍六名式每
每責出待候於麻浦船所等處其弊不貲今後則定
式除弊事

勿論監察地部郎官該倉官員回倉勘合時只倉內乘
藍興其外毋得乘藍興事定式施行而若復踵前習則
當該官員從輕重論罪

一官員家婚喪時草芚地排行下官員則限四寸施
行事完文擧行矣中年則或以親不親傳之傳請行
下借去後或有不給之弊今後依前完文擧行事
官員家婚喪時行下借用草芚地排旣有流來完文不
必嚴防而限四寸借用者及其外親舊家行下則實爲
貢人難支之弊卽爲革罷而若復有犯者則當該官員
從輕重論罪

一營繕之各處墻垣隨毁修築時負土拾石次空石
進排者本以無價之役不勝支當之中稱以遮雨空
石責納無限成均館西別堂諸處數百間及議政府
以下四學疾病家等百各處墻垣年年盖覆每以兩
倉空石責納而或以錢徵索空石本是無價之事而
許多進排實爲難支各處墻垣盖覆及改築時遮雨
次則以繕工草亂飛乃擔當兩倉則只爲進排修築
負土拾石空石事定式俾得支保事

空石進排處不無虛實相蒙之弊不可不一番查正故

軍資監貢人設弊條已詳論一體施行

내섬시공인 內贍寺貢人

◎ 상언 내의원에 바치는 참기름은 정례 외에는 봉감에 따르거나 분
부에 따라 급히 진배합니다. 그런데 내의원에서 체문을 작성해 주는
규정을 중간에 폐각(廢閣)하여, 참고할 만한 근거가 없어서 헛되이
잃어버리고 마니, 정말로 원통하고 답답합니다. 이후에는 바치는 물
종은 그 바치는 바에 따라 체문을 전과 같이 작성하여 이를 근거로
삼아 회감하도록 해 주시기 바랍니다.

◎ 제사 내의원에 진배하는 참기름을 정례 외에 봉감하는 것은, 공인
이 내의원에서 답인한 체문을 받아 호조에 올려 수가(受價)하는 것
이 곧 전례다. 중간에 폐각되었기 때문에 공인이 이로써 원통하다고
하니, 이전대로 체문을 받아 곧바로 호조에서 수가할 것을 정식하여
시행하라.

◎ 상언　내섬시에 참기름과 꿀을 진배할 때 상사의 하인배가 간혹 참기름과 꿀을 구걸하곤 했는데, 호조 공방의 역인과 예조에서 감결을 가져온 사령에게 애초에 구걸하는 대로 약간 준 바가 있었습니다. 지금은 잘못된 규례가 되어 버려, 달마다 호조의 역인에게 기름 1되 5홉을, 예조에서 감결을 가져온 사령에게 기름 1되를 헤아려서 주는데, 조금이라도 뜻과 같지 않으면 꾸짖고 욕하기를 그치지 않으니, 이는 실로 지탱하기 어려운 폐단입니다. 각별히 엄금해 주시기 바랍니다.

◎ 제사　참기름과 꿀을 진배할 때 상사의 원역이 구걸하는 것을 각별히 금단하라. 호조 공방의 역인 및 예조에서 감결을 가져온 사령에게 애초에 구걸하는 대로 기름 1되를 준 것의 경우에는, 그대로 나쁜 규례를 이루었다니 일이 매우 근거 없으므로 역시 금단하되, 이다음에 만약 다시 예전의 버릇을 답습하면 준 놈과 받은 놈을 법사에 보내어 죄를 다스리라.

◎ 상언　월령치주(月令致酒)·노인세찬주(老人歲饌酒)는 고자(庫子)가 수가(受價)하여 담당하는 것이니, 담부꾼[擔負軍]은 그가 스스로 담당하는 것이 오랜 전례로서 바로 그러합니다. 또 역인은 이미 갸자꾼[架子軍]이니, 고자의 한가하고 느긋한 사환으로 응역하는 것이 부당함은 사리가 명백합니다. 고자는 원역이므로, 역인들이 안정(顔情: 여러 차례 대면하여 생기는 정)이 없지 않아 모두 고자의 사환으로서 일에 따라 돌봐 주었습니다. 지금에 이르러 그대로 잘못된 전례를 만들었으니, 이는 실로 지탱하기 어려운 까닭입니다. 이다음에는 고자가

월령치주·세찬주를 진배할 때에 역인이 지고 메는 것을 각별히 금단해 주시기 바랍니다.

◎ 제사 월령치주 및 노인세찬주는 고지기가 수가하여 담당하는 것이니, 술을 메는 사람은 고지기가 담당하는 것이 전례이고, 역인이 지고 나르게 하는 것은 매우 부당하다. 바로 혁파하도록 엄칙하되, 만약 다시 예전의 버릇을 답습하면 해당 고지기는 법사에 보내어 죄를 다스리라.

◎ 상언 납약(臘藥) 때에 기로소·종친부에서 청주(淸酒)를 각 세 병씩, 식초를 세 병씩 진배하도록 봉감하는데, 정례에 없는 바이므로 진배하지 않으면, 번번이 출패하여 잡아 가두는 것을 면할 수 없기 때문에, 어쩔 수 없이 진배합니다. 이 한 가지를 각별히 변통해 주시기 바랍니다.

◎ 제사 기로소·종친부의 하인배가 호조를 경유하지 않고 공인에게 직접 봉감하여 술과 식초를 억지로 받으며 과외로 횡침하고 빙자하여 폐를 끼친다니 매우 이상스럽고 놀랍다. 공인이 진배하고자 하지 않으면 출패하여 잡아 가두며 아무것도 꺼리는 바가 없다. 이다음에는 각별히 금단하되, 만약 다시 예전의 버릇을 답습하면 약방(藥房)은 경중에 따라 죄를 논하고 하인배는 법사에 보내어 죄를 다스리라.

◎ 상언 능행하실 때의 반과(盤果)는 원래 공인이 변통하여 준비하는 일이 없는데, 융복(戎服)과 제구(諸具)의 경우에는 혹시라도 몹시 급한

때를 맞이하면 빌려 쓰는 일이 없지 않으니, 사목(事目)을 엄중히 세워 뒷날의 폐단을 막아 주시기 바랍니다.

◎ 제사 능행하실 때 관원이 융복과 제구를 책출하는 것은 조금(朝禁)이 매우 엄하니 각별히 엄금하고, 어기는 자는 경중에 따라 죄를 논하라.

　　　內瞻寺貢人

　　一內局所納眞油定例外隨其捧甘或因分付急時
　　進排而自本院帖文成給之規中間廢閣無憑可考
　　白地空失實爲寃悶此後則所納物種隨所納帖文
　　依前成給以爲憑考會減事
　內局進排眞油定例外捧甘者則貢人受內局踏印帖
　文呈于戶曹受價者乃是前例而中間廢閣故貢人以
　此稱寃依前受帖直受價於戶曹事定式施行
　　一本寺油淸進排之時上司下屬或有油淸求乞而
　　戶曹工房役人禮曹甘結使令處初以乞求有所略
　　給矣今作謬例每朔戶曹役人油一升五合禮曹甘
　　結使令油一升計給而少不如意則詬罵不已此實
　　難支之弊各別嚴禁事
　油淸進排時上司員役之求乞各別禁斷而至於戶曹
　工房役人及禮曹甘結使令處初以求乞給油一升仍
　成謬例者事甚無據亦禁斷而此後若復踵前習則與

者受者移法司科治

　一月令致酒老人歲饌酒乃是庫子受價擔當者則

　擔負軍渠自擔當古例卽然而且役人旣是架子軍

　則不當應役於庫子間漫使喚事理甚明而庫子旣

　是員役故役人等不無顏情凡於庫子使喚隨事顧

　見矣至今仍作謬例此實難支之端此後則庫子之

　月令致酒歲饌酒進排時役人擔負各別禁斷事

月令致酒及老人歲饌酒庫直旣受價擔當則擔酒之

人庫直擔當乃是前例而使役人負運極爲不當卽爲

革罷事嚴飭而若復踵前習則當該庫直移法司科治

　一臘藥時耆老所宗親府淸酒各三甁式醋三甁式

　進排事捧甘而定例所無故不爲進排則每未免出

　牌囚禁故不得已進排此一款各別變通事

耆老所宗親府下屬不由戶曹直捧甘於貢人勒捧酒

醋科外橫侵憑藉作弊極爲痛駭貢人不欲進排則出

牌囚禁無所顧忌此後則各別禁斷而若復踵前習則

藥房從輕重論罪下屬移法司科治

　一　陵幸時盤果則元無貢人辦備之事而至於戎

　服諸具或値窘急之時不無借用之事嚴立事目以

　杜後弊事

陵幸時官員之責出戎服諸具　朝禁至嚴各別嚴禁

犯者從輕重論罪

내섬시적두소두공인 內贍寺赤豆小豆貢人

◎ 상언 소두(小豆)의 한 해 원공은 57섬 10말인데, 한 해 공상(供上)에 응하는 것과 비교하면 해마다 10여 섬을 가용(加用)합니다. 그런데도 강원도에서 임시로 줄인 5섬을 복구할 수 없는 것은 극히 원통하고 억울하니, 재빨리 복구해 주시기 바랍니다. 그리고 해마다 부족한 수량 및 기타 오세재윤(五歲再閏) 등에 별진배(別進排)하는 수량은 다른 공물의 영축례(盈縮例)에 의거해서 참작하여 가정(加定)해 주시기 바랍니다.

◎ 제사 소두의 진배가 원공의 수량보다 과하기 때문에, 공인의 칭원이 이와 같다. 강원도에서 임시로 줄인 5섬을 복구하는 것은 아주 마땅하다. 윤달과 별진배의 경우에는 호조에서 별무로 급가(給價)할 것을 선혜청·호조에 분부하라.

◎ 상언 3전(殿)과 4궁(宮)에 대한 팥죽[豆湯] 적두(赤豆)의 식례(式例)는 날마다 2되인데, 큰 달과 작은 달을 따지지 않고 달마다 6말씩 진배하니, 작은 달의 추가 진배가 1말 4되이며, 한 해를 통틀어 그 수를 헤아려도 역시 많은데도 회감할 수 없습니다. 이 외에 지미(知味) 및 가승(加升)을 아울러 셈하면, 그 수가 갑절이나 더 들어가므로 앞뒤의 주인이 가산을 탕진하고 뿔뿔이 도망쳐 흩어진 것은 참으로 이 때문입니다. 나은 쪽으로 변통해 주시기 바랍니다.

◎ 제사 적두의 진배에는 이미 정해진 수가 있고, 달의 크고 작음도 또한 같지 않은데, 큰 달과 작은 달에 마찬가지로 받는다니 진실로 매우 놀랍다. 이로써 반감(飯監)에게 각별히 엄칙하여, 전과 같이 하지 말도록 정식하여 시행하라.

◎ 상언 저희들의 공물은 한 해를 통틀어 수가(受價)한 숫자를 매년 4월에 한꺼번에 중기(重記)에 올리는데 저희들의 수가는 7월에 있습니다. 공상(供上)의 규례는 매번 앞 시기의 한 달 동안 진배한 것에 대해 다음 달에 회감하므로, 가령 정월의 공상은 12월에 미리 진배하고 2월에 비로소 회감하니, 실제로는 석 달 뒤에 회계하여 중기에 올리는 것입니다. 그런데 혹은 네댓 달 뒤에 이르러 회감하므로, 저희들의 원공이 이미 공상에 응하기에 부족합니다. 수가가 7~8월에 있고, 수가하기 전의 두세 달은 4월에 모두 중기에 올렸기 때문에, 별무의 한 가지는 이러한 장애로 인해 수가할 수 없으니 더욱 몹시 원통하고 억울합니다.

◎ 제사 적두(赤豆)·소두(小豆)의 수가가 매년 7월에 있기 때문에, 4~6월에는 아직 수가하지 못한 채 우선 진배하는 것이 공인이 지탱하기 어려운 폐단이 된다. 7월에 중기에 올리도록 다시 정식한다면, 네댓 달에 이르도록 회감하지 않는 폐단이 저절로 마땅히 떨어 없어질 터이니, 이로써 내섬시에 분부하라.

　　內贍寺赤豆小豆貢人
　一小豆之一年元貢五十七石十斗比較一年應
　供上則逐年加用十有餘石而江原權減五石零未
　得復舊者極爲寃抑急速復舊而逐年不足之數及
　其他五歲再閏等別進排之數依他貢物盈縮例參
　酌加定事
小豆進排過於元貢數故貢人之稱寃如此江原權減
五石復舊甚當至於閏朔與別進排自戶曹別貿給價
事分付惠廳戶曹
　一三　殿四　宮豆湯赤豆式例則每日二升而不
　計大小朔每朔各六斗式進排則小朔加進排爲一
　斗四升通一年計之其數亦多而不得會減此外知
　味及加升竝計則其數倍入故前後主人敗家逃散
　者良由此也從長變通事
赤豆進排旣有定數朔之大小亦自不同則不計大小
朔而一例捧上誠極駭然以此各別嚴飭於飯監俾勿

如前事定式施行

　　一矣徒貢物通一年受價之數每於四月都上重記
　　而矣等受價在於七月　供上之規每於前期一朔
　　進排而翌朔會減故假如正月朔　供上十二月預
　　爲進排而二月始爲會減則實爲三朔後會計上重
　　記者也而或至四五朔後會減乙仍于矣等元貢旣
　　不足於應　供上而受價在於七八月而受價前二
　　三朔則以四月都上重記之故別貿一款因此掣碍
　　不得受價尤極冤抑事
赤小豆受價每在七月然則四五六月未受價而先進
排乃爲貢人難支之弊以七月上重記事更爲定式則
延至四五朔未會減之弊自當祛矣以此分付本寺

30

내섬시목파조공인 內贍寺木把槽貢人

◎ 상언 의정부·기로소·중추부·내의원에 연례(年例)로 전약(煎藥)에 소용되는 목파조(木把槽)가 각 1부씩 정례에 실려 있는데, 종친부·훈련도감의 두 곳은 정례에 누락되어 있기 때문에 진배하지 않으면, 매번 출패하여 잡아 가두니 그 사이에 부비가 매우 많습니다. 지금 이후로 위의 종친부·훈련도감의 약 달이는 데 쓰이는 목파조를 정례에 실어, 전과 같이 침책하는 폐단이 없도록 해 주시기 바랍니다.

◎ 제사 목파조는 매년 한꺼번에 지급하는 7부를 이전 진배처에서 돌아가며 쓰고 돌려주도록 하였다. 정례 중에 3부는 내의원, 1부는 주방(酒房), 1부는 의정부, 1부는 중추부, 1부는 기로소에 분배하도록 잘못 인출(印出)하여, 종친부나 훈련도감 같은 것은 누락되었다. 정례 중에 각 아문 밑에 다시 돌아가며 진배하도록 세보(洗補)하는 것이 매우 합당하니, 이로써 호조에 분부하라.

內贍寺木把槽貢人

一議政府耆老所中樞府內醫院年例煎藥所用木
把槽各一部式定例中載錄而宗親府訓鍊都監兩
處段見漏於定例中故不爲進排則每有出牌囚禁
其間浮費甚多自今以後上項宗親府訓鍊都監煎
藥所用木把槽定例中載錄俾無如前侵責之弊事
木把槽每年都下七部自前進排處使之輪回用還而
定例中誤以三部則內局一部則酒房一部則政府一
部則樞府一部則耆所分排印出而如宗親府訓鍊都
監落漏矣定例中各衙門下更以輪回進排洗補甚當
以此分付戶曹

내자시공인 內資寺貢人

◎ 상언 내자시와 내섬시·예빈시에서는 지칙(支勅)의 역을 전관(專管)합니다. 내섬시에서는 통관(通官) 이하 두목 등의 공궤를, 예빈시에서는 단지 미수(味數: 미수상)·다담(茶啖)을 담당하는데, 내자시에서는 대탁어상(大卓御床) 및 상칙(上勅)·부칙(副勅)의 연상(宴床)을 담당합니다. 관계가 더욱 지극히 중한데도 원공이 몹시 적어서 내섬시에 비해 겨우 4분의 1만을 차지합니다. 세 시[三寺: 내자시·내섬시·예빈시]는 마찬가지인데도 괘요(掛瑤)의 역을 내섬·예빈 두 시에서는 지칙으로써 탈감(頉減)했습니다. 물력(物力)이 있는 다른 관사에서 지칙하지 않는 경우에도 역시 괘요의 역에서 빠졌습니다. 내자시의 경우에는 다른 관사에 비해 가장 쇠잔한데도 지칙을 겸하여 맡으며, 또한 이 역이 있어 늘 생경하기에 이릅니다. 지금 이후로는 괘요의 역을 담당하지 말도록 해 주시기 바랍니다.

◎ 제사 내자시·내섬시·예빈시 세 관아에서는 진연(進宴) 및 지칙의 역을 전담하기 때문에 다른 역은 모두 담당하지 않는다. 그런데 와서(瓦署)에서 담당하는 괘요·황장막(黃帳幕)의 역을, 예조에서 와서의 탈보(頉報)로 말미암아 경선(徑先: 정해진 절차를 밟지 않고 앞지름)하여 이정(移定)하였는데, 형세상 이중으로 담당하기는 어렵다. 와서의 경우에는 누락되어 면제된 것이 옳지 않으며, 교서관·혜민서도 역시 지칙을 분배하는 중에 빠졌다. 괘요·황장막의 역을 이들 와서 등 세 관사로 하여금 힘을 합쳐 담당하도록 정식하여 시행할 것을 예조에 분부하라.[11]

◎ 상언 지칙할 때 내자시에서 책임지고 맡아서 거행하며, 800여 섬의 원공을 10개의 명자(名字)로 분작(分作)하여 길게 세워 책응(責應)하는데, 큰 역을 맞이할 때에 이르면 번번이 부족할까 염려하므로, 위군(衛軍: 숙위 관료 및 숙위 무관 중 무장 실무 병력) 20여 명을 위장소(衛將所: 오위장의 숙직 장소)에서 정해 보내는 것이 전례입니다. 요 몇 해 이래로 병조에서 여러 곳에 위군을 획송(劃送)하던 것을 모두 줄이고 뺐는데, 내자시에서 지칙할 때 정해 보내는 것같이 덜어 없애면 안 되는 것도 역시 뒤섞어서 줄였으므로, 칙사의 잔칫상을 고양 관아에 수송해 실어 갈 때 위군을 쓰지 않고 내자시로 하여금 군인 수십 명을 고용하여 얻게 해서 실어 가게끔 하니 일이 매우 원민(冤悶)합니다.

---

11 본 제사와 동일한 내용이 『칙사등록(勅使謄錄)』 영조 39년(1753) 계유 8월 조에 보인다.

『칙사등록』 영조 39년(1753) 계유 8월 조

예전처럼 위군을 정해 보내고, 그렇지 않으면 가각색장(假各色掌)으로 봉감하여 사역하시기 바랍니다.

◎ 제사 칙사를 전송하려고 거둥하실 때 상사·부사의 칙연상(勅宴床)은 번번이 고양에 담송(擔送)하라는 전교가 있었다. 위군을 혁파한 다음 응판색(應辦色)이 갑자기 군사를 정하기 어려워서 내자시에 분부하여 담송하게 하였으므로, 공인이 억울하고 원통하다며 호소함이 이와 같다. 이다음에는 칙사를 전송할 때 각소의 가각색장 몇 명

310

을 도감에서 미리 모화관(慕華館)에 우선 대령하고, 때가 되면 담송하도록 정식하여 시행하라.

◎ 상언 각전의 탄일(誕日) · 절일(節日)에 진상하는 물선주(物膳酒)를 담는 안항(案缸) 값이 단지 3되의 쌀이므로, 장인(匠人)이 그릇 만들기를 원치 않아 언제나 생경의 근심이 있습니다. 기사년(1749)에 정례하실 때 내주방(內酒房)의 안항 값을 7되로 고쳐 정식하셨는데, 내자시는 아직 소원(訴冤)에 미치지 못하여 변통하는 가운데 들어가지 못했습니다. 내자시의 안항과 내주방의 안항은 모두 어공(御供)하는 그릇이며, 생긴 모양이나 크고 작음에 터럭만큼의 작은 차이도 없는데도, 값의 차등이 이와 같으니 실로 원통하고 억울합니다. 내주방의 예에 따라 마찬가지로 값을 치러 주시기 바랍니다.

◎ 제사 내의원의 안항 값을 변통할 때 내자시는 장인이 호소한 바가 없었으므로, 한꺼번에 변통할 수 없었다. 똑같이 어공을 담는 것이니, 잘 헤아려서 더 지급하도록 호조에 분부하라.

　　　内資寺貢人
　一本寺與內贍禮賓專管支勑之役內贍則通官以
　下頭目等供饋禮賓則只是味數茶啖而本寺則大
　卓　御床及上副勑宴床擔當關係尤爲至重而元
　貢甚少比內贍僅居四分之一三寺同是一般而掛
　瑤之役贍賓兩寺以支勑頗減而有物力他司之不

爲支勅者亦漏於掛瑤之役如本寺則比他司最殘
兼當支勅而又有此役每致生梗今後則掛瑤之役
勿爲擔當事

內資內瞻禮賓三司專當進宴及支勅之役故他役皆
不擔當而瓦署所當掛瑤黃帳幕之役禮曹因瓦署頤
報徑先移定勢難疊當至於瓦署則漏免無義校書館
惠民署亦漏於支勅分排中掛瑤黃帳幕之役使此瓦
署等三司合力擔當定式施行事分付禮曹

一支勅時本寺主掌擧行而八百餘石元貢分作十
名字長立責應而及當大役每患不足故衛軍二十
餘名自衛將所定送自是前例而近年以來自兵曹
諸處衛軍之劃送者竝爲省減而如本寺支勅時定
送者不可減去而亦爲混減故勅使宴床高陽官輸
去時不用衛軍令本寺雇得數十名軍人使之輸去
事極寃悶依前以衛軍定送而不然則以假各色掌
捧甘使役事

送勅　擧動時上副勅宴床每有擔送高陽之　傳敎
而衛軍罷後應辦色猝難定軍分付內資使之擔送故
貢人之稱寃如此此後則送勅時各所假各色掌幾名
自都監預先待令於慕華館及時擔送事定式施行

一各　殿誕日節日　進上物膳酒所盛案缸價只
是三升米故匠人不願陶造常有生梗之患矣己巳

定例時內酒房案缸價以七升改定式而本寺則未

及訴寃不入於變通中矣本寺案缸與內酒房案缸

俱是　御供之器體樣大小毫分無異則價本之差

等如此實爲寃枉依內酒房例一體給價事

內局案缸價變通時本寺則無匠人所訴故不得一體

變通而同是　御供所盛者量宜加給事分付戶曹

내자시목파조공인 內資寺木把槽貢人

◎ 상언 예전에 전약(煎藥)할 때에는, 의정부·기로소·중추부·종친부·훈련도감에 목파조(木把槽)를 진배했는데, 정례한 후에는 진배하지 않기 때문에, 혹은 출패하거나 혹은 잡아 가두니, 그 사이의 부비를 실로 감당하기 어렵습니다. 지금 이후로는 위에서 말한 다섯 상사에 각 1부씩을 진배하도록 정례 중에 추가로 실어, 훗날 침책하는 폐단이 없도록 해 주시기 바랍니다.

◎ 제사 이미 내섬시에서 논열하였으니, 그대로 시행하라.

> 內資寺木把槽貢人
>
> 一在前煎藥時則議政府耆老所中樞府宗親府訓
>
> 鍊都監木把槽進排是白如可定例後則不爲進排
>
> 故或出牌或囚禁其間浮費實所難堪今後上項五

上司各一部式進排事添載定例中俾無日後侵責

之弊事

已爲論列於內瞻寺一體施行

33

예빈시공인 禮賓寺貢人

◎ 상언

- 수가(隨駕)할 때의 반과(盤果),

- 혼례할 때의 의복,

- 제첩(祭帖)을 면제받으려 할 때의 정채(情債),

- 사환·시배(侍陪) 등의 일입니다.

◎ 제사 이상 네 조항을 아울러 혁파하게 하라. 그런데 이후에도 만약 다시 범하는 이가 있으면 해당 관원은 경중에 따라 죄를 논하라.

    禮賓寺貢人

一隨　駕時盤果

一婚禮時衣服

一　祭帖圖免時情債

一使喚侍陪等事

以上四條幷令革罷而此後若有復犯者則當該官員

從輕重論罪

삼사공인 三司貢人

◎ 상언 칙사 시에 여러 가지 물종을 봉상할 때 쓰는 놋쇠말[鍮斗]과 놋
쇠되[鍮升]는 으레 공조에서 각 도감에 진배합니다. 조정에서 행용
(行用)하는 마되[斗升]는 본래 교정되어 있는데, 칙수(勅需)로 받는 것
은 각 부서의 원역이 옛날 대고(臺庫)에 보관되어 전해 온 큰 말과 큰
되를 받아 내어 함부로 씁니다. 관용(官用) 마되의 크기가 고르지 않
아, 잔폐한 공인이 지탱하여 감당할 수 없으니 실로 공평한 도리가
아닙니다. 대고에 예부터 내려오는 큰 마되를 미리 교정하여 후폐
(後弊)를 끊어 주시기 바랍니다.

◎ 제사 공조에서 진배하는 놋쇠 마되는 바로 호조에서 교정한 마되인
데, 옛 대고에 있던 놋쇠 마되와 크기가 다르다는 것은 그 까닭을 알
지 못하겠다. 지금 행용하는 것이 만약 호조·공조에서 교정한 것이
라면, 이로써 봉용하는 것이 사리에 맞으니 다시 논할 것이 없다.

그러나 대고에 있는 마되가 행용하는 마되보다 크다면, 진실로 의심할 만하니, 호조에 분부하여 응판색 낭청으로 하여금 각별히 교정하여 행용하도록 호조에 분부하라.

三司貢人

一勅使時各樣物種捧上鍮斗鍮升例自工曹進排

於各都監　朝家行用斗升自有較正而勅需所捧

則各色員役索取舊臺庫所儲流來之大斗大升濫

爲官用斗升大小不齊使殘弊貢人無以支當實非

公平之道臺庫舊來大斗升預爲較正以斷後弊事

工曹進排鍮斗升乃是戶曹較正之斗升則與舊臺庫所

在鍮斗升大小不同莫知其故卽今行用若是戶工曹

較正者則以此捧用事理當然更無可論而臺庫斗升

之大於行用斗升誠甚可疑分付地部使應辦色郎廳

各別較正以爲行用事分付戶曹

35

반사기계인 盤沙器契人

◎ 상언 반사기 등물은 한번 취용한 후에는 파손되거나 잃어버리는 것이 대부분입니다. 행하 및 여러 궁가와 액정서[掖庭]의 하인배, 각 관사의 하인이 차용하는 것을 일절 방금해 주시기 바랍니다.

◎ 제사 반사기를 각 곳에 행하하거나 여러 궁가와 액정서의 하인배, 각 관사의 하인이 차용하는 병폐는 참으로 호소한 바와 같다. 일절 금단하고 만일 범하는 이가 있으면 해당 관원은 경중에 따라 죄를 논하고 하인배는 법사에 보내어 죄를 다스리라.

◎ 상언

- 종묘 천신(薦新)의 복주(福酒)에 소용되는 백사병(白沙瓶).
- 선원록청(璿源錄廳)의 감결로 선원보략(璿源譜略)을 처음 간행할 때 각수(刻手)·승군(僧軍)을 공궤하는 반사기(盤沙器).

320

- 봉상시의 신실(神室)에서 제사 지낼 때 제관이 음복에 소용하는 반사기.
- 내의원의 감결로 산실청(產室廳)에 소용되는 약반(藥盤) 및 중사(中使), 종사관(從事官), 사알(司謁), 사약(司鑰), 금루관(禁漏官), 의관(醫官), 의녀(醫女), 별감(別監), 중금(中禁)의 각 하인 등의 반상에 소용되는 반사기.
- 장생전의 재궁을 벽련(劈鍊)할 때 장인(匠人)의 공궤에 소용되는 반사기 및 칠기(漆器)의 소상반(所上盤).
- 승정원의 감결로 거둥하실 때 및 평상시에 소용되는 등잔종지.
- 승정원의 감결로 해래(偕來)하는 승지(承旨)·사관(史官)의 의막(依幕)에 소용되는 등잔종지.
- 승정원의 감결로 당하문신(堂下文臣)이 제술(製述)할 때의 등잔종지.
- 승정원의 감결로 친국(親鞫)하실 때의 등잔종지.
- 병조의 춘당대(春塘臺) 및 관무재(觀武才)·별시재(別試才) 때의 등잔종지.
- 홍문관·예문관·시강원 이상의 감결로 거둥하실 때 및 평상시의 등잔종지, 한림소시(翰林召試) 때.
- 비변사의 감결로 표해인(漂海人) 및 범월(犯越)한 죄인의 공궤에 소용되는 반사기.
- 국청(鞫廳)의 죄인에게 공궤하는 사기파대사기(沙器破代沙器).
- 중추부의 감결로 약의 조제에 소용되는 반사기.
- 의영고(義盈庫)의 월식(月蝕) 때 궐내에 소용되는 등잔종지 및 화룡초

(畫龍燭)에 소용되는 사기.

- 과장(科場) 때에 무일소(武一所)·무이소(武二所)의 주기(朱器) 및 등 잔종지.

- 예빈시의 응판관(應辦官)에 소용되는 시관(試官)의 겪이 반사기 및 역서(易書)에 소용되는 등잔사발(燈盞沙鉢).

- 내섬시에 참기름을 공상(供上)하는 대반(大盤) 및 우무[牛毛]의 공상 에 소용되는 반사기와 창방(唱榜)의 술을 담는 소반, 모든 치제(致祭) 할 때의 잔, 종지, 대(臺), 접시.

- 유도대신(留都大臣)·수궁대장(守宮大將)·종사관의 의막에 소용되는 등잔종지.

- 친경(親耕)하실 때 소용되는 반사기.

- 호위청(扈衛廳)의 각 청에서 부료(付料)하는 군관(軍官)이 별시재(別 試才)를 치를 때의 찻그릇, 주기(朱器), 등잔종지.

- 북교(北郊: 창의문 밖 근교) 밖의 여러 곳에서 여제(厲祭) 지낼 때 제기 (祭器)로 쓰는 반사기.

이상은 각처의 정례 외에 책납하는 곳입니다.

◎ 제사 이상의 22조목을 호조에 분부하되, 곧고 명석한 낭청을 별도 로 정하여 그 진배에 응할 곳 및 진배가 부당한 곳을 하나하나 조사 하여 드러내고, 오직 진배할 곳만 책을 만들어 답인(踏印)해서 공인 에게 내어주고 거행하게 하되, 진배가 부당한 곳에는 절대 시행하지 말도록 하라. 만약 다시 예전의 버릇을 답습하면 해당 관원은 경중 에 따라 죄를 논하고 하인배는 법사에 보내어 죄를 다스리라. 마둑기

(磨墨器)의 경우에는 공조의 방구리[方文里]로 진배하도록 정례 안에 분명히 실려 있으니, 이에 따라 거행하도록 호조와 공조에 분부하라.

　　　盤沙器契人

　　一盤沙器等物一經取用後則破失居多行下及諸

　　宮家掖庭所屬各司下人之借用者一切防禁事

　盤沙器各處行下及諸宮家掖庭所屬各司下人借用

　之弊誠如所訴一切禁斷而如有犯者則當該官員從

　輕重論罪下屬移法司科治

　　一　宗廟薦新福酒所用白沙瓶

　　一　璿源錄廳甘璿源譜略開刊時刻手僧軍供饋盤

　沙器

　　一奉常寺神室祭時祭官飲福所用盤沙器

　　一內局甘産室廳所用藥盤及中使從事官司謁司

　鑰禁漏官醫官醫女別監中禁各下人等盤床所用

　盤沙器

　　一　長生殿梓宮劈鍊時匠人供饋所用盤沙器及

　漆器所上盤

　　一承政院甘　舉動時及常時所用燈盞鍾子

　又甘偕來承旨史官依幕所用燈盞鍾子

　又甘堂下文臣製述時燈盞鍾子

　又甘　親鞫時燈盞鍾子

一兵曹春塘臺及觀武才別試才時燈盞鍾子

一弘文館藝文館侍講院以上甘　擧動時及常時
燈盞鍾子翰林召試時

一備局甘漂海人及犯越罪人供饋所用盤沙器

一鞫廳罪人供饋沙器破代沙器

一中樞府甘劑藥所用盤沙器

一義盈庫月蝕時　闕內所用燈盞鍾子及畫龍燭
所用沙器

一科場時武一二所朱器及燈盞鍾子

一禮賓寺應辦官所用試官役只盤沙器及易書所
用燈盞沙鉢

一內瞻眞油供上大盤及牛毛供上所用盤沙器與
唱榜酒所盛盤凡致祭時盞鍾子臺貼匙

一留都大臣守宮大將從事官依幕所用燈盞鍾子

一　親耕教是時所用盤沙器

一扈衛各廳付料軍官別試才時茶器朱器燈盞鍾
子

一北郊外各處厲祭時祭器次盤沙器

　以上各處定例外責納處

以上二十二條分付戶曹別定剛明郎廳其應進排處
及不當進排處一一查出只以進排者作冊踏印出給
貢人使之擧行不當進排處則一切勿施而若復蹈前

習則當該官員從輕重論罪下屬移法司科治至於磨

墨器則以工曹方文里進排事昭載於定例中依此擧

行事分付戶曹工曹

36

전의감공인 典醫監貢人

◎ 상언 전의감에서 달마다 쓰는 인삼 6냥(兩: 무게 단위)은 혜민서에 비하면 몇 배나 많으니, 특히 옳은 뜻이 없습니다. 비록 1냥마다 절가(折價)가 16냥(兩: 화폐 단위)이라고 하지만, 이렇게 무삼(貿蔘)하여 겨우 수 냥 정도인데, 값으로 계산하면 거의 100냥에 이릅니다. 달마다 이를 받아 약물(藥物)의 수응(酬應)에 용하(用下)하니, 이는 곧 무절제한 용비(冗費)입니다. 하물며 이렇게 공인이 도현(倒懸)하고 인삼 값이 아주 비싼 때를 맞이하여, 더욱 마땅히 고휼(顧恤)하고 감생(減省)하는 정책이 있어야 합니다. 달마다 쓰는 것 중에서 3냥을 공인에게 줄여 지급한 나머지 3냥도 역시 과다할 것 같으니, 별달리 변통하여 처리하지 않을 수 없습니다. 관생권장(官生勸獎)은 실로 한 감[一監]의 급한 용무입니다. 벌만 있고 상이 없으면, 용동(聳動)·장진(長進)을 바라기 어렵습니다. 1냥을 떼어 내어 전의감에 두고, 4등(等) 고강(考講)

의 상격(賞格) 자금으로 삼고, 달마다 쓰는 것은 혜민서의 예를 따라 인삼 2냥 값으로 정하여 납부하고, 향재(鄕材)를 한 달 동안 쓰는 것 역시 마땅히 종략(從略)·존절(撙節)하여, 이로써 공인의 폐단을 제거해 주시기 바랍니다.

◎ 제사 전의감 제조가 정한 바는 충분히 마땅하니, 이에 따라 정식하도록 전의감에 분부하고 절목을 만들어 거행하라.

◎ 상언 사행(使行)하실 때 및 불시의 사여(賜與)에 진배하는 인삼의 1냥당 값으로 선혜청에서 동전 16냥을 지급하는데, 시가가 많게는 60냥에 이르니 1냥당 낙본이 40여 냥에 이릅니다. 가엾은 우리 잔공(殘貢)을 어떻게 지탱하여 보존하겠습니까? 나은 쪽으로 변통하셔서 지탱하여 보존할 수 있게 해 주시기를 엎드려 빕니다.

◎ 제사 선혜청의 삼가(蔘價)는 1냥당 가전(價錢)이 16냥이고, 사행하실 때 행중(行中)에서 구료(救療)하는 삼가도 역시 그러하다. 그런데 사행에 인삼을 책납하면서 매우 정밀하게 골라 뽑기 때문에 값이 40~50냥에 이른다. 그래서 공인이 수가(受價)하는 16냥 외에 30냥을 더 보태어 좋은 인삼을 사서 바치기 때문에, 공인이 근거 없는 첨가(添價)가 원통하다며 부르짖기에 이른 것이다. 지금부터 이후로 승정원 및 다섯 상사의 삭삼례(朔蔘例)에 따라 선혜청의 본가(本價)를 받아 곧바로 사행하는 구료관(救療官)에게 지급하도록 정식하여 시행하라.

◎ 상언 문·무과의 과장(科場)을 설치할 때, 전의감의 공인과 구료관이 약물(藥物)을 가지고 밤낮으로 대령하는 것은, 오로지 응시자 가운데 병이 있으면 구료하는 역입니다. 그런데 요사이 양사(兩司)의 소속이 번번이 청심원 등 값이 비싼 환약을 대감(臺監)에게 체문을 받아 강제로 요구하는 데 제한이 없고, 조금이라도 뜻과 같지 않으면 곧바로 생경하기에 이르러, 지탱하여 보존할 수 없으니, 이러한 폐단을 엄칙해 주시기 바랍니다.

◎ 제사 문무의 과장 때에 청심원을 대령하는데, 대감이 한결같이 하인배의 말을 좇아 체문을 발급함에 제한이 없으니 크게 폐단이 된다. 이다음에는 각별히 엄칙하고, 만약 다시 어기는 바가 있으면 해당 관원은 경중에 따라 죄를 논하고 하인배는 법사에 보내어 죄를 다스리라.

◎ 상언 교외에 거둥하실 때 금군(禁軍)을 구료하는 청심원·소합원(蘇合元) 등의 약을 또한 전의감에서 담당하게 한 것은 모두 근래에 나온 것이니, 특별히 전에 없던 폐단을 엄금해 주시기 바랍니다.

◎ 제사 교외에 거둥하실 때 금군을 구료하는 청심원·소합원 등의 약을 전의감 관원으로 하여금 가져가서 수행하게 한 것은 근년에 창출된 것인데, 부비가 날로 더해져 폐단됨을 헤아릴 수가 없다. 이다음에는 훈련도감의 관례에 따라 청심원·소합원 등의 약을 금군청(禁軍廳)에 진배하되 수행하지 말도록 전의감에 분부하고 정식하여 시행하라.

典醫監貢人

一本監朔用蔘六兩比惠民署倍多殊無義意雖云
每兩折價十六兩以此貿蔘僅爲數兩許而以價計
之則幾滿百兩逐朔捧此用下於藥物酬應便是無
節之冗費況當此貢人倒懸蔘價絶貴之時尤宜有
顧恤減省之政朔用中三兩減給於貢人所餘三兩
亦似過多不可不別般區處而官生勸獎實是一監
之急務有罰無賞難望其聳動長進一兩除出儲留
本監以爲四等考講賞格之資朔用則依惠民署例
以蔘二兩價定納鄕材一朔所用亦當從略撙節以
除貢人之弊事
本監提調所定十分得當依此定式事分付本監成節
目擧行

一使行時及不時　賜與進排人蔘每一兩價自惠
廳給錢十六兩而市直則多至六十兩每兩落本至
於四十餘兩哀我殘貢何以支保伏乞從長變通俾
得保存事
惠廳蔘價每兩價錢爲十六兩使行時行中救療蔘價
亦然而使行以蔘責納從以極擇價至四五十兩而貢
人受價十六兩外添以三十兩貿納好蔘故貢人白地
添價呼冤極矣從今以後依政院及五上司朔蔘例所
受惠廳本價直下使行救療官處事定式施行

一文武科設場時本監貢人與救療官持藥物晝夜
　待令者專爲舉子中有病救療之役而近來兩司所
　屬每以淸心元等價重丸藥受帖於臺監徵索無節
　少不如意則生梗立至莫可支保嚴飭此弊事
文武科場時淸心元待令而臺監一從下屬之言帖給
無節大爲弊端此後則各別嚴飭若復有所犯則當該
官員從輕重論罪下屬移法司科治
一郊外　舉動時禁軍救療淸心蘇合元等藥亦令
　本監擔當者刜出於近來特爲嚴禁其無前之弊事
郊外　舉動時救療禁軍淸心蘇合元等藥使典醫監
官員齎而隨行創出於近年而浮費日加爲弊不貲此
後則依訓局例淸蘇等藥進排於禁軍廳勿爲隨行事
分付典醫監定式施行

혜민서공인 惠民署貢人

◎ 상언 다섯 상사의 하인 무리가 대령, 혹은 백문하체(白文下帖), 혹은 구전(口傳)이라고 하면서 초재(草材)를 징수해 가는 것이, 관사마다 매달 가납(加納)하는 수량이 적어도 10여 근을 밑돌지 않습니다. 한 해를 통틀어 합한 수량이 장차 1,000근에 가까울 정도로 많아질 것이니 각별히 금단해 주시기 바랍니다.

◎ 제사 다섯 상사의 약방 및 하인배가 중간에서 농간하여 약재를 많이 사용하니, 실로 공인이 버티기가 어려운 병폐다. 이후에는 당상이 착압(着押)한 체문이 아니면 시행하지 말고, 비록 당상의 체문일지라도 응당 사용해야 하는 수량보다 과하면 역시 시행하지 말 것을 엄칙해서 시행하라. 만약 다시 범하는 이가 있으면 약방 및 하인배는 법사에 보내어 죄를 다스리라.

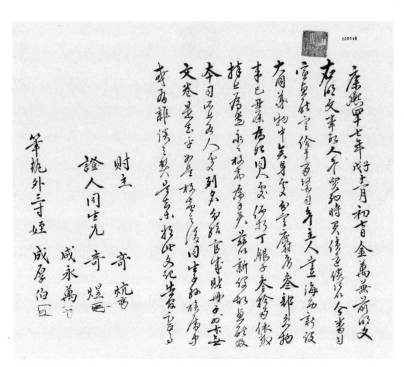

1708년 김만겸(金萬兼) 혜민서 약재 공인권(貢人權) 매매문기
(교토대학교 가와이문고 소장)

◎ 상언 생강, 오미자, 황백, 천초, 오매 등의 약재는 공안(貢案) 가운데 근량(斤兩)으로 마련합니다. 생강은, 혹은 약을 조제할 때 즙을 짠다고 하거나, 혹은 생강차에 쓴다고 하거나, 혹은 동변(童便: 사내아이의 오줌)의 소입(所入)이라고 하면서 각(角)으로 가져다 씁니다. 황백은 약용 외에, 혹은 염색한다고 하면서, 편(片)으로 가져다 씁니다. 오미자·천초는 되홉으로 가져다 씁니다. 오매는 개(箇)로 가져다 씁니다. 각기 응납하는 수가 셀 수가 없이 많고 정식에 크게 어긋나니

실로 원통하고 억울합니다. 지금 이후로 정식하여, 근량 외에는 절대로 더 쓰지 말도록 특별히 변통하셔서 빈잔한 공인이 지탱하여 보존하게끔 해 주시기 바랍니다.

◎ 제사 생강 등 다섯 가지의 약재는 이미 공안에 실려 있는 근수가 있고, 이로써 다섯 상사에 분배하는데, 그 근수를 채워서 용하(用下)한 다음에는 절대로 수를 더하여 가져다 쓰지 말고, 다시 전과 같은 폐단이 있으면 해당 약방과 하인배는 법사에 보내어 죄를 다스리라.

惠民署貢人

一五上司下人輩稱以待令或以白文下帖或以口
傳徵取草材者每司每朔加納之數少不下十餘斤
通一年都數將近千斤之多各別禁斷事

五上司藥房及所屬中間弄奸多用藥材實爲貢人難
支之弊此後則非堂上着押帖則勿施雖堂上帖過於
應用之數則亦勿施事嚴飭施行若復有犯者則藥房
及下屬移法司科治

一生薑五味子黃栢川椒烏梅等藥材貢案中以斤
兩磨鍊而生薑則或稱劑藥時取汁或稱薑茶所用
或稱童便所入以角取用黃栢則藥用外或稱染色
以片取用五味子川椒則以升合取用烏梅則以箇
取用各其應納之數無算大違定式斤兩實爲寃枉
今後定式斤兩外切勿加用事特爲變通使貧殘貢

人支保事

生薑等五種藥材旣有貢案所載之斤數以此分排五

上司滿其斤數用下後切勿加數取用而復有如前之

弊則當該藥房及下屬移法司科治

38

혜민서고지기 惠民署庫直

◎ 상언 저는 혜민서 고지기로서 본래 요포(料布) 없이 단지 관깃 공물을 책응(責應)하고 있습니다. 혜민서 제조 소용의 약료(藥料)를 한 해 동안 받는 공가(貢價)로 셈하면 한 해 소입의 약료가 되는데, 혹 약간 남을 때가 있거나 혹 대단히 부족할 때가 있으면 남는 것을 떼어 내어 모자란 것을 보충하여, 남는 것이 거의 없습니다. 원공 외에 다섯 상사에 진배하는 것이 거의 70종입니다. 약료의 값은 본래 출처가 없고, 단지 약전(藥田)에서 거두는 17냥의 세전(稅錢)을 저에게 출급(出給)해 주고 억지로 담당하게 합니다. 이처럼 얼마 안 되는 값으로 여러 곳에 수응(酬應)하니 실로 그 형세가 없는데, 제가 관가에 매여 있어 도망가거나 숨을 수가 없어서 동서로 빌리고 좌우로 메꾸어, 부채가 산처럼 쌓여서 환산(渙散)이 박두(迫頭)하였습니다. 작년에 발생한 마마가 근래에는 없던 것이어서, 차조기잎, 인동꽃을 가져다 쓴

것이 전보다 10,000배입니다. 차조기잎 1근의 값은 많게는 8~9돈에 이르고, 인동꽃 1근의 값 또한 1냥 6돈에 이르는데도, 다섯 상사의 책납은 전혀 한절(限節)이 없습니다. 조금이라도 시각을 어기면 책벌이 종지(踵至)하여 감히 항거하지 못했고, 요구하는 대로 납부한 것을 통틀어 계산하면 작년에 진배한 값이 많게는 200여 냥에 이릅니다. 이로 인해 재산을 탕진하여 더욱 지탱하여 보존하기 어려우니, 그 통박(痛迫)함이 어떠하겠습니까? 이렇게 온갖 폐단을 바로잡는 때를 맞이하여, 제가 홀로 품고 있던 대분(戴盆)의 원통함을 엎드려 비오니, 좋은 쪽으로 변통해 주시기 바랍니다. 무릇 말미암은 바를 미루어 헤아리니 따로 변통할 것이 있습니다. 다섯 상사에 각기 약방이 있는데, 상재(常材)의 경우에 해당 관사에서 알아서 무용(貿用)한다면, 행용(行用)이 절손(節損)하고 비용이 매우 적을 것입니다. 저에게 진배하게 하는 것은, 책납이 물과 같아서 17냥의 세전으로 70종의 약재를 장차 어떻게 무납하겠습니까? 엎드려 빌건대, 이처럼 지탱하기 어려운 상태를 헤아리셔서 세전 17냥을 다섯 상사에 분급(分給)하여 상재를 무용할 것을 엄격하고 명백하게 정식하시고, 제가 백지징납(白地徵納)하는 폐단을 겪지 않도록 해 주시기 바랍니다.

◎ 제사 소위 약전은 혜화문(惠化門: 동소문) 밖에 있는데, 대개 이곳은 모래와 돌로 된 척박한 땅이다. 전에는 초재(草材)를 심어 고지기로 하여금 여러 상사에 책응하게 하였는데, 여러 상사에서 쓰는 것은 단지 병이 났을 때만 필요로 했기 때문에, 매년 진배하는 것이 30~40근 미만이었다. 중년 이래 약을 심을 수 없어서 돈으로 세금을

거두어 약재를 사서 책응하였는데, 책응의 대부분이 무면(無面)에 이르지 않음이 없었다. 근래에는 여러 상사에 바치는 것이 매년 늘어나 무납하는 값이 많게는 200여 냥에 이른다. 이는 대개 상사의 하인배가 중간에 빙자하여 체문 없이 함부로 징수하는 것이어서, 빈잔한 일개 고지기로서 절대 지감(支墈)할 수 없는 형세다. 그러므로 대령(待令) 산원(算員)과 혜민서 임관(任官)을 발견(發遣)하여, 함께 양전(量田)하고 그대로 수세(收稅)의 많고 적음을 조사하니, 밭이 불과 수십 마지기에 불과하고 세(稅)도 겨우 17냥이었다. 이 17냥으로 200냥 값의 약재를 샀으니, 진배했다는 것이 매우 놀랍다. 고지기에게 비록 관공(官貢)에 의존한 자금이 있다고 하지만, 지금 지탱하여 도망가지 않고 있는 것은 실로 뜻밖이다. 이렇게 여러 폐막을 이정하는 때를 맞이하여, 이처럼 큰 폐단은 급히 먼저 변통하지 않을 수 없다. 이후에는 인동꽃, 차조기잎, 정가[荊芥]를 한 해에 한 관사당 3근씩, 6사에 3종, 도합 54근으로 하고, 익모초, 고위까람, 제비꿀, 금불초, 댑싸리, 부처손은 한 해에 한 관사당 1근씩, 6사에 6종, 도합 36근으로 하라. 6사에 9종, 도합 통틀어 계산한 90근을 잘 헤아려 결정하여 마련하되, 그 돈으로 무역하여 진배하게 하라. 반드시 당상의 수결을 기다린 뒤에 비로소 거행하고, 수결 없는 하체(下帖)는 절대 시행하지 말라. 이 9종의 약재 외에 종전처럼 받아 쓰는 여러 가지는 한결같이 아울러 혁파하라. 이와 같이 정식한 뒤에 만약 함부로 징수하여 침학하는 폐단이 있으면, 해당 약방 및 하인배는 법사에 보내어 죄를 다스리라.

惠民署庫直

一矣身以惠民署庫直本無料布只有官衿貢物責
應本署提調所用藥料以一年所受貢價支計一年
所入藥料或有若干零餘之時或有大段不足之時
折長補短餘者無幾而元貢外五上司所進排者近
七十種藥料之價本無出處只以藥田所收十七兩
稅錢出給矣身勒令擔當以此零些之價酬應諸處
實無其勢而身係官家逃遁不得東西稱貸左右彌
縫負債如山渙散迫頭矣逮至昨年疹患挽古所無
蘇葉金銀花之取用萬倍於前蘇葉一斤價多至八
九錢金銀花一斤價亦至於一兩六錢而五上司之
責納全無限節少違時刻則責罰踵至不敢抗拒隨
求隨納通計上年進排之價多至二百餘兩因此蕩
產尤難支保其爲痛迫爲如何哉當此百弊矯捄之
時矣身獨抱戴盆之冤伏乞從長變通是白乎旀大
抵究厥所由別有變通者五上司各有藥房至於常
材自其司貿用則行用節損所費甚少而自矣身進
排者則責納如水以十七兩稅錢七十種藥材將何
以貿納乎伏乞諒此難支之狀稅錢十七兩分給於
五上司貿用常材事嚴明定式俾矣身得無白地徵
納之弊事

所謂藥田在於惠化門外而盖是沙石瘠薄之地在前

則以其所種草材使庫直責應諸上司而諸上司所用

只是當病所須故每年進排不滿三四十斤中年以來

不得種藥以錢收稅貿藥責應而責應無多不至無面

近來則諸上司所納逐歲增加貿納之價多至二百餘

兩此盖上司下屬從中憑藉無帖濫徵之致貧殘一庫

直萬無支堪之勢故發遣待令算員及本署任官眼同

量田仍查其收稅多少則田不過數十斗落只稅董爲

十七兩以此十七兩貿二百兩價直之藥材而進排者

萬萬可駭庫直雖有官貢聊賴之資至今支撐不逃實

是意外當此諸瘼釐正之時如此巨弊不可不急先變

通此後則金銀花蘇葉荊芥一年一司各三斤六司三

種都數五十四斤益母草穀精草夏枯草旋覆花地膚

子拳栢一年一司各一斤六司六種都數三十六斤六

上司九種都合通計九十斤酌定磨鍊使之以其錢貿

易進排而必待堂上手決後始爲擧行無手決下帖切

勿施行此九種藥外從前捧用之諸種一竝革罷如是

定式後如有濫徵侵虐之弊當該藥房及下屬移法司

科治

장흥고공인 長興庫貢人

◎ 상언 이조의 도목정(都目政)에 소용되는 저주지(楮注紙)·후백지(厚白紙) 각 15권, 녹패(祿牌)의 저주지 매달 3권, 세초(歲抄)의 저주지 2권, 백지(白紙) 1권을 진배하는데, 최종의 출관(出關)은 절반 미만이니, 공인이 해마다 공연히 잃고, 이로 말미암아 탕패(蕩敗)합니다. 용입(容入)을 잘 헤아려 결정하여 항식(恒式)으로 내려 주시기 바랍니다.

◎ 제사 정례 중에 이조에서 소용되는 갖가지 종이에는 권수를 정한 것이 있고, 권수를 정하지 않고 실입에 따르는 것이 있다. 권수를 정한 것은 정례에 의거해서 진배하라. 실입에 따르는 것은 우선 진배하고 산원(算員)으로 하여금 산적(算摘)해서 실입에 따라 회감하게 하라. 만약 남은 수량이 있다면 호조의 어린례(魚鱗例)에 의거해서 다음 분기에 차차 계감할 것을 정식하여 시행하라.

右明文事段安司以時以妻邊衿得爲在長興庫貢案付進
就油芚廛貢物同人前從丁銀子陸格西依時直放賣捧上爲
遣永々放賣爲去乎年事則今月矣身亦爲孫爲放賣後日
地出卬等乙仍于背頃後不得爭??爲去乎日後言??
有子孫族屬中雜談??將此文記告官卞正事
乾隆十年乙丑三月二十一日前金僉 安漢成前明文

　　　　自筆財主　　鄭燦文
　　　　證妻娚　　　金潤海
　　　　同筆　　　　金道章
　　　　回筆　　　　金景禧
　　妻姪　　金鼎泰

1745년 안한성(安漢成) 장흥고 유둔지(油芚紙) 공인권(貢人權) 매매문기
(교토대학교 가와이문고 소장)

◎ 상언 돈녕부의 족보청(族譜廳), 종부시의 교정청에서 식년(式年)마다 감결을 보내어 가져다 쓰는 것이 수백여 권에 이를 만큼 많은데, 호조에서 출관(出關)하는 것은 3분의 1에 불과합니다. 그래서 공인이 혹시라도 원통하다는 말을 한 번 하면, 두 청에서 다른 일을 핑계로 출패하여 잡아 가두고 채찍으로 때리는 일이 낭자하므로, 식년마다 근거 없이 헛되게 잃어버리는 것이 그 얼마인지 알지 못합니다. 이번 식년에 여러 가지 진배하는 종이는 모두 지난 식년에 출관한 수에 따라 받아 쓰시고, 실입한 다음에 만약 더 쓸 일이 있으면, 추후에 산적(算摘)하여 지급하도록 정식하여 시행해 주시기 바랍니다.

◎ 제사 돈녕부의 족보청, 종부시의 교정청에 진배하는 종이는 결국 실입은 아주 적지만 받아 내지 못하는 것이 아주 많다. 이다음에는 지난 식년에 실입한 숫자에 따라서 마련하고, 해당 관사의 낭청으로 하여금 진배를 몸소 살피게 하되, 두 청의 하인배가 만약 조종(操縱)하거나 퇴짜 놓는 폐단이 있으면, 해당 관원은 경중에 따라 죄를 논하고 하인배는 법사에 보내어 죄를 다스리라.

◎ 상언 무과(武科)의 과장(科場) 안에서 소용되는 여러 가지 종이는 응시자와 과목의 많고 적음에 따르는데, 한 과장의 소용이 많으면 500~600권이고, 적어도 300~400권을 밑돌지 않습니다. 감시관이 그 용입(容入)에 따라 하체(下帖)하여 가져다 쓰고, 주장관(主掌官)이 시첩(試帖)을 빙고(憑考)하고 수효를 헤아려 도산(都算)하는데, 이는 의심할 수 없는 부신(符信)입니다. 그런데 그 출관(出關)에 미쳐서 모두

깎아서 줄여, 회감하는 수가 10분의 1도 차지 않고, 중간의 부비 또한 매우 많습니다. 이다음에는 응시자 한 사람당 한 과목마다 몇 장을 헤아려 정하시거나, 한결같이 감시관의 체문에 따라 회감하시거나, 나은 쪽으로 변통해 주시기 바랍니다.

◎ 제사 공인이 원하는 바는 두 가지가 있다. 하나는 응시자 한 사람당 한 과목마다 몇 장을 헤아려 정하고자 하는 것이고, 하나는 감시관의 체자(帖子)에 따라 회감하고자 하는 것이다. 이와 같이 한다면 그 사이에 반드시 간교한 폐단이 있을 것이므로, 이는 시행하지 말라. 진배하는 종이가 만약 정례에 실려 있으면 곧바로 회감하고, 만약 산원(算員)이 산적(算摘)한 것이면 실입에 따라 회감하도록 호조에 분부하라.

◎ 상언 여러 상사의 당하문관(堂下文官) 삭서지(朔書紙)는 본래 저주지(楮注紙)인데, 번번이 지품(紙品)을 올려 억지로 받아 내었기 때문에, 비변사에서 신칙하여 다시 저주지로 진배하였습니다. 몇 년 지나지 않아서 또다시 전과 같아져서, 비변사의 계목지(啓目紙)도 달마다 6권을 역시 저주지로 하는데, 3권은 그 본래의 지품으로 바치지만, 3권은 반드시 소호지(小好紙)로 받습니다. 이른바 소호지는 원래 장흥고 공인의 소관이 아니라, 바로 호조에서 저장해 둔 것이니, 이와 같은 책납은 실로 감당하기 어렵습니다. 이다음에는 호조에 있는 종이로 직접 지급하도록 정식하여 시행해 주시기 바랍니다.

◎ 제사 삭서지는 저주지인데, 진배할 때에 반드시 지품을 가리니 그

폐단을 셀 수가 없다. 예전에 비변사에서 엄칙하였을 때에 그 효과가 조금 있었지만, 얼마 안 가서 잘못된 관습이 전과 같아졌다니 일이 몹시 놀랍다. 다시 비변사의 금령에 따라 엄가(嚴加)하여 금단하라. 비변사 계목지의 경우에도 역시 저주지인데, 원래의 수 6권 중에 절반은 저주지로 받고, 절반은 소호지로 받는 것은 정식을 크게 어기는 것이다. 지금부터 각별히 금단하되, 만약 다시 예전의 버릇을 답습하는 자가 있으면, 해당 관원은 경중에 따라 죄를 논하고 하인배는 법사에 보내어 죄를 다스리라.

◎ 상언 춘추관의 사초지(史草紙)는 달마다 5권이 본래 후백지(厚白紙)인데, 반드시 백면지(白綿紙) 가운데에서 지나치게 두꺼운 것으로 승품(陞品)하여 골라 받습니다. 의정부 사록(司錄)의 삭백지(朔白紙) 10장도 역시 저주지로 골라 받습니다. 중궁전의 내관, 임시로 늘린 별차비(別差備) 내관 및 각처의 수궁(守宮) 내관의 공사백지(公事白紙)도 또한 모두 후백지로 책납하니, 이는 당초의 정식에 어긋납니다. 원래 지품의 종이로 받아 쓰도록 해 주시기 바랍니다.

◎ 제사 춘추관의 사초지, 사록의 삭지, 내관의 삭지는 모두 정식한 지품이 있는데, 반드시 더 나은 지품으로 받아 쓰니 폐단됨이 매우 많다. 이다음에는 정식에 따라 원래 지품의 종이로 받아 쓰도록 각사에 봉감하여 신칙하되, 만약 다시 어기는 자가 있으면 해당 관원은 경중에 따라 죄를 논하고 하인배는 법사에 보내어 죄를 다스리라.

◎ 상언 요사이 여러 상사와 각 아문의 하인배가 온갖 핑계로 침범하여 빼앗으며, 출패하거나 출차(出差)하여 돈을 요구하고 뇌물을 거두는 폐단이 망유기극합니다. 구영선·자문감을 빙자하여 직접 가둔다고 위협하며 여러 가지로 폐를 끼치고, 진배인(進排人)에게 혹시 죄가 될 만한 허물이 있으면 그 사람을 다스리면 충분한데도, 기어이 삼소임과 진배인을 부르고, 심한 자는 그 서원·고지기의 이름을 알고서 이름마다 돈을 거둡니다. 또 정처(正妻)를 잡아 가두는 차사(差使)를 내어서 반드시 욕심을 채운 다음에야 그치니, 이는 실로 지탱하기 어려운 폐단입니다. 지금 이후로 혹시 죄가 될 만한 허물이 있더라도 해당 진배인 외에 삼소임·서원·고지기·정처를 잡아 가두는 등의 폐단을 모두 막아 주시고, 이른바 예채전(例債錢)은 잘 헤아려 결정해서 신칙하되, 여러 상사의 용패(用牌)하는 곳 외에 각 아문이나 해당 관서에서 출차하여 함부로 거둘 수 없도록 해 주시기 바랍니다.

◎ 제사 궐 내외의 여러 상사에서 공인을 침범하여 빼앗는 폐단이 망유기극하다. 출패·출차할 때에 반드시 삼소임·서원·고지기·진배인을 아울러 잡아 가두고서, 이른바 패례채(牌例債)를 이름마다 모두 거두니, 이러한 폐단을 혁파하지 않으면 공인이 보존할 길이 실로 없을 것이다. 이다음에 혹시 어쩔 수 없이 출패할 일이 있더라도, 오직 진배인이 즉시 진배하지 않으면 출패하고, 서원·고지기·삼소임 등은 거론하지 말도록 정식하여 엄칙하라. 만약 다시 예전의 버릇을 답습하면 해당 관원은 경중에 따라 죄를 논하고 하인배는 법사에 보내어 죄를 다스리라.

◎ 상언 각처의 제향 때에 금루관(禁漏官)이 깔고 앉는 등매(登每) 1닢은 당초에 잠깐 장흥고에서 빌려 쓰는 데 지나지 않았는데, 그대로 잘못된 규례가 되었습니다. 그 후에 사헌부의 하인배가 제감(祭監)을 빙자하여 계출(計出)·색뢰(索賂)하며 번번이 이 등매를 탈을 잡으므로, 공인이 지탱하여 감당함을 견디기 어렵습니다. 해마다 등매 4닢을 금루관에게 만들어 준다면, 물시계를 가지고 갈 때 함께 가지고 가서 그 폐단을 없앨 수 있습니다. 뜻밖에 올해 보루각의 소속이 뇌물을 거두려는 속셈을 갑자기 내어 등매를 물리쳐서 받지 않고서 사헌부에 일을 일으키고자 한 것은 매우 근거가 없습니다. 위의 등매는 전과 같이 보루각의 하인이 지배(持排)하게 해 주시기 바랍니다.

◎ 제사 금루관이 깔고 앉는 등매를 예전에는 물시계를 가지고 가는 사람이 함께 지고 가서 폐해를 없앴는데, 지금은 보루각에서 물리쳐서 받지 않고서 생경하고자 한다니 정상(情狀)이 나쁘다. 각별히 조사하여 바로잡은 다음, 전과 같이 물시계를 가지고 가는 사람이 함께 지고 가도록 보루각에 분부하고 정식하여 시행하라.

◎ 상언 지의(地衣)·행보석(行步席)은 곧 국용의 물품인데, 여러 궁가와 사대부가에서 연례, 혼례·상례 때에 빌려 쓰는 것과 액정서 소속 및 여러 상사의 하인배가 위력으로 빼앗아 간 것의 태반을 되돌려주지 않습니다. 이는 진실로 고질적인 폐단이니, 특별히 막아 주시기 바랍니다.

◎ 제사 지의·행보석은 곧 국역에 소용되는 것인데, 사가의 여러 곳에

서 빌려 쓰고는 돌려주지 않거나, 액정서와 여러 상사의 소속이 위력으로 빼앗아 가는 폐단은 모두 공인이 지탱하기 어려운 까닭이 된다. 이다음에는 엄가하여 금단하되, 다시 어기는 자가 있으면 여러 궁가의 소임과 사대부가의 가장(家長)은 경중에 따라 죄를 논하고 여러 상사의 하인배는 법사에 보내어 죄를 다스리라.

◎ 상언 장흥고에서 공용(公用)의 작미(作米)를 마련하는 정식은 원공으로 받은 쌀로 실어 바치는 것인데, 색고(色庫) 무리가 고중(高重: 도량형을 속임)하여 받아서 10섬에 축나는 것이 많게는 2~3섬에 이르니 매우 원통합니다.

◎ 제사 장흥고에서 질지를 받을 때, 고지기 무리가 받으면서 고중으로 인해 생기는 부족분이 아주 많다. 장흥고에서 엄칙하여 금단하되, 이다음에 다시 이러한 폐단이 있으면 해당 낭청은 경중에 따라 죄를 논하고 하인배는 법사에 보내어 죄를 다스리라.

◎ 상언 여러 상사에 지석(紙席)·지의를 진배하려고 물이 내를 달리듯이 역인 24명이 관문에 길게 섰는데도, 오히려 부족할까 염려하여 더 세우는 폐단이 항상 있습니다. 하물며 본사(本司)의 과외의 사환을 어찌 지탱하여 감당하겠습니까? 공사(公事)가 아니면 사환하지 말아 주시기 바랍니다. 의막할 때 소입(所入)되는 초둔·장목(長木)을 공인에게 책출하는 것이 비록 구례라고는 하나 진배에 폐단이 있으니 매우 원통하고 속상합니다.

◎ 제사 장흥고의 공인이 진배하는 지석·지의는 물종이 매우 많아서 역인을 항정(恒定)해 놓았는데도 번번이 부족할까 염려함이 있고, 관가에서 과외로 사환하는 폐단을 셀 수 없다. 이다음에는 공사가 아니면 사환하지 말라. 의막할 때 빌려 쓰는 초둔·장목은 비록 구례이지만 폐단을 이정하는 때를 맞이하여 혁파하지 않을 수 없다. 이로써 정식하여 시행하되, 만약 다시 예전의 버릇을 답습하면 해당 관원은 경중에 따라 죄를 논하라.

◎ 상언 당상의 수가(隨駕) 때에 별도의 분부가 있으면 반과(盤果)하되, 물력은 관가에서 지급하고, 그릇·역인·짐말은 공인이 거행합니다. 만약 분부가 없으면 본래 반과하는 일이 없습니다.

◎ 제사 각사의 반과는 이미 혁파하였는데, 장흥고에서 당상의 분부에 따라서 거행한다는 것은 결국 부당함에 이른다. 한결같이 다른 관서의 예에 따라 영구히 혁파하도록 장흥고에 분부하라.

長興庫貢人

一吏曹都目政所用楮注紙厚白紙各十五卷祿牌

楮注紙每朔三卷歲抄楮注紙二卷白紙一卷進排

而畢竟出關未滿折半貢人年年空失因此蕩敗酌

定容入恒式上下事

定例中吏曹所用各樣紙地有定卷數者有不定卷數

而從實入者定卷數者則依定例進排從實入者則先

進排而令算員算摘從實入會減而若有餘數則依戶
曹魚鱗例次次計減於後等事定式施行

　　一敦寧府族譜廳宗簿寺校正廳每式年捧甘取用
　　至於數百餘卷之多戶曹出關不過三分之一故貢
　　人或有一番稱寃之說則兩廳因他事出牌囚禁鞭
　　扑狼藉故每式年白地空失不知其幾今式年各樣
　　進排紙地一從去式年出關數捧用而實入後若有
　　加用則追後算摘上下定式施行事

敦寧府族譜廳宗簿寺校正廳進排紙地畢竟實入甚
少未推者夥然此後則依去式年實入數磨鍊使該司
郎廳躬親進排而兩廳下屬如有操縱點退之弊則當
該官員從輕重論罪下屬移法司科治

　　一武科場中所用各樣紙地在於舉子與技藝之多
　　少一場所用多則五六百卷少亦不下三四百卷而
　　監試官隨其容入下帖取用主掌官憑考試帖計數
　　都算則此是無疑之符信而及其出關盡爲減削會
　　減之數未滿十分之一中間浮費亦甚夥多此後則
　　舉子每人每技某張酌定是白去乃一依監試官帖
　　文會減是白去乃從長變通事

貢人所願有二一則欲以舉子每人每技酌定幾張一
則欲依監試官帖子會減而若如此則其間必有奸弊
此則勿爲施行而進排之紙地若是定例所載則直爲

會減若是算員算摘者則從實入會減事分付戶曹

　一諸上司堂下文官朔書紙本是楮注紙而每以陞
　品勒捧故自備局申飭更以楮注紙進排矣未過數
　年又復如前備邊司啓目紙每朔六卷亦是楮注紙
　而三卷則納其本品紙三卷則必捧小好紙所謂小
　好紙元非本貢之所管乃是戶曹之所儲則如是責
　納實爲難堪此後以戶曹所在紙直下定式施行事
朔書紙乃是楮注紙而進排之際必擇紙品其弊不貲
在前備局嚴飭時少有其效而曾未幾何謬習如前此
甚可駭更依備局禁令嚴加禁斷至於備局啓目紙亦
是楮注紙而元數六卷內折半捧楮注紙折半捧小好
紙者大違定式自今各別禁斷而若有復蹈前習者則
當該官員從輕重論罪下屬移法司科治

　一春秋館史草紙每朔五卷本是厚白紙而必以白
　綿紙中過厚者陞品擇捧議政府司錄朔白紙十張
　亦以楮注紙擇捧　中宮殿內官加設別差備內官
　及各處守宮內官公事白紙並亦以厚白紙責納此
　有違於當初定式以本品紙捧用事
春秋館史草紙司錄朔紙內官朔紙皆有定式紙品而
必以優品捧用爲弊甚多此後則依定式以本品紙捧
用事捧甘申飭各司而復有犯者則當該官員從輕重
論罪下屬移法司科治

一近來諸上司各衙門下屬之侵漁百端出牌出差
索錢徵賂之弊罔有紀極九營繕紫門監憑藉直囚
之威多般作弊進排人或有罪過則治其人足矣而
必稱三所任進排人甚者知其書員庫直之名逐名
徵錢又出正妻囚禁之差使必滿其慾而後乃已此
實難支之弊端今後或有罪過當該進排人外三所
任書員庫直正妻囚禁等弊一切防塞所謂例債錢
酌定申飭而諸上司用牌處外各衙門該司毋得出
差侵徵事
闕內外諸上司侵漁貢人之弊罔有紀極出牌出差之
際必以三所任書員庫直進排人竝爲捉囚而所謂牌
例債逐名而盡捧此弊不革則貢人實無保存之道此
後或有不得不出牌之事則只以進排人不卽進排出
牌而至於書員庫直三所任等勿爲擧論事定式嚴飭
若復踵前習則當該官員從輕重論罪下屬移法司科
治
一各處　祭享時禁漏官所坐登每一立當初不過
一時借用本庫而仍爲謬規矣其後司憲府下屬
憑藉祭監計出索賂每以此登每執頉故貢人不勝
支堪每年登每四立造給於禁漏則漏器持去時同
爲持去以除其弊矣不意今年漏局所屬忽生徵賂
之計退却登每而不捧欲爲生事於憲府者極爲無

據上項登每依前以漏局下人持排事

禁漏官所坐登每曾前則漏器持去人同爲負去而除
弊今則漏局退却不捧故欲生梗情狀可惡各別查治
後依前使漏器持去人同爲負去事分付漏局定式施
行

一地衣行步席自是　國用之物而諸宮家士夫家
宴禮婚喪時借用者掖庭所屬諸上司下屬輩威力
奪去者太半不還此誠痼弊別樣防塞事

地衣行步席乃是　國役所用而私家諸處之借用不
還掖庭諸上司所屬威力奪去之弊俱爲貢人難支之
端此後則嚴加禁斷而復有犯者則諸宮家所任士夫
家家長從輕重論罪諸上司下屬移法司科治

一本庫公用作米磨鍊定式以元貢所受米輸納而
色庫輩高重捧上十石所縮將至二三石之多極爲
寃痛事

本庫作紙捧上時庫直輩所捧高重欠縮太多自本庫
嚴飭禁斷此後復有此弊則當該郎廳從輕重論罪下
屬移法司科治

一諸上司紙席地衣進排如水奔川役人二十四名
長立官門猶患不足常有加立之弊況本司科外之
使喚何以支堪乎非公事勿爲使喚依幕時所入草
苫長木責出貢人雖曰舊例進排有弊極爲寃悶事

本庫貢人進排紙席地衣物種極其夥然恒定役人每
有不足之患而官家科外使喚爲弊不貲此後非公事
則勿爲使喚依幕時借用草芚長木雖是舊例當此釐
弊之時不可不革罷以此定式施行而若復踵前習則
當該官員從輕重論罪

　　一堂上隨　駕時有別分付則爲盤果而物力則官
　　家上下器皿役人卜馬貢人擧行若無分付則元無
　　盤果事

各司盤果旣已革罷本庫之待堂上分付而擧行云者
終涉不當一依他司例永爲革罷事分付該庫

장흥고유사공인 長興庫柳笥貢人

◎ 상언　버들상자·버들고리·버들키 등을 사가에서 혼례·연례 때에 빌려 쓰는 것이 국용에 비하여 오히려 2~5배나 많습니다. 또 잃어버렸다고 핑계를 대며 쓰고 나서 돌려주는 것이 하나도 없어서, 국용에 미치지 못하고 오로지 공실(空失)되고 맙니다. 각별히 엄금해 주시기 바랍니다.

◎ 제사　버들상자·버들고리·버들키 등의 3종은 공가(公家)에서 쓰는 물건인데, 사가에서 혼례·연례 때에 무수히 빌려 쓰고, 잃어버렸다고 하면서 하나도 환급하지 않으니, 사소한 공물로 어찌 지탱하여 감당할 수 있겠는가? 이후에는 각별히 엄가(嚴加)하여 금단하고, 만약 다시 예전의 버릇을 답습하면 빌려주는 것을 허락한 관원은 경중에 따라 죄를 논하라.

◎ 상언 버들고리 등 여러 가지 진배한 것은 모두 쓰고 나서 돌려주는
데, 각사의 소속이 되돌려보낼 뜻 없이 오로지 자기 것으로 만들고
자 힘쓰니, 이다음에는 전례에 따라 쓰고 나서 돌려주게 해 주시기
바랍니다.

◎ 제사 버들고리 물종은 모두 쓰고 나서 돌려주는 것인데, 각사에서
계속 차지하고서 주지 않으니 서실이 매우 많다. 이다음에는 장흥고
에서 호조에 논보(論報)하여 각별히 추급(推給)하도록 정식하여 시행
하라.

◎ 상언 각처에 진배하는 버들고리 등은 요 몇 해 전에 호조에서 응입
(應入)을 짐작하여 헤아려서 정례를 계하(啓下)했는데, 정례 외에 직접
감결을 보내어 잠깐이라도 지체되면, 혹은 출패하거나 혹은 출차(出
差)하니, 부비가 적지 않습니다. 지금부터 시작하여 직접 감결을 보
내는 폐단은 영구히 못 하도록 막아 주시기 바랍니다. 그리고 과장
(科場) 안에서 소용되는 버들상자는, 정례에 기록되어 실린 것은 시소
(試所)마다 단지 15부(部)이며 새것과 헌것을 참반(參半: 절반씩 섞음)
하거늘, 차비관(差備官) 무리가 정례에 있지 않은 것을 제멋대로 함부
로 더 받는 것이 3배에 이르니, 과조(科條)를 별도로 세워 엄금해 주
시기 바랍니다.

◎ 제사 정례할 때 각처에 진배하는 버들고리는 이미 참작하여 수를
정하였는데, 과외로 마구 징수하거나 직접 감결을 보내어 출패하고
출차하니, 부비가 적지 않다. 이는 실로 커다란 폐단이다. 과장에 소용

되는 버들상자를 15부로 정한 것도 참으로 적지 않은데, 차비관 무리가 정례에 있지 않은데도 제멋대로 더 받는다니 정말로 매우 이상스럽고 놀랍다. 이다음에는 호조에서 감결을 보내는 것 외에는 시행하지 말고, 만약 정례를 어기는 자가 있으면 해당 관원은 경중에 따라 죄를 논하고 하인배는 법사에 보내어 죄를 다스리라.

　　　　長興庫柳筐貢人
　　　一柳筐柳筬柳箕等私家婚宴禮時借用者比諸
　　　國用反爲倍蓰而且諉闊失一無用還不及　國用
　　　專歸空失各別嚴禁事
　柳筐柳筬柳箕等三種乃是公家所用則私家之婚禮
　宴禮無數借用稱以闊失一不還給以些少貢物何以
　支當乎此後則各別嚴加禁斷若復踵前習則許借官
　員從輕重論罪
　　　一柳器等各種進排者皆是用還而各司所屬無意
　　　還下專務永執此後則依例用還事
　柳器物種皆是用還者而各司仍執不給闊失甚多此
　後則自本庫論報戶曹各別推給事定式施行
　　　一各處進排柳器等頃年戶曹酌量應入定例　啓
　　　下而定例外直捧甘結一刻遲滯則或出牌或出差
　　　浮費不些自今爲始直捧甘結之弊永爲防塞爲白
　　　乎旀場中所用柳筐之載錄定例者每所只是十五

部新舊參半是白去乙差備官輩不有定例恣意濫

捧者乃至三倍別立科條嚴禁事

定例時各處進排柳器旣已參酌定數則科外濫徵直

捧甘結出牌出差浮費不貲此實巨弊至於科場所用

柳笥之定以十五部者誠不少而差備官輩不有定例

恣意加捧者誠極痛駭此後則戶曹捧甘外勿施而若

有違定例者則當該官員從輕重論罪下屬移法司科

治

41

풍저창공인 豊儲倉貢人

◎ 상언 저희들이 백지(白紙)를 진배하면, 선혜청에서는 1권당 가미(價米) 2말 5되를, 호조에서는 전미(田米) 2말을 내어줍니다. 그런데 백지를 진배할 때 여러 가지로 퇴짜를 놓기 때문에, 가전(價錢)으로 7~8돈의 장지(壯紙) 혹은 가전 1냥 2~3돈의 백면지(白綿紙)로써 무납하여, 그 낙본이 무한합니다. 백지의 경우, 차비(差備)를 하면, 궐 내외의 각처에서 1권 차비할 때마다 혹은 동전 4돈을, 혹은 5돈 5푼씩 받는데, 원래 정식(定式)이 없어서 늘리거나 줄이곤 합니다. 만약 순순히 따르지 않으면, 본지(本紙)를 내납(來納)해야 한다고 하면서 어떤 조목을 집탈(執頉)하며 출패하여 잡아 가둡니다. 그 부비를 한 해 동안 합쳐서 계산하면 그 액수가 거의 원공과 같습니다. 지금부터 시작해서 백지를 진배하는 곳에는 조정에서 견본을 내어 빙고(憑考)해서 진배하고, 예전부터 차비하던 곳에 지금 본백지(本白紙)를 진배

하면 일에 따라 병폐가 생기는 것을 막기가 어려울 것이니, 차비전(差備錢)을 줄여서 균일하게 정해 주시기 바랍니다.

◎ 제사 궐 내외의 각 관아에서 진배하는 백지를 조종(操縱)해서 퇴짜를 놓는 것은 망유기극하다. 본지는 형세상 진배하기가 어려우면 동전으로 대납하는데 그 비용을 셀 수가 없다. 만약 본색(本色)으로 납부하려 하면 반드시 장지 혹은 백면지로 거두어들인다. 공가(貢價)는 몹시 적으나 납부하는 바는 몹시 후하고 실하니, 공인이 버티기 어려운 병폐다. 이후에는 전으로 대납하는 그릇된 버릇을 각별히 금단하고, 납부하는 종이의 품질은 한결같이 정례에 따라 시행하라. 이후 만약 다시 범하는 이가 있으면 해당 관원은 경중에 따라 죄를 논하고 하인배는 법사에 보내어 죄를 다스리라.

◎ 상언 여러 상사의 소차(疏箚) 도련지(搗鍊紙)는 한결같이 봉감에 따라 진배한 다음 호조에 보고하는데, 3~4장의 진배는 단지 1장만 회감하고, 10장의 진배는 간혹 2~3장을 회감하여, 한 해의 낙본이 이미 원공의 곱절을 넘습니다. 정식에 따라 변통해 주시기 바랍니다.

◎ 제사 풍저창에서 진배하는 소차지(疏箚紙)를 호조에서 지나치게 줄이는 폐단이 없지 않다. 많이 쓰는지 적게 쓰는지 눈으로 직접 보지 못하고, 글자를 잘못 써서 버리는 장수 또한 자세히 알기 어려우므로, 호조에서 제멋대로 헤아려 수량을 줄여서 마침내 매우 심한 차이를 면하지 못하니, 참작하여 헤아려서 회감할 뜻을 호조에 분부하라.

◎ 상언 선원보략(璿源譜略)의 진헌(進獻) 책지(冊紙)를 호조에 보고하면, 호조에서 사망한 색리의 귀록(鬼錄)된 유재를 모두 공인에게 책임 지우는 것은 불쌍하고 가엾다며, 절반은 옛 유재에서 계감하고 절반은 값을 내주었으므로, 그 부족한 수량은 저희들이 거두어들여 거행했습니다. 작년에 보략(譜略)의 책지를 진상하는 책지에 의거하여 의례히 호조에 보고하였더니, 4분의 1은 급가(給價)하고 그 나머지 수백 금의 물품은 근거 없이 거두어 갔기 때문에, 저희들이 모두 가산을 팔았습니다. 다른 각사의 공물로 말하자면 무릇 별례(別例)의 소용은 법전에 의거하여 유재에서 5분의 1을 계제(計除)하고, 4분은 급가하거늘, 저희들이 수십 년간 절반을 급가한 전례가 지금 또 쇠퇴하여 결딴났으니, 특별히 변통해 주시기를 엎드려 빕니다.

◎ 제사 선원보략의 진헌 책지는 전부터 절반은 유재에서 계감하고 절반은 급가했는데, 작년에 4분의 1을 급가한 것은 결국 공인을 불쌍하고 가련하게 여기는 도리가 아니다. 이다음에는 전례에 따라 계감하는 뜻을 호조에 분부하라.

◎ 상언 칙사 시에 분사옹원에서 봉감한 초주지(草注紙) 20여 권을 진배하고 나서 호조에 보고하면, 호조에서는 등록(謄錄)에 소부(所付)된 2~3권만 회감하기 때문에, 색리에게서 도로 찾으려 하면, 색리가 칭탁(稱托)하고 주지 않으니, 특별히 변통해 주시기 바랍니다.

◎ 제사 분사옹원에서 등록 외에 봉감하는 것이 많게는 16~17권에 이른다. 초주지 값이 비싸고 중한데도, 결국 호조에서 회감하는 것은

등록에 의거한 2~3권에 불과하여, 공인이 잃는 바가 6~8배에 이른 다. 이 폐단을 만약 떨어 없애지 않는다면, 공인이 보존할 수 없다. 이다음에는 칙사 시에 여러 각사에서 봉감하는 것은 호조에 관유(關由)하고, 한결같이 등록에 의거하여 봉감하도록 정식하여 시행하라.

◎ 상언 여러 상사의 정승 지위의 당상(堂相)이 지방에 있을 때, 모든 소차지를 풍저창에 봉감하므로, 공인 무리가 이정(里程)의 멀고 가까움을 물론하고 양식을 싸서 진배하니 진실로 매우 원통합니다. 지금부터 시작하여 지방에 있다면 공인이 나가서 진배하지 말도록 해 주시기 바랍니다.

◎ 제사 정승 지위의 당상이 지방에 있으면, 소차지는 각기의 관서에서 봉감하고 사령을 정하여 내보내는 것이 사리에 당연한데, 반드시 공인으로 하여금 몸소 가서 진배하게 한다면 크게 폐를 끼치게 된다. 지금 이후로는, 대신·당상을 물론하고 교외에 있으면서 진서(陳書)하고자 하면, 각기의 관서에서 받아서 내보내도록 영구히 정식하고 각사에 엄칙하라.

◎ 상언 선혜청·호조는 각공(各貢) 아문을 주관하므로, 행보석을 해당 아문에서 갖추어 쓰고, 삼군문도 도제조 영문이므로, 행보석을 해당 영문에서 갖추어 쓰니, 모두 공인이 진배하는 것은 없습니다. 일찍이 비변사에서 미포아문(米布衙門)은 각자 갖추어 쓰도록 계하(啓下)하고 정탈(定奪)하였습니다. 병조는 곧 전포아문(錢布衙門)이니 마땅히 다

른 관서의 예에 따라 시행해야 하고, 금군별장(禁軍別將)이 좌기할 때의 행보석은 더욱 의의가 없습니다. 이다음에는 죄다 혁파해 주시기 바랍니다.

◎ 제사 선혜청, 호조, 삼군문은 이미 해당 아문에서 행보석을 갖추어 쓰는데, 병조에만 예전부터 진배하였으니 비변사의 금령에 따라 즉시 혁파하라. 금군별장이 좌기할 때 예전처럼 진배한 것의 경우에는 매우 부당하니, 지금부터 혁파하라. 만약 다시 어기는 자가 있으면 당상·군관은 병조에서 곤장을 치고 하인배는 법사에 보내어 죄를 다스리라.

豊儲倉貢人

一矣等進排白紙惠廳則每卷價米二斗五升戶曹
則田米二斗上下而白紙進排時百般點退故以價
錢七八錢之壯紙或價錢一兩二三錢之白綿紙貿
納其爲落本無限是白乎旀至於白紙差備則自
闕內外各處一卷差備或錢四錢或五錢五分式元
無定式或加或降而如不順從則稱以本紙來納而
某條執頉出牌囚禁其爲浮費一年合計則其數幾
垺於元貢自今爲始白紙進排處則自　朝家出見
樣憑考進排而舊來差備處今以本白紙進排則隨
事生弊似難防杜同差備錢降定均一事
闕內外各司進排白紙操縱點退罔有紀極本紙則勢

難進排以錢代納其費不貲若以本色欲納則必以壯
紙或白綿紙捧上貢價甚少而所納甚厚實爲貢人難
支之弊此後則以錢代納之謬習各別禁斷所納紙品
一從定例施行而或有復犯者則當該官員從輕重論
罪下屬移法司科治

　一諸上司疏箚搗鍊紙一從捧甘進排後報戶曹則
　三四張進排只以一張會減十張進排或二三張會
　減一年落本已過元貢之倍甲依定式變通事
本庫進排疏箚紙不無戶曹過減之弊多用少用旣不
目擊誤書棄張亦難詳知則地部臆度減數終未免逕
庭酌量會減之意分付戶曹

　一　璿源譜略進獻册紙報戶曹則本曹以死亡色吏
　鬼錄遺在全責於貢人可矜是如折半以舊遺在計
　減折半則價本出給故其不足之數矣等收斂擧行
　矣昨年譜略册紙　進上册紙據例報戶曹則以四
　分一給價其餘屢百金之物白地徵出故矣等盡賣
　家産是乎所以他各司貢物言之凡別例所用依法
　典以遺在五分一計除四分給價是去乙矣等累十
　年折半給價之前例今又頹廢伏乞別般變通事
璿源譜略進獻册紙自前折半計減於遺在折半給價
而昨年則四分一給價者終非軫恤貢人之道此後則
依前例計減之意分付戶曹

一勅使時分司饔院捧甘草注紙二十餘卷進排後
報戶曹則戶曹以謄錄所付二三卷㫆會減故還推
於色吏則色吏稱托不給特爲變通事
分司饔院謄錄外捧甘多至於十六七卷草注紙價本
高重畢竟地部會減依謄錄不過二三卷貢人之所失
至六七八倍此弊若不祛則貢人無以保存此後則勅
使時諸各司捧甘者關由戶曹一依謄錄捧甘事定式
施行
一諸上司相位堂上在外時凡疏箚紙捧甘於本倉
故貢人輩勿論道里遠近裹粮進排誠極寃痛自今
爲始在外則勿以貢人出往進排事
相位堂上在外則疏箚紙自各其司捧甘定使令出送
事理當然而必令貢人躬往進排大爲貽弊今後則勿
論大臣堂上在郊外欲陳書則自各其司捧上出送事
永爲定式嚴飭各司
一宣惠廳戶曹乃主管各貢衙門而行步席自本衙
門備用三軍門乃都提調營門而行步席自本營門
備用俱無貢人進排之事者曾自備局有米布衙門
各自備用之　啓下定奪矣兵曹旣是錢布衙門則
當依他司例施行禁軍別將坐起時行步席尤無意
義此後則一竝革罷事
惠廳戶曹三軍門旣自本衙門備用行步席而兵曹則

曾前進排因備局禁令卽爲革罷至於禁軍別將坐起

時依前進排者極爲不當自今革罷如或有復犯者則

堂上軍官自兵曹決棍下屬移法司科治

42

풍저창전세공인 豊儲倉田稅貢人

◎ 상언 동반(東班: 문반) 각사의 지배 배설(排設)은 군자감·광흥창에서 진배하고, 서반(西班: 무반) 각사의 지배 배설은 풍저창·사도시에서 진배합니다. 이조·홍문관은 원래 동반의 아문이므로, 홍문관에서 주강(晝講)·소대(召對)·문안(問安)·청대(請對)할 때 및 이조에서 도목(都目)할 때에는 전부터 군자감·광흥창에서 담당하였습니다. 근래에는 군자감·광흥창에서 진배하는 것 외에 또 억지로 풍저창에서 진배하게 하기 때문에, 홍문관의 사령에게 해마다 백미(白米) 24말씩을 방구(防口)하고, 이조의 고지기에게도 도목할 때마다 역시 방구하는 일이 있어서, 과외의 부비가 이처럼 무한합니다. 이후부터는 군자감·광흥창에서 전과 같이 진배하게 하고 풍저창의 과외 첩역(疊役)을 혁파해 주시기 바랍니다.

◎ 제사 동반의 배설은 군자감·광흥창에서 담당하고, 서반의 배설은

사도시·풍저창에서 담당하는 것이 바로 바꿀 수 없는 예인데, 홍문관의 주강·소대·문안·청대 및 이조의 도목에 배설을 억지로 명하여 풍저창에서 진배하는 것은 일이 매우 부당하다. 풍저창에서 거듭 진배하는 것을 혁파하도록 정식하여 시행하고, 이후에 만약 범하는 이가 있으면 해당 이예는 법사에 보내어 죄를 다스리라.

◎ 상언 행보석은 본래 호조에 진배하는 상정(常定) 가운데 없는 물종으로서, 원래 값을 치르는 일이 없습니다. 여러 상사와 각 도감에서 갑자기 진배하라고 하니, 이는 매우 큰 폐단입니다. 여러 상사의 낭청, 각 도감의 낭청, 의궤청(儀軌廳)에는 행보석을 진배하지 말도록 일찍이 비변사에서 계하(啓下)하여 정탈(定奪)하였습니다. 요 몇 해 이래로 정탈이 있지 않아서 억지로 진배하게 하며, 조금이라도 더디고 느즈러지면 출패하고 일을 만드니 실로 원통합니다. 지금 이후로는 예전의 정탈에 따라 영구히 진배하지 말도록 해 주시기 바랍니다.

◎ 제사 여러 상사의 낭청, 각 도감의 낭청, 의궤청에 행보석을 진배하지 말도록 일찍이 비변사에서 계하하여 정탈하였는데, 각사에서 정탈이 있지 않아 전과 같이 책납하고서 조금이라도 더디고 느즈러지면 출패하여 침학한다니 일이 매우 놀랍다. 각별히 금단하고, 이다음에 만약 다시 어기는 자가 있으면 해당 관원은 경중에 따라 죄를 논하고 하인배는 법사에 보내어 죄를 다스리라.

◎ 상언 행보석은 저희들이 대가 없는 역으로 진배하므로 진실로 원통

합니다. 매우 길고 오래 진배한 곳에는 달마다 동전 2돈씩을 갖추어 바치고, 사령에게는 임시로 설치한 각 도감이 철파(撤罷)에 이를 때에 갖추어 바칩니다. 충훈부 사령에게는 해마다 쌀 7말을 갖추어 바치고, 종부시에는 도감을 설치하면 1냥 6돈을, 평년에는 1냥씩을 해마다 갖추어 바치며, 장생전에는 달마다 2돈씩을 갖추어 바칩니다. 본래 대가 없는 역인데도, 각처의 허다한 부비가 절절(節節)해서 감당하기 어려워, 이로 인해 장차 뿔뿔이 흩어질 지경에 이르렀으니 각별히 금단해 주시기 바랍니다.

◎ 제사 행보석은 대가 없는 역이므로, 이른바 정채(情債)는 더욱 근거가 없다. 각별히 엄하게 금지하되, 어기는 하인배는 법사에 보내어 죄를 다스리라.

◎ 상언 각 군문에서 호궤할 때 지배는 군자감·광흥창에서 의례히 진배하는데, 또 풍저창으로 하여금 거듭 진배하게 합니다. 이다음에는 기제(旗祭: 군기에 지내는 제사)의 호궤를 풍저창에서 진배하게 하지 말도록 해 주시기 바랍니다.

◎ 제사 각 군문에서 호궤할 때 지배는 양창에서 이미 의례히 진배하는데, 또 풍저창에서 진배하게 하는 것은 특히 매우 부당하다. 이다음에는 진배하지 말도록 병조와 훈련도감에 분부하되, 만약 다시 예전의 버릇을 답습하면 담당 장교를 병조에서 곤장 치고 내쫓으라.

◎ 상언 거둥하실 때 및 여러 가지 공고(公故)를 맞이할 때마다 지배를

여러 각사의 하인들이 낱낱의 조각으로 찢고 갈라서 빼앗아 가므로, 반열(班列)로 소배(所排)하는데 사이가 끊어져 일이 생깁니다. 공인이 혹시 금지하고자 하면, 각사의 하인이 도리어 꾸짖으며 욕을 하니, 10여 동의 지배가 끝내 빈손으로 돌아오니 일이 매우 원민(冤憫)합니다. 각별히 금단하여 국역에 생경이 없도록 해 주시기 바랍니다.

◎ 제사 거둥하실 때 진배하는 지배를 각사의 하인이 모두 빼앗아 가므로 공인이 빈손으로 돌아온다니 일이 매우 근거 없다. 각별히 금단하되 만약 전과 같이 탈취하는 폐단이 있으면, 그 폐를 끼친 자를 적발하여 법사에 보내어 죄를 다스리라.

◎ 상언 풍저창의 공인은 수가(受價)하는 방식이 다른 공인과 다릅니다. 그해의 역가는 세선(稅船)이 올라올 때 본읍(本邑)에서 전세(田稅)와 함께 올려 보내는데, 만약 세선이 치패(致敗)하면 증미(拯米) 및 분징미(分徵米)를 호조에 몇 번으로 나누어 바칩니다. 역가는 대신 지급하지 않으므로, 경신년(1740)에 비변사에 정소(呈訴)하여 치패한 역가를 하나하나 골라 뽑아 지급하도록 일찍이 복계(覆啓)하여 윤하(允下) 받았습니다. 호조에서 정탈한 대로 즉시 급대해 주시고, 그렇지 않으면 본읍에서 그해 안에 다시 장만하여 올려 보내어, 풍저창에서 받아 지급해 주시기 바랍니다.

◎ 제사 이미 호조의 역가 조에서 논열하였으니, 마찬가지로 시행하라.

豊儲倉田稅貢人

一東班各司地排排設軍資監廣興倉進排西班各司地排排設豊儲倉司䆃寺進排而吏曹弘文館既是東班衙門故玉堂　晝講召對問　安請對時及吏曹都目時自前軍監廣倉擔當矣近來則軍監廣倉進排外又勒令豊倉進排故弘文館使令處每年白米二十四斗式防口吏曹庫直處每都目亦有防口之事科外浮費如此無限此後則軍監廣倉依前進排豊倉之科外疊役革罷事

東班排設軍監太倉擔當西班排設司䆃寺豊儲倉擔當乃是不易之例而至於玉堂　晝講召對問　安請對及吏曹都目排設之勒令豊儲倉進排者事極不當豊倉之疊進排革罷事定式施行此後若有犯者當該吏隸移法司科治

一行步席本是戶曹進排常定中所無之物種元無給價之事而諸上司各都監輒令進排此甚巨弊而至於諸上司郎廳各都監郎廳儀軌廳行步席勿爲進排事曾有備局　啓下定奪矣近年以來不有定奪勒令進排少或遲緩出牌生事實爲寃痛今後則依前定奪永勿進排事

諸上司郎廳各都監郎廳儀軌廳行步席勿爲進排事曾有備局　啓下定奪則各司不有定奪如前責納而

少或遲緩則出牌侵虐事極可駭各別禁斷此後若有

復犯者則當該官員從輕重論罪下屬移法司科治

　　一行步席矣等以無價之役進排固已寃痛而長久

　　進排之處每朔錢二錢式備給使令處權設各都監

　　至撤罷時備給忠勳府使令每年米七斗備給宗簿

　　寺設都監則一兩六錢常年則一兩式每年備給長

　　生殿逐朔二錢式備給自是無價之役而各處許多

　　浮費節節難堪以此將至渙散之境各別禁斷事

行步席旣是無價之役則所謂情債尤極無據各別痛

禁所犯下屬移法司科治

　　一各軍門犒饋時地排軍資監廣興倉例爲進排而

　　又令豊倉疊爲進排此後則旗祭犒饋勿令豊倉進

　　排事

各軍門犒饋時地排兩倉旣依例進排而又令豊倉進

排者殊極不當此後則勿爲進排事分付兵曹訓局而

如或復踵前習則次知將校自兵曹決棍汰去

　　一每當　擧動及各樣公故時地排諸各司下人等

　　片片裂破奪取故班列所排間斷生事矣貢人或欲

　　禁止則各司下人反發叱辱十餘同地排末乃空手

　　歸來事極寃憫各別禁斷俾無　國役生梗事

擧動時進排地排各司下人全數奪取故貢人空手歸

來事極無據各別嚴禁而若有如前奪取之弊則摘發

其作弊者移法司科治

　一本倉貢人受價之道與他有異當年役價稅船上

　來時自本邑田稅一體上送而若稅船致敗則拯米

　及分徵米戶曹流伊捧上而役價則不爲代給故庚

　申呈訴備局致敗役價一一抄出上下事曾已覆

　啓允下矣自戶曹依定奪卽爲代給而不然則自本

　邑當年內改備上送自本倉捧上上下事

已爲論列於戶曹役價條一體施行

공인을 괴롭힌 여러 가지 부역

공인이 부담하는 역은 이른바 공역(貢役)이라 하여 공안(貢案)에 실려 있는 공물을 진배하거나 서비스를 제공하는 것에 국한된다. 공안에 기재되어 있지 않은 물품을 진배하게 하거나 기타 각종의 역을 공인에게 부담시키는 경우를 "과외(科外)"의 "잡역(雜役)"이라 하였는데, 『공폐』를 통해 그러한 과외의 부담이 만만치 않았음을 알 수 있다. 예컨대 「봉상시공인」 조에서 "낭청이 공사로 출입할 때 관디판지기 1명, 교외로 사행할 때 우장지기 1명씩, 아홉 낭청이 녹봉을 받을 때 역인 각 2명을 책립"한다는 데서 볼 수 있듯이 '공폐(貢弊)'라기보다는 '역폐(役弊)'에 가까울 정도로 많은 문제가 거론되고 있다. 전반적으로 어떠한 부담이 있었는지 개별 사례를 통해 살펴보도록 하자.

우선 각종의 물품을 운반하는 역을 부담시킨 사례를 찾을 수 있다. 「호조공인」 조의 마태(馬駄)의 역, 「군기시공인」 조의 태재(駄載)·태운

(駄運)의 역, 「사도시공인」 조의 부대(負戴)·부운(負運)의 역 등이다. 여기서 "태(駄)"는 '짐바리'를, "부(負)"는 '등짐'을 가리키는 용어다. 예컨대 호조공인은 "능행과 당상·낭청이 공적인 일로 말미암아 교외로 나갈 때 진지·다담에 들어가는 여러 가지 그릇 및 상에 차리는 그릇·찬물 등을 싣고 가는 마태의 역을 오로지 저희들에게 책임 지우는 것이 제일의 병폐"라고 하였다. 「호조공인」, 「예조공인」, 「봉상시공인」, 「상의원공인」 조에 등장하는 "의롱마(衣籠馬)" 역시 이러한 운반에 관계된 역에 해당한다고 볼 수 있겠고, 「나례계인」 조의 "강변에서 부려 내리고 창고 안으로 지어 들이는 등의 역"도 마찬가지다.

특정 공인에게 여러 가지 다양한 잡역을 부담시킨 사례도 보인다. 「사포서생강공인」의 경우가 대표적인데, "공인이 요역하는 규례는 공물의 많고 적음을 물론하고 단지 그 공에 관계된 역에만 응하는 것인데, 사포서의 경우에는 다른 관사에 비해 충분히 조잔한 가운데, 과외의 요역이 근래 더욱 심"하다고 하면서, "세 낭청의 사환을 오로지 공인에게 책임 지우고, 심지어 벌신, 습전, 가마꾼, 견부의 역이 없는 날이 없"다고 하소연하였다. 여기서 사환(使喚)은 심부름꾼을, 벌신(伐薪)은 땔나무를 베어 오는 것을, 습전(拾箭)은 과녁에 맞지 않은 화살을 주워 오는 것을, 견부(牽夫)는 말구종을 의미한다.

그중에서 특히 사환의 역은 「예조공인」, 「공조기인」, 「사도시공인」, 「군기시공인」, 「선공감공인」, 「제용감공인」, 「군자감공인」, 「내섬시공인」, 「예빈시공인」, 「장흥고공인」, 「사포서채소공인」, 「사축서공인」, 「팔도경주인」, 「경기경주인」 등 다수의 공인·주인의 사례에서 확인되는 것으로 보아, 공인에게 부담을 안긴 가장 흔한 역이 아니었을까 한다. 또한 가마꾼의 역은 「군기시공인」 조에서도 보이고, 견부의 역은 「사복시공인」 조에서도 확인된다.

여러 가지 잡역을 부담한 사례는 「훈조계인」 조에서도 찾을 수 있다. 훈조계인은 "근래에는 좌경의 역을 여전히 거행하고, 굴천·습충 등의 역 또한 면하지 못하니, 당초의 약조는 곧 쓸모없는 것이 되었"다면서, "이른바 대방 안의 역은 교외로 동가하실 때 및 객사가 왕래할 때에 길을 닦고, 다리·선창을 만들고 고치는 등의 역"이라고 호소하고 있다. 여기서 좌경(座更)은 곧 야경(夜警)을 의미하며, 굴천(掘川)은 하천의 준설을, 습충(拾蟲)은 벌레 잡기를 가리킨다. 또한 한성부 5부(部)의 대방(大坊) 안에서 길을 닦거나 다리·선창을 만들고 고치는 등의 역도 훈조계인에게 부담시키곤 하였음을 알 수 있다.

또한 창고에서 보관의 용도로 쓰는 섬의 거적을 만들어 올리게 하는 경우도 있었다. 「군자감공인」 조의 공석(空石)·초물(草物)의 역, 「광흥창공인」 조의 초둔(草芚)의 역 등이 바로 그러한 사례에 해당한다. 군자감과 광흥창은 양창(兩倉)이라고 하여 서울의 가장 큰 창고에 해당하는데, 각지에서 상송된 전세(田稅)의 보관을 위해서는 빈섬[空石]이 상시적으로 필요했다. 군자감공인의 하소연에 따르면 "공석은 원래 급가하는 법규가 없는데, 갑자기 번거로운 역을 당하여 한 해에 진배하는 것이 거의 수십만 닢에 이르"렀다고 하니, 그 고역이 이루 말하기 어려울 지경이 아니었을까? 그래서 "이러한 초물은 본래 지방 민부의 역인데, 그 폐단을 없애기 위해 공인을 설치한 것"이므로, "호조에서 그 값을 마련하여 주"기를 요청하였다.

중국에서 사신이 올 때 접대하는 지칙(支勅)의 역이 공인에게 맡겨졌음은 「내자시공인」 조를 통해 알 수 있다. "내자시와 내섬시·예빈시에서는 지칙의 역을 전관합니다. 내섬시에서는 통관 이하 두목 등의 공궤를, 예빈시에서는 단지 미수·다담을 담당하는데, 내자시에서는 대탁어상 및 상칙·부칙의 연상을 담당"한다고 하였기 때문이다. 그런데 지칙을 위해서는 「잡물계인」의 사례에서처럼 "육유둔, 중곶감, 옷농, 빗접, 사유둔, 후유지, 버들상자, 실백잣, 실호두, 황밤" 등 다양한 물품을 바치는 경우도 있었지만, 「내자시공인」, 「조지서공인」, 「일이소감고등」 조에서 보이는 괘요(掛瑤)의 역이나 「내자시공인」 조의 황장막(黃帳幕)의 역도 공인을 곤란하게 하였다.

「사포서채소공인」 조를 비롯한 여러 곳에 등장하는 의막(依幕)의 역도 공인을 괴롭힌 과외의 역이었으며, 그 밖에도 일일이 열거하기 어려울 정도로 많은 역이 공인에게 부담되었다. 예컨대 「예조공인」, 「봉상시공인」 조에 보이는 우장지기의 역, 「사도시공인」 조의 축장(築墻)의 역, 「선공감압도계공인」 조의 벌지기[伐直]의 역, 「군자감공인」 조의 군자감 군사(軍士)의 역, 「교서관공인」 조의 능화(菱花) 추조(推造)의 역, 「장원서공인」 조의 작실(作實)의 역, 「조지서공인」 조의 형조 두목(頭目)의 역, 「조지서공인·사축서공인」 조의 무시소[武所] 주장관(主掌官)의 역, 「일이소감고등」 조의 감고(監考)의 역과 쇄마(刷馬)의 역, 「파통장」 조의 걸거(乬鉅)의 역, 「공조기인」 조의 다모(茶母)의 역 등이 눈에 띈다.

제4책

「공폐」 제4책 표지

43

관상감공인 觀象監貢人

◎ 상언 관상감에서 진상 및 반사(頒賜)하는 역서(曆書)를 인출(印出)하는 종이를 해마다 봄 초에 미리 무취(貿取)하여 견본을 재절(裁折)해서 그대로 즉시 역을 시작한 연후에야 군급(窘急)함을 면할 수 있습니다. 그래서 호조·선혜청에서 2월에 급가(給價)합니다. 선혜청에서 재익년(再翌年)이라는 핑계를 대며 퇴삭(退朔)하여 6월에 내어주기 때문에, 전반기의 5~6개월 동안은 빚을 내서 종이를 사서 간신히 인출합니다. 금년이 이와 같았고, 내년 또한 이와 같을 것이니, 전후 10여 년 동안 지는 빚이 많게는 수천여 냥에 이르러, 적채(積債)의 괴로운 바로 인해 장차 환산(渙散)에 이르게 될 것입니다. 대개 관상감의 공(貢)은 다른 공과 다릅니다. 내년의 역서를 금년 1~2월부터 경영(經營)해서, 10월에 흘인(訖印)하고, 동짓날에 진상하는 것이니, 이미 한 해를 앞서 우선 진배하는 것이어서, 재익년에 비할 것이 아닙니다.

1~2월에 빚을 내서 종이를 산 후, 6월에 수가(受價)하고, 이자를 포함하여 되갚으면, 이미 터럭만큼의 이익도 없습니다. 2월부터 6월까지는 불과 4개월 앞뒤이니, 전과 같이 2월에 내어주더라도 관가(官家)에서는 실로 불비지혜(不費之惠)일 것입니다. 전과 같이 2월로 분기를 정해서 내어주고, 게다가 소복(蘇復: 회복)하는 동안에 한해서 비싼 쪽으로 급가해 주시기 바랍니다.

◎ 제사   역서를 인출하는 법은, 재익년의 역서에 소입(所入)되는 종이를 예무(預貿)한 연후에, 재익년의 역서를 익년의 겨울에 마땅히 인출하는 것이다. 명색은 비록 재익년이지만, 실제로는 익년이니, 전과 같이 재익년(조)으로 내어줄 것을 선혜청 및 관상감에 분부하라.

観象監貢人
一本監　進上及頒賜曆書印出紙地每年春初預爲
貿取見樣裁折仍卽始役然後可免窘急故戶曹惠
廳給價於二月矣惠廳諉以再翌年退朔六月上下
故前期五六朔出債貿紙艱辛印出今年如是明年
又如是前後十餘年所負之債多至數千餘兩積債
所困將至渙散盖本監之貢則異於他貢明年曆書
自今年正二月經營訖印於十月　進上於冬至之
日則旣是前一年先進排而非再翌年之比也正二
月出債貿紙後受價於六月並利還償旣無毫利是
白遣六月至於二月不過四朔之先後則依前以二

月上下在官家實爲不費之惠是白去乎依前以二

月定等上下爲遣且限蘇復間從貴給價事

曆書印出之法再翌年曆書所入紙地預貿然後再翌

年曆書當印於翌年之冬名雖再翌年實則翌年依前

以再翌年上下事分付惠廳及該監

44

사재감공인 司宰監貢人

◎ 상언 여러 상사에 진배할 때에 혹시 일이 생기면 일의 크고 작음을
물론하고 반드시 삼소임과 색리를 한데 아울러 출패하는 것이 이미
규례(規例)가 되었기 때문에, 그 폐단을 셀 수 없습니다. 지금부터는
단지 진배하지 않은 주인에게만 이름을 물어 치죄하도록 정식해서,
조금이라도 보존할 수 있게 해 주시기 바랍니다.

◎ 제사 궐 내외의 여러 상사를 물론하고, 공인을 횡침하고자 하면 반
드시 삼소임 및 원역을 출패하는 것이 허다하니, 폐단이 됨을 이루
말할 수 없다. 이후에는 여러 상사에서 출패할 일이 있으면, 진배하
지 않은 해당 공인의 성명을 상세히 물어 출패하고, 삼소임과 원역
은 출패할 수 없도록 정식하여 시행하라. 만약 다시 범하는 이가 있
으면 해당 낭청은 경중에 따라 죄를 논하고 하인배는 법사에 보내어
죄를 다스리라.

『진배식례』 표지와 본문
(미국 UC버클리대학교 동아시아도서관 소장)
사재감 소관 공물 중에서 땔감과 횃불에 소용되는
목재의 진배 방식을 정리해 놓은 책이다.

大朱大肉
本三兩
肋六兩
本文一兩七戔三分
炭四石二斗庫　代文六戔二分　埋文

熟
本四兩四戔
肋三兩六戔五分
本文二兩六戔九分
炭二石　冬三石　代文一兩

茶
本一兩
助三戔五分
本文五戔五卜
炭一石　代文五分

水
本一兩
助三戔五分
本文五戔五卜
炭一石　代文六戔七分

移菜熟
本二兩九戔七分
助二兩六戔七分
本文二兩三戔七分
炭二石　代文六戔七分

又移熟
本一兩四戔
助四兩
本文三兩四戔
炭三石　代文六戔七分

又移屬熟
本一兩
助一兩三戔三分
本文一兩三戔九分
合一兩九戔三分五里
炭一石　代文六戔七分

又加移熟
本二兩
助三兩
本文一兩二戔
合一兩九戔五分五里
炭二石　代文六戔七分

移屬內
本二兩二戔
助四兩三戔
本文五兩二戔
大樺六分　合二二兩八戔三分
炭二石　代文七戔三分

移屬熟
本三兩二戔
助二兩六戔五分
本文六戔四分
大樺五分　合二兩八戔三分
炭三石　代文七戔三分

移屬茶
本八戔二分
助一兩三戔二分
本文三兩二戔七分
大樺一分　炭一石　代文五戔

移屬米
本一兩
助三戔五分
本文五兩五分
炭一石庫　代文四戔二分

◎ 상언 당상·낭청을 제관에 임명할 때, 짐말 1필을 세내는 값은 매일 8돈씩 관에서 지급하지만, 반과(盤果)의 지공(支供)은 본래 거행하지 않습니다. 능행에 수가(隨駕)할 때 지공하는 미두(米斗)는 관에서 지급해 주시기 바랍니다.

◎ 제사 관원을 제관에 임명할 때, 짐말은 관에서 값의 지급을 담당한다. 반과 지공의 경우에는, 공인이 비록 담당하지 않더라도 뒷날의 염려가 없을 수 없으니 다시 더욱 엄칙하라. 능행에 수가할 때에는 여러 각사의 관원이 마땅히 법전에 따라서 스스로 밥을 가져와야 하며, 공인의 지공은 지금부터 혁파하도록 사재감에 분부하라.

◎ 상언 사재감 관원이 이정당상(釐正堂上)의 연품(筵稟)에 의거해 첩보(牒報)한 내용에, 사재감에 공상하는 조기 1,548뭇 중에서 호남의 신구(新舊) 공인과 양서(兩西: 황해·평안)의 원공인(元貢人)에게 도합 1,436뭇을, 해서(海西)의 별복정(別卜定) 공인에게 112뭇을 마련하도록 분배하고, 그들로 하여금 진배하게 했습니다. 각 궁의 조기 534뭇 3개를 호남의 신구 공인으로 하여금 진배하게 하되, 해서의 주인은 알젓 공상의 응역을 겸하기 때문에, 마땅히 걱정하여 근심해 주실 도리가 있으니, 모든 요역은 전과 같이 면제해 주시기 바랍니다.

◎ 제사 사재감의 호남·양서 원공 및 해서 별복정 조기를, 공인들이 예전에는 고르게 진배하여 조금도 다툴 까닭이 없었는데, 근래에 공인 무리가 힘든 것을 피하고 편한 것만 꾀하여 서로 송사를 일으키고 끝내 하나로 합쳐지지 않기 때문에, 연품한 다음에 사재감의 곧고

명석한 관원을 별도로 정하여 공인을 거두어 모아 한결같이 공론에 따라 분배하였다. 이다음에는 그 소보(所報)에 따라 거행하되, 만약 뒷날에 나쁜 전례를 만드는 자가 있으면, 각별히 엄중하게 처벌하도록 사재감과 호조에 분부하라.

司宰監貢人

一進排於諸上司時或生事則勿論大小事必以三所任色吏一倂出牌已成規例故其弊不貲自今爲始只以不進排主人問名治罪事定式以爲一分保存事

毋論　闕內外諸上司如欲橫侵貢人則必出牌三所任及員役許多爲弊不可勝言此後則諸上司如有出牌之事則當該不進排貢人姓名詳問出牌而三所任員役毋得出牌事定式施行而若復有所犯者則當該郎廳從輕重論罪下屬移法司科治

一堂郎差　祭時卜馬一匹貰價每日八戔式自官上下而盤果支供則元不擧行　陵幸隨　駕時支供米斗自官上下事

官員差　祭時卜馬自官給價擔當至於盤果支供則貢人雖不擔當不無後慮更加嚴飭　陵幸隨　駕時則諸各司官員當依法典自持飯貢人支供自今革罷事分付該監

一本監官員依釐正堂上　筵稟牒報內本監供上
石魚一千五百四十八束內湖南新舊貢人兩西元
貢人合一千四百三十六束海西別卜定貢人一百
十二束分排磨鍊使之進排各宮石魚五百三十四
束三介使湖南新舊貢人進排而海西主人兼應卵
醢　供上之役故宜有軫念之道凡徭役依前勿侵
事
本監湖南兩西元貢及海西別卜定石魚貢人等曾前
則平均進排少無爭端近來貢人輩爲避苦趨歇之計
互相起訟終不歸一故　筵稟後別定本監剛明官員
聚集貢人一從公論分排矣此後則依其所報擧行而
若有日後作俑者則各別重勘事分付本監戶曹

간수공인 艮水貢人

◎ **상언** 사재감에 속한 해주·강령·옹진·연안 등 네 고을에서 공상 (供上)하는 간수(艮水)는, 당초에 각기 고을에서 정한 감색(監色)이 경 저(京邸)에서 머물러 기다리며 봉진(封進)했습니다. 그러므로 그 병폐 가 적지 않는데, 중간에 변통해서 경공인(京貢人)을 정출(定出)한 후 에는, 각기 고을에서 간수 및 역가를 올려 보낸 것으로써 공상한 것 이 이미 백여 년의 오랜 시간이 지났습니다. 한번 어염세를 균역청에 모두 귀속한 후로부터는 각 고을에서 간수 및 역가를 올려 보내지 않 았습니다. 그래서 공상하는 간수를 저희들이 근거도 없고 대가도 없 이 봉진했습니다. 그러므로 작년에 사재감의 제조가 공인들을 진념 (軫念)해서 대가 없이 진배하는 상황을 호조에 이문(移文)했더니, 호 조에서 간수의 값을 별무례에 의거해서 23말 값의 동전 11냥 5돈을 마련했습니다. 그런데 그중에 5분의 1을 유재로써 계감한 후에, 9냥

2돈을 내어줬습니다. 이른바 유재는 다른 수가(受價)하는 경우와 다름이 있습니다. 이미 해가 오래도록 내려온 묵은 유재이므로, 혹은 죽은 경우도 있고 혹은 주인을 바꾼 경우도 있으니, 묵은 유재를 지금에 이르러 곧바로 새 주인에게 옮겨서 줄이는 것도 역시 원민(寃憫)에 이릅니다. 게다가 공상하는 간수 값의 태반이 부족한 가운데 또한 역가도 없으니, 피잔한 공인이 어찌 그 허다한 진배를 지탱하여 감당하겠습니까? 간수를 전과 같이 복정(卜定)하여 각기 고을에서 올려 보내 봉진할 것을 재빨리 변통해 주시기 바랍니다.

◎ 제사 해주 등 네 고을에서 직납(直納)하는 간수는 병폐가 몹시 컸다. 그러므로 네 고을에서 변통하여 경공인을 정하고, 그 고을에서 간수 및 역가를 올려 보내어, 공인으로 하여금 공상하게 한 것이 해가 오래되었다. 균역(均役)한 후에는 간수 23말 및 역가를 이미 올려 보내지 않는데, 호조에서 간수 23말을 별무가를 11냥 5돈으로 정했다. 그런데 공가(貢價)를 내어줄 때에 그 묵은 유재로써 5분의 1을 계감했기 때문에, 받는 바가 9냥 2돈에 불과하니, 이로써 어찌 무득(貿得)해서 진배할 것이며, 하물며 지금은 역가도 없단 말인가? 11냥의 돈으로 별무가를 정해서 간수 23말을 무납하는 것은 가본(價本)이 매우 싸서 크게 칭원함이 있다. 다시 액수를 늘려 마련해서 내어준 연후에야, 비록 역가가 없을지라도 지탱하여 보존할 수 있을 것이다. 각별히 변통해서 첨가(添價)할 것을 호조에 분부하라.

艮水貢人

一本監屬海州康翎甕津延安等四邑　供上艮水
當初自各其邑定監色留待京邸　封進故其弊不
貲中間變通定出京貢人後自各其邑艮水及役價
上送以爲　供上者已過百餘年之久矣一自魚鹽
稅全屬均廳之後各邑艮水及役價不爲上送而
供上艮水則矣等白地無價　封進故上年本監提
調軫念貢人等無價進排之狀移文戶曹則自戶曹
艮水價依別貿例二十三斗價錢十一兩五戔磨鍊
而其中五分一以遺在計減後九兩二戔上下所謂
遺在與他受價者有異旣是年久流來之舊遺在而或
有身歿者或有易主者則直以舊遺在到今移減於
新主人亦涉冤憫是白遣且　供上艮水價太半不
足之中且無役價疲殘貢人何以支當其許多進排
乎艮水依前卜定自各其邑上送　封進事斯速變
通事

海州等四邑直納艮水爲弊甚巨故四邑變通定京貢
人自其邑艮水及役價上送使貢人　供上者年久矣
均役後艮水二十三斗及役價旣不上送自戶曹定以
艮水二十三斗別貿價十一兩五戔而貢價上下時以
其舊遺在計減五分一故所受不過九兩二戔以此何
以貿得進排而況今則無役價乎以十一兩錢定爲別

貿價貿納艮水二十三斗價本太廉大有稱寃更爲加

數磨鍊上下然後雖無役價可以支保各別變通添價

事分付戶曹

상의원공인 尚衣院貢人

◎ **상언** 상의원의 공물인 설면자는 원공이 500근인데, 지지난 기사년 (1689)에 선혜청에서 노적(露積)한 것이 썩거나 상할까 우려하여 각 사의 공인에게 재익년 조로 미리 지급한 다음, 각 공물은 모두 퇴삭 (退朔)하여 그 예하를 줄였습니다. 상의원의 경우에 퇴삭하지 않은 것은, 원공이 본래 부족하여 여러 해 더 납부한 것이 900여 근이어 서, 그렇게 더 납부한 것이 충분히 재익년의 수를 충당할 수 있었기 때문입니다. 경오년(1690)을 시작으로 60여 년 전부터 옛 공인이 받 아 온 것을, 갑자기 지금의 새로운 공인에게 옮겨 덜어서 지난해와 올해의 양년 조로 수가(受價)할 때 연이어 퇴삭하여 지급하였습니다. 어찌 거기에 당초에 진념하여 퇴삭하지 않으셨던 본뜻이 있겠습니 까? 지금부터는 전과 같이 지급하여 퇴삭하지 말도록 하고, 대가 없 이 더 납부하는 것을 면하도록 해 주시기 바랍니다.

◎ 제사 이미 유재가 있는데, 신구의 공인을 논할 필요 없이 60년 전 미리 받은 값을 퇴삭하여 당년에 옮겨 줄여 받는다면, 공인 무리가 감당하기 어렵다는 걱정이 없을 수 없다. 그들이 소위 설면자를 더 납부하고 수가하지 못한 것은, 만약 예전에 재익년의 수를 상대하여 계감하였다면, 공인에게 더 납부하고 퇴삭하는 폐단이 없었을 것이니, 자연히 익년 조로 돌아가는 것이 마땅할 것이다. 원공 외에 더 진배하는 것은 비록 이것이 호조의 별무라 하더라도, 호조·선혜청은 모두 국가의 부세(賦稅)를 관장하는 곳인데, 원공·별무를 하필 공폐를 이정(釐正)하는 날에 비교하여 논하고서, 변통은 하지 않겠는가? 위의 설면자를 더 납부한 900여 근은 재익년의 예하하는 수에 옮겨서 계산하여 줄이라. 이후에는 선혜청에서 반드시 익년 조로 지급하여, 재익년의 잘못된 관례를 적용하지 말도록 하는 것이 실로 사의(事宜)에 부합하니, 이로써 선혜청·호조에 분부하라.

◎ 상언 상의원의 시초(柴草)를 봄가을로 감예(監刈)할 때, 공인의 사내종을 가고지기[假庫直]에 임명하여 낭청을 모시고 양근(楊根) 땅에 가서 그 땔나무를 받아서 배에 실어 오며, 경강(京江)에 와서 정박한 다음에 또 성안으로 실어 들입니다. 그런데 실어 들일 때 번번이 생경하기 때문에, 그 고지기의 품삯으로 봄가을 두 기간의 12냥을 공인이 근거 없이 담당합니다. 이는 각공(各貢)에 없는 역이니, 각별히 변통해 주시기 바랍니다.

◎ 제사 상의원의 감예관이 밖으로 나갈 때, 사령을 가고지기에 임명

하는 것이 오히려 옳다. 공인의 사내종으로 바꾸어 정하는 것은 매우 부당하며, 봄가을 두 기간의 고지기 품삯인 동전 12냥을 또 공인에게 책출하는 것은 더욱 심하게 부당하다. 이다음에는 상의원에서 사령을 고지기로 삼고, 사령이 부족하면 관에서 고립하도록 정식하여 시행하라. 공인의 고지기 한 가지를 혁파하되, 만약 다시 예전의 버릇을 답습하면 해당 관원은 경중에 따라 죄를 논하라.

◎ 상언

- 각 능의 제관을 임명할 때, 하루 지공(支供)하는 쌀 2말 1되를 경인년(1710)을 시작으로 관에서 공인에게 지급하면 음식을 만들어 지공했는데, 번번이 부족한 폐단이 있습니다. 의롱마 또한 공인이 담당합니다.
- 능행하실 때 수가관(隨駕官)에게 하루 지공하는 쌀 5말을 관에서 지급하면 공인이 음식을 만들어 지공하는데, 간혹 부족한 폐단이 있습니다. 관에서 지급하는 5말의 쌀은 경오년(1750)의 정례입니다.

◎ 제사 능에 제관을 임명할 때 하루 경숙(經宿)에 지공하는 쌀 2말 1되는 이틀 이상이면 조금씩 더 내어주니, 관원은 이로써 스스로 밥과 반찬을 갖추고 공인이 담당하게 하지 말라. 의롱마를 각사의 공인이 통행하는 규정은 전과 같이 거행하게 하라. 능행에 수가(隨駕)할 때, 하루 지공하는 쌀 5말을 지급하여 공인으로 하여금 책응(責應)하게 하는 것은 상의원에서 이미 변통하여 절목을 정하였으니, 이에 따라 준행하고 절대 휘어서 고치지 말라. 만약 다시 예전의 버릇을

답습하면 해당 관원은 경중에 따라 죄를 논하라.

◎ 상언
- 이조·공조에서 6월 및 12월에 포폄할 때의 참알채전(參謁債錢)을 번번이 3냥씩 공인에게 징출(徵出)합니다.
- 이조에서 상의원 낭청의 사일단자(仕日單子)로 연말에 내력채전(來歷債錢) 3냥, 식년채전(式年債錢) 3냥을 공인에게 징출합니다.
- 의정부에서 방물(方物)을 싸서 봉할 때 낭청의 참알채전 3냥을 공인에게 징출합니다.

◎ 제사 이상 세 조목의 채전을 공인에게 책출하는 것은 어림없이 사리에 맞지 않다. 상의원에 이미 관작지(官作紙)가 있으니, 이다음에는 관에서 지출하고 공인을 건드리지 못하도록 상의원에 분부하고, 정식하여 시행하라.

◎ 상언 해마다 공인들이 공물을 수가(受價)할 때, 봄가을로 8섬씩의 쌀을 신당(神堂)의 고사채(告祀債)로 들여보내고, 상의원에서 염색할 때의 고사채 또한 저희에게 책출하니, 역시 변통해 주시기 바랍니다.

◎ 제사 이것은 공물의 수렴(受斂)이니 일이 매우 놀랍다. 지금부터 고사채를 모두 혁파하고, 만약 다시 예전의 버릇을 답습하면 해당 수리(首吏)는 법사에 보내어 죄를 다스리라.

◎ 상언 상의원의 여러 가지 장인(匠人)은 그 수가 매우 많은데, 일단

장부(匠簿)에 들어가면 곧 그의 신역(身役)이 되어, 동내(洞內)의 연호잡역(煙戶雜役)은 한결같이 아울러 면제됩니다. 국역이 있을 때에는, 공인들이 급료를 거두어들이기 때문에, 예전의 도목꾼·방꾼[榜軍]은 장인들이 담당하여 책립하는 것이 예로부터 흘러 온 규례인데, 무진년(1748)에 이르러 공인으로 하여금 담당하게 하였으니, 실로 보존하기 어렵습니다. 지금부터 도목꾼·방꾼은 전과 같이 장인으로 하여금 거행하게 하시기 바랍니다.

◎ 제사 상의원의 장인에게 연호잡역을 면제하는 것은 곧 사목(事目)이니, 한성부에서 함부로 건드리는 것은 부당하다. 한성부에 분부하여 각별히 금단하라. 도목꾼·방꾼의 경우에는, 장인으로 하여금 거행하게 하는 것이 흘러 온 관례이니, 무진년부터 공인으로 바꾸어 행한 것은 일의 근거가 없다. 지금부터 제조는 공인이 거행하고, 낭청은 각기 맡아보는 장인이 전과 같이 담당하도록 상의원에 분부하고, 정식하여 시행하라.

　　尙衣院貢人

一本院貢物雪綿子元貢五百斤而二去己巳年惠
廳爲慮露積之腐傷各司貢人處再翌年條預下後
各貢則一倂退朔以減其預下而至於本院不爲退
朔者元貢本來不足積年加納者爲九百餘斤其所
加納足當再翌年之數故也自庚午爲始六十餘年
前舊貢人所受猝然移減於卽今新貢人上今兩年

條受價時連爲退朔上下烏在其當初豈念不爲退

朔之本意哉自今依前上下勿爲退朔俾免無價加

納事

旣有遺在則不必論新舊貢人而六十年前預受之價

退朔移減於當年所受則貢人輩不無難堪之慮渠等

所謂雪綿子加納未受價者若以曾前再翌年之數相

對計減則在貢人無加納退朔之弊而自當歸於翌年

條元貢外加進排雖是戶曹別貿而戶曹惠廳同是

國家掌賦之地則元貢別貿何必較論於貢弊釐正之

日而不爲變通乎上項雪綿子加納九百餘斤移施計

減於再翌年預下之數而此後則自惠廳必以翌年條

上下而勿用再翌年之謬例實合事宜以此分付惠廳

戶曹

　　一本院柴草春秋監刈時以貢人奴子差定假庫直

　　陪往郎廳於楊根地同柴木捧上載船爲白乎於來

　　泊京江之後又爲輸入於城中而輸入之際每每生

　　梗故同庫直雇價春秋兩等十二兩貢人白地擔當

　　此是各貢所無之役各別變通事

本院監刈官出去時以使令差定假庫直猶之可也以

貢人奴子替定已極不當而春秋兩等庫直雇價錢十

二兩又爲責出於貢人者尤極不當此後則本院以使

令爲庫直使令不足則自官雇立事定式施行貢人庫

直一款革罷而如或復踵前習則當該官員從輕重論
罪

一各　陵差祭時一日支供米二斗一升庚寅年創
始自官上下於貢人熟設支供而每有不足之弊衣
籠馬亦自貢人擔當事

一　陵幸時隨　駕官一日支供米五斗自官上下
貢人熟設支供或有不足之弊而官下五斗米庚午
年定例事

陵寢差祭時一日經宿支供米二斗一升二日以上次
次加下則官員以此自備饌飯勿令貢人擔當而衣籠馬
各司貢人通行之規使之依前擧行　陵幸隨駕時一
日支供米五斗上下使庫直責應事自本院旣已變通
成節目依此遵行切勿撓改如或復踵前習則當該官
員從輕重論罪

一吏曹工曹六月及十二月褒貶參謁債錢每次三
兩式徵出於貢人事

一吏曹本院郎廳仕日單子年終來歷債錢三兩式
年債錢三兩徵出於貢人事

一議政府方物封裹時郎廳參謁債錢三兩徵出於
貢人事

以上三條債錢責出於貢人千萬不當本院旣有官作
紙此後則自官上下勿侵貢人事分付該院定式施行

一每年貢人等貢物受價時春秋八石米式以神堂
告祀債次入送本院入染時告祀債又爲責出矣身
亦爲變通事

此是貢物受斂事甚可駭自今告祀債竝革罷若復踵
前習則當該首吏移法司科治

一本院各色匠人其數夥然而一入匠簿則便爲渠
之身役洞內煙戶雜役一併勿侵有　國役時則貢
人等收斂給料故在前都目軍榜軍則匠人等擔當
責立自古流來之規而逮至戊辰年使貢人擔當實
難保存自今都目軍榜軍則依前使匠人擧行事

本院匠人勿侵煙役乃是事目則當部之橫侵不當分
付京兆各別禁斷而至於都目軍榜軍使匠人擧行乃
是流來之例而戊辰爲始以貢人替行事無所據此後
提調則以貢人擧行郎廳則以各其所掌匠人依前擔
當事分付該院定式施行

47

상의원칠공인 尙衣院漆貢人

◎ 상언 저희들이 진배하는 원공은 전칠(全漆)이 4말, 매칠(每漆)이 1말입니다. 수량이 몹시 영성(零星)하며 옛 주인 때에 부담한 유재가 거의 40말에 이를 정도로 많습니다. 이는 모두 귀록(鬼錄)인데, 전후(前後)하여 각 관아 공물의 옛 유재를 다섯 차례 탕감(蕩減)할 때에 모두 일시(一視: 一視同仁)의 은택을 입지 못해서 극히 원통합니다. 뿐만 아니라 근년에 상의원에서 정례할 때에 묵은 유재를 대신 담당하였습니다. 공조에서 연례(年例)적으로 진배하는 내궁방(內弓房)의 궁전칠(弓箭漆) 4말 8되를 해마다 진배하게 한바, 재작년에 이 원통한 상황을 상언해서 상의원에 계하(啓下)했는데, 아직까지 복계(覆啓)하는 은혜를 입지 못했습니다. 다른 공인에게 다섯 차례 탕감한 예에 의거해서 한결같이 저희 공(貢)의 유재를 전부 탕감해 주시기 바랍니다.

◎ 제사 당초에 칠공인이 진배할 때 상의원 장수(匠手) 무리의 작폐

(作弊)가 망유기극해서 칠공인이 실로 지탱하여 감당하기가 어려웠다. 장수에게 백급(白給)하는 공물은 수가(受價)하여 진배하게 하되 유재 역시 담당하게 하라. 무릇 상의원에서 정례할 때에 미쳐서 조사하니, 유재가 40말에 이르렀다. 그러므로 계감하기 전에는 호조로 하여금 진배하게 하지 말고, 유재를 모두 사용하게 하니, 장수들이 이로써 절박하고 답답해했다. 비록 탕감을 정식하고자 청하는 것을 속이(屬耳: 귀 기울여 들음)했지만 허시(許施)에는 어려움이 있었다. 하지만 전후하여 조정에서 탕감할 때에 한결같이 은혜를 입지 못했으니, 마땅히 향우지탄이 있었을 것이다. 원래 수량 중에서 4분의 1을 특별히 탕감하고, 그 나머지는 해마다 상의원에서 칠을 사용할 때에 7분의 1을 취용(取用)하며, 부족한 수량은 공조에서 전과 같이 진배할 것을 호조 및 상의원에 분부하라.

尙衣院漆貢人

一矣等進排元貢全漆四斗每漆一斗也數甚零星
而舊主人時所負遺在至於近四十斗之多此皆鬼
錄是白去乙前後各司貢物舊遺在五次蕩減之時
皆未蒙一視之澤極爲冤痛兺不喻頃年本院定例
時以舊遺在替當工曹年例進排內弓房弓箭漆四
斗八升使之逐年進排是白乎所上上年以此冤狀
上言　啓下尙方而迄未蒙覆　啓之恩一依他貢
人五次蕩減之例矣貢遺在一體蕩減事

當初漆貢人進排時本院匠手輩作弊罔有紀極漆貢
人實難支當白給貢物於匠手使之受價進排而遺在
亦令擔當矣及夫本院定例時查出則遺在至爲四十
斗故未計減之前勿令戶曹進排而使之全用遺在則
匠手等以此切悶雖請蕩減定式屬耳有難許施而前
後　朝家蕩減時一未蒙惠則宜有向隅之歎元數中
四分一特爲蕩減其餘則每年本院用漆時七分一取
用而不足之數自工曹依前進排事分付戶曹及尙方

48

상의원모의장 尙衣院毛衣匠

◎ 상언 저희들의 진배는 상의원의 연례(年例) 진상으로서 의대(衣襨)로 쓸 향돈피(鄕獤皮: 국내산 담비 가죽)가 244장[슈]인데,[12] 양서의 원공으로 수가(受價)하여 이익을 얻습니다. 기유년(1729)부터 청나라에서 나오는 호돈피(胡獤皮: 중국산 담비 가죽) 400장을 내려 주어 상의원에서 쓰고 있었는데, 동궁[東朝: 세자]의 관의[串衣]에 들어가는 것은 향돈피로 바꾸어 넣으라는 전교에 의거하여, 상의원에서 그 품질이 좋은 것을 골라 의대와 관의로 쓰는 데에 봉진(封進)하고, 그 나머지 품질이 낮은 것은 반사하는 이엄(耳掩)에 들어가는 것으로 씁니다. 그러므로 원공의 수가는 저절로 혁파되어, 단지 바꾸어 넣는 것과 부족한 수 몇 장 정도만 받습니다. 경오년(1750)에 호조에서 정례를 만들 때,

---

12 털이 없는 가죽을 세는 단위는 장(張)이고, 털이 있는 가죽을 세는 단위는 영(슈)이다.

매년 진배하는 것 중에 64장은 원공으로 복구하고, 그 나머지는 반사로 돌아갔습니다. 상의원에서는, 상의원의 정례에 따라 봉진하는 수를 책납하였기 때문에, 지난해에 더 진배한 44장의 값을 지급해 주시도록, 상의원에서 호조에 보고하였습니다. 그런데 호조에서는 반사하는 향돈피 값을 지급하는 것에 대해 원통하고 억울하다고 여기니, 어떻게 하겠습니까? 상의원에서 봉진해야 할 때마다 예단(禮單) 400장 가운데 골라서 봉진하니, 또 그 남은 것을 익년의 진상으로 남겨 쓰기가 어렵습니다. 반사하기 위해서 가져다 쓰는 것은 20년 동안 그대로 좇아서 행해 온 일입니다. 또 지난해에 더 진배한 44장은 명령을 내리기 전에 이미 있던 것이므로 마땅히 이미 진배한 값을 주어야 하는데, 명령의 전과 후를 따지지 않고 혼동하여 반사로 돌아가게 하니, 어찌 원통하지 않겠습니까? 이렇게 더 진배한 값은 조속히 지급하고, 올해를 시작으로 각전(各殿)에 봉진하는 호돈피와 향돈피를 하나하나 구별하여 품정(稟定)하도록 상의원에 분부해 주시기 바랍니다.

◎ 제사 상의원의 정례를 취고(取考)해 보니, 각전·각 궁의 의대, 관의 및 반사하는 이엄 용도로 동지사(冬至使)가 가져오는 당돈피(唐獤皮) 400장을 분배하되, 부족한 수는 호조에서 사서 진배하도록 재록(載錄)되어 있다. 동궁에 올리는 관의 용도의 40장은 상의원에서 의대를 내입(內入)하는 단자(單子) 중에 향돈피로 봉진하고, 중궁전에 올리는 관의 용도의 40장도 역시 향돈피로 봉진하며, 대전 의대 용도의 28장은 당돈피와 향돈피를 섞어서 쓰므로, 당돈피는 그 남아 있는

것으로써 반사하는 이엄에 쓴다. 더할 수 없이 소중한 의대는 향돈피로 봉진하고, 반사하는 이엄은 도리어 당돈피를 가져다 쓰니, 사체가 매우 심하게 미안하고, 또한 정례의 뜻도 아니다. 이다음에는 각전의 의대와 관의를 모두 당돈피로 봉진하고, 반사하는 이엄의 돈피는 호조에서 관례에 따라 값을 주고 사서 쓰게 할 것을 정식하여 시행하라.

◎ 전교 다음과 같이 전교하셨다: 지금 책자(冊子) 중의 돈피에 관한 것은 공인이 써 올린 것과 말단(末端)의 결어(結語)가 서로 어긋난다. 공인은 원래의 관례를 회복하려 하고, 호조는 모두 당돈피로 하자고 하니, 이는 정리하고 바로잡는 뜻이 아니다. 대체로 보아서 당돈피 400장을 가져온 다음 공인의 몫이 전에 비해 크게 줄었으니, 이로써 억울하고 원통함을 호소하는 것은 진실로 이상한 일이 아니다. 호조는 의대 용도로 오로지 당돈피만을 쓰려 하는데, 이렇게 공인이 단지 반사 용도의 돈피 값만 받게 된다면, 공인을 위하는 뜻이 아니다. 그중에서 동궁에 올리는 것을 향돈피로 진배하라는 것은 특별한 전교이니, 호조판서가 바로 다시 정하고, 당상 중에서 또 예전의 상의원 제조가 있어 역시 소상하지 않다면 종중추고(從重追考)하라. 이는 또한 명분을 바로잡는 것이니, 무릇 각전의 의대 용도로 진배하는 것은 모두 향돈피를 사용하고, 동지사가 가져온 당돈피 400장은 원래의 가격에 따라 지급하고, 호조에서 이를 책자에 기록하라.

尙衣院毛衣匠

一矣等進排尙方年例　進上衣襨鄕敦皮二百四十
四令以兩西元貢受價蒙利矣自己酉年彼國出來
胡獤皮四百令下尙方用之而　東朝串衣所入以
鄕獤皮換入事　傳敎據自本院擇其品好者封於
衣襨與串衣所用其餘品劣者用於頒賜耳掩所入
故元貢受價自歸革罷只受換入與不足數若干令
矣庚午年戶曹定例時每年進排中六十四令以元
貢復舊其餘歸之於頒賜而本院則從其院例封進
數責納故上年加進排四十四令價上下事自本院
報戶曹則戶曹以頒賜鄕獤皮價上下事之寃抑爲
如何哉本院每當封進時禮單四百令中擇而封之
且其所餘亦難留用於翌年　進上取用於頒賜件
乃是二十年遵行之事也且上年加進排四十四令
旣在令前則當給已進排之價而毋論令前令後混
同歸之於頒賜者豈不寃痛乎同加進排價趁速上
下今年爲始各　殿封進胡獤皮鄕獤皮一一區別
稟定分付本院事

取考尙方定例則各　殿各宮衣襨串衣及頒　賜耳
掩次以多至使賫來唐獤皮四百令分排而不足數自
戶曹貿進事載錄而
東朝所進串衣次四十令則尙方　衣襨內入單子中以

鄉獤皮封進

中宮殿所進串衣次四十令亦以鄉獤皮封進

大殿衣襨次二十八令以唐鄉獤皮參用故唐獤皮自爾
　有餘移用頒　賜耳掩之需矣莫重　衣襨則以鄉獤
　皮封進頒　賜耳掩則反以唐獤皮取用事體極甚未
　安而亦非定例之意此後則各　殿衣襨串衣竝以唐
　獤皮封進頒　賜耳掩獤皮自戶曹依例給價貿用事
　定式施行

傳曰今者册子中於獤皮事貢人書呈末端結語相左貢
　人則欲復本例而度支則竝稱唐獤此非釐正之意大
　抵唐獤皮四百令來至後於貢人大縮於前以此稱寃
　固非異事而度支則衣襨次欲專用唐獤皮若此貢人
　只受頒賜件獤皮價則非爲貢人之意其中

東朝所進以鄉獤皮進排者乃是特教則戶判之直爲更
　定堂上中亦有前尚方提調而亦不消詳竝從重推考
　此亦正名凡各殿衣襨次進排者皆用鄉獤皮而冬至
　使行來唐獤皮四百令從本直下戶曹以此載於册子

49

교서관공인 校書館貢人

◎ 상언 당상·낭청이 만일 능화(菱花: 菱花紙)를 추조(推造)하도록 책장 (冊匠)에게 분부하면 책장이 추조하는, 자연스러운 전례(前例)가 있습 니다. 그런데도 근래에 공인이 대신 담당하게 하는 과외의 역은 지 극히 원통한 일입니다.

◎ 제사 당상·낭청의 소용으로 능화를 추조하는 것은 본래 책장의 역 이다. 그런데 요 몇 해 이래로 공인이 대신 담당하게 하였으니, 과연 억울하고 원통함을 호소할 만하다. 지금부터는 전과 같이 책장으로 하여금 하게 하고, 만일 다시 범하는 자가 있으면 해당 낭청은 경중 에 따라 죄를 논하고 책장은 법사에 보내어 죄를 다스리라.

◎ 상언 진상하는 책의 도침(搗砧) 외에 교서관에서 발매하는 책은 곧 사사로운 역인데, 지난해를 시작으로 공인에게 도침하게 하니 매우

원통합니다.

◎ 제사 진상하는 책의 도침 외에 교서관에서 발매하는 책의 도련은 곧 사사로운 역이니, 공인으로 하여금 대신 담당하게 하는 것은 전에 없는 역으로서 어림없이 사리에 맞지 않으니 각별히 금단하라. 만약 다시 예전의 버릇을 답습하면 해당 관원은 경중에 따라 죄를 논하고 하인배는 법사에 보내어 죄를 다스리라.

◎ 상언 교서관 관원으로 향관(香官)을 모시게 하는데, 능행을 모시고 따라갈 때 관원의 식사는 관에서 값을 주는 것이 아무리 전례라고 하더라도, 공인이 칭원하는 폐단이 없지 않습니다. 공궤를 지금부터 이후로는 혁파해 주시기 바랍니다.

◎ 제사 능행을 모시고 따라갈 때, 대신 이하는 스스로 밥을 가져가는 것이 곧 절목인데 교서관 관원의 공궤를 공인으로 하여금 담당하게 하여 조금(朝禁)을 스스로 어긴다니 매우 놀랍다. 바로 혁파한 다음에, 만약 다시 어기는 자가 있으면 해당 관원은 경중에 따라 죄를 논하라.

◎ 상언 낭청이 교서관에 출근하여 일할 때의 관디판지기를 지난해부터 역인으로 새로 내게 한 것은 특별히 변통해 주시기 바랍니다.

◎ 제사 낭청이 출근하여 일할 때의 관디판지기를 지난해부터 새로 내게 하였다니, 일이 매우 부당하다. 바로 혁파하고, 이다음에 만약 다시 예전의 버릇을 답습하면 해당 관원은 경중에 따라 죄를 논하라.

校書館貢人

一堂郎如有菱花推造事册匠處分付則册匠推造
自有前例而近來以貢人替當科外之役極爲寃痛
事

堂郎所用菱花推造本是册匠之役而近年以來貢人
替當宜有稱寃自今依前使册匠爲之而如或有復犯
者則當該郎廳從輕重論罪册匠移法司科治

一　進上册搗砧外本館發賣册則乃是私役而上
年爲始以貢人搗砧極爲寃痛事

進上册搗砧外本館發賣册搗砧乃是私役則使貢人
替當無前之役千萬不當各別禁斷而若復踵前習則
當該官員從輕重論罪下屬移法司科治

一本館官員以陪　香官　陵幸陪從時官員進止
自官給價雖是前例而不無貢人稱寃之弊供饋自
今以後革罷事

陵幸陪從時大臣以下自持飯乃是節目則本館官員
供饋使貢人擔當自犯　朝禁極爲可駭卽爲革罷而
後若有復犯者則當該官員從輕重論罪

一郎廳本館坐起時冠帶板直自上年以役人創出
特爲變通事

郎廳坐起時冠帶板直自上年創出則事極不當卽爲
革罷此後若復踵前習則當該官員從輕重論罪

50

교서관시정기지공인 校書館時政記紙貢人

◎ 상언 저희들은 춘추관에 바치는 시정기지를 달마다 4권 10장씩 진배
합니다. 3권은 매권 5냥의 동전으로 무역하여 진배하는데, 1권 10장
은 매권 6냥의 동전으로 자비(自備: 스스로 갖춤)하여 진배합니다. 수가
(受價)는 1권당 가미(價米) 1섬 1말이고, 지금의 시가(市價)로 말하자면
1섬 1말의 쌀값은 많아야 3냥의 동전에 불과하니, 이 3냥의 값을 받
아서 6냥의 동전을 이리저리 변통하여 바치니, 한 달에 4권 10장이
면 낙본이 12냥 6돈에 이릅니다. 해마다 잃는 바를 통틀어 계산해 보
면, 150여 냥 전후가 되니, 공인이 지탱하여 감당함을 견뎌 낼 수 없
습니다. 좋은 쪽으로 변통해 주시기 바랍니다.

◎ 제사 시정기지는 소정의 지품(紙品)으로써 진배하는 것이니, 공인이
어찌 억울하고 원통하다고 호소하는가? 하지만 그 길이와 너비, 두
껍고 얇음이 준절(準折)에 비해 너무 지나치기 때문에, 공인의 낙본이

이처럼 많아지기에 이르렀다. 사정이 몹시 불쌍하니, 각별히 엄칙하라. 춘추관으로 하여금 원래의 겨냥[見樣]에 의거하여 받아 쓰게 하고, 이다음에 혹시 지나치게 받는 폐단이 있거나 또는 혹시라도 돈을 받는 일이 있으면, 해당 관원은 경중에 따라 죄를 논하고 하인배는 법사에 보내어 죄를 다스리라.

校書館時政記紙貢人

一矣等春秋館所納時政記紙每朔四卷十張式進

排而三卷則每卷以五兩錢貿易進排而一卷十張

段每卷以六兩錢自備進排是白遣受價則每卷價

米一石一斗以卽今市價言之一石一斗米直多不

過三兩錢則受此三兩之價而辦納六兩之錢一朔

四卷十張落本至於十二兩六錢逐年所失通以計

之則爲一百五十餘兩前後貢人不勝支堪從長變

通事

時政記紙以所定紙品進排則貢人豈爲稱寃而其長

廣厚薄太過於準折故貢人落本至於此多事甚可矜

各別嚴飭春秋館使之依本見樣捧用而此後或有濫

捧之弊又或有捧錢之事則當該官員從輕重論罪下

屬移法司科治

51

의영고공인 義盈庫貢人

◎ 상언 의영고의 공물 가운데 황밀·들기름 두 가지는 원공이 부족했습니다. 그래서 을사년(1725)에 조정에서 황밀 500근, 들기름 20섬을 가정(加定)하여 대동청(大同廳)에 보냈으니, 대동(大同) 본래의 값으로 지급하는 것이 당연한 전례(前例)인데, 선혜청에서는 호조의 별무례로 지급합니다. 비록 다른 공물로 논하더라도, 봉상시·내섬시·전생서 등의 각사에서도 을사년(1725) 이전·이후로 가정한 것이 많이 있었지만, 모두 대동례로 지급합니다. 그런데 유독 의영고의 기름·꿀만 별무례로 마련하는 것은, 어찌 반박(斑駁)이 심한 것이 아니겠습니까? 특별히 다른 예에 의거해서, 대동례로 지급해 주시기 바랍니다.

◎ 제사 가정한 공가(貢價)를 대동례로 마련하지 않고 호조의 별무가로 마련하니, 공인이 어찌 원통하지 않겠는가? 가정으로 선혜청에서

받는 것의 푼수[分數]가 호조의 별무만 못하다면, 명색은 비록 가정한 원공이라도 실제로는 별무만 못한 것이니 응판(應辦)에 섞여 들어간 것이 역시 어찌 원통하지 않겠는가? 을사년(1725)에 가정했을 때, 다른 공물은 모두 원공례(元貢例)로 마련했는데, 이 공물만 유독 빠뜨렸으니, 공인이 억울하고 원통하다고 호소하는 것은 당연하다. 각별히 헤아려서 잘 생각하여 형편에 따라 잘 처리할 것을 선혜청에 분부하라.

◎ 상언 각 능에서 기름되의 크고 작음이 한결같지 않기 때문에, 석물(石物)에 회(灰)를 바를 때 소용되는 들기름이 부족한 경우가 많습니다. 호조에서 바르게 고쳐서 '호(戶)' 자를 표하여 각 능에 보내고 호조에 돌려주어, 부족함을 면하게 해 주시기 바랍니다.

◎ 제사 능의 석물에 회를 바를 때 소입되는 들기름을 반드시 큰되로 받는 것은 각 능에서 모두 그러한데, 공인이 이로 인해 지나치게 손해를 보아, 실로 지탱하여 보존하기 어렵다. 이다음에는 호조에서 놋쇠되 5~6개를 만들어 두고 바르게 고쳐서 표를 붙이고, 공인이 진배할 때 호조에서 와서 고하고 이 되를 가져가서, 이로써 되질하여 준 다음에 호조에 도로 바치도록 정식하여 시행하라.

◎ 상언 의영고의 질지미[作紙米]는 38섬 남짓이며, 공인이 달마다 관에 바치면 세 낭관(郎官)의 청지기[廳直]에게 매달 요미(料米)를 각각 8말씩 지급하였는데, 계묘년(1723)에 모두 줄였다가 기유년(1729)에 복구

하였습니다.

◎ 제사 선혜청의 계묘년 별단(別單)을 비교하여 살펴보니, 낭청의 청지기채[廳直債]는 본래 없었다. 낭청에게 이미 구가(丘價)가 없는데, 청지기에게 어찌 삭하(朔下)가 있겠는가? 지금부터 혁파하도록 정식하여 시행하라.

◎ 상언 당하의 문신과 당상의 무신에 대한 삭시사의 시기(試記)를 수정하느라 간혹 범야(犯夜)하는 때를 맞게 되면, 병조에서 봉감하는데, 용지(龍脂)·등유(燈油)를 진배한 다음 호조에 보고하면 전례가 없다며 그대로 두고, 만약 진배하지 않으면 출패하여 형조에 보내니 근거 없이 공실(空失)합니다.

◎ 제사 문무의 삭시사 때에 시관(試官)이 간혹 사정이 있어 늦게 오면 문서를 수정하느라 자연스레 범야에 이르게 된다. 이와 같은 때에 용지·등유는 형편상 마땅히 진배해야 하는데, 호조에서는 전례가 없다며 회감하지 않으니, 이다음에 혹시 범야하는 때가 있으면 시소(試所)에서 호조에 이문(移文)하고, 호조는 실수에 따라 회감하도록 정식하여 시행하라.

◎ 상언 세 낭관이 해마다 제사에 면제되는 대신 내는 동전 10냥은 공인이 담당합니다.

◎ 제사 제사를 면제받고 내는 돈을 혁파하도록 다른 예에 따라 엄칙하여 시행하라.

◎ 상언 사약(司鑰) 수본(手本)의 초를 정례에 따라 매경(每更)에 한 번씩 진배하는데, 간혹 서너 번에 이르면 호조에서 깎아서 줄이는 폐단이 있으니, 어찌 그것에 정례의 본뜻이 있겠습니까? 엎드려 비오니, 정례에 따라 지급해 주시기 바랍니다.

◎ 제사 야대(夜對)할 때 매경에 초를 한 번 진배하는 것이 정례에 실려 있고, 전에 비해 여덟아홉으로 줄인 것인데도, 호조에서 따르지 않고 사약의 수본을 간혹 깎아서 줄인다. 그 때문에 공인이 근거 없이 더 바치는 폐단이 정례 이전보다 도리어 심함이 있다. 한결같이 경수(更數)에 따라 회감하도록 호조에 분부하라.

◎ 상언 무소(武所)의 과장(科場) 때 호조에서 용지(龍脂) 10자루, 들기름 5홉을 주장관에게 획급하는 것이 정례에 실려 있는데, 각사의 주장관이 정례를 살피지 않고 헤아릴 수 없이 가져다 쓰니 근거 없이 공실(空失)합니다.

◎ 제사 무소의 과장과 문소(文所)는 다름이 있다. 횃불을 켤 때가 간혹 있더라도, 10자루의 용지와 5홉의 들기름이면 충분히 쓸 수 있다. 그런데 주장관이 과외로 받아 쓴다니 참으로 놀랍다. 호조에 분부하여, 과장 때 따로 엄칙하고, 만약 전과 같이 함부로 더 받는 폐단이 있으면, 해당 주장관은 경중에 따라 죄를 논하고 하인배는 법사에 보내어 죄를 다스리라.

義盈庫貢人

一本庫貢物中黃蜜法油兩種元貢不足故乙巳年
朝家黃蜜五百斤法油二十石加定送于大同廳則
以大同本價上下自是前例而惠廳以戶曹別貿例
上下雖以他貢物論之奉常寺內瞻寺典牲署等各
司乙巳以前以後多有加定者皆以大同例上下而
惟獨本庫油蜜以別貿例磨鍊者豈非斑駁之甚者
乎特爲依他以大同例上下事

加定貢價不以大同例磨鍊以戶曹別貿價磨鍊貢人
豈不冤乎以加定受於惠廳者分數不如戶曹別貿則
名雖加定元貢實則不如別貿混入於應辦亦豈不冤
乎乙巳加定時他貢則皆以元貢例磨鍊而此貢獨漏
貢人之稱冤宜矣各別商量善處事分付惠廳

一各　陵寢油升大小不一故石物塗灰時所用法
油多有欠縮自戶曹校正以戶字爲標送于各　陵
寢而還下戶曹俾免欠縮事

陵寢石物塗灰時所入法油必以大升捧上各　陵皆
然貢人因此濫費實難支保此後則自戶曹造置鍮升
五六介校正着標而貢人進排之際來告戶曹而持去
此升以此量給之後還納戶曹事定式施行

一本庫作紙米三十八石零貢人每朔納官則三郎
官廳直每朔料米各八斗式上下而癸卯全減矣已

酉復舊事

相考惠廳癸卯別單則元無郎廳廳直債矣郎廳旣無

丘價傔從寧有朔下自今革罷事定式施行

　一堂下文臣堂上武臣朔試射試記修正或值犯夜

　　時則自兵曹捧甘龍脂燈油進排後報戶曹則以無

　　前例置之若不進排則出牌移刑曹白地空失事

文武朔試射時試官或有故晚到則文書修正自致犯

夜如此之時龍脂燈油勢當進排而戶曹則以無前例

不爲會減此後或有犯夜時則自試所移文戶曹從實

會減事定式施行

　一三郎官每年除　祭債錢十兩貢人擔當事

除　祭債革罷事依他例嚴飭施行

　一司鑰手本燭依定例每更一度式進排而或至於

　　三四度則自戶曹有減削之弊烏在其定例之本意

　　乎伏乞依定例上下事

夜對時每更燭一度進排事載於定例比前減之八九

而戶曹不從司鑰之手本間或減削故貢人白地加納

之弊反有甚於定例之前一從更數會減事分付戶曹

　一武所科場時自戶曹龍脂十柄法油五合劃給主

　　掌官事載在定例而各司主掌官不顧定例無數取

　　用白地空失事

武所科場與文所有異擧火之時間或有之則十柄龍

脂五合法油足可用之而主掌官之科外捧用誠甚可
駁分付戶曹科場時別樣嚴飭而若有如前濫捧之弊
則當該主掌官從輕重論罪下屬移法司科治

52

장원서공인掌苑署貢人

◎ 상언 장원서의 각처 동산(東山)은 당초에 설치할 때 그곳에 과실나무가 있기 때문이었습니다. 비록 배·밤·잣·모과·은행 등의 각 열매를 호조에서 회록(會錄)하는 예가 있지만, 그 후에 과실나무가 모조리 죽어 버려 단지 밤·잣의 섬수[石數]만 약간 공인에게 내어주었습니다. 그 밖의 여러 가지는 이름만 있고 실상은 없이, 그대로 공인의 유재가 되었고, 지금은 그 섬수가 얼마만큼이나 되는지 알지 못하기에 이르렀습니다. 이는 실로 공인이 거짓으로 꾸며 기록한 유재입니다. 지금부터는 동산의 유재가 공인의 유재 가운데 섞여 들어가지 않도록 하여, 거짓으로 꾸며 적어서 억울함을 호소하는 폐단이 없도록 해 주시기 바랍니다.

◎ 제사 동산에서 나는 다섯 가지 열매 중에서 은행·잣·밤은 공인에게 내어주고, 모과·배는 관가(官家)에서 작전(作錢)하여 쓰는데, 또한

공인에게 내어주는 것처럼 유재를 재록(載錄)하는 것은 일이 매우 놀라우니 각별히 엄금하라. 이다음에 다시 예전의 버릇을 답습하면, 관원은 경중에 따라 죄를 논하고 하인배는 법사에 보내어 죄를 다스리라.

◎ 상언 국가의 길흉 및 칙사 때나 세 시[三寺]에서 상에 차리는 과일을 진배할 때, 숙수 무리가 생경을 빙자하여 함부로 정채(情債)를 더 받기 때문에, 공인이 지탱하여 감당함을 견디기 어렵습니다. 이다음에는 장원서에서 담당하여 차려 놓고, 중간에서 조종하는 폐단이 없게 해 주시기 바랍니다.

◎ 제사 국가의 길흉 때 및 칙사 때, 세 시에서 상을 차릴 때 숙수 무리가 생경을 빙자하여 정채를 함부로 더 거두는 상황은 참으로 놀랍다. 장원서의 관원이 상 차리는 것을 몸소 감독하여 폐단을 일으키지 못하게 하라. 이다음에는 세 시의 예에 따라 낭청을 나누어 임명해서 두루 살펴 검사하도록 호조에 분부하고 정식하여 시행하라.

◎ 상언 저희들의 공물인 여러 과일 중에 껍질 있는 과일이 많으므로, 각전(各殿)의 축일공상(逐日供上) 및 국용 때에 작실(作實: 껍질을 벗김)하여 봉진(封進)하기 때문에, 수가 적은 공인이 간신히 받들어 행하고 있습니다. 그런데 여러 궁방 및 사대부가의 혼례·상례·연례 때에 이른바 과일의 작실꾼[作實軍]이 많으면 20~30명이고, 적어도 10여 명을 밑돌지 않는데, 7~8일에 이르도록 부역(赴役)하므로, 이 한 가지

는 비변사에서 엄칙하였습니다. 그런데도 세력가에서 노역을 시키면 공인이 감히 거역하지 못하여 세(貰)를 내어 책응(責應)합니다. 이들 역은 바로 숙수 무리가 맡아보는 일입니다. 지금부터 시작하여 작실의 역은 숙수로 하여금 담당하게 하고, 공인을 건드리지 말도록 해 주시기 바랍니다.

◎ 제사 각 궁방 및 사대부가의 혼례·상례·연례 때에, 껍질 있는 과일의 작실꾼이라 하면서 많게는 20명, 적어도 10여 명을 밑돌지 않는 사람을 관원이 행하여, 7~8일 부역하는 것은 매우 터무니없다. 그러므로 일찍이 비변사에서 엄칙하였는데도, 여러 곳에서 금령을 따르지 않고서 전과 같이 부려서 시킨다니 매우 이상스럽고 놀랍다. 이다음에는 각별히 금단하되, 만약 다시 예전의 버릇을 답습하면 해당 관원은 낱낱이 들추어내어 경중에 따라 죄를 논하라.

◎ 상언 혼인할 때의 의복, 제구(諸具) 및 과외로 부려서 시키는 등의 일은 임신년(1752) 4월에 다시 완문(完文)을 만들었으니, 엄중히 막아 주시기 바랍니다.

◎ 제사 관원(官員) 집의 혼례 때 의복, 제구 및 과외로 심부름 시키는 것은, 비록 완문을 만들어 엄중히 막는다 하더라도 어찌 뒷날의 폐단이 없을 줄 알겠는가? 다시 더욱 엄칙하되, 만약 다시 예전의 버릇을 답습하면 해당 관원은 경중에 따라 죄를 논하라.

掌苑署貢人

一本署各處東山當初設置時因其有果木雖有生
梨生栗栢子木瓜銀杏等各果自戶曹會錄之例而
其後果木盡死只有生栗栢子略干石數出給於貢
人者其他各種則名存實無而仍爲貢人之遺在今
至於不知其幾許石此實貢人之虛錄遺在東山遺
在段自今毋爲混入於貢人遺在中俾無虛錄呼寃
之弊事

東山所出五果中銀杏栢子生栗出給貢人木瓜生梨
官家作錢用之而亦以出給貢人樣遺在載錄事極可
駭各別痛禁此後復蹈前習則官員從輕重論罪下屬
移法司科治

一　國家吉凶及勅使時三寺床排果種進排之際
熟手輩憑藉生梗濫捧情債故貢人不勝支當此後
則自本署擔當設排俾無中間操縱之弊事

國家吉凶時及勅使時三寺排床之際熟手輩憑藉生
梗濫捧情債之狀誠極可駭本署官員親監排床俾勿
作弊此後則依三寺例郞廳分差看檢事分付戶曹定
式施行

一矣等貢物各果多有皮果故各　殿逐日供上及
國用時作實封進乙仍于數少貢人艱辛奉行中諸
宮房及士大夫家婚喪宴禮時所謂果種作實軍多

則二三十名少不下十餘名而至於七八日赴役故
此一節自備局嚴飭而勢家差役貢人不敢拒逆出
貰責應此等之役乃是熟手輩所掌自今爲始作實
之役使熟手擔當勿侵貢人事

各宮房及士夫家婚喪宴禮時稱以皮果作實軍多則
二十名少不下十餘名官員行下而七八日赴役者極
爲無據故曾自備局嚴飭而各處不有禁令如前使役
尤極痛駭此後則各別禁斷而若復踵前習則當該官
員這這摘發從輕重論罪

一婚姻時衣服諸具及科外使役等事壬申四月日
更爲完文嚴防事

官員家婚禮時衣服諸具及科外使喚雖完文嚴防安
知無後弊乎更加嚴飭而若復踵前習則當該官員從
輕重論罪

53

사포서채소공인 司圃署菜蔬貢人

◎ 상언 저희들의 공가(貢價)인 동전 4,000냥은 2전[兩殿] · 2궁[兩宮]의 공상(供上)을 마련하는 것입니다. 그런데 이 공상의 값으로 지금은 3전 · 4궁의 공상을 담당합니다. 각사의 공물은, 전(殿)의 수에 따라 가정(加定)하는 법규가 모두 있습니다. 저희들 공물의 경우에는, 각 전의 공상을 비록 가출(加出)하더라도 호조에서는 단지 쌀 16섬만 지급하고, 사포서에서 쌀 25섬을 더하여 보충합니다. 이렇게 사소한 물건으로 3전의 공상을 어떻게 변통하여 바치겠습니까? 이렇게 더 진배한 공상의 물종 값은 똑같이 가정하여 급가(給價)하셔서, 근거 없이 진배하는 것이 없도록 해 주시기 바랍니다.

◎ 제사 공인이 채소를 진배하는 데 병폐가 있다고 원통함을 장황하게 호소하는 것을 자주 들었다. 근거하는 바가 없지는 않지만, 자세히 헤아려 보면 그렇지 않음이 크게 있다. 종전부터 진배하던 수량을

지금 진배하는 수량과 비교해 보면, 반드시 옛날에는 적었는데 지금은 많다고 할 수 없으며, 오히려 능히 병폐 없이 거행할 수 있다. 공인이 이른바 지금에 이르러서야 계속하기 어렵다고 하는 것이 과연 말이 되겠는가? 대체로 보아서 임오년(1702) 이후에 수가(受價)하고 진배한 것은 본래 명백히 정해진 수량이 없어서, 호조·선혜청에서 주는 것 외에는 모두 사포서에서 옮겨 주어 각종 곡물을 참량(參量)하여 획급하되, 때에 따라 더하거나 줄여 책응(策應)하게 했다. 그런데 몇 해 전부터 지금까지 계속 부비가 날로 늘어서 실로 지탱하기 어려운 병폐가 있다. 이번의 두 혼궁(魂宮)은, 3년 뒤에 사포서에서 주는 쌀을 줄일 듯하기 때문에, 공인이 이러한 우려 때문에 감히 바로 말하지 못하고서 겉으로는 가정을 말하는 것이다. 가정은 가볍게 의논하기에 어려움이 있지만, 공인의 형세(形勢)도 역시 생각하지 않을 수 없다. 두 혼궁에 보태 주는 쌀은 앞으로 감하(減下)하지 말고 전과 같이 지급하고, 추이(推移)해서 지용(支用)하도록 사포서에 분부하고, 정식하여 시행하라.

◎ 상언 저희들이 공상(供上)하는 값은 동교(東郊)·남교(南郊)의 위전(位田)에서 많이 나오는데, 공전(公田)에 속하여 아무도 주관(主管)하지 않습니다. 결부[結卜]는 비록 많지만 세입(稅入)이 몹시 적어서, 경작자 무리가 세금을 면제받고 갈아먹으며, 겨우 열의 하나만 바칩니다. 간혹 세력가의 사내종, 군문의 사나운 병졸이 위세를 빙자하여 공인을 능멸하며 전혀 세를 바치지 않으니, 지탱하여 보존할 수

가 없습니다. 여러 곳의 위전을 관에 올린 양안(量案)에 따라 한결같이 사정(査正)한 다음, 사전(私田)의 관례에 따라 저희들의 입회하에, 채소밭을 가꾸는 곳은 채소밭을 가꾸고, 타작하는 곳은 타작하도록 각별히 변통하셔서, 공가(貢價)의 손해를 보충하게 해 주시기 바랍니다.

◎ 제사 동교·남교의 위전은 오로지 공상을 위한 것인데, 관원이 도외시하며 관장하지 않고서 서원(書員) 무리의 손에 맡겼기에, 그 받아야 할 세금을 임의로 낮추었다 높였다 하여, 밭은 많은데 세는 적어서 만에 하나도 보충되지 않는다. 이다음에는 관에 올린 양안을 하나하나 사정하고, 공인으로 하여금 답험(踏驗)하게 해서, 채소밭을 만들 수 있는 곳에는 채소를 심어 공상을 거들게 하고, 세금을 걷는 곳은 사가(私家)의 관례에 따라서 혹은 타작하거나 혹은 도지(賭地)를 정하여, 공인의 채소 값에 보태게 함이 마땅하다. 사포서에 엄칙하고 정식하여 시행하라.

◎ 상언 사포서에서 일곱 곳의 둔전(屯田)을 절수하기 전에는 관서의 형편이 몹시 쇠약했기 때문에, 축일(逐日) 기별꾼[奇別軍]에게 매달의 품삯 5냥 돈을 옮겨 줄 방법이 없었기에, 저희들의 공가(貢價) 중에서 잘라 내어서 고립(雇立)했는데, 한 해를 통틀어 셈하면 많게는 60냥에 이릅니다. 이제는 이미 둔전에서 받는 돈이 있으니 기별꾼의 품삯을 사포서의 유고전(留庫錢)에서 지급하셔서, 혜택을 입을 수 있도록 해 주시기 바랍니다.

◎ 제사 사포서의 공인은 수가(受價)가 원래 적은데도 수응(酬應)이 몹시 빈번하여 형편상 지탱하여 보존하기 어려운 상황이다. 하나의 관서에서 목격(目擊)하는 기별꾼을 공인이 책립하는 것이 비록 각사에 통용되는 규례라 하더라도, 사포서에는 이미 둔전의 소입(所入)이 있으니, 기별꾼을 지금부터 고립하여, 공인의 조그만 폐단을 덜게 하도록 사포서에 엄칙하고 정식하여 시행하라.

◎ 상언 저희들의 공물은 본래 잔폐(殘弊)하여 주인이 단지 10명뿐입니다. 9명은 7전(殿)과 두 묘소에 날마다 물종을 진배하고, 1명은 공상(供上)의 인로(引路)로서 날마다 몹시 바쁘게 뛰어다닙니다. 10명의 주인 모두가 낮밤으로 항상 일할 뿐 아니라, 여러 곳의 사환은 값을 주고 고용합니다. 의막(依幕) 한 가지가 다른 역에 비해서 더욱 감당하기 어려운 가운데, 그릇의 소비 또한 심하여 셀 수가 없습니다. 이다음에는 여러 가지 의막의 역을, 사포서에서 방지기[房直] 및 유사(留司), 사령(使令) 무리로 하여금 담당하여 책응(策應)하도록 각별히 변통해 주시기 바랍니다.

◎ 제사 사포서는 이미 관의 물력(物力)이 있다. 그릇과 포진(鋪陳)은 관에서 조비(措備)하고, 이를 실어 나르거나 지고 메는 역은 공인이 담당하되, 의막의 간검 등은 사령이 거행하도록 사포서에 엄칙하고 정식하여 시행하라.

司圃署菜蔬貢人

一矣徒等貢價錢四千兩卽兩　殿兩宮供上磨鍊
者也而以此供上之價今當三　殿四宮供上而各
司貢物則從　殿數皆有加定之規至於矣等貢物
則各　殿供上雖爲加出自戶曹只給米十六石本
署添補米二十五石以此些少之物三　殿供上何
以辦納乎同加進排供上物種價加定給價俾無白
地進排事

貢人以進排菜蔬之有弊張皇稱冤驟聞不無所據細
究大有不然自前進排之數比卽今進排之數則未必
昔少而今多猶能無弊擧行貢人所謂到今難繼云者
其果成說乎大抵壬午以後受價進排者元無明白定
數戶曹惠廳所給外皆自本署推移各樣穀物參量劃
給隨時加減使之策應而輓近以來浮費日增實有難
支之弊今番兩魂宮三年後本署似減所給之米故貢
人爲是之慮而不敢直言外以加定爲言加定則有難
輕議而貢人形勢則亦不可不念兩魂宮添給之米前
頭勿爲減下如前上下俾爲推移支用事分付該署定
式施行

一矣等　供上價多出於東南郊位田而係是公田無
人主管結卜雖多稅入甚少作者輩免稅耕食僅納
什一或有勢家奴子軍門頑卒憑藉威勢凌蔑貢人

全不納稅無以支保各處位田一依官上量案查正

後依私田例使矣等眼同治圃處治圃打作處打作

事各別變通俾補貢價落本事

東南郊位田專爲　供上則官員置之度外不爲管攝

付於書員輩之手其所捧稅任意低昂田多稅少不補

萬一此後則官上量案一一查正使貢人踏驗可以作

圃處則種蔬菜以助　供上收稅處則依私家例或打

作或定睹地以添貢人菜蔬價爲宜嚴飭本署定式施

行

　一本署七處屯田未折受之前則官樣至殘故逐日

　奇別軍末由推移每朔雇價五兩錢割出於矣等貢

　價中以爲雇立一年通計則多至六十兩矣今則旣

　有屯田所捧之錢奇別軍雇價以本署留庫錢上下

　俾得蒙惠事

本署貢人受價旣少酬應甚繁勢難支保之狀一署之

所目擊奇別軍以貢人責立雖是各司通行之規本署

則旣有屯田所入奇別軍自今雇立俾除貢人一分之

弊事嚴飭本署定式施行

　一矣等貢物本來殘弊只以十主人九名則逐日進

　排物種於七　殿兩墓所一名則以供上引路逐日

　奔走十主人全數長立晝夜岔不喩各處使喚則給

　價雇人依幕一款比諸他役尤爲難堪之中器皿靡

費亦甚不貲此後則諸般依幕之役自本署使房直

及留司使令輩擔當策應事各別變通事

本署旣有官物力器皿鋪陳自官措備其所輸運擔負

之役貢人擔當依幕看檢等事使令擧行事嚴飭本署

定式施行

54

사포서생강공인 司圃署生薑貢人

◎ 상언 사포서에 바치는 생강은 곧 각전·각 궁의 축일(逐日) 공상(供上)이며, 내의원의 축일 어약(御藥) 및 각전의 진어(進御) 별약(別藥)으로 쓰이는 것입니다. 대신의 병환에 어의의 약물을 쓰는 것은 그 관계되는 바가 지엄하고 또 무겁습니다. 친국(親鞫)·추국(推鞫)하는 삼성죄인[三省罪人: 의정부·사헌부·의금부가 합좌(合坐)하여 추국(推鞫)하는 강상(綱常)에 관계된 죄인], 형조의 범월죄인(犯越罪人: 다른 나라의 국경을 침범하거나 불법 입국한 사람)을 구료(救療)할 때 두 의사[兩醫司: 내의원·전의감]의 구료관(救療官)이 모든 약에 들어가는 생강을 수본(手本)에 적어 사포서에 봉감하면 진배합니다. 각사·공상아문(供上衙門) 중 사재감에서 생선젓을 써서 죄인에게 공궤(供饋)하는 것은, 몇 해전에 사재감의 제조가 연석(筵席)에서 진달(陳達)하여 시전 상인에게 이무(移貿)하여 취용하게 했습니다. 그런데 사포서의 생강은 아직

변통하지 않았으니, 똑같은 공상아문이면서도 어떤 것은 변통하고 어떤 것은 일시의 은택을 입지 못하니, 몹시 원통하고 억울합니다. 생강 또한 시전 상인이 매매하는 물품이니, 지금부터 앞으로는 죄인을 구료하는 데 드는 생강은 우전(隅廛: 과일 가게) 상인에게 값을 주고 가져다 쓰도록, 사재감의 예를 마찬가지로 따를 것을 정탈(定奪)해 주시기 바랍니다.

◎ 제사 생강은 비록 자질구레하게 쓰는 곳이라도 본래 공인이 진배하는 것이 바로 흘러 내려온 구례(舊例)인데, 공인이 지금 바야흐로 시전 상인에게 떠넘기고 있다. 공인과 시전 상인은 모두 도성의 백성이니, 어찌 공인의 폐단을 제거하고자 도리어 시전 상인의 폐단을 만들 수 있겠는가? 전과 같이 진배하게끔 하고, 진배할 때에 의금부에서 조종하거나 횡침하는 폐단은 각별히 금단하라. 만약 범하는 자가 있으면, 해당 도사(都事)는 경중에 따라 죄를 논하고 하인배는 법사에 보내어 죄를 다스리라.

◎ 상언 공인이 요역하는 규례는 공물의 많고 적음을 물론하고 단지 그 공(公)에 관계된 역에만 응하는 것인데, 사포서의 경우에는 다른 관사에 비해 충분히 조잔(凋殘)한 가운데, 과외의 요역이 근래 더욱 심합니다. 세 낭청의 사환을 오로지 공인에게 책임 지우고, 심지어 벌신(伐薪), 습전(拾箭), 가마꾼, 견부(牽夫)의 역이 없는 날이 없습니다. 기타 채소, 생강, 수박, 참외 등의 물건을 번번이 구하며 찾으니, 이는 실로 공인의 고치기 어려운 폐단입니다.

◎ 제사 사포서의 공인은 지잔(至殘)하고 또 작은데, 낭청의 사환 및 벌신, 습전, 가마꾼, 견부 등의 역을 오로지 공인에게 책임 지우는 것은, 일의 놀라움이 이보다 심할 수 없다. 지금부터 시작하여 모두 혁파하라. 채소, 생강, 수박, 참외 등의 물건을 구하며 찾는 것은 결코 관원이 할 수 있는 바가 아니니, 각별히 금단하되, 만약 혹시라도 다시 예전의 버릇을 답습하면 해당 관원은 경중에 따라 죄를 논하라.

司圃署生薑貢人

一本署所　供生薑乃各　殿各宮逐日　供上內醫
院逐日　御藥及各　殿進御別藥所用大臣病患
御醫藥物之需其所關係至嚴且重而　親鞫推鞫
三省罪人刑曹犯越罪人救療時兩醫司救療官凡
藥入生薑手本捧甘於本署進排而各司　供上衙
門中司宰監魚醢用之於罪人供饋者年前本監提
調陳　達筵中移貿取用於廛人而本署生薑則迄
未變通同是　供上衙門而何者變通何者未蒙一
視之澤極爲冤枉生薑亦是廛人買賣之物從今以
後罪人救療生薑段隅廛人處給價取用事一依司
宰監例定奪事
生薑雖雜用之處本貢人進排乃是流來舊例則貢人
今始推諉於廛人而貢人廛人均是都民豈可欲除貢
人之弊而反生廛人之弊乎使之依前進排進排時禁

府操縱橫侵之弊各別禁斷若有犯者當該都事從輕

重論罪下屬移法司科治

　　一貢人徭役之規無論貢物厚薄只應其係公之役

　　而至於本署則比諸他司十分凋殘之中科外徭役

　　近來尤甚三郎廳使喚專責於貢人甚至於伐薪拾

　　箭轎軍牽夫之役無日無之其他茉蔬生薑西眞果

　　等物每每求覓此實貢人之痼弊事

本署貢人至殘且小而郎廳使喚及伐薪拾箭轎軍牽

夫等役專責貢人事之可駭莫此爲甚自今爲始一切

革罷而求覓茉蔬生薑西眞果等物決非官員之所可

爲各別禁斷而若或復踵前習則當該官員從輕重論

罪

사축서공인 司畜署貢人

◎ **상언** 사축서의 공물가(貢物價)는 원수(元數)가 단지 180섬 남짓인데, 무과 초시(初試)의 주장관을 돌아가며 담당합니다. 그 책응(責應)하는 것은 포진(鋪陳)·병풍·장막 및 날마다 진배하는 붓·먹·종이 등의 물품인데, 이는 고사하고 각 항목의 사환꾼이 거의 30명에 이른 연후에야 어떤 일이 생기는 것을 면할 수가 있습니다. 생각건대 공인의 원수가 5~6명에 불과하니 장차 어찌 감당하겠습니까? 몇 해 전에 임명된 주장관이 며칠을 채우지 못했고, 서원(書員) 두 명이 탈신도주(脫身逃走: 몸을 빼쳐 달아남)한 이 한 가지 사건에서 그 지탱하기 어려움을 볼 수 있습니다. 그런데 호조에서는 각사의 풍박(豐薄: 넉넉함과 모자람)이 다름을 따지지 않고 한결같이 그 윤정(輪定)하는 법규를 따릅니다. 이렇게 지극히 쇠잔한 공사(貢司)와 천만 섬의 공사를 똑같이 담당하게 하는 것은 실로 원통합니다. 다른 한 가지는, 여러 곳에

돼지고기를 진배할 때 종전부터 한결같이 호조의 준절에 따라 20근을 1마리로 삼아 칭량(稱量)해서 납부하는 것입니다. 근래에는 여러 곳에서 돼지고기를 받지 않아서 생저(生猪: 살아 있는 돼지)로 색납(索納)합니다. 비록 30~40근이 넘는 큰 돼지일지라도 오히려 퇴짜를 놓고, 반드시 후한 뇌물을 받은 뒤에야 거두어 받아들이니, 지극히 쇠잔한 공민(貢民)이 어찌 지탱하여 감당하겠습니까? 특별히 변통을 내려 주시기 바랍니다.

◎ 제사 무소(武所)의 주장관은 윤회(輪回)하는 역이니 갑작스럽게 혁파할 수 없다. 여러 곳의 돼지고기는 으레 근수로 진배하지만, 여러 곳에서 근수로 받지 않고 반드시 생저 1마리를 책납하고 또한 정채(情債)를 받는 것은 일이 극히 이상스럽고 놀랍다. 이 한 가지는 호조에 명하여 각별히 엄칙해서 금단하라. 이와 같이 정식한 뒤에 다시 예전의 버릇을 답습한다면, 해당 관원은 경중에 따라 죄를 논하고 하인배는 법사에 보내어 죄를 다스리라.

司畜署貢人

一本署貢物價元數只是一百八十石零而武科初
試主掌官之輪差也其所責應者鋪陳屛帳及逐日
進排筆墨紙地等物而此則姑捨各項使喚軍殆至
三十名然後可免其生事顧此貢人元數不過五六
人將何以堪當乎年前見差主掌官未滿數日書員
兩人脫身逃走於此一款可見其難支而戶曹則不

計諸各司豐薄之有異一從其輪定之規以此至殘
貢司與千萬石貢司一同見差實爲寃痛一則各處
猪肉進排之際自前一從戶曹準折二十斤爲一口
稱量以納矣近來諸處不捧猪肉以生猪索納雖過
三四十斤之大猪猶爲退斥必受厚賂然後捧上至
殘貢民何以支堪特賜變通事

武所主掌官乃輪回之役不可猝然革罷諸處猪肉例
以斤數進排而諸處不捧斤數必以生猪一口責納又
捧情債者事極痛駭此一款令戶曹各別嚴飭禁斷如
是定式之後復踵前習則當該官員從輕重論罪下屬
移法司科治

56

생저계인 生猪契人

◎ **상언** 저희 계는 칙사 시에 매일 세 끼니에 지공(支供)하는 돼지를 진배하는 것입니다. 기해년(1719)의 칙사 때에 옛 주인이 탕잔하고서 도주하여 지칙할 길이 없어지자 호조에서 새 주인을 모정(募定)한 지 지금 35년에 이르렀습니다. 그동안 이미 30여 칙사를 겪으면서, 당초에 호조에서 옛 주인이 지고 있던 유재 204마리를 저희들로 하여금 체당하여 봉수(逢授)하게 한 뒤로, 당초 칙사의 행차를 그 새로 정한 주인으로써 하게 했기 때문에, 그 생저(生猪)를 더 많이 복정(卜定)할 것을 선혜청에 이문(移文)하였습니다. 그랬더니 선혜청에서는 "너희들을 새로 정하기 전에 옛 주인들이 칙기(勅奇: 칙사가 온다는 기별)를 듣고 선혜청에 직접 청하여 몰래 받은 유재가 400여 마리에 이를 정도로 많다. 복정한 원수 중에서 4분의 1씩 셈하여 덜어 낸 다음 지급한다"고 하였습니다. 그래서 만약에 100마리를 복정하면 호조에서는

실제로 들일 때 4분의 1을 또 셈하여 덜어 내니, 수가(受價)하는 실제 수는 절반 미만입니다. 칙사의 행차를 여러 차례 겪으면서 이른바 구유재가 거의 다 없어졌는데, 호조에 지게 된 새로운 유재가 또 220여 마리입니다. 이로써 미루어 보건대 손해만 있고 이익은 없으니, 옛 주인보다 도리어 심함이 있어 보존하지 못하는 형세입니다. 각별히 변통하여 탕감해 주시기 바랍니다. 그리고 저희들의 인원수는 단지 10명이며, 상칙방(上勅房)·부칙방(副勅房) 및 네 통관방(通官房)·사옹원·잡물색(雜物色)·반선색(飯膳色)·연향청(宴享廳)·두목청(頭目廳)·예빈시·내자시·내섬시 등 10여 곳을 나누어 맡아 대령합니다. 아침저녁의 고기를 진배할 때 조금이라도 혹시 멋대로 옮기면 가두어 다스리기에 이릅니다. 또 상칙방·부칙방, 네 통관방에서 따로 애저[兒猪]를 구하면 또 저희로 하여금 책납하니, 그 폐단이 적지 않습니다. 예전에는 으레 여항에서 기르는 돼지 중에서 그 쓸 수 있는 것을 골라서 잡아 바쳤다가, 칙사가 지나간 다음에 호조에서 돼지 주인에게 값을 주었습니다. 그러나 구하여 잡을 때에 간혹 돼지 주인이 다투거나 거부하기 때문에 매를 맞거나 쫓겨나게 되는 근심이 있기에 이릅니다. 또 어쩌다가 무뢰배가 칙사의 입관(入館)에 편승하여, 공인을 사칭하며 돼지를 기르는 곳에 출몰하여 술과 돈을 억지로 요구하는 폐단을 끝없이 일으킵니다. 만약 저희들이 그런 재앙을 뜻밖에 당하게 되면, 이 또한 원통하고 답답하니 어서 빨리 변통해 주시기 바랍니다. 저전(猪廛) 상인으로 하여금 방내(坊內)에서 기르는 것 중에서 쓸 수 있는 것을 차례대로 잡아서 사축서에 바치게 하고, 공인들로 하여금 관소(館所)에 봉납(捧納)하게 하면, 공인에게는 별도로 부역하는 수고가 없을 것이고, 돼지 주인에게는 고르지 않다는 탄식이 없을 것이며, 저전에도 또한 가당찮은 폐단이 없을 것이니, 그 무뢰배가 간악한 꾀를 부리는 폐단을 막을 수 있을 것입니다.

◎ 제사 생저의 유재는 분명히 새로운 계인의 것이므로, 탕감해 달라는 한 가지는 논할 수 있는 것이 아니다. 하지만 옛 계인의 허다한 유재는 지금 이미 전부 진배하였으니, 지금 부담하는 것이 만약 수십 년의 유재라면 참작할 도리가 없을 수 없다. 앞으로 칙사 시에 들어가는 생저의 5분의 1은 유재에서 셈하여 덜어 낼 것을 분부하니, 호조·선혜청에서 사실을 조사하여 거행하게 하라. 애저를 잡아 바치는 일의 경우, 공인이 사서 바쳐야 하는 것이므로 지금 시전 상인에게 떠넘길 수는 없으니, 그대로 두라.

生猪契人

一矣契卽勅使時每日三時支供猪進排者也己亥
勅時舊主人等蕩殘逃走支勅無路自戶曹募定新
主人今至三十五年而其間已經三十餘勅當初自
本曹舊主人所負遺在二百四口零使矣等替當逢
授後當初勅行以其新定主人之故同生猪優數卜
定事移文惠廳則惠廳以爲汝矣等新定前舊主人
等聞勅奇直呈惠廳潛受遺在多至四百餘口是如
卜定元數中四分之一式計減後上下是白乎等以

若一百口卜定則戶曹實入時四分之一又爲計減
受價實數未滿折半而累經勅行所謂舊遺在雖爲
垂盡而戶曹所負新遺在又爲二百二十餘口以此
推之有害無利反有甚於舊主人不保之勢也各別
變通蕩減是白遺矣徒等額數只是十人上副勅房
及四通官房司饔院雜物色飯膳色宴享廳頭目廳
禮賓內資內贍寺等十餘處分排待令朝夕肉物進
排少或擅移則囚治隨至且上副勅四通官房別求
兒猪亦使矣等責納其弊不貲在前則例自閭巷畜
猪中擇其可用者而捉納是白如可過勅後自戶曹
給價於猪主是白如乎但以覓捉之際或因猪主之
爭拒至有被打見逐之患又或有無賴輩乘其勅使
入館僞稱貢人出沒於畜猪處討酒索錢作弊無窮
使矣徒等橫罹其孽此亦冤悶宜速變通使猪塵人
坊內所畜可用者次第捉納於本署使貢人等捧納
於館所則在貢人無別役之勞在猪主無不均之歎
在猪塵亦無不可當之弊而可杜其無賴輩作奸之
弊事

生猪遺在明是新契人則蕩減一款非所可論然舊契
人許多遺在今旣盡數進排而見今所負若是數十年
遺在則不可無參酌之道來頭勅使時所入生猪五分
一以遺在計減事分付戶曹惠廳使之查實擧行至若

兒猪捉納旣是貢人貿納者則今不可推諉於廛人置
之

57

귀후서공인 歸厚署貢人

◎ 상언 해마다 거르지 않고 내수사의 하인배가 목기(木器)를 만들어 내입(內入)한다고 하면서 공인의 관판(棺板)을 처음에 급가(給價)하지 않고 우선 빼앗아 가는 병폐가 흔히 있습니다. 값이 20~30냥인 판자를 외상으로 가져간 다음, 단지 추목(麤木) 3필 반을 주니, 그 낙본이 거의 10배에 이릅니다. 달이 지나고 해가 지나도 미루고 지체하면서 주지 않는 것은 아마도 틀림없이 중간에 다 써서 없애 버렸기 때문입니다. 앞으로 내수사의 하인배가 그릇의 내입을 핑계로 관판을 빼앗아 가는 병폐를 모두 엄금해 주시기 바랍니다.

◎ 제사 내수사의 하인배가 내용(內用)의 판자를 빼앗아 가는 것을 엄금하라.

◎ 상언 이른바 가각색장(假各色掌), 가수공(假水工), 취반꾼, 천동꾼[天童軍], 담지꾼[擔持軍] 등의 역은 곧 각사 노비의 역인데, 귀후서에는 1구의 노비도 없기 때문에, 지난 갑자년(1744) 가을에 묘당(廟堂)에 논보(論報)하고 형조에 봉감하여 영구히 탈하(頉下)하게 하였습니다. 그 뒤에 형조에서 다시 출역(出役)하여 또 지탱하기 어려운 하나의 까닭이 되었습니다. 갑자년 묘당의 봉감에 의거하여, 공인을 월침하지 말도록 특별히 정식해 주시기 바랍니다.

◎ 제사 귀후서는 지잔(至殘)한 공물 때문에 가각색장 등의 역을 지탱하여 담당할 수 있는 형편이 절대 아니다. 그러므로 비변사에서 형조에 봉감하여 영구히 탈하하게 한 것이니, 형조에서 다시 출역하는 것은 매우 놀랍다. 이다음에는 비변사의 정식에 따라 시행하도록 형조에 엄칙하라.

歸厚署貢人

一年年內需司下輩稱以造木器　內入貢人棺板
初不給價先爲奪去之弊比比有之而以價直二三
十兩之板子外上持去之後只以麤木三疋半給之
其爲落本幾至十倍閱月經歲遷延不給者必是中
間消融之致今後內司下輩托以　內入器皿奪去
棺板之弊一切嚴禁事

內司下輩之奪去　內用板嚴禁事

一所謂假各色掌假水工炊飯軍　天童軍擔持軍

等役自是各司奴婢之役而本署則無一口奴婢故
去甲子秋論報扵廟堂捧甘刑曹使之永爲頉下矣
伊後自刑曹更爲出役亦爲難支之一端依甲子年
廟堂捧甘勿爲越侵貢人事特爲定式事
本署以至殘之貢假各色掌等役萬無支當之勢故備
局捧甘刑曹使之永頉則刑曹之更爲出役極涉可駭
此後則依備局定式施行事嚴飭刑曹

전생서공인 典牲署貢人

◎ 상언

- 무릇 공물이라면 어느 것에나 폐단이 있지 않겠습니까마는, 저희 공물의 폐단이 각공(各貢) 중에서 으뜸입니다. 다른 공물은 모두 먼저 수가(受價)하고 나중에 진배하는 것이지만, 저희 공물은 수가 하기도 전에 연조(年條)를 끌어와 근거 없이 책납합니다. 똑같은 공물인데, 어떤 것은 먼저 받고 나중에 납부하고, 어떤 것은 먼저 납부하고 나중에 받습니까? 대체로 인년(引年)의 폐단은 돼지 때문임이 분명합니다. 원공이 517마리이고, 한 해 동안 응향(應享)이 비록 417마리인데도, 별향(別享)의 소입(所入)이 매번 수백여 마리나 될 정도로 많습니다. 이로써 미루어 보건대, 인년의 폐단은 형세상 불가피한 것입니다. 가용(加用)한 숫자에 대해 비록 호조에서 지급하더라도 매번 종략(從略)하여 값을 주는 것을 면하지 못하기 때문에

한 해 두 해가 재인년(再引年)에 이를 정도가 되었습니다. 이는 단지 공인이 지탱하기 어려운 것일 뿐만 아니니, 막중한 제향의 물품이 어찌 이처럼 소홀하고 간략할 수 있습니까? 지금 변통하는 방법으로서, 원공을 넉넉하게 하고 향용(享用)을 풍족하게 하는 것으로 한다면, 뒷날의 폐단은 머지않아 해결될 것입니다. 각별히 변통해 주시기 바랍니다.

• 돼지, 양, 흑양을 공인으로부터 미리 받아서 관청의 우리에서 유양(留養)할 때, 허다한 희생(犧牲)이 저절로 다치거나 죽는 근심이 있는데, 죽을 때마다 공인에게 다시 징수합니다. 이미 관청의 우리에 납부하였다면, 이것은 곧 관물(官物)인데, 죽을 때마다 다시 징수하는 폐단은 거의 보존할 수 없습니다. 그 때문에 요 몇 해 사이 전생서에서 죽은 희생을 뽑아서 기록하고 호조에 논보(論報)하면, 호조에서 단지 절반만 탕감했기 때문에 절반은 아직 귀록(鬼錄)되어 있습니다. 비록 지난번에 특교로 탕감하라는 명령을 받았지만, 오직 이 죽은 희생에 대해서는 한 마디의 말도 거론하지 않았으니, 어찌 원통하지 않겠습니까? 외공(外貢)하는 양은, 죽음에 이르게 되면 호조에서 관례적으로 회감해 주시는데, 저희들이 납부하는 돼지, 양, 흑양은 두 번 징수하고, 세 번 징수하면서도 유독 회감하는 일이 없습니다. 똑같은 희생이고, 또 이렇게 같은 관서에 바치는 것이라면, 어찌 내외의 공물을 서로 다르게 처리할 수 있겠습니까? 앞으로는 죽은 희생도 외공하는 양과 마찬가지의 관례에 따라 죽는 대로 회감해 주시고, 절반이 남아 있는 거짓 장부 또한 다른

공물의 관례에 따라 아울러 탕감해 주셔서, 일시의 혜택을 입도록 해 주시기 바랍니다.

◎ 제사 전생서의 돼지 희생은 원공이 517마리다. 한 해 동안 원제향(元祭享)에 소용되는 것이 417마리이고 남는 것이 100마리인데, 혹시 별제(別祭)의 수가 많을 때를 맞게 되면, 연말의 회계에 부족한 근심이 없지 않다. 대체로써 논하자면, 원공을 가정(加定)해야 마땅하겠지만, 단지 가정이 쉽지 않다는 까닭으로 가용(加用)이 점점 많아지기에 이르렀으니, 공인이 억울하고 원통하다고 호소하는 것은 오로지 이로 말미암은 것이다. 소위 가용의 폐단은 단지 원공의 부족 때문만이 아니라, 실로 두 가지의 잘못된 관행이 흘러 왔기 때문이다. 하나는 유양(留養)이 너무 많다는 점이고, 하나는 우리에서 죽는 일이 너무 잦다는 점이다. 무릇 유양의 법도는 본래 세척장위(洗滌腸胃)의 뜻에서 나온 것이다. 한 달 동안 원제향과 별제에 소용되는 것이 불과 50~60마리에 불과하니, 비록 150마리를 유양하더라도 충분히 세장척위하여 석 달 동안 윤회(輪回)하여 입용(入用)할 수 있다. 그런데도 전생서에서 매번 330마리를 정하여 유양한다고 하는 것은 실로 그 까닭을 아직 알지 못하겠다. 대개 제향하는 시기를 맞이할 때마다 유양으로 몇 마리를 진배한 다음, 번번이 공물 돼지를 인년하여 충대(充代)한다. 그러므로 길들여서 유양하는 수효를 일찍이 혹시라도 줄인 적이 없는데도, 모자라는 것을 채워서 바치는 숫자가 저절로 가용으로 돌아가 버리니, 이는 참으로 불쌍하고 가엽다. 그 사이에 또 허다한 간폐(奸弊)가 있어, 원역 무리가 그 별무의 후한 값

을 탐하여 나누어 먹는 못된 버릇을 만들어 내어, 이미 헐값으로 대신 채워 넣은 것을 돌리고 밀쳐서 죽음에 이르게 한다. 수가(受價)하는 처음에 유양의 원수(元數)를 적어서 원역의 참견이나 간섭을 엄격히 막고, 또 준척(準尺)의 돼지로 대신 납부하게 한다면, 우리에서 죽는 것과 가용의 폐단이 어찌 이와 같이 특히 심하겠는가? 만약 변통하지 않는다면, 우리에서 죽는 일이 그칠 때가 없을 것이고, 가용을 금지할 길도 없을 것이다. 지금부터 시작하여 유양하는 수를 250마리로 넉넉하게 개정하여 영구히 정식하고, 원역 무리가 별무의 가격에 참견하고 간섭하는 폐단은 모두 혁파하라. 돼지를 대신 납부할 때 담당 낭청이 직접 보고 살펴서 반드시 큰 돼지로써 준척하여 봉상하고, 유양할 때에는 입직 낭청이 따로 더 검찰(檢察)해서 각별히 사육하여, 1마리라도 제명보다 일찍 죽음에 이르는 근심이 없도록 하라. 혹시 근실하지 않은 전수(典守)가 다시 치폐(致斃)를 알리는 일이 있다면, 해당 관원은 먼저 파면한 뒤에 나문하며 하인배는 법사에 보내어 형추정배(刑推定配: 고문하여 죄를 밝히고 유배 보냄)하라. 또한 유양하는 숫자는 호조에서 낭청을 파견하여 무시로 적간(摘奸)할 것을 엄칙하여 시행하라. 종전에 더 진배한 숫자의 경우에는, 수년 전에 이미 호조에서 따로 탕감하였기 때문에, 작년에 탕감할 때에 비록 중사(重祀)에 쓴 것이 있음을 거론하지 않았더라도, 공폐를 근심하는 도리 또한 생각하지 않을 수 없다. 해마다 대체로 80마리를 한도로 하여 기록하여 싣고 어린해서, 해마다 1월에 예하(預下)하고, 또 연말에 그 진배한 실제 숫자를 계산하여, 80마리 외에 만약 가용한 것이 있다면, 1월에 예하할 때에 함께 지급하도록 호조에 아울러 분부하라.

典牲署貢人

一凡貢物孰不有弊而至於矢貢之弊各貢之最也
他貢則皆是先受價後進排者而矢貢則未受價前
引年條白地責納同一貢物而何者先受後納何者
先納後受乎大抵引年之弊誠由於猪元貢五百十
七口而一年應享雖入四百十七口別享所入每至
數百餘口之多以此推之則引年之弊勢所必至而
加用之數雖自戶曹上下每不免從略給價故一年
二年以至於再引年此非徒貢人之難支莫重　祭
享之物安如是苟簡乎爲今變通之道莫若裕其元
貢瞻其享用則日後之弊庶將少紓各別變通事
一猪羊羔預捧於貢人留養於官圈之際許多犧牲
自有傷斃之患而隨斃再徵於貢人旣納官圈則乃
是官物而隨斃隨徵之弊殆不能保存故頃年自本
署抄錄斃牲論報戶曹則自戶曹只爲折半蕩減故
折半尙作鬼錄雖値向日　特敎蕩減之令惟此斃
牲無一口擧論豈不寃痛乎至於外貢羊致斃則自
戶曹例有會減而矢等所納猪羊羔則再徵三徵獨
無會減之事同一犧牲而又是一署所納則豈有內

450

外貢異同之理哉日後斃牲一依外貢羊例隨斃會

減半存虗簿亦依他貢例一倂蕩減俾蒙一視之澤

事

本署猪牲元貢爲五百十七口一年元　祭享所用爲

四百十七口所餘爲一百口或値別　祭數多之時則

年終會計不無不足之患以大體論之所當加定元貢

而只因加定之未易以致加用之漸多貢人之稱寃專

由於是而所謂加用之弊不但由於元貢之不足實由

於流來之兩段謬規一則留養之過多也一則圈斃之

太頻也大抵留養之法本出於洗滌腸胃之意而一朔

內元別　祭所用都不過五六十口則雖以一百五十

口留養足可以洗腸滌胃輪回入用於　三朔之內而本

署之每以三百三十口定爲留養云者實未知其故盖

每當　祭享之時以留養幾口進排後輒以貢猪引年

充代故馴致留養之數未嘗或減而充納之數自歸加

用此固可矜而其間又有許多奸弊員役輩利其別貿

之價厚創出分食之謬習旣以廉價而代充旋托致斃

而受價初若簡其留養之元數嚴防員役之參涉而又

令以準尺之猪代納則圈斃與加用之弊豈若是特甚

乎苟不變通則圈斃無可已之時加用無可禁之道自

今爲始留養之數以二百五十口從優改定永爲定式

而員役輩別貿價參涉之弊一切革罷猪口代納時該

掌郞廳親自看審必以大猪準尺捧上留養時入直郞
廳另加檢察各別飼養俾無一口徑斃之患而或有不
謹典守更報致斃之事則當該官員先汰後拿下屬移
法司刑推定配而留養之數亦自地部發遣郞廳無時
摘奸事嚴飭施行至於從前加進排之數則數年前已
自戶曹別爲蕩減故昨年蕩減時則雖不擧論其在重
祀用軫貢弊之道亦不可不念每年大率以八十口爲
限載錄魚鱗每年正月預下而又於年終計其進排實
數八十口外若有加用則正月預下時同爲上下事竝
分付戶曹

59

삼남황우공인 三南黃牛貢人

◎ 상언 저희가 공물로 담당하여 진배하는 것은 다만 황단(皇壇: 대보단) 및 문묘의 제향에 소용되는 누렇고 붉은 두 가지 색의 소이고, 1마리 당 가미(價米)는 25섬입니다. 겉모습만 얼핏 보아서는 마치 남는 이익이 있을 듯하지만, 진배하는 소는 원래 시장에서 사들이는 것이 아니고, 곧 양식을 싸 가지고 멀리 가서 사 와야만 반드시 쓸 수 있습니다. 그렇기 때문에, 소비되는 값이 2~5배인데, 관청에 납부할 때에 미쳐서는, 번번이 퇴짜를 맞는 근심이 있습니다. 한 차례 퇴짜를 맞으면 낙본이 수십 냥이고, 불행하게도 두서너 차례 퇴짜를 맞으면 원공으로 받은 값은 다시 장만하기 위해 더 지불한 값에도 이미 부족합니다. 상납한 다음에 혹시 병이 생겨 죽게 되면, 또 불시에 다시 장만해야 합니다. 1마리를 바칠 때에 허다하게 당연시되는 비용이 적어도 동전 20여 냥을 밑돌지 않습니다. 양남(兩南: 영남 · 호남)

의 황우·적우는 특별히 값을 올려 마련하고, 그렇지 않으면 비싼 쪽으로 지급해 주시는 뜻을 따로 변통해 주시기 바랍니다.

◎ 제사 무릇 공물이란, 물종이 많으면 값이 비록 헐하거나 야박하더라도 수가(受價)는 자연히 많아서 이것저것 미루고 옮기면 거의 차거나 넘친다. 이 소의 경우에는, 마릿수가 원래 적은데도 들어가는 비용이 지극히 많아서 지탱하여 보존할 길이 만무하다. 성균관에 진배하는 2마리와 대보단에 진배하는 1마리를 아울러 비싼 쪽으로 지급하도록 선혜청에 분부하고 정식하여 시행하라.

　　　三南黃牛貢人

　一矣徒貢物擔當進排乃　皇壇及　文廟祭享所
　用黃赤兩色牛一隻價米二十五石也以外面驟觀
　則似有餘利而進排牛隻旣非市上所貿乃是裹粮
　遠貿必得可用者故費價倍蓰及夫官納時每有點
　退之患一次見退則落本數十兩不幸數三次見退
　則元貢所受旣不足於改備之添價而納上之後如
　或生病致斃則又爲不時改備一隻所納時許多應
　費之錢少不下二十餘兩兩南黃赤牛特爲增價磨
　鍊而不然則從貴上下之意別爲變通事
　凡貢物物種多則價雖廉薄受價自多彼此推移庶或
　挨過而至於此牛則隻數旣少所費至多萬無支保之
　路成均館進排二隻　大報壇進排一隻竝從貴上下

事分付惠廳定式施行

60

와서공인 瓦署貢人

◎ 상언 와서의 상와(常瓦)는 구유재가 수십 년 동안 회부(會付)된 것이 비록 1,000여 우리[訥]에 이르지만, 이는 장수(匠手) 무리가 사망·도주하여 지징(指徵)할 곳이 없어서 거짓 장부로 귀록(鬼錄)된 것입니다. 예전에 여러 차례 탕감의 명령을 내리셨지만, 유독 일시의 은택을 입지 못하여 그 흘러 온 손해가 공인에게 늘어져 미치고 있습니다. 내년 조로 진배하는 토목(吐木)을 아직 수가(受價)하기도 전인 올해에 미리 가져다 쓰니, 이는 공인들이 감당하기 어려운 폐단이 되는 일입니다.

◎ 제사 기와장이의 유재는 바로 명백히 조사하여 정리해서 바로잡으라. 토목을 미리 진배하는 것은 실로 공인에게 폐단이 되니, 이다음에는 각별히 엄칙하고 인년(引年)하여 미리 써서 공인에게 폐를 끼치는 일이 없도록 와서에 분부하라.

◎ 상언　와서에서 번조(燔造)하는 장인(匠人)의 정원은 단지 20명이고, 모군꾼[募軍]이 10명인데, 이들로써 응역하면서도 오히려 부족할까 염려합니다. 그런데 그 사이에 죽은 자가 많기 때문에, 사장(私匠)을 찾아 얻어서 모자란 인원을 채우고자 하면, 혹은 각 군문의 군졸이라 하거나, 혹은 여러 궁가, 사대부가를 빙자하여 여러 가지로 꾀를 써서 벗어나니, 막중한 번조에 번번이 일이 생겨 피해가 공인에게 미치기에 이릅니다. 이다음에는 군졸과 세력가의 사내종을 물론하고, 그가 이미 장인이면 한데 아울러 인원을 채워서 사역하여, 번조를 그만두어 생경하는 폐단이 없도록 해 주시기 바랍니다.

◎ 제사　상와, 방전(方甎) 등에는 큰 폐단이 있어 장인이 입속하기를 원하지 않으니 20명의 인원을 채울 수 없다. 각 군문의 군졸은 비록 이정(移定)할 수 없지만, 각 궁가와 사대부가의 사내종을 빙자하면서도 기와를 굽는 일을 하는 자들의 경우에는, 한데 아울러 인원을 채워서 사역하도록 와서에 영칙(另飭)하고 정식하여 시행하라.

◎ 상언　와서에서 번조에 쓰는 토목으로는 송탄(松炭)이 있다고 하는데, 도감을 임시로 만들 때마다 와서에 복정(卜定)하면서, 송탄을 본색(本色)으로 받지 않고, 1말에 대전(代錢)으로 2냥, 1되에 대전으로 2돈씩 대신 받습니다. 만약 여러 말, 여러 섬에 이른다면 그 대신 받는 값이 거의 10냥에 이릅니다. 명색은 비록 송탄이지만, 실은 돈을 바라는 것이니 그 원통함이 어떠하겠습니까? 지탱하여 보존하도록 변통해 주시기 바랍니다.

◎ 제사 이는 한때 진배하는 숯에 지나지 않고, 언제 임시로 만드는 도 감이 있을지 알 수 없으니, 지금 비록 금단하고자 하더라도 시행할 곳이 없다. 만약 도감을 만드는 때를 맞이하여, 이와 같은 폐단이 있 으면 각별히 금단하도록 정식하여 시행하라.

◎ 상언 기와를 봄가을에 당상·낭청에게 분아(分兒)하고 별도로 사령 (使令)을 고립(雇立)하는 것은 모두 중간에 새로 만든 것이니, 공인이 감당하기 어려운 까닭이 아닐 수 없습니다. 원공이 부족한 경우에는 별무가를 그 진배한 수에 따라 호조에서 지급하며, 이에 공인이 그 남는 이익을 먹는 것입니다. 근래에 와서에서 공인이 이미 원공의 후 한 값을 먹었다고 핑계 대니, 별무의 수가(受價)는 곧 췌식(贅食)과 같 고, 물종을 진배하는 것 외에 남는 이익은 쌀·무명·돈을 물론하고 관에서 가져다 쓰는 폐단이 종종 있으니, 매우 원통하고 억울합니 다. 특별히 변통을 내려 주시기 바랍니다.

◎ 제사 와서의 장수(匠手)는 몹시 오래된 유재가 많아서 보존할 길이 전혀 없다. 당상과 낭청에게 봄가을로 분아하는 것은 그릇된 관례이 니, 지금 장인이 지탱하기 어려운 때를 맞이하여 바로 혁파하게 하 라. 별무의 수가 뒤에 당상·낭청이나 원역이 간혹 가져다 쓰는 폐단 의 경우에는, 일이 과외에 관계되니 각별히 금단하라. 만약 다시 예 전의 버릇을 답습하면 해당 낭청은 경중에 따라 죄를 논하고 하인배 는 법사에 보내어 죄를 다스리라.

◎ 상언 저희들의 공물 가운데 강원도의 50여 섬 공물은 서원·고지기 등이 예전부터 관깃으로 받아먹었고, 또 지지난 갑술년(1634)에 경기 공물 100섬을 가정(加定)하여 모두 원역에게 나누어 준 다음에 해마다 분미(分米) 13섬씩을 받아먹는 것을 절목으로 만들어 등록(謄錄) 및 공안(貢案)의 답인(踏印)한 책자 가운데 분명히 실어 놓았기 때문에, 관인과 공인이 이로써 함께 준수하여 시행해 온 것이 이제 백여 년에 이르렀습니다. 대개의 공물이라는 것은 비싼 값으로 사고파는 물건인데, 원역들의 경우에는 한 푼의 값도 쓰지 않습니다. 또 그들이 바치는 것이 불과 5~6섬이 들어갈 수 있는 토로(土爐)이지만, 받는 액수는 150여 섬에 이를 정도로 많으므로 그들에게는 충분하다고 할 만합니다. 이번에 새로 임명된 원역들이 그 충분함을 알지 못하고서 홀로 삼키려는 꾀를 갑자기 내어, 100섬의 가정이 애초에 관인의 공물인 것처럼 와서의 제조에게 무고하였습니다. 예전에는 제조가 그 만무(瞞誣)하게 고소하는 말을 하촉(下燭)하거나 신청(信聽: 믿고 곧이들음)하기에 이르지는 않았는데, 올해를 시작으로 그 분미를 받지 말도록 공인에게 분부하였으니, 분부가 비록 이와 같더라도 백여 년을 좇아서 행한 규례와 많은 공인이 사고파는 물건은 이미 고쳐서 바꿀 수 없으며, 또 공실(空失)할 수 없습니다. 더욱이 아직 수가(受價)하기 전이었으므로, 천천히 알려 드려서 사리를 밝힐 계획이었는데, 지금 전혀 생각하지 않았던 제조의 초상을 맞고 말았습니다. 지금 만약 머뭇거리다 그대로 둔다면, 다가오는 수가 때에 원역들이 반드시 전날의 분부를 가지고 파병(欛柄: 칼자루)을 만들어 분

쟁할 폐단이 없지 않을 듯합니다. 가정 공물을 원역들이 다시 다투어 빼앗을 수 없게 하는 뜻을 와서의 「폐막이정책자(弊瘼釐正册字)」에 기록하여 실어 주시고, 만약 다시 간교한 꾀를 내어 이치에 어긋나게 함부로 가로채어 빼앗는다면 각별히 형배(刑配)하도록 조목을 따로 정해서, 뒷날의 폐단을 막게 해 주시기 바랍니다.

◎ 제사 갑술년(1634)의 경기 공물 100섬은 원공에 가정하여 공인에게 내어준 것인데, 원역배 무리가 공인과 서로 의논하여, 원역은 공역을 담당하고 공인은 단지 분미 13섬만 받은 것이 백여 년에 이르렀다. 서원 무리가 갑자기 빼앗아 가지려는 꾀를 내다니 일이 매우 놀랍다. 각별히 금단하고, 이다음에 다시 이러한 폐단이 있으면 관원은 경중에 따라 죄를 논하고 하인배는 법사에 보내어 죄를 다스리라.

　　　瓦署貢人
　　一本署常瓦舊遺在累十年會付者雖至千餘訥此
　　則匠手輩死亡逃走指徵無處虛簿鬼錄者也曾前
　　累下蕩減之　令而獨未蒙一視之澤其流之害延
　　及於貢人明年條進排吐木未受價前今年預先取
　　用此爲貢人等難堪之弊端事
　　瓦匠遺在則今方明査釐正而至於吐木預先進排實
　　爲貢人之弊此後則各別嚴飭俾無引年預用貼弊貢
　　人事分付瓦署
　　一本署燔造匠人額數只是二十名募軍十名以此

應役猶患不足而其間多有死亡者故搜得私匠欲
充闕額則或稱各軍門軍卒或藉諸宮家士夫家百
般謀免莫重燔造每致生事害及貢人此後則毋論
軍卒與勢家奴子渠旣匠人則一倂充定使役俾無
撤燔生梗之弊事

以常瓦方甎等大有弊端匠人不願入屬無以充定二
十名之額各軍門軍卒雖不可移定至於憑藉各宮家
士夫家奴子而爲燔瓦之役者則一倂充定使役事另
飭本署定式施行

　一本署燔造用吐木則稱有松炭權設都監時每爲
　卜定於本署而不以松炭本色捧上而一斗代錢二
　兩一升代錢二錢式代捧若至於斗石則其代捧之
　價殆至十兩名雖松炭實則索錢其爲寃痛爲如何
　哉變通支保事

此不過一時進排之炭未知何時有權設都監則今雖
欲禁斷無處可施若當設都監之時有如此之弊則各
別禁斷事定式施行

　一瓦子之春秋分兒堂郎別使令雇立皆是中間創
　出者則莫非貢人難堪之端至於元貢不足別貿價
　隨其進排數自戶曹上下此乃貢人之食其餘利者
　而近來本署諉以貢人旣食元貢厚價則別貿受
　價便同贅食物種進排外餘利則勿論米木錢自官

取用之弊種種有之極爲冤欝特賜變通事

瓦署匠手以久遠遺在之多萬無保存之道堂郎春秋
分兒乃是謬例當此匠人難支之日卽令革罷至於別
貿受價後或有堂郎員役取用之弊則事係科外各別
禁斷如或復踵前習則當該郎廳從輕重論罪下屬移
法司科治

一矣等貢物中江原道五十餘石貢物書員庫直等
自前以官衿受食是白遣又於二去甲戌年京畿貢
物一百石加定而全數分給於員役之後每年分米
十三石式捧食事作爲節目昭載於謄錄及貢案踏
印册字中故官人貢人以此相與遵守施行者今至
百有餘年矣盖貢物者乃重價買賣之物至於員役
等不費一分之價且其所納不過五六石容入之土
爐而所受之數至爲一百五十餘石之多於渠等可
謂足矣而今者新差員役等不知其足遽生專呑之
計一百石加定以當初官人之貢物樣誣告於本署
提調前則提調未及下燭信聽其瞞誣告訴之說今
年爲始勿捧其分米事分付於貢人是白如乎分付
雖如此而百餘年遵行之規衆貢人買賣之物旣不
可變易又不可空失而尙在未受價之前故徐徐告
達辨白爲計矣到今提調喪事出於千萬意外今若
因循置之則來頭受價時員役等必以前日分付作

爲欄柄似不無紛爭之弊加定貢物員役等更不得

爭奪之意本署弊瘼釐正冊字中載錄爲白乎旀如

或復生奸計非理橫奪則各別刑配別立條目俾杜

日後之弊事

甲戌年京畿貢物百石以元貢加定出給貢人而員役

輩與貢人相議員役則擔當貢役貢人則只受分米十

三石者至於百餘年矣書員輩遽生奪取之計事甚可

駭各別禁斷此後復有此弊則官員從輕重論罪下屬

移法司科治

61

월과장인 月課匠人

◎ 상언 상와의 구유재 1,000여 우리는 흘러 내려와 귀록(鬼錄)된 것으로서 원래 저희들이 져야 하는 것이 아닙니다. 전후로 탕감해 주셨는데 일시의 은택을 입지 못한 것은 단지 강가에 있는 마을에 살아서 전혀 듣거나 보지 못했기 때문입니다. 다른 예에 따라 특별히 탕감하셔서 보존할 수 있게 해 주시기 바랍니다.

◎ 제사 각사의 재고[庫在] 및 봉수(逢授)한 물품은 본래 탕감하는 규례가 없다. 지금 이렇게 와서에서 유재를 허록해 놓은 것이 언제 시작되었는지는 알지 못하지만, 대개 예전의 장인(匠人)이 포흠(逋欠)한 것을 나중의 장인이 대신 떠맡은 것이며, 옛 포흠을 미처 갚지 못한 채 새로운 부담이 또 쌓였다. 처음부터 지금까지 백여 년 동안 수백의 장인이 잇달아 지게 된 것을 합하면 1,156우리다. 만약 장수(匠手)로 하여금 아들로써 아비를 잇고 손자로써 할아비를 잇게 하고, 또 혹은

겨레붙이로 하여금 대신 입역하게 한다면, 진실로 마땅히 연한을 따지지 않아도 일정한 수대로 독봉(督捧)할 수 있을 것이다. 바로 지금 시입(時入)한 장인과 지지난번의 장인은 피육(皮肉)이 상관없는 자들이며, 횡침을 두려워하여 30명의 장수가 모조리 도주해 버려 단지 3명만 남았다. 이 3명으로 하여금 허다하게 흘러 내려온 부족한 숫자를 모두 납부하게 하는 것은 실로 행할 수 없는 일이다. 만약 그 무리에게 거짓 장부를 떠안긴다면 남은 3명도 모조리 도주해 버릴 것이니, 그 숫자를 특별히 줄이지는 말고 공·사 양쪽 다 원만하고 편하게 하라. 임술년(1742) 연말 이전의 여러 가지 유재를 모두 합한 수효 중에서 5분의 3은 특별히 탕감하여 없애고, 그 나머지의 여러 가지 유재는 기와로 대신 바치되, 해마다 7개월 동안 번조(燔造)할 때 달마다 1우리씩 봉상하여 와서에 봉수(逢授)하고, 연례의 봉상 외에는 따로 호조에 보고하라. 담당 낭청이 교체될 때 잇달아 넘겨 맡게 하고, 혹시라도 수효가 부족함이 드러나는 일이 있으면 낭청을 잡아다가 심문하여 엄중하게 처단하고, 하리 및 납부하지 않은 장수는 법사에 보내어 정배(定配)하라. 호조에서 특별히 구울 때에는 20분의 1을 또 셈하여 줄일 것을 한결같이 정식하라. 관가의 창고에 거짓으로 기록된 것은 공폐와 관계되지 않은 듯하지만, 만약 이를 정리하여 바로잡지 않는다면 장수의 손해가 오히려 공인에게 미쳐서 장차 수습할 수 없기에 이를 것이므로, 이와 같이 변통하라. 와서에서는 이렇게 관례에서 벗어나는 임시 법례를 마땅히 갖추어야 할 변함없는 규칙으로 간주하라. 이다음에 새로 구우면서 혹시 숫자와 같게 받아 두지 않아서 유재를 거짓으로 기록하는 행위가 있기에 이르러 탄로 나는 바가 있다면 전후의 당상과 낭청을 함께 논책하도록 모두 정식할 것을 와서에 엄칙하라.

◎ 상언 구영선, 양자문, 여러 도감의 갖가지 기와 진배가 매우 많고, 실어 바치고 지붕을 덮을 때 깨져서 상하는 것이 많습니다. 또, 우선 가져다 쓴 다음 봉감한 곳의 무수한 진배가, 그 실입에 미쳐서는 10분의 1에도 이르지 않습니다. 남은 수효는 모조리 영선·자문의 원역 손에 돌아가서, 끝내 도로 찾을 수 없으니 형편상 지탱하여 보존하기 어렵습니다. 지금부터는 출관(出關)한 다음에 반드시 진배하고, 시급히 공사하는 곳에는 산원으로 하여금 그 용입(容入)을 산적(算摘)하게 하고 하체(下帖)하여 가져다 쓰게 하여, 전과 같은 공비(空費)의 염려가 없도록 해 주시기 바랍니다.

◎ 제사 구영선, 양자문, 여러 도감에 진배하는 기와는 출관에 이르지 않고도 우선 짐작하여 많이 나르기 때문에, 완공한 다음에 남은 기와가 있으면 모두 원역의 주머니로 돌아간다. 이로 인해 장인의 부족과 탕진이 날로 더욱 심하다. 이다음에는 공사가 느릴 때는 출관한 다음에 진배하고, 공사가 긴급한 때에는 산원을 분차(分差)하여 용입을 산적한 다음 영선의 감역(監役)이 답인(踏印)한 체문을 공인에게 내주어 진배하도록 정식하여 시행하라. 이와 같은데도 만약 어기는 바가 있으면, 해당 관원은 경중에 따라 죄를 논하고 하인배는 법사에 보내어 죄를 다스리라.

月課匠人

一常瓦舊遺在千餘訥流來鬼錄元非矣等所負而
前後蕩減之下未蒙一視之澤者只緣居在江村全
未聞見之致依他例特爲蕩減俾得保存事

各司庫在及逢授之物元無蕩減之規而今此瓦署遺
在虛錄不知始於何時而盖前匠逋欠後匠替負舊逋
未報新負又積自初至今百餘年間數百匠人次次所
負合爲一千一百五十六訥若使匠手以子繼父以孫
繼祖又或使族屬代入則固當不計年限準數督捧而
卽今時入匠人與前前匠人皮肉不干者畏其橫侵三
十匠手盡爲逃走只餘三名使此三名都納許多流來
無面之數實是行不得之事與其徒擁虛簿以致餘存
三名之盡逃毋令特減其數俾令公私兩便之爲得壬
戌年終以前各樣遺在都數中五分三特爲蕩滌其餘
各樣遺在以瓦子換作每年七朔燔造時每朔一訥式
捧上逢授該署年例捧上外此則別報戶曹使該郎遞
任時次次傳掌或有欠縮現露之事則郎廳拿問嚴勘
下吏及不納匠手移法司定配戶曹別燔時二十分之
一亦爲計減事一體定式官庫虛錄似不關於貢弊而
此若不釐正則匠手之害轉及貢人將至於莫可收拾
故如是變通而本署以此格外變例看作應行常規而此
後新燔或不如數捧置致有遺在虛錄之擧而有所現

露則前後堂郎一倂論責事竝爲定式嚴飭本署

　　一九營繕兩紫門諸都監各樣瓦物進排極多輸納

　　與盖覆之際多有破傷而且先取用後捧甘處無數

　　進排及其實入則不滿十分之一餘數則盡歸於營

　　繕紫門員役之手而終不還推勢難支保今後則出

　　關後必爲進排而時急營役處則使算員算摘其容

　　入下帖取用俾無如前空費之患事

九營繕兩紫門諸都監進排瓦物未及出關而先爲斟

酌多運故訖工之後皆有餘瓦盡歸員役之囊槖以此

匠人之無面蕩敗日以益甚此後則役緩時出關後進

排役急時使分差算員算摘容入後營繕監役踏印帖

文出給貢人進排事定式施行若是而復有所犯則當

該官員從輕重論罪下屬移法司科治

468

62

조지서공인 造紙署貢人

◎ 상언 진연하실 때의 떡, 호궤하실 때 장관의 술과 잡물, 칙사 시의 두목의 술, 시소(試所)의 방석, 군사의 동옷[襦衣] 등 여러 가지 차역 (差役)을 호조에서 분정(分定)하실 때, 비변사 정간(井間)의 예로 말합니다. 저희들에게 반드시 미치지 않는 역이 있는데, 섬수의 많고 적음을 따지지 않고 똑같이 분정하시니 고르지 못한 폐단이 많습니다. 그중에서 더욱 근거가 없는 것은, 벌여서 적은 각사의 아래에 용입 (容入)하는 수효를 써넣고 성첩(成貼)한 다음에, 담당자가 글자를 더 써넣거나 고쳐서 그 남은 수를 방구전으로 토식(討食)하는 일입니다. 그러므로 공인이 그 원통함을 견뎌 내지 못합니다. 섬수에 따라 수효를 미리 정하는 것이 좋겠습니다. 각사로 하여금 분명하고 명백하게 드러내어 알게 해서, 임시로 더하거나 줄이는 폐단이 없도록 해 주시기 바랍니다.

◎ 제사 진연하실 때 호궤하는 떡, 군문 호궤의 술과 잡물, 두목의 술, 시소의 방석, 군사의 동웃 등 여러 가지 등역(等役)을 호조에서 분정할 때, 반드시 비변사의 정간을 좇아 행한다. 만약 공물의 섬수와 푼수[分數]로 분정한다면, 이 공물은 100여 섬에 불과한데 섬수가 많은 것과 마찬가지로 응역하여 이렇게 원통함이 심하다. 이제부터는 그 공물의 섬수가 많고 적음에 따라 명백하게 정간에 재록(載錄)하고, 각사의 공인으로 하여금 그 고루 공평함을 모두 알게 하라. 바로 지금 요역을 분배할 때에, 호조에서 모두 각별히 이정(釐正)하여, 허다한 영세 공인이 원통하다고 하소연하는 폐단이 없도록 하라. 이다음에 만약 다시 범하는 바가 있으면, 해당 낭청은 경중에 따라 죄를 논하고 하인배는 법사에 보내어 죄를 다스리라.

◎ 상언 공인에게 한 가지 역이 새로 시작되면 백 가지 폐단이 따릅니다. 비변사의 정간(井間) 가운데의 각사 공물을, 10,000여 섬부터 200섬까지, 합해서 70,000여 섬은 정간을 만들어 차역(差役)합니다. 저희들의 역가(役價)는 170섬에 불과하므로, 200섬 이하에 미치지 않는 바의 역인 저희들은 본래 거론되는 일이 없었습니다. 칙사가 서울에 들어올 때 여러 곳에 괘요(掛瑤)하는 역은 흘러 온 바가 있어서 분정(分定)한 것이지만, 저희들을 조지서에서 세운 다음에는 한 번도 분정한 일이 없습니다. 칙행을 맞을 때마다 예조에서 봉감 중에 섞어 넣어, 해당 관리가 방구전 2~3냥을 책봉하니 일이 매우 원통합니다. 지금부터 다시는 봉감에 섞어서 건드리지 말라는 뜻을 엄중히 밝혀서

신칙해 주시기 바랍니다.

◎ 제사 괘요의 역을 예조의 분배기(分排記)와 비교하여 살펴보면, 사축서·조지서와 같은 잔공(殘貢)은 애초에 마련하는 중에 들어가지 않는데, 혼동하여 출질(出秩)하고 돈을 받아 분간(分揀)하는 상황이 명백하여 의심의 여지가 없다. 이 두 관아 외에 또 이와 같은 폐단이 필시 많을 것이니, 당초 봉감기(捧甘記) 및 마련·분정기(分定記)를 따지고 검토한 다음, 응역해야 할 것과 응역하지 않아도 될 것을 조사하여 드러내어 각 공인에게 알리고, 예전에 섞어서 건드렸던 근심을 알게 함으로써 뒷날에 작간(作奸)하는 버릇을 끊어 버리도록 예조에서 엄중히 밝혀 시행하라. 만약 어기는 자가 있으면, 해당 관원은 경중에 따라 죄를 논하고 하인배는 법사에 보내어 죄를 다스리라.

◎ 상언 형조 두목의 역을 비변사에서 분정할 때, 저희들은 수가(受價)의 수가 작기 때문에 사재감공인에게 덧붙여서 역을 균등하게 하는 바탕으로 삼았습니다. 사재감공인의 역가는 8,000섬에 이르도록 많습니다. 무릇 응역의 날짜 및 출물(出物)은 당연히 역가의 잔성(殘盛)에 따라 분등해야 하는데, 사재감공인이 비변사에서 덧붙인 본뜻을 알지 못하고서, 응역 및 출물을 똑같이 하라고 억지로 명령하고, 때때로 형조에 청죄(請罪)하여 일이 생기니, 일이 매우 근거가 없습니다. 지금부터 그 푼수를 헤아려서 행하도록 엄칙하여 시행해 주시기 바랍니다.

◎ 제사 형조 두목의 역을 비변사에서 분정할 때, 조지서를 사재감에

덧붙여서 역을 균등하게 했는데, 사재감공인이 똑같이 출역(出役)하라고 억지로 명한다니, 매우 근거가 없다. 이다음에는 한결같이 원공의 섬수·푼수에 따라 출역하도록 다시 더욱 신칙하되, 사재감공인이 다시 예전의 버릇을 답습하면 드러나는 대로 법사에 보내어 죄를 다스리라.

◎ 상언 저희들의 공물은 백저가(白楮價)이며, 지장(紙匠)과 네 편수[邊首]에게 각 40냥씩 갖추어 주는 것을 기미년(1739)에 조지서에서 정식하여 시행하였고, 그 밖에는 본래 조지서의 부비가 없습니다. 수년 전부터 편수 무리가 정식에 없는데도 16냥을 더 받으니, 올해를 시작으로 기미년의 정식에 따라 시행하도록 조지서에 엄칙해 주시기 바랍니다.

◎ 제사 지장과 네 편수에게 백저가를 각 40냥씩 주는 것은 곧 정식이니, 수년 전부터 편수가 더 받은 16냥은 엄가(嚴加)하여 금단하지 않을 수 없다. 이다음에 만약 다시 어기는 자가 있으면 해당 관원은 경중에 따라 죄를 논하고 편수는 법사에 보내어 죄를 다스리라.

造紙署貢人
一進宴時餠槀饋時將官酒雜物勅使時頭目酒試
所方席軍士襦衣諸般差役自戶曹分定時以備局
井間例言之矣等處必有所不及之役而毋論石數
多寡一同分定多有不均之弊其中尤爲無據者列

書各司之下容入數爻書塡成貼後該該吏添書各字
其剩數討食防口錢貢人不勝其寃莫如從石數預
定數爻使各司曉然坦知俾無臨時加減之弊事
進宴時犒饋餠軍門犒饋酒雜物頭目酒試所方席軍
士襦衣諸般等役自戶曹分定時必以備局井間遵行
而若以貢物石數分數分定則此貢不過百餘石而與
石數多者一例應役此甚寃痛自今從其貢物石數多
寡明白載錄井間使各司貢人皆知其均平而卽今徭
役分排時指部立爲各別釐正俾無許多殘貢呼寃之
弊而此後若復有所犯則當該郎廳從輕重論罪下屬
移法司科治
　一貢人一役之新創百弊隨焉備局井間中各司貢
　物自萬餘石至二百石合爲七萬餘石作爲井間差
　役矣等役價不過一百七十石故二百石以下所不
　及之役矣等元無擧論之事勑使入京時各處掛瑤
　之役自有流來分定者矣等自本署設立後一無分
　定之事矣每當勑行自禮曹混入於捧甘中該吏責
　捧防口錢二三兩事極寃痛今後更勿捧甘混侵之
　意嚴明申飭事
掛瑤之役相考禮曹分排記則如司畜署造紙署殘貢
則初不入於磨鍊中混同出秩捧錢分揀之狀明白無
疑此兩司外亦必多如此之弊當初捧甘記及磨鍊分

定記憑考後查出應役不應役者知委各貢人俾知曾
前混侵之患以絶日後作奸之習事自禮曹嚴明施行
若有犯者當該官員從輕重論罪下屬移法司科治

　　一刑曹頭目之役自備局分定時矣等則受價數小
　　故添付於司宰監貢人以爲均役之地本監貢人役
　　價多至八千石凡應役日子及出物當從役價殘盛
　　分等爲之而本監貢人不有備局添付本意應役及
　　出物勒令一同爲之種種請罪刑曹而生事事甚無
　　據今後計其分數爲之事嚴飭施行事

刑曹頭目之役備局分定時本署添付於司宰監以爲
均役而司宰監貢人勒令一同出役極爲無據此後則
一依元貢石數分數出役事更加申飭而司宰監貢人
復踵前習則隨現移法司科治

　　一矣等貢物則白楮價紙匠四邊首處各四十兩式
　　備給事己未年自本署定式施行而其外元無本署
　　浮費矣自數年以來邊首輩不有定式加捧十六兩
　　今年爲始依己未定式施行事嚴飭本署事

紙匠四邊首處白楮價各給四十兩乃是定式則數年
以來邊首之加捧十六兩不可不嚴加禁斷而此後若
有復犯者則當該官員從輕重論罪邊首移法司科治

63

조지서지장 造紙署紙匠

◎ 상언 저희들 네 편수는 자지(咨紙)·표지(表紙)를 전담하여 한 해에
320장을 부취(浮取)하여 진배하기 때문에, 예로부터 지금에 이르기
까지 아무 폐단 없이 진배하여, 별다른 폐막(弊瘼)이 없었습니다. 바
로 지금 보존하기 어려운 것은 어람(御覽) 관안지(官案紙)를 표지로
써 진배하는 것입니다. 예전의 진배는 승정원에 어람 관안지를 혹은
한 해에 한 차례, 시강원에도 역시 한 해에 한 차례 하였는데, 지금
에 이르러서는 승정원·시강원에서 어람 관안지를 한 해에 서너 차
례 독납하여, 돈으로써 틀어막고 있으니 어찌 원통함에 이르지 않겠
습니까? 관안지를 응입하는 장수와 고쳐서 갖추는 연조(年條)를 별
도로 정식하여, 중간에서 침학하는 일이 없도록 해 주시기 바랍니다.

◎ 제사 대전의 어람 관안과 세자궁의 예람(睿覽) 관안은 예전에는 한
해에 한 차례 진배하였다. 요 몇 해 이래로 서너 차례 진배하는데도,

돈으로 입을 막고 있다니 참으로 놀랍다. 각별히 엄금하고, 이다음에 만약 다시 예전의 버릇을 답습하는 자가 있으면 하리는 법사에 보내어 죄를 다스리라.

◎ 상언 시지(試紙)를 만들어 이루는 것은 모두 시전 상인의 물력에서 나오며, 저희들이 사사로이 갖추어 이득을 얻는 것이 아닙니다. 그런데도 각 아문, 여러 궁가, 여러 각 집에서 차사(差使)를 보내어 침책하면서, 혹은 외상이라 하고 혹은 간색(看色)이라 하면서 한 번 가지고 가면 그대로 값을 주지 않고 시간을 미루고 지체합니다. 그래서 저희들이 누누이 호소하면, 그 값을 간략히 치르는데 오히려 절반을 잃어버리게 됩니다. 또 가져와 바치는 것이 지체된다고 하면서, 혹은 출패하여 잡아 가두고, 혹은 제멋대로 구류(拘留)하여 태장으로 독납하기에 이르니 매우 원통합니다. 시지와 책지(册紙)를 도침(搗砧)할 때, 차사가 하는 일 없이 오래 머무르면서 술과 밥을 먹으니, 쓸데없이 비용이 들 뿐 아니라 꾸짖고 욕하는 것은 물론 구타까지 이르지 않는 데가 없습니다. 그러므로 시골 마을의 어리석은 백성은 난리를 만난 것 같습니다. 이 밖에 또 각 아문, 여러 궁가, 여러 각 집에서 환지(還紙: 재생용지)를 떠내는 일이 있습니다. 거의 휴지(休紙)를 주고 공전(功錢)을 주지 않으면서도, 마침내 떠내면 이것은 바꾸어 뜬 것이라는 억지를 부리며 태장하겠다고 공갈하여, 다시 갖추어 바치게끔 합니다. 그러므로 형편상 어찌할 수 없어 빚을 내어 갖추어 바치니, 지장들이 보존할 수 없습니다. 당초의 50여 명이 거의 헤어져 흩어져

서 남은 자는 단지 7~8명이라 형편상 보존하기 어렵습니다. 특별히 금단하게 해 주시기 바랍니다.

◎ 제사 대과·소과의 시지는 지전에서 사서 가져와야 하는 것인데, 각 아문, 여러 궁가, 사대부가의 세력 있는 자들이 좋은 종이를 고르고자 차사를 조지서에 보내어, 외상이라고 하거나 또는 간색이라고 하면서, 위력으로 가지고 가서는 그대로 값을 치르지 않고, 조금이라도 늦추거나 끌면 발패(發牌)하여 잡아 가두고 태장으로 독납하는 폐단은 망유기극하다. 시지·책지를 도침할 때 여러 곳의 차사가 여러 날 머무르면서 술과 밥을 내놓으라고 요구하고, 여러 궁가, 각 아문, 사대부가에 내어주는 휴지를 떠내게 하고서는 마침내 도침하여 바치면, 이것은 주었던 종이가 아니라고 억지를 부리며 말하고서는, 새로 마련하게끔 강제하는 등의 폐단은 실로 지탱하여 감당하기 어렵다. 50명에 이르던 지장이 모두 도망가고 흩어져 단지 7~8명이 남았으니, 그 탕패하여 지탱하기 어려운 상태를 미루어 알 수 있다. 이다음에는 여러 가지 폐단을 일으키는 것을 각별히 금단하고, 만일 다시 예전의 버릇을 답습하면 관원·사대부는 경중에 따라 죄를 논하고 궁가의 소임은 법사에 보내어 죄를 다스리라.

造紙署紙匠

一矣等四邊首專爲咨表紙一年三百二十張浮取
進排故自古及今無弊進排別無弊瘼矣目今難保
者　御覽官案紙以表紙進排而曾前進排則承政

院　御覽官案紙或一年一次而侍講院亦爲一年
一次到今承政院侍講院　御覽官案紙一年三四
次督納而以錢防塞豈不至寃哉官案紙應入張數
與改備年條別爲定式俾無從中侵虐事

大殿御覽官案　世子宮睿覽官案曾前一年一次進
排矣近年以來三四次進排而以錢防口誠極可駭各
別痛禁而此後若有復踵前習則下吏移法司科治

一試紙之造成皆出於塵人之物非矣等私備取利
者而各衙門諸宮家諸各家送差侵責或稱外上或
云看色一番持去仍不給價遷延歲月故矣等縷縷
呼訴則略給其價猶爲半失而且以取納之遲滯或
出牌囚禁又或私自拘留以至笞杖督納已極寃痛
試紙與册紙搗砧之時差使曠日留住酒食空費姑
捨勿論詬辱歐打無所不至故村里蠢氓如逢亂離
此外又有各衙門諸宮家諸各家以還紙浮出事略
授休紙不給功錢而及其浮納則勒謂之換浮恐喝
笞杖使之改備以納故勢無奈何出債備納紙匠等
不能保存當初五十餘名幾盡離散餘存者只是七
八名勢難保存特令禁斷事

大小科試紙所當買取於本塵而各衙門諸宮家士夫
家有勢力者欲擇好紙送差紙署稱以外上又稱看色
威力持去仍不給價少或遲滯則發牌囚禁笞杖督納

之弊罔有紀極試紙册紙搗砧時各處差使多日留住
責徵酒食諸宮家各衙門士夫家出給休紙使之浮出
而及其搗納則勒謂此非所授之紙勒令改備等弊實
難支堪以致五十名紙匠盡爲逃散而只存七八名其
蕩敗難支之狀可以推知此後諸般作弊者各別禁斷
而如或復踵前習則官員士夫從輕重論罪宮家所任
移法司科治

64

조지서공인·사축서공인
造紙署貢人 司畜署貢人

◎ 상언 저희들의 조지서 공물로 말하자면, 공물의 원수(元數)가 불과 100여 섬이고, 응공하는 사람도 단지 3~4명으로 이른바 원역, 서원의 두 사람입니다. 사축서의 공물로 말하자면, 원공의 원수나 서원으로 응역하는 사람이 저희들보다 더하거나 덜하지 않아 지극히 빈잔한 상태임은 국인이 모두 아는 바입니다. 그런데도 무소(武所) 주장관의 역을 몇 해 전에 저희들이 차례가 되어 맡았는데, 며칠 지나지 않아 재력이 모두 없어지고 틀림없이 일이 생겼기 때문에, 서원 두 사람이 몸을 빼고 도주하였습니다. 단지 조금만 담당하는 형세였다면 그가 어찌 버리고 달아났겠습니까? 호조에서 잔성과 빈부를 헤아리지 않고서 저희들을 수천 섬이나 받아 내는 각사와 똑같이 평균하여 차례로 돌아가도록 분정하니 어찌 감당할 수 있겠습니까? 주장관을 차례대로 맡을 때 빈잔한 관사 서너 곳을 덧붙여서 힘을 합쳐

담당하도록 따로 변통해 주셔서, 피잔한 공인이 보존할 수 있도록
해 주시기 바랍니다.

◎ 제사 조지서와 사축서는 100여 섬의 빈잔한 공물이므로, 무소의 주
장관을 지탱하여 담당하기는 실로 어려워, 이같이 원통하다고 하소
연하니 참으로 불쌍하고 가엾다. 지금부터 조지·사축의 두 관서를
합쳐서 힘을 모아 도맡도록 호조에 분부하고 정식하여 시행하라.

造紙署貢人

司畜署貢人

一矣等造紙署貢物言之則貢物元數不過百餘石

而應貢者只是三四人所謂員役書員兩人司畜署

貢物言之元貢元數書員應役者與矣徒等無加減

至貧至殘之狀　國人之所共知而武所主掌官之

役年前矣徒等當次主掌官之役不過數日財力乏

盡生事丁寧故書員兩人脫身逃走苟有一分擔當

之勢則其何以棄走乎戶曹不計殘盛貧富矣徒等

與累千石受出各司一倂平均輪回分定其何以堪

當乎主掌官當次時殘司三四處添付合力擔當事

別爲變通使疲殘貢人得以保存事

造紙署司畜署以百餘石殘貢武所主掌官實難支當

有此呼冤誠甚可矜自今造紙司畜兩署合付幷力主

掌事分付戶曹定式施行

전설사원역 典設司員役

◎ 상언 크고 작은 도감을 임시로 설치하면 당상 대청의 보첨(補簷: 옥외에 설치한 장막)을 응당 진배해야 하는데, 각방(各房) 및 의궤청의 보첨은 10여 년 뒤에 창시(創始)된 것입니다. 만약 도감을 맞이하게 되면, 네댓 달 동안 노처(露處)에 설배(設排)하여 비이슬에 썩거나 깨져서 조금도 형체가 없어지는데도 해당 관사에 진배해야 하는 도리 때문에 감히 거역하지 못합니다. 또 장부에 기록된 노비가 40여 구인데, 물고(物故: 죽음)나 노제(老除: 연로자의 면제)가 지금 20여 년이나 오래되어 1구도 시존(時存)한 것이 없는데도 식년(式年)마다 도안(都案)을 고치면서 예채전 3냥씩을 장예원(掌隸院)에서 거두어들입니다. 이조에는 고공지(考功紙)의 채전을 7돈씩 매달 갖추어 납부합니다. 세 가지 폐막(弊瘼)을 헤아리신 다음, 각 도감의 당상 좌기청(坐起廳) 외에 각방 및 의궤청의 보첨은 이다음에는 보첨하지 말 것과 노비의 도안

에 대한 예채, 고공지채는 모두 거두지 말도록 하는 뜻으로 조목조
목 절목을 만들어 특별히 조금의 폐단이라도 덜도록 해 주시기 바랍
니다.

◎ 제사 전설사(典設司)가 비록 지극히 빈잔하지만, 이조의 고공지전
7돈, 식년마다 도안을 고치는 예채전 3냥, 도감 당상의 좌기청에 둘
러치는 보첨은 형편상 혁파하기 어렵다. 낭청방(郎廳房) 및 의궤청에
대해서만 보첨을 모두 금단하되, 만약 예전의 버릇을 다시 답습하는
사람이 있으면, 해당 관원은 경중에 따라 죄를 논하라.

◎ 상언 여러 곳의 향사(享祀), 궐 내외의 배설(排設) 및 여러 상사의 차
장(遮帳)을 담당하여 진배하는데, 의막(依幕)의 배설은 단지 앞면의
휘장만 으레 진배했습니다. 그러므로 이번 18일의 강연(講筵) 때에도
전례대로 배설하였는데, 승정원·홍문관·시강원에서 "의막 안의 병
풍을 이미 정탈(定奪)하여 걷어 치웠으니 그 대신에 휘장을 4면에 배
설하라"고 신칙하였습니다. 수가 적은 차장 1면을 진배하면서도 번
번이 부족을 염려하였는데, 이제 만약 4면을 진배한다면 담당할 이
치가 절대로 없습니다. 이다음에는 앞면의 휘장만 전례대로 진배하
라는 뜻을 영구히 정식하여, 저희 관사가 조금이라도 지탱하여 보존
할 수 있도록 해 주시기 바랍니다.

◎ 제사 이미 병풍을 혁파했는데 또 휘장을 내는 것은 진실로 하나의
폐단을 덜고 하나의 폐단을 일으킨 것이니, 이것이 어찌 특별히 명하
여 금단하는 본뜻이겠는가? 이다음에는 단지 앞면의 휘장만을 진배

하게 하도록 해당 관사에 분부하고, 만약 다시 예전의 버릇을 답습하면 해당 낭청은 경중에 따라 죄를 논하고 하인배는 법사에 보내어 죄를 다스리라.

典設司員役

一大小都監權設則堂上大廳補簷應爲進排而各
房及儀軌廳補簷則十餘年以後創始者若値都監
則四五朔露處設排雨露朽破少無形體而該司進
排之道有不敢拒逆且案付奴婢四十餘口而物故
老除今爲二十餘年之久無一口時存者而每式年
改都案例債錢三兩式掌隷院徵捧吏曹考功紙債
錢七錢式每朔備納三件弊瘼參商後各都監堂上
坐起廳外各房及儀軌廳補簷此後則不爲補簷事
及奴婢都案例債考功紙債俱爲勿給之意逐條節
目特除一分弊端事
典設司雖至殘吏曹考功紙錢七錢每式年改都案例
債錢三兩都監堂上坐起廳設帳補簷勢難革罷至於郎
廳房及儀軌廳補簷並禁斷而如有復踵前習者則當
該官員從輕重論罪
一各處　享祀闕內外排設及諸上司遮帳擔當進
排而依幕排設則但以前面揮帳例爲進排故今十
八日　講筵時依例排設則政院玉堂侍講院以爲

依幕內屏風旣以定奪撤去則其代以揮帳四面排

設事申飭數少遮帳一面進排每患不足今若四面

進排則萬無擔當之理此後前面揮帳玆依例進排

之意永爲定式俾得殘司一分支保之地事

旣罷屛風又出揮帳則眞是省一弊興一弊也是豈

特敎禁斷之本意乎此後則只令進排前面揮帳事分

付該司若復蹈前習則當該郎廳從輕重論罪下屬移

法司科治

66

공인과 우전이 내의원에
진배하는 동아씨의 폐단

各貢人各隅別內醫院進排冬瓜仁之弊難堪事

◎ **상언** 각 공인, 각 우전에서 내의원에 진배하는 동아씨의 폐단을 감
당하기 어렵습니다.

◎ **제사** 육향고(六香膏: 동상을 치료하는 고약의 일종)에 들어가는 동아씨
의 진배는 여러 경로로 이루어진다. 호조에서 시전 상인에게 값을 주
어 진배하는 것이 있고, 각 관사의 위전(位田)에서 수확하여 진배하
는 것이 있고, 평시서에서 값을 주지 않고서 각전에서 거두어들여 진
배하는 것이 있으며, 각 관사의 공물로서 대가 없이 진배하는 것이
있다. 그중에서 공시인(貢市人)이 진배하는 것은 그 폐해가 더욱 심한
데, 심지어 동전으로 대납하는 경우가 점차 2~5배의 지경에 이르렀
다니 일이 몹시 이상스럽고 놀랍다. 내의원과 함께 논의한 다음 원
수(元數) 61근 중에서 21근은 짐작하여 헤아려서 깎아 내어 줄이고
40근은 호조 · 봉상시 · 사포서 · 양현고 · 내자시 · 훈련원에 전과 같

이 분정하라. 공물의 경우, 각 관사와 평시서에서 대가 없이 진배하는 것은 모두 혁파할 것을 정식하고, 이다음에 만약 다시 예전의 버릇을 답습하면, 해당 의관은 경중에 따라 죄를 논하고 하인배는 법사에 보내어 죄를 다스릴 것을 각 관사와 내의원에 일체 엄칙하여 시행하라.

◎ 후록 호조의 30근은 전과 같이 값을 주되, 채소전, 여섯 우전의 진배 중에서 채소전이 15근, 여섯 우전이 각 2.5근씩 15근을 진배하게 한다. 봉상시에 3근, 사포서에 3근, 양현고에 2근, 내자시에 1근 6냥, 훈련원에 10냥으로, 합계 40근이다.

各貢人各隅廛內醫院進排冬瓜仁之弊難堪事
六香膏所入冬瓜仁進排多歧有自戶曹給價於廛人
而進排者有各司位田所出進排者有平市署不給價
收捧各廛進排者有各司貢物無價進排者而其中貢
市人進排者其弊尤甚甚至於以錢代納漸至倍蓰之
境事極痛駭通議內局後元數六十一斤零內二十一
斤零酌量剋減四十斤以戶曹奉常寺司圃署養賢庫
內資寺訓鍊院依前分定至於貢物各司及平市署之
無價進排者一倂革罷事定式而此後若有復踵前習
則當該醫官從輕重論罪下屬移法司科治事各司及
內局一體嚴飭施行

戶曹三十斤依前給價使菜蔬廛六隅廛進排內

　菜蔬廛十五斤

　六隅廛各二斤半式十五斤

奉常寺三斤

司圃署三斤

養賢庫二斤

內資寺一斤六兩

訓鍊院十兩

　合四十斤

퇴짜, 뇌물, 그리고 입막음

공인이 공물을 진배하는 과정에는 부대 비용이 들었다. 납품한 물품의 품질을 문제 삼으며 퇴짜를 놓는 경우도 있었고, 뒷돈 성격의 뇌물을 요구하는 사례도 있었으며, 눈감아 주는 대가로 입막음하는 명목의 비용을 지불하기도 하였기 때문이다. 『공폐』는 이와 같은 부수 비용의 발생이 꽤나 상시적이었음을 전하는데, 이는 상납 과정에서 일종의 수수료로서 정례화되었음을 짐작케 한다.

각종의 부대비용을 포괄하여 "부비(浮費)"라고 하였는데, 이는 『공폐』의 서문에서 바로 확인할 수 있다. "공인의 수가가 후하지 않은 것이 아니지만, 진배에 응하는 것 외에도 허다한 부비가 날마다 더해지고 달마다 늘어나서 장차 지탱하기 어려워 흩어져 달아나 버리는 지경에 이를 것"이라고 지적한 것이다.

허다한 부비의 발생 요인 중에서, 우선 점퇴(點退) 또는 퇴척(退斥)

이라고 했던, 퇴짜의 사례를 살펴보도록 하자. 「필계공인」 조에서와 같이 "요사이 정식이 있지 않은데도 번번이 퇴척하고서, 만약 잠시라도 지체하면 출패하여 잡아 가두고서 채찍으로 때리는 일이 낭자"하다는 호소가 대표적이다. 이러한 퇴짜는 주로 공가를 받고 [물품을 구매하여 상납하는 수가무납(受價貿納)이 아니라] 물품을 직접 제작하여 상납하는 수가제납(受價製納)의 경우에 흔히 이루어졌던 것으로 보인다.

예컨대 「선공감원역」 조에 "의금부에서 국안을 담는 궤 등은 의례히 전에 진배했던 것을 다시 진배하는데, 여러 상사에서 번번이 퇴짜를 놓고서 새로 만들어 진배하도록 책납하니, 그 출패가 두려워서 새로 만들어 진배"한다는 하소연이 보인다. 또한 「장흥고공인」 조에서도 "이다음에는 지난 식년에 실입한 숫자에 따라서 마련하고, 해당 관사의 낭청으로 하여금 진배를 몸소 살피게 하되, 두 청의 하인배가 만약 조종하거나 퇴짜 놓는 폐단이 있으면"이라는 내용이 확인된다. 「잡물계인」 조에서도 "저 사람들 및 진배하는 여러 곳에 갖추어 바칠 때, 한결같이 장흥고와 장원서의 후한 값을 따르는데도, 오히려 퇴짜와 끝없는 작경을 걱정"한다는 호소가 있다.

부비의 일종으로서 가장 대표적인 것은 정채(情債)였다. 정채는 인정(人情), 뒷돈[後錢], 정전(情錢) 등으로도 표현되곤 하였는데, 명시적으로 뇌물[賂]이라고 인식되기도 했던 것으로 보인다. 물론 "인정"이라는 표현이 "사람의 마음"을 가리키는 경우도 있었지만(「세마계인」), 대부분은 정채와 같은 뜻으로 쓰였다. 정채는 공물의 납품 과정에서 요구되는 것이 일반적이었지만, 공인에게 부과된 역을 면제받으려한 경우에도 바쳐야 했고, 때로는 술과 고기를 내놓으라는 요구와함께 정채의 수취가 이루어지기도 했다.

「선공감장목계공인」 조에서 "크고 작은 거둥 때에 의정부·중추부·돈녕부·의빈부·승정원·홍문관·춘추관·시강원·익위사 등의의막·가가, 종친부·충훈부의 진향 때에 제물의 가가 및 대제 때에헌관, 해래 승지·사관의 수서계 예의, 망궐례의 방물을 싸서 봉할때, 여러 상사에서 약을 달일 때, 여러 가지 가가를 지어서 만들 때,각사의 공방·사령에게 정채를 갖추어 바"친다고 한 것과 "지어서 만들 때의 경우에 하인배가 정채를 내놓으라고 요구하는 것" 등을 보면, 정채의 요구는 꽤나 다양한 명목으로 이루어진 것으로 보인다.

「군기시공인」, 「예빈시공인」 조에서는 차제(差祭) 또는 제첩(祭帖)을면제받으려 할 때에 정채가 요구된다고 했으며, 「봉상시공인」 조에서는 "제첩에서 면제받으려 할 때의 정채를 봉상시에서는 공인에게 책임 지우지 말고 원역이 담당하게 해 주"기를 바란다고 했는데, 이때공인이 내는 경우를 공인전, 원역이 내는 경우를 원역전이라 했다.

「선공감송판공인」 조에서는 "성균관 및 사학의 유생 본인이 죽으면 의례히 송판 5닢을 진배합니다. 호조에서 관문을 내는 날 재지기무리 40~50명이 일시에 나와서 술과 고기를 억지로 달라고 하여 먹고 정채를 내놓으라고 요구한 다음, 반드시 사대부가의 수기판을 받아 내기 때문에, 한 선비의 관 값이 40~50냥을 충분히 넘습니다. 그런데도 호조에서 지급하는 값은 9냥 5돈에 지나지 않아 도리어 인정,

술·고기의 값에도 미치지 않"는다고 하여, 정채와 더불어 술·고기의 접대 비용까지 공인이 부담해야 했음을 알 수 있다.

정채의 수취가 정례화·상시화되어 있었음을 알려 주는 내용도 곳곳에서 보인다. 예컨대 「공야사소장」 조에서 "원래 호조에서 지급하는 물건이 아니라, 놋쇠빗 서리가 스스로 갖춰서 진배하는데, 또 각처에 정채전 1돈이 있"다고 한 사례나 「구피계인」 조에서 "번번이 빌려 쓸 때마다 혹은 정채를 받거나 혹은 출패"한다고 한 것이 대표적이다. 「선공감가판공인」 조에서도 "값을 받고 만약 본색으로 진배하면 1닢에 반드시 뒷돈이 있으니"라고 하였고, 「외선공목물차인」 조에서도 "각처에서 목물을 받을 때 인정을 요구하는 것이 외선공감의 관례보다 더욱 심하므로, 한 해의 부비가 천여 금에 이"른다고 했다.

정채의 수취는 심지어 대가 없는 역에 대해서까지 이루어졌다. 「풍저창전세공인」 조를 보면, "행보석은 저희들이 대가 없는 역으로 진배하므로 진실로 원통"하다고 하면서, "매우 길고 오래 진배한 곳에는 달마다 동전 2돈씩을 갖추어 바치고, 사령에게는 임시로 설치한 각 도감이 철파에 이를 때에 갖추어 바"치고, "충훈부 사령에게는 해마다 쌀 7말을 갖추어 바치고, 종부시에는 도감을 설치하면 1냥 6돈을, 평년에는 1냥씩을 해마다 갖추어 바치며, 장생전에는 달마다 2돈씩을 갖추어 바"친다고 했다. "본래 대가 없는 역인데도, 각처의 허다한 부비가 절절해서 감당하기 어려"웠다는 하소연이 보인다.

「잡물계인」 조에서 "1홉을 바쳐야 할 것은 거의 몇 되에 이르고, 1말을 바쳐야 할 것은 거의 몇 말에 이르며, 거기에다 정채도 무한"

하다고 하였으니, 정채의 비율이나 한도가 일정하게 정해져 있지도 않았다고 보아야 하겠다.

정채와 유사한 명목으로 수취된 비용으로서 방구전(防口錢)이 있었다. "방구"란 말 그대로 "입막음" 또는 "말막음"을 의미한다. 『공폐』에서는 방구전에 관한 기사를 「봉상시공인」, 「선공감송판공인」, 「광흥창공인」, 「풍저창전세공인」, 「조지서공인」, 「조지서지장」 등의 호소에서 확인할 수 있다.

예컨대 「봉상시공인」 조에서는 "조포를 만들 때 소 1마리를 도살하면 색포 1장 및 근각을 관에 바치는데, 조포관이 맞이하여 만나는 빈객에게 대접할 고기 안주를 진배하는 일은 언제 시작된 것인지 알 수 없지만, 그대로 규례가 되었"다고 하면서, "번번이 소를 잡을 때마다 손님상을 대접한다면서 갖가지 고기를 함부로 찾으니 지탱하여 감당하기 어려워 동전 3돈으로 입을 막"는다고 했다. 그래서 "값을 치른 다음에 잡고기를 점취하므로, 또 방구전을 지급한 것이 지금까지 9돈에 이르도록 많아졌"다고 한다.

또한 「풍저창전세공인」 조에서도 "근래에는 군자감・광흥창에서 진배하는 것 외에 또 억지로 풍저창에서 진배하게 하기 때문에, 홍문관의 사령에게 해마다 백미 24말씩을 방구하고, 이조의 고지기에게도 도목할 때마다 역시 방구하는 일이 있어서, 과외의 부비가 이처럼 무한"하다고 했다.

그런데 이와 같은 퇴짜, 정채, 방구전 등은 각기 따로 행해진 것이 아니라, 서로 결합된 형태로 이루어진다는 특징을 보였다. 예컨대

「선공감송판공인」 조를 보면, "호조에서 세금으로 걷는 수장판은 평상시에 공인에게 맡겨서 쓰는 대로 지급하는데, 성균관·사학의 유생 본인이 죽으면 이전부터 이 판으로 제급하였다"고 하면서, "요사이에 와서는 성균관·사학에서 헤아릴 수 없이 퇴짜를 놓고, 하인배가 중간에서 뇌물을 거두며, 또 지금 관판의 값이 30~40냥에 이르는데도 호조에서 지급하는 값은 9냥 5돈에 지나지 않"는다고 하였으니, 퇴짜와 정채가 불가분의 관계에 있었음을 알 수 있다.

마찬가지로 「선공감송판공인」 조에서 "의빈부·종친부·중추부에서 병풍을 고쳐 만들 때 들어가는 송판을 본색으로 진배하면 여러 가지로 퇴짜를 놓으므로, 호조에서 지급하는 값이 1냥 5돈에 불과하지만, 계인이 소비하는 판값은 7~8냥에 이르도록 많"다고 했고, 「공조사립양관장」 조에서도 "상사의 하인 무리가 오직 일을 조종하여 관이 비록 깨끗하더라도 인정을 바치지 않으면 퇴짜를 놓고 가두어 다스"린다고 했다.

또한 「광흥창공인」 조에서는 "이와 같은 길이와 너비는 아무리 값을 쥐여 주어도 사기 어려워서, 부득이 따로 편결하여 상납하는데, 온갖 핑계로 퇴짜를 놓고서는 1부의 대가로 반드시 동전 1냥, 혹은 1냥 2돈, 심하게는 1냥 7돈씩을 거두어들"인다고 하면서, "4~5발은 항상 쓰는 것이 아니기 때문에, 실로 무득할 곳이 없어서 부득이 따로 편결하여 진배하면, 또 퇴짜를 놓고 돈을 받아 입을 막는 데 이르고 말았"다고 하여 퇴짜와 방구전이 서로 관련되어 있음을 잘 보여 준다.

제5책

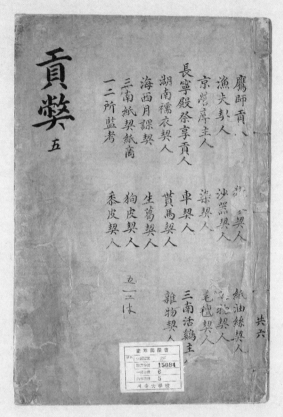

貢弊
五

鷹師貢人　　　新　分契人　　紙油綠契人
漁夫契人　　　沙器契人　　　　松花契人
京營扉主人　　染契人　　　　毛廛契人
長寧殿祭享貢人　車契人　　　　三南活鷄主
湖南襦衣契人　貰馬契人　　　雜物契人
海西月課契　　生葦契人　　　　　　契人
三南紙契紙商　狗皮契人　　　泰皮契人
一二所監考　　　　　　五三休

共六

「공폐」제5책 표지

67

응사공인 鷹師貢人

◎ 상언 저희들이 여름 달에 바치는 꿩은 서울에서 구입할 수 없습니다. 그래서 이른 봄이면 번번이 사냥꾼을 많이 뽑아서 산속의 골짜기로 보내어 하나하나 산 채로 잡아다가 집에서 길러 살찌운 다음에야 봉진(封進)할 수 있습니다. 그러므로 꿩 1마리의 값이 많게는 3~4냥에 이르는데, 궐내의 하인배가 값이 비싼지 따지지 않고 꿩 1마리에 3돈, 닭 1마리에 1돈으로 색책(塞責)하여 억지로 지급하고, 위협하며 가지고 갑니다. 이러한 병폐를 만약 엄금하지 않으면, 낙본의 많고 적음을 잠시 논하지 않더라도, 막중한 어공(御供)에 틀림없이 일이 생길 것입니다. 사옹원에서 비록 신칙하고 있지만, 전에 비해 더 심합니다. 이는 실로 지탱하기 어려운 일이니, 특별히 변통해 주시기 바랍니다.

◎ 제사 궐내의 하인배가 공인이 입궐하여 진배하는 때를 맞이하여

싼값으로 꿩과 닭을 억지로 취하고, 심지어 공상하는 꿩과 닭을 탈취하기도 한다니, 일의 놀라움이 이보다 더 심할 수가 없다. 사옹원에서 전후로 엄칙한 것이 한두 번이 아니었는데도 결국 단속하지 못하였으니, 각별히 분부하여 사옹원에서 다시 더욱 엄금하게 하고, 만약 금령을 어기는 자가 있으면 초기(草記)하여 중감(重勘)하라.

　　鷹師貢人

一矣徒等夏月所　供生雉不得京貿故每於春初多

募獵手發送山峽箇箇活捉家養肥澤然後可以封

進故一首雉價多至三四兩而　闕內所屬不計價

貴雉一首三錢鷄一首一錢塞責勒給威脅持去此

弊若不嚴禁則落本多少姑無論莫重　御供生事

丁寧本院雖爲申飭比前尤甚此實難支之端特賜

變通事

闕內所屬當貢人入　闕進排時以輕價勒取雉鷄甚

至於奪取　供上雉鷄事之可駭莫此爲甚本院之前

後嚴飭非一非再終不斂戢各別分付本院更加嚴禁

而如有犯禁者則草記重勘

68

어부계인 漁夫契人

◎ 상언 해마다 응비(應費: 응역하는 비용)가 거의 천금(千金)에 가까운데도, 숭어는 국산 생선 중에서 가장 귀해서, 공상에 적합한 것은 100마리 중에서 겨우 1마리입니다. 큰비로 홍수가 나거나 눈이 내리고 추위가 심한 때의 경우에는, 먼 곳에서 사 와야 해서 값이 10배로 오르게 되는 상황임은 상하가 서로 다 아는 바입니다. 궐내의 하인배가 값을 정하여 무득(貿得)하는 물고기를 동전 3돈으로 억지로 사 가니, 낙본의 많고 적음은 일단 논하지 않더라도 막중한 공상에 틀림없이 일이 생길 것입니다. 각별히 변통하셔서 지탱하여 보존할 수 있게 해 주시기 바랍니다.

◎ 제사 이미 응사공인에서 논열하였으니, 마찬가지로 시행하라.

漁夫契人

一每年應費殆近千金秀魚雖是　國產魚鮮中最
貴而可合於　供上者百尾董一至於潦水雪寒之
時則遠地貿取價增十倍之狀上下所共知也　關
內所屬准價貿得之魚以錢三錢勒買落本多寡姑
捨勿論莫重　供上生事丁寧各別變通俾得支保
事

已爲論列於鷹師貢人一體施行

경영고주인 京營庫主人

◎ **상언** 진상하는 꿩과 생선은 몸집이 크고 살진 것으로 있는 힘을 다해 값비싼 것을 마련합니다. 사옹원에 들어가 봉진할 때, 각사의 하인, 세력 있는 호한배(豪悍輩)가 좌우·전후로 방자하게 공갈하며 헐값으로 억지로 빼앗는 데 조금도 염려하거나 꺼림이 없습니다. 날마다 빼앗기는 꿩과 생선이 10여 마리에 이르니, 어찌 지탱하여 감당할 수 있겠습니까? 사옹원의 제조가 여러 차례 금단하는데도, 형세는 어찌할 수 없습니다. 저희들이 지탱하기 어려울 뿐 아니라, 틀림없이 일이 생길 것입니다. 각별히 엄칙하셔서 뒷날의 폐단을 막아 주시기 바랍니다.

◎ **제사** 이미 응사공인에서 논열하였으니, 마찬가지로 시행하라.

京營庫主人

一　進上雉鮮以體大肥澤者十分盡力高價措備
進入于廚院封　進之際各司下人有勢力豪悍輩
左右前後肆然恐喝歇價抑奪少無顧忌每日見奪
者雉鮮至於十餘數其何以支當乎本院提調累次
禁斷勢無奈何矣等非但難支生事丁寧各別嚴飭
以防後弊事

已爲論列於鷹師貢人一體施行

장녕전제향공인 長寧殿祭享貢人

◎ 상언 장녕전 신구 전의 온돌에 날마다 불을 때는 소목(燒木) 및 6제향(祭享)의 소목, 홰, 탄 등의 물품을 진배한 다음, 가미(價米)는 강화부에서 지급받습니다. 제가 진배하는 여러 가지 물품이 기인(其人) 한 사람 몫보다 곱절이나 많고, 해마다 100여 리 먼 곳에서 수가(受價)합니다. 배에 실어 올라올 때, 쓸데없는 비용이 매우 많을 뿐만 아니라 배가 부서질 우려 또한 없지 않아서, 전후로 공인이 모두 가산을 탕진하고 도망쳐 흩어졌습니다. 그러므로 6제향의 제수(祭需) 가미도 강화부에서 지급하였습니다. 10여 년 전에 공인의 폐단을 특별히 진념(軫念)하셔서 선혜청에서 값을 주도록 변통하시고 지금까지 폐단 없이 준행해 왔는데, 저의 경우에만 유독 일시의 은택을 입지 못하였습니다. 저희 기인 공물도 제수 가미의 예에 따라 선혜청에서 직접 지급해 주셔서, 균점(均霑)의 은택을 입을 수 있게 해 주시기 바랍니다.

◎ 제사 장녕전에서 제향할 때 진배하는 소목, 홰, 탄 등의 값을 공인이 강화부에서 받아 나와서 배에 싣고 서울로 올라와 세 가지 물종을 무득(貿得)하여 싣고 내려가기 때문에, 그 오고 가는 부비의 폐단을 이루 다 말할 수 없다. 예전에 제수 가미를 강화부에서 받아 오는 것이 큰 폐단이 되었기 때문에, 좋은 쪽으로 변통하여 선혜청에서 지급함으로써 공인이 지탱하여 보존할 수 있게 하였다. 이 건 또한 그 전례에 의거하여 선혜청에서 변통하여 지급하도록 하는 것이 실로 편하고 마땅함에 부합할 것이다. 대체로 강화에서 값을 주는 것은 곧 대동미(大同米)이고, 경청(京廳)에서 값을 주는 것 또한 대동미다. 그 청원에 따라서 경청에서 마련하여 지급하는 데에 조금도 거리낄 바가 없으니, 강화에서 수가하는 사례와 마찬가지로 시행할 뜻을 선혜청에 분부하라.

長寧殿祭享貢人

一本　殿新舊　殿溫堗逐日點火燒木及六　祭
享燒木炬炭等物進排後價米自江華府上下而矣
身各種進排之物倍多於其人一名而每年受價於
百餘里遠地故船運上來之際不但空費夥然亦不
無敗船之患前後貢人莫不敗家逃散故六　祭享
祭需價米段置自本府上下矣十餘年前特軫貢人
之弊自惠廳給價事變通至今無弊遵行而至於矣
身獨未蒙一視之澤矣身其人貢物段置依　祭需

價米例自惠廳直下俾蒙均霑之澤事

長寧殿　祭享時進排燒木炬炭等價貢人受出於江
華府船運上京貿得三物種運下故其往來浮費之弊
有不可勝言曾前　祭需價米受來江華府大爲弊端
故從長變通自惠廳上下貢人得以支保此亦依其例
自惠廳變通上下實合便當大抵自江華給價者乃大
同米也自京廳給價者亦大同米也從其願自京廳磨
鍊上下少無所妨一依江華受價例施行之意分付惠
廳

호남유의계인 湖南襦衣契人

◎ 상언 저희들의 소공(所貢)인 동옷의 가미(價米)는 200여 섬에 불과
하고, 공인도 단지 5~6인이어서 그 잔피(殘疲)한 바는 말하지 않아
도 짐작할 수 있습니다. 다만 60여 년 전에 선혜청에서, 잇달아 풍년
이 들어 쌓아 둘 곳이 없게 되자 옛 주인에게 공가(貢價)를 강제로 내
어주게 하였습니다. 그런데 옛 주인이 모조리 사망하여, 조금씩 다
른 사람에게 팔아넘겼습니다. 신해년(1731)에 이르러 선혜청에서 과
삭(過朔)한 것을 감제(減除)하셨기에, 새 주인이 비싼 값으로 사들이
고도 두 해의 수미(受米)를 공연히 잃어버려 그대로 탕잔하였습니다.
60년 동안 옛 주인이 죽어서 바뀐 주인이 대여섯만은 아닙니다. 팔
아넘기게 되면, 새 주인만 유독 그 피해를 입으니 극히 원통합니다.
앞서 줄이셨던 쌀을 다시 내어주시거나, 전과 같이 익년을 미리 지급
해 주셔서, 보존하여 응역할 수 있도록 해 주시기 바랍니다.

◎ 제사 대개 공물을 사고팔면서 그 유재의 많고 적음을 본다. 유재가 많으면 싼값으로 사들이고, 적으면 후한 값으로 사들이니, 바로 이것이 공인이 사고파는 관례다. 지금 이렇게 계인이 싼값으로 사들이고서 그 정상을 은닉하고, 옛 주인의 유재를 공연히 담당하였다고 칭하는 것이 몹시 가증스럽기는 하지만, 유재를 많게 셈하여 덜어 내면 공인이 지탱하기 어렵고, 유재를 적게 셈하여 덜어 내면 공인이 보존할 수 있다. 셈하여 덜어 낼 때, 비록 종략(從略)하여 셈하여 덜어 내더라도 공가(公家)에서 잃는 바가 없으니, 결국 모두 감해 주는 것이 마땅할 것이다. 이로써 거행하도록 선혜청에 분부하라.

湖南襦衣契人

一矣徒等所貢襦衣價米不過二百餘石而貢人只
是五六人其所殘疲不言可想第六十餘年前惠廳
連因年豊蓄儲無處舊主人處貢價勒令出給而舊
主人盡皆死亡次次轉賣逮至辛亥年自惠廳過朔
減除故新主人重價買得而兩年受米公然見失仍
爲蕩殘六十年間舊主人身歿易主者不啻五六轉
則新主人偏受其害極爲寃痛上項所減米還爲出
給是白去乃依前翌年先下俾得保存應役事
凡貢物買賣觀其遺在多少遺在多則輕價買得少則
厚價買得乃是貢人買賣之例今此契人輕價買得隱
匿其狀稱以公然擔當舊主人遺在者雖甚可惡然遺在

多計減則貢人難支遣在少計減則貢人可保計減時
雖從略計減公家無所失畢竟自當盡減以此舉行事
分付惠廳

해서월과계 海西月課契

◎ 상언 저희들의 총(銃)·약(藥)·환(丸) 세 가지는 진휼청에 속한 것으로서, 해마다 황해도의 각 고을에 나누어 보내고, 조총을 만드는 장인은 각 군문(軍門)의 장인에게 값을 주어 사역합니다. 도감을 임시로 설치할 때, 각기 해당하는 영문(營門)에 이문(移文)하여 부역하게 하는 것은 당연한 전례입니다. 그런데 어떤 빗[色: 부서]의 장인인지 가려서 구별하지 않고서 성명을 번번이 저희들 계의 이름으로 하여 낱낱이 출패하고, 횡침하여 돈을 거두니 실로 원통합니다. 이다음에는 각기 해당하는 영문에 이문하여 부역하라는 뜻으로 특별히 변통해 주시기 바랍니다.

◎ 제사 총·약·환의 세 가지를 만드는 장인은 모두 각 군문의 군사이므로, 권설도감에서 군문에 감결을 보내어 사람을 내세워 보내게 하는 것이 전례다. 중간에서 계인에게 재물을 요구하고자 출패하여

횡침하려는 것은 절대로 근거가 없다. 이다음에는 각 군문에 분부하여 와서 보이게 하고, 이 계를 침해하지 못하도록 각별히 엄금하라. 만약 다시 예전의 버릇을 답습하는 자가 있으면 해당 관원은 경중에 따라 죄를 논하고 하인배는 법사에 보내어 죄를 다스리라.

海西月課契

一矣徒等銃藥丸三種屬之賑恤廳每年分送海西
各邑而鳥銃所造匠人則以各軍門匠人給價使役
矣權設都監時移文各該營門使之赴役事例當然
而不辨某色匠人姓名每以矣等契名這這出牌橫
侵徵錢實爲寃痛此後則移文各該營門赴役之意
特爲變通事

銃藥丸三種造成匠人皆是各軍門軍士則權設都監
捧甘於軍門使之起送乃是前例中間欲索賂於契人
出牌橫侵萬萬無據此後則分付各軍門使之來現勿
侵本契事各別嚴禁而若有復踵前習者則當該官員
從輕重論罪下屬移法司科治

73

삼남지계지상 三南紙契紙商

◎ 상언 종이를 쓰려면 때를 맞추는 것이 긴요하기 때문에 지승(紙僧)을 동칙(董飭)하여 간신히 거두어 모으고서 재를 넘어 포구로 나갈 때, 큰길가의 토호 무리가 품삯이 썩 두터움을 탐하여 엿보고서 전부 붙잡아 놓고 일찍 실어 나르지 않으니 늘어져서 늦어져 버립니다. 바야흐로 피잔해진 사람과 말이 겨우겨우 포구를 떠나 상경해도 기한을 어기게 되니, 번번이 호조에서 책임을 묻습니다. 또 배로 실어 나를 때에는 뱃놈 무리가 그 뱃삯을 탐내어 넘치도록 싣는 데 열중하니, 비록 다행히 치패(致敗)를 면하더라도 항상 물에 잠길까 근심합니다. 이다음에는 그 토호와 뱃놈들로 하여금 전과 같이 폐를 끼칠 수 없게 하도록, 각각의 해당 고을에 각별히 엄칙하셔서 조금의 폐단이라도 없애 주시기 바랍니다.

◎ 제사 종이를 실어 나를 때 토호 무리가 오직 품삯이 두터움을 탐하

여 곧바로 실어 나르지 않는 것이 첫째 폐단이다. 뱃놈이 그 뱃삯을 탐하여 지나치게 실어서, 혹시라도 물에 잠겨 버리게 될까 근심하는 것이 둘째 폐단이다. 실어 나르는 것이 지체되니 번번이 호조의 죄책(罪責)을 당하여, 공인이 이로써 호소하는 것은 참으로 그럴 만함이 있다. 종이를 사들이는 고을 및 배가 있는 고을에 각별히 엄하게 관문(關文)을 보내어, 이러한 폐단이 없게 하도록 호조에 분부하라.

◎ 상언 지상(紙商)들이 돈으로 승려 무리에게서 종이를 사는 것은, 사사로운 물건이 아니라 오로지 방물에 관련되니, 얼마나 중대한 것입니까? 완악한 승려가 괄시하며 번번이 정해진 기일을 어기니, 간혹 많은 돈을 잃고서 작은 종잇조각도 얻지 못하는 폐해가 있어서, 단지 저희들이 보존하지 못할 뿐 아니라 일이 생겨날 수밖에 없습니다. 저희들 개인의 사사로운 힘으로는 징추(徵推)할 수 없어서 본관(本官)에 정소(呈訴)해도, 이를 맡는 데에 조금도 마음을 움직이지 않으니 승려의 습속이 점점 나빠집니다. 장차 그러한 폐단을 구축(驅逐)하고자 하는 걱정이 적지 않습니다. 삼남의 여러 도에 별도의 관문을 보내어 엄칙하셔서, 각 고을에서 보고한 바에 따라 엄중히 조사하여, 좀 더 일찍이 부급(浮給: 종이를 떠서 지급)하는 바탕으로 삼아 주시기 바랍니다.

◎ 제사 삼남의 지사(紙寺: 종이를 제작하는 사찰)에 종이 값을 미리 지급해도 승려가 바로 부급하지 않고 번번이 정해진 기일을 어겨서, 간혹 하나도 거두어들이지 못하는 폐해가 있다. 본관에 정소해도 끝내

엄중히 다스리지 않으니, 공인 사이에 낭패가 많다. 이것이 비록 사무(私貿)라도 방물에 관계되니, 공인이 이 일로 만약 정장(呈狀)하는 일이 있으면, 호조에 분부하여 관문을 보내어 엄칙하라.

三南紙契紙商

一紙物之用緊於及時故董飭紙僧董得收聚踰嶺出浦之際沿路土豪輩貪視雇價之優厚盡數執捉趁不輸運延致節晚始以疲殘人馬董董出浦上京愆期每有戶曹致責又於船運時船漢輩利其船價專事濫載雖幸免致敗每患其沈水此後則使土豪與船漢等毋得如前作弊事各別嚴飭於各該邑以除一分之弊事

紙地載運時土豪輩但貪雇價之厚不卽輸運一弊也船漢利其船價而過載或致沈水之患二弊也以輸運遲滯每被地部之罪責貢人以此呼訴誠有然者各別嚴關於貿紙官及船在官俾無此弊事分付戶曹

一紙商等以錢貿紙於僧徒者非爲私貨專係方物則所重何如而頑僧怎視每每愆期或有失千金而不得寸紙之弊非但矣等之難保生事必然以矣等私力無可徵推呈訴本官則少不動念職此而僧習漸惡將欲歐逐其弊誠非細慮別關三南諸道嚴飭各邑隨所告嚴覈以爲趁卽浮給之地事

預給紙價於三南紙寺而僧人不卽浮給每致愆期或
有全未收之弊呈于本官終不嚴治貢人間多狼狽此
雖私貿關係方物貢人以此若有呈狀之事則分付地
部發關嚴飭

일이소감고등一二所監考等

◎ 상언 한성부의 응판관(應辦官) 때 저희들의 세폐(歲幣)에서 약간의
이익이 남기 때문에 응판의 보용전(補用錢) 100냥 및 자리, 그릇을 아
울러 책납하는데, 바치는 대로 족족 잃어버리고, 한성부의 하인 무리
에게 드는 비용도 동전 100냥을 넘기며, 한 번 응판을 겪을 때 드는
비용이 거의 천금에 가깝습니다. 조정에서 저희들이 실업할까 진념
(軫念)하셔서 세폐 5동(同)을 획급해 준 것이 도리어 재앙을 부르게 되
었습니다. 세폐에서 남는 이익은 20~30섬에 불과한데, 이렇게 1,000여
냥의 비용이 있게 되어, 가산을 탕진하고 보존하기 어려운 지경에 이
르렀으니, 특별히 변통해 주시기 바랍니다.

◎ 제사 감고(監考)는 한성부의 응판을 담당하고, 또 세폐를 평산(平山)
에서 실어 오는 쇄마(刷馬)를 담당하며, 또 칙사 시에는 괘요(掛瑤)를
담당한다. 이 때문에 호조에서 특별히 그 폐해를 생각하여 감고에

게 약간의 세폐를 내어주고 무납하게 하였고, 그렇게 남은 이익으로
는 응판 등의 역에 책응(責應)하였는데, 이익은 적고 역은 많아서 형
편상 지탱하여 보존하기 어렵다. 한성부에서 응판할 때 받는 보용전
100냥은 특별히 영원히 감면하고, 한성부에서는 매 식년(式年)마다
호적 질지전[作紙錢]을 옮겨서 가져다 쓰라. 자리와 그릇의 경우에는,
바로 쓰고 돌려준다면 변통할 필요가 없다. 대체로 감고의 역에는
폐해가 되는 일이 셀 수 없을 정도이고, 각전에서 받는 세폐는 본래
국역에 보탬이 되는 것이 없으니, 평산의 쇄마 및 괘요의 역을 약간
더하여 돕는 것이 사리에 당연하다. 각별히 선처하도록 호조에 분부
하라.

一二所監考等

一漢城府應辦官時矣徒等有歲幣略干餘利故應

辦補用錢一百兩及鋪陳器皿一幷責納而隨納隨

失府隷輩所費錢百有餘兩一經應辦所費殆近千

金　朝家軫念矣等之失業劃給歲幣五同者反爲

禍祟歲幣餘利不過二三十石而有此千餘兩之費

以至於敗家難保之境特爲變通事

監考擔當京兆應辦又當歲幣平山載運刷馬又當勑

使時掛瑤以此地部特軫其弊出給略干歲幣於監考

使之貿納以其餘利責應應辦等役而利少役多勢難

支保京兆應辦時所納補用錢一百兩特爲永減而京

兆則以每式年戶籍作紙錢推移取用至於鋪陳器皿

乃是用還不必變通大抵監考之役爲弊不貲各廛所

受歲幣元無補 國役之事平山刷馬及掛瑤之役若

干添助事理當然各別善處事分付戶曹

돈삼계인 獤蔘契人

◎ 상언 이번의 대마도 영주 고경차왜(告慶差倭)의 접위관(接慰官)이 가지고 갈 인삼으로 말하자면, 체삼(體蔘)은 호조에서 강계(江界)에 산원(算員)을 따로 보내 사들여 소(穌)를 만들고, 미삼(尾蔘)은 저희들이 무납하게 하였는데, 형조에 넘기는 것에 있어서는 정처(正妻)를 잡아 가두는 지경이므로, 저희들이 감히 어기거나 거절하지 못하고서, 비록 수가(受價)하지 못하더라도 배절(背節)의 때를 맞이하여 여기저기서 빚을 내어 냥냥돈돈을 한데 모아 갖추어 바치면, 단지 큰 미삼만 받고 가느다란 미삼은 퇴짜를 놓기 때문에, 납부한 실제 숫자인 30여 냥(兩: 무게 단위)의 값이 400여 냥(兩: 화폐 단위)의 돈이 됩니다. 지금 엎드려 보건대 호조의 마련은 거의 5분의 1이니, 잔패한 저희들이 어떻게 지탱하여 보존할 수 있겠습니까? 이로 인해 저희들의 부채가 산에 걸린 해와 같습니다. 특별히 변통해 주시기 바랍니다.

◎ 제사 체삼의 값 역시 그 품질의 우열에 따라서 값을 정하거늘, 미삼 또한 어찌 크고 작음과 정밀하고 거침의 분별이 없겠는가? 그 말하는 바에 근거하는 바가 없지 않고, 공인의 청원이 이와 같으니, 다시 사실을 더 조사하여 편한 대로 헤아려 지급하도록 호조에 분부하라.

獐蔘契人

一今番島主告慶差倭接慰官齎去蔘論之則體蔘
自戶曹別送算員於江界而貿來作餗尾蔘則使矣
等貿納而至於移刑曹囚禁正妻之境故矣等不敢
違拒雖未受價而當其背節之時東西欠貸兩兩錢
錢鳩聚備納則只捧其大尾退其細尾故所納實數
三十餘兩之價爲四百餘兩錢而今伏見戶曹磨鍊
則僅爲五分之一殘敗矣等何以支保乎此是矣等
負債如山之日也特爲變通事
體蔘之價亦隨其品之優劣而定價則尾蔘亦豈無大
小精麤之分耶其所爲言不無所據而貢人稱冤如此
更加查實從便量給事分付戶曹

76

사기계인沙器契人

◎ 상언 알성정시(謁聖庭試)·문신전강(文臣殿講) 때, 승정원의 서리가
  마묵기(磨墨器)라고 하면서 자완(磁碗) 5개, 대접 5개, 사발 5개, 보시
  기 5개를 번번이 가져다 씁니다.

◎ 제사 알성정시 때와 문신전강 때의 마묵기로는 공조의 방구리를 진
  배하게끔 정례에 실려 있다. 그런데 승정원의 하인배가 빙자하여 함
  부로 거둔다니 극히 근거가 없다. 각별히 금단하되, 만약 다시 범하
  는 자가 있으면 해당 하인배는 법사에 보내어 죄를 다스리라.

◎ 상언

• 충훈부에서 진향할 때 및 연례할 때에 저희 계에서 사기를 가져다
  씁니다. 이 또한 지탱하기 어려운 폐단이니, 영구히 가려서 막아 주
  시기 바랍니다.

- 종부시에서 세초연(洗草宴)할 때에 그릇을 번번이 가져다 씁니다. 국가의 막대한 잔칫상에 쓰는 그릇은 세 시에서 가져다 쓰는데, 세초연에 소용되는 것만 저희 계로 하여금 담당하게 합니다. 이 또한 지탱하기 어려운 폐단이니, 영구히 가려서 막아 주시기 바랍니다.
- 종친부에서 진향할 때에 당기명(唐器皿)을 저희 계에서 가져다 씁니다. 이 또한 지탱하기 어려운 폐단이니, 영구히 가려서 막아 주시기 바랍니다.

◎ 제사 이상의 세 조목은 이미 공용이 되었으니, 지금 혁파하기 어렵다. 쓴 다음에 반드시 깨져서 상하는 것이 많은데, 이는 각기 관청에서 하나하나 값을 치르도록 정식하여 시행하라.

◎ 상언 사옹원에서 원내의 그릇이 부족하다고 하면서 번번이 저희 계에서 가져다 씁니다. 이는 지나간 옛날에는 없던 일이며, 요 몇 해 사이에 시작된 것입니다. 명분은 비록 빌려 쓰는 것이라지만, 이는 계인이 맡을 바가 아닙니다. 이후로는 영원히 가려서 막아 주시기 바랍니다.

◎ 제사 사옹원에서는 분원을 설치하고 사기그릇을 구워 만들어 궐내의 한 해 소용을 담당하는데, 구워 내는 사기그릇이 번번이 부족할까 염려하고, 진배가 긴급하면 반드시 사기계로부터 빌리니, 사체가 매우 한심하다. 이다음에는 각별히 엄칙하여 다시 빌려 쓰지 말게 하고, 만약 다시 예전의 버릇을 답습하면 해당 관원은 경중에 따라

죄를 논하고 하인배는 법사에 보내어 죄를 다스리라.

◎ 상언 예문관 한림소시(翰林召試) 때의 마묵(磨墨) 기명(器皿)은 세 시
에서 가져다 쓰는데, 저희 계에서 당대접 5닢, 사발 5닢을 거듭 받으
니 실로 원통합니다. 영구히 가려서 막아 주시기 바랍니다.

◎ 제사 한림소시 때의 마묵기인 방구리는 공조에서 진배하는 것이니,
승정원의 하인배가 억지로 당대접과 당사발을 진배하게 하는 것은
아울러 모두 금단하라. 다시 이러한 폐단이 있으면 해당 하인배를
법사에 보내어 죄를 다스리라.

◎ 상언 승정원·홍문관·예문관·시강원·익위사, 이상 다섯 관청의
수공칸[水工間: 청소나 물 긷는 일을 담당]에 소용되는 그릇은, 정례 중
에 봄가을 두 번 진배하게 되어 있고, 상서원의 그릇은 정례 중에 해
마다 한 번 진배하게 되어 있습니다. 정례에 없는데도 훼손되는 대로
받아 쓰고서 조금이라도 명령을 위반하면 출패하여 잡아 가두니, 각
별히 금단해 주시기 바랍니다.

◎ 제사 궐내의 각사와 여러 상사에 계인이 진배하는 사기그릇을 헤아
려 결정해서 정례에 실었는데, 수량이 넘치게 더 받아서 나라의 금
령을 크게 어긴다니 진실로 매우 놀랍다. 이후로는 각별히 금단하되
만약 혹시라도 다시 예전의 버릇을 답습하면 해당 낭청은 경중에 따
라 죄를 논하고 하인배는 법사에 보내어 죄를 다스리라.

沙器契人

一謁聖庭試文臣　殿講時政院書吏稱以磨墨器
磁碗五大貼五沙鉢五甫兒五每每取用事
謁聖庭試時文臣　殿講時磨墨器以工曹方文里進
排載於定例而政院下屬憑藉橫徵極爲無據各別禁
斷而若有復犯者則當該下屬移法司科治
一忠勳府進　香時及宴禮時沙器取用於矣契此
亦難支之弊永爲防塞事
一宗簿寺洗草宴時器皿每每取用矣　國家莫大
之宴床器皿取用三寺而洗草宴所用使矣契擔當
此亦難支之弊永爲防塞事
一宗親府進　香時唐器皿取用於矣契此亦難支
之弊亦爲防塞事
以上三條既是公用今難革罷用後必多破傷者此則
自各其司一一給價事定式施行
一司饔院以院中器皿不足是如每每取用於矣契
此則前古所無之事近年創開名雖借用此非契人
之所當此後永爲防塞事
司饔院設置分院燔造沙器擔當　闕內一年所用而
所燔沙器每患不足急於進排則必貸沙器契事體極
爲寒心此後則各別嚴飭勿復貸用而若復踵前習則
當該官員從輕重論罪下屬移法司科治

一藝文館翰林召試時磨墨器皿取用於三寺而矣
契唐大貼五立沙鉢五立疊捧實爲寃痛永爲防塞
事

翰林召試時磨墨器方文里工曹進排則政院下屬之
勒令進排唐大貼唐沙鉢幷皆禁斷復有此弊則當該
下屬移法司科治

一政院弘文館藝文館侍講院翊衛司以上五司水
工間所用器皿段定例中春秋兩次進排而尙瑞院
器皿定例中一年進排而不有定例隨毁捧用少或
違令則出牌囚禁各別禁斷事

闕內各司諸上司契人進排沙器酌定載於定例而濫
數加捧大違 國禁誠甚可駭此後各別禁斷而如或
復踵前習則當該郎廳從輕重論罪下屬移法司科治

77

염계인 染契人

◎ 상언

- 염계의 폐막을 단지 대략 말씀드리자면, 그 폐해는 예로부터 이러했습니다. 옛 주인이 지탱하여 담당함을 견뎌 내지 못했기 때문에, 갑오년(1714)에 호조에서 저희들을 새로 뽑아서 지금 40년에 이르렀습니다. 그런데 저희들의 잔패함은 옛 주인보다도 심합니다. 여러 가지 염색 값에서 낙본이 가장 심한 것을 참작하여 첨가(添價)하셔서, 보존하게 해 주시기 바랍니다.
- 홍초·홍주의 1필당 염색 값 및 교미(膠米)를 도련하는 수공(手工)을 아울러 쌀 2말 9되씩, 시가로 동전 2냥씩으로 해 주시기 바랍니다.
- 붉은 무명·붉은 삼베·붉은 모시의 1필당 염색 값은 쌀 2말 8되씩, 시가로 동전 1냥 8돈씩으로 해 주시기 바랍니다.
- 검푸른 무명·삼베의 1필당 염색 값은 쌀 3말 2되씩, 시가로 동전

2냥 5돈씩으로 해 주시기 바랍니다.

- 홍도련지(紅搗鍊紙) 1권의 염색 값은 쌀 5말 2되로, 시가로 동전 7냥으로 해 주시기 바랍니다.

- 아청상품도련지(鴉靑上品搗鍊紙) 1권의 염색 값은 쌀 6말 8되로, 시가로는 동전 6냥으로 해 주시기 바랍니다.

- 아청초주지(鴉靑草注紙) 1권의 염색 값은 쌀 2말 4되로, 시가로 동전 5냥으로 해 주시기 바랍니다.

- 홍백면지(紅白綿紙) 1권의 염색 값은 쌀 1말 4되로, 시가로 동전 2냥으로 해 주시기 바랍니다.

- 청백면지(靑白綿紙) 1권의 염색 값은 쌀 1말 4되로, 시가로 동전 1냥 5돈으로 해 주시기 바랍니다.

◎ 제사 이상의 여러 가지 염색 값은 반드시 모두 부족한 것은 아니다. 또 예전에 이러한 폐단을 진념(軫念)하여 호조에서 세폐(歲幣)의 공가(貢價)를 획급해 주어 보태어 쓸 재원으로 삼게 했으니, 지금에 이르러 따로 변통해 줄 수는 없다. 하지만 그 칭원하는 바가 이와 같으니 지금의 시가와 비교하여 헤아려서, 과연 만약 낙본이 허다한 일이 있다면, 참작하여 선처하도록 호조에 분부하라.

　　　　染契人

　　一染契之弊瘼只陳大略而其弊從古如斯舊主人

　　不勝支當故甲午年自戶曹新募矣等今至四十年

　　而矣等之殘敗有甚於舊主人各樣染價最落本者

參酌添價以爲保存事

一紅綃紅紬每疋入染價及膠米搗鍊手工幷米二

斗九升式市直錢二兩式

一紅木紅布紅苧布每疋染價米二斗八升式市直

錢一兩八錢式

一鴉靑木布每疋染價米三斗二升式市直錢二兩

五錢式

一紅搗鍊紙一卷染價米五斗二升市直錢七兩

一鴉靑上品搗鍊紙一卷染價米六斗八升市直錢

六兩

一鴉靑草注紙一卷染價米二斗四升市直錢五兩

一紅白綿紙一卷染價米一斗四升市直錢二兩

一靑白綿紙一卷染價米一斗四升市直錢一兩五

錢

已上各樣染價未必盡爲不足且曾前爲軫此弊自戶

曹劃給歲幣貢價以爲補用之需到今別無可以變通

者而其所稱寃如此較量卽今市直果若有許多落本

之事則參酌善處事分付戶曹

78

거계인 車契人

◎ 상언　저희들 20여 명은 계를 만들어 역에 응하며 자생해 왔습니다. 근래 국역이 연하여 거듭되고 우역(牛疫)이 더욱 심하여, 달구지소가 죽음에 이른 것이 700여 마리에 이르도록 많았기 때문에, 모양을 갖출 수 없었습니다. 지금에 이르러 계인 가운데 남은 자가 10여 명에 불과하니 장차 파산을 면하기 어려운 가운데, 여러 궁가에서 실어 간 물품은 크고 작음을 막론하고 혹은 반값으로 억지로 지급하고, 혹은 외상으로 실어 나르는 폐단이 없는 날이 없습니다. 그런데도 만약 더디고 느즈러지면 채찍으로 때리거나 잡아 가두는 폐단이 흔히 있어, 실로 지탱하여 보존할 형편이 아닙니다. 특별히 변통해 주시기 바랍니다.

◎ 제사　이 계의 사람들은 물자와 노력을 많이 써서 달구지를 만들고 소를 사서 잇달아 국역에 응하고 수가(受價)하여 자생하는데, 만약

소가 죽거나 달구지가 부서지면 하루아침에 탕패(蕩敗)하니 참으로 불쌍하고 가엾다. 공가(公家)의 운임은 오히려 기준대로 지급하거늘, 여러 궁가에서 독령(督令)하여 사역하면서 혹은 반값을 지급하거나 혹은 값을 치르지 않기도 한다니, 일의 놀라움이 이보다 더 심할 수가 없다. 계인이 이로 인해 장차 패망할 지경에 이르렀으니, 앞날의 국역이 참으로 염려스럽다. 이다음에는 여러 궁가에서 품삯을 준급한 뒤 사역하도록 엄칙하고, 만약 전과 같이 억지로 싣는다면 각 궁가의 소임은 법사에 보내어 죄를 다스리라.

◎ 상언 거계의 운가미(運價米)는 호조에서 한 해 동안 4분기로 나누어 응하(應下)하는 것이 210여 섬이지만, 지금은 달구지소가 죽거나 늙어서 형편상 응역하기가 어렵습니다. 비록 각 도감에 실어 보내는 잡물로 말하더라도 그 수가 매우 많은데, 번번이 관문을 보내지 않는 것이 많습니다. 이는 앞으로 계감하도록 2~3년의 응하미(應下米)를 비싼 값으로 미리 지급해 주셔서, 달구지소를 다시 장만하여 폐단 없이 응역할 수 있는 바탕으로 삼게 해 주시기 바랍니다.

◎ 제사 이 계가 현재 지탱하기 어려운 가운데, 호조에서 한 해 동안 응하할 값을 어림잡아 헤아려서 한 번에 몰아서 지급하고, 앞으로의 품삯을 차츰차츰 계감하면, 계인은 지탱하여 보존할 길이 있고, 관가는 잃어버릴 염려가 없다. 이로써 호조에 분부하라.

車契人

一矣徒等二十餘人作契應役資生矣近來　國役
稠疊牛疫滋甚車牛致斃至於七百餘首之多故不
能成樣到今契人之餘存者不過十餘人將不免罷
散之中諸宮家所載之物毋論大小或以半價勒給
或以外上輸運之弊無日無之而若或遲緩則鞭扑
囚禁之弊比比有之實無支保之勢特爲變通事
本契人等多費物力造車買牛連應　國役受價資生
若牛斃車摧則一朝蕩敗誠甚可矜而公家運價尙且
準給則諸宮家督令使役而或給半價或不給價事之
可駭莫此爲甚契人因此而將至於敗亡之境前頭
國役誠甚可慮此後則嚴飭諸宮家準給雇價後使役
而若依前勒載則各宮家所任移法司科治
一車契運價米自戶曹一年分四等應下者爲二百
十餘石而卽今車牛盡疲勢難應役雖以各都監所
載雜物言之其數甚多而每多有未及出關者此則
前頭計減次二三年應下米從貴預下以爲改備車
牛無弊應役之地事
本契方在難支中自戶曹斟酌一年應下之價一時都
下前頭雇價次第計減則契人有支保之道官家無所
失之慮以此分付戶曹

79

세마계인貰馬契人

◎ 상언 내수사의 교초(郊草)는 임금께서 쓰시거나 내려 주시는 물품으로서, 철곶평에 있습니다. 해마다 각자 나룻배로 실어다 바친 것이 그 유래가 이미 오래되었습니다. 그런데 나룻배에는 본래 사공과 곁꾼[格軍]이 없기 때문에, 저희 계에 운부계(運負契)를 더해 주어 그 소출(所出)로써 해마다 사공과 곁꾼의 양자(粮資) 등의 쌀 30섬을 판출하여 삯꾼을 정해서 보내도록 연품(筵稟)하여 정탈(定奪)하였습니다. 나룻배가 각 군문에 전속(專屬)된 다음부터 지금까지, 지난해를 시작으로 하여 나룻배를 정해서 보내 주지 않으셨기 때문에, 내수사에서 비변사에 보고하였습니다. 그랬더니 비변사에서는 나룻배의 체중(體重)으로는 시목이나 교초를 실어 나르는 데 출역(出役)할 수가 없으니 운마계(運馬契)로 하여금 오로지 담당하게 할 뜻으로 제사하였습니다. 그래서 내수사에서는 저희 계로 하여금 억지로 날라 바치

게 하였습니다. 3,500동(同)을 실어 나르는 뱃삯이 적어도 300여 냥을 밑돌지 않습니다. 이 계가 원래 지탱하기 어려운 가운데 대가 없는 역을 대신 담당하게 되었으니 그 원통함은 이미 말할 수가 없습니다. 3,500동을 날라 바치는 뱃삯을 만약 마련하여 지급하지 않으신다면, 호조 소관의 기한이 다 찬 조선(漕船) 2~3척을 획급해 주십시오. 그렇지 않으면, 어떤 곳에서 선재(船材)를 베도록 허락해 주셔서 공문을 가지고 내려가 배를 만들어, 역에 응하여 지탱하여 보존하게 해 주시기 바랍니다.

◎ 제사   내수사의 교초는 운부계에서 예전부터 날라 바쳤는데, 중간에 세마계가 지탱하기 어려워져서 운부계와 더불어 힘을 합치게 했기 때문에, 교초도 역시 같이 날랐다. 강운(江運)의 경우에는, 각 나룻배로 양식을 지급하여 실어 왔는데, 지금은 나룻배가 이미 군문에 속하여 교초를 나르는 일이 지극히 부당하다. 또 이미 양미(粮米)는 있으니, 어떤 배인들 빌려서 부릴 수 없겠는가? 이 계에서 받는 역가미(役價米)는 원수(元數)가 매우 많은데도 맡은 바의 역에서 벗어나려 하다니 극히 이상스럽고 놀랍다. 조선을 획급하거나 선재를 베도록 허락하는 등의 일은 변통뿐만 아니라 허시(許施)하기도 어렵고, 의의 역시 없으니 그대로 두라.

◎ 상언   이른바 준절(準折)이라는 것은 호조에서 설립 초에 정식한 것입니다. 중간에 수당(首堂)의 변통에 따라 재목·기와 등물의 1바리마다 준절 외에 혹은 1~2 혹은 2~3의 수를 늘려 실어 나르라는 뜻

으로 분부하셨기 때문에, 감히 어기거나 거절하지 않고 분부에 따라 거행하였는데, 그대로 잘못된 규례가 되었고, 지금에 이르러서는 이에 따라 회감합니다. 그런데 고마인(雇馬人)은 짐이 무겁고 나르기 어려워서 본래의 준절 외에는 한 개도 더 싣지 않았으니, 그동안 잃은 것을 어찌하겠습니까? 특별히 변통해 주시기 바랍니다.

◎ 제사 이른바 준절은 1바리를 기준으로 꺾어 정한 것이다. 옛날에는 나무·기와의 덩치가 크고 무게가 무거웠는데, 요 몇 해 이래로 조금씩 점점 가벼워져서, 호조에서 더 싣도록 고쳐 정한 것은 일의 이치가 마땅하다. 그런데도 계인의 칭원이 이와 같으니, 혹시라도 폐를 끼치는 까닭이 있어서 도리어 이러한 호소를 하는 것인지도 모르겠다. 더 싣는 것이 마땅한지 아닌지를 헤아려서 잘 생각하여 처리하도록 호조에 분부하라.

◎ 상언 외선공감의 공물을 혁파하기 전에는, 각처에 진배하는 여섯 가지 오리목과 판자 등의 물품은 많고 적음을 물론하고 외선공감주인이 스스로 지고 와서 스스로 바쳤습니다. 일단 혁파한 다음부터는 저희 계에서 도맡아 실어 바치는데, 호조에서는 한결같이 실제로 들이는 수량에 따라서 어떤 경우에는 반 바리, 어떤 경우에는 3~4개, 어떤 경우에는 1~2개, 어떤 경우에는 1자 1치의 관문을 보냅니다. 대저 외도고로부터 각처에 날라 바칠 때, 비록 1~2개를 지고 오는 것도 고가(雇價)가 1돈을 밑돌지 않고, 혹시 반 바리를 실어 오는 것도 태가(馱價)는 2돈을 밑돌지 않습니다. 그런데도 호조에서 회계할

때에는 하나하나 값으로 셈하지 않고 단지 본래의 준절(準折)에 따라 계감합니다. 그러면 대여섯 차례 날라 바친 숫자도 겨우 1바리가 되니, 이는 실로 그 손해를 대신 부담하는 것입니다. 이다음에는 외선공감의 옛 주인의 전례에 따라 외도고주인(外都庫主人)으로 하여금 바로 바치게 하고, 그렇지 아니하면 회계할 때에 한결같이 관문을 보내는 숫자에 따라서 비록 준절에 차지 않더라도 혹은 1바리를 계감하거나 혹은 반 바리를 계감하여, 함부로 잃어버리는 폐단이 없도록 해 주시기 바랍니다.

◎ 제사 목물을 나르는 값은 모두 호조의 준절로써 마련하는데, 지금의 강상도고(江上都庫)는 공인이 아니라 곧 시전 상인이기 때문에 호조와 서로 더불어 사고판다. 원래 공물이 아니므로, 외선공감의 공계처럼 날라 바치게 하는 것은 사리(事理)에 맞지 않다. 하지만 외선공감이 아직 복구되기 전이니 마계에서 형편상 운반해 오는 것이 마땅하다. 나무를 나를 때 많이 싣고 적게 싣고를 셈하지 않고 합해서 1바리로 정한 것은 곧 100년 동안의 준절이니 갑자기 허시(許施)하기는 어렵다. 그런데도 계인의 호소가 이와 같다면, 그동안 혹시 폐를 끼치는 까닭이 있었을 것이다. 각별히 잘 처리하도록 호조에 분부하라.

◎ 상언 저희 계의 수가(受價)는 해마다 500여 섬의 쌀에 불과하며, 기간을 둘로 나누어 봄의 1월과 가을의 7월에 지급하셨습니다. 정례하실 때에 잠깐 동안 2·8월로 기간을 바꾸었는데, 한 달씩 물려서 받

는 것은 그다지 관계없지만, 다만 7월에는 햇곡식이 나오지 않아 쌀값이 조금 높고, 8월에는 햇곡식이 이미 익어서 쌀값이 매우 싸서, 수백 섬의 손해가 거의 수백 냥에 이릅니다. 저희 계에는 실로 중요하게 관계되지만, 호조에는 조금의 손해나 이익도 없습니다. 전과 같이 정식하셔서 1 · 7월로 기간을 바꾸어 주시기 바랍니다.

◎ 제사　여러 공물의 기간을 정하는 것은 한결같이 공계인이 원하는 대로 어린(魚鱗)에 실었으니 지금 변통하기는 어렵다. 이 계인의 경우, 8월의 수가를 7월로 바꾸어 정해 주기를 바라는데, 이는 분명 7월에는 쌀값이 비싸지만 8월에는 혹시라도 쌀값이 떨어질까 염려해서 그런 것이다. 사람의 마음은 반드시 이와 같으니, 한 달의 차진(差進)이 공(公)에는 조금도 손해되는 바가 없지만, 사(私)에는 이익 되는 바가 많다. 어린을 고쳐 기록하도록 호조에 분부하라.

◎ 상언　저희들 마계(馬契)가 이미 운부계(運負契)를 합쳤으니, 운부(運負)하여 소식(所食)하는 역가미는 각 창고의 소출(所出)을 물론하고 저희들이 전부 담당하는 것이 마땅합니다. 당초에 설립할 때 계인 박중관(朴重觀)이 계를 세울 때 공력(功力)이 있었다고 스스로 일컬으며 상(賞)의 몫으로 광흥창 소출의 운초가(運草價) 30섬을 모두 담당하여 마치 자기 물건인 듯 간주하고 이리저리 사고팔아 오늘날에 이르렀습니다. 사리를 논하더라도 어림없이 맞지 않습니다만, 이렇게 국역이 빈번히 거듭되는 날을 맞이하여, 저희 계에서 응식(應食)할 물력이 공연히 중관의 사사로운 주머니로 돌아가니, 참으로 원통합니다.

이 광흥창 역가미 30여 섬을 모두 담당하여 국역에 응하게 해 주시기 바랍니다.

◎ 제사 마계와 운부계는 모두 내수사로 운초(運草)하는 역을 담당하니, 이른바 부석가(負石價)는 각창의 소출을 물론하고 운부계가 한데 아울러 담당함이 마땅하다. 그런데 당초에 박중관이 상송(相訟)할 때의 상의 몫이라고 하면서 제멋대로 담당하여 이리저리 사고판다니 일의 놀라움이 이보다 심할 수 없다. 지금 탄로 난 후로는 운부계에 찾아서 내어주지 않을 수 없다. 지금부터 시작하여 광흥창 소출의 역가미는 모두 운부계에 맡기고, 그들이 나누어 가져서 역에 응하게 하라. 이다음에 만약 전과 같이 함부로 빼앗는 폐단이 있으면 법사에 보내어 엄중히 다스리도록 광흥창에 분부하라.

　　賣馬契人
一內需司郊草卽　御用頒賜之物在於鐵串坪每
年以各津船輸納者其來已久而津船本無沙格故
矢契添付運負契以其所出每年辦出沙格粮資等
米三十石雇軍定送事　筵稟定奪矢一自津船專
屬各軍門之後上年爲始津船不爲定送故內司報
于備局則備局以津船體重不可出役於柴草載運
使運馬契專爲擔當之意題辭故內司則勒使矢契
運納而三千五百同輪運船價小不下三百餘兩矢
本契原來難支之中替當無價之役其所痛寃已不

可言三千五百同運納船價若不磨鍊上下則戶曹
所管限滿漕船二三隻劃給不然則某處船材使之
許斫持公文下往造船以爲應役支保事

內司郊草運負契自前運納而中間因貰馬契難支與
運負契合以同力故郊草亦同運而至於江運則以各
津船給粮載來今則津船已屬軍門運草事極不當且
旣有粮米何船不可貰使乎本契所受役價米元數甚
多欲免所當之役極爲痛駁劃給漕船許斫船材等
事非但變通爲難許施亦無意義置之

　　一所謂準折乃是戶曹設立初定式者而中間因首
　　堂變通材木瓦甄等物每駄準折外或加一二或加
　　二三加數駄運之意分付故不敢違拒依分付擧行
　　矣仍成謬規至于今依此會減而雇馬人段卜重難
　　運本準折外無一箇加載之理其間所失爲如何哉
　　特爲變通事

所謂準折卽準一駄而折定也古則木物瓦甄體大斤
重近年以來次次漸輕戶曹之改定添載事理當然而
契人之稱寃如此未知或有貽弊之端而乃有此呼訴
耶添載之當否商量善處事分付戶曹

　　一外監貢物不罷之前各處進排六種條里木板子
　　等物毋論多寡外監主人自負自納矣一自革罷之
　　後矣契專爲載納而戶曹則一從實入數或半駄或

三四箇或一二箇或尺寸出關矣大抵自外都庫運
納各處之際雖一二箇負來者雇價則不下一錢或
半駄載來者駄價則不下二錢而戶曹會計時則不
計種種運價只從本準折計減然則五六次運納之
數董爲一駄此實替當彼害者也此後則依外監舊
主人例使外都庫主人直納而不然則會計時一從
出關之數雖不滿準折或以一駄計減或以半駄計
減俾無橫失之弊事

木物運價皆以戶曹準折磨鍊而卽今江上都庫非貢
人乃市民故戶曹相與買賣元非貢物則使之運納如
外監契者不成事理外監未復舊前馬契勢當運來而
運木時不計多載少載合定一駄乃是百年準折則猝
難許施而然契人之呼訴如此其間或有貽弊之端各
別善處事分付戶曹

　一矣契之受價每年不過五百餘石之米而作爲兩
　等春正月秋七月上下矣頃於定例時換等於二八
　月一朔之退受無甚關係而但七月則新穀未出米
　價稍高八月則新穀已登米價甚賤數百石落本幾
　至數百兩在矣契實爲關重在戶曹少無損益依前
　定式以正七月改等事

諸貢作等一從貢契人所願載於魚鱗今難變通而至
於此契人欲以八月之受價換定於七月者明是七月

則米價貴八月則或慮米價賤而然也人情必如此差
進一朔於公少無所害於私多有所益改錄魚鱗事分
付戶曹

　一矣徒等馬契旣合運負契則運負所食役價米勿
　論各倉所出矣徒等宜乎盡數次知是白去乙當初
　設立時契人朴重觀自稱設契時有功力是如以賞
　衿廣倉所出運草價三十石全數次知視若自己物
　轉相買賣至于今日論以事理萬萬不當當此　國
　役繁重之日矣契應食之物公然歸之於重觀私橐
　誠爲寃痛同廣倉役價米三十餘石一體次知以應
　國役事

馬契與運負契一體擔當內司運草之役則所謂負石
價勿論各倉所出運負契當一倂次知而當初朴重觀
稱以相訟時賞衿私自次知轉相買賣事之可駭莫此
爲甚見今現露之後不可不推給於運負契自今爲始
廣倉所出役價米沒數付諸運契使之分食應役此後
若有如前橫奪之弊則移法司重繩事分付廣倉

생갈계인 生葛契人

◎ 상언 칡은 원공 없이 쓰는 대로 값을 주어 별다른 폐단이 없었는데, 양자문, 구영선 및 권설도감에서 번번이 우선 하체(下帖)하고 가져다 쓴 다음 그 실입에 미쳐서는 절반 미만으로 하니 원통함을 견뎌 낼 수 없습니다. 지금 이후로는 우선 하체하고 가져다 쓰는 폐단을 각별히 엄금해 주시기 바랍니다.

◎ 제사 양자문, 구영선, 권설도감을 물론하고 소용되는 칡은 산원(算員)에게 분차(分差)하여 산적(算摘)하되, 급하면 해당 관원이 체(帖)를 작성하고 발급하여 관인을 찍어 진배하게 하고, 급하지 않으면 호조에 감결을 보낸 연후에 진배하도록 정식하여 시행하라. 만약 호조에 보고하지 않고 사사로이 가져다 쓰는 폐단이 있으면, 해당 관원은 경중에 따라 죄를 논하고 하인배는 법사에 보내어 죄를 다스리라.

生葛契人

一生葛無元貢隨用給價別無弊端而兩紫門九營繕

及權設都監每以先下帖取用之後及其實入未滿

折半不勝寃痛今後則先下帖取用之弊各別嚴禁

事

勿論兩紫門九營繕權設都監所用生葛分差算員算

摘而急則當該官員成給踏印帖使之進排不急則自

戶曹捧甘然後使之進排事定式施行而若有不報

曹私自取用之弊則當該官員從輕重論罪下屬移法

司科治

구피계인 狗皮契人

◎ **상언** 저희들의 소관 물종은 원래 시가(市街)에서 화매(和賣)하는 것
이 아닙니다. 그래서 세 사신(使臣)의 집 사무(私貿) 및 각사·각 군문
의 가죽·노루털의 사무역(私貿易)을 맞이할 때마다 지탱하여 감당할
수가 없습니다. 막아 주시기 바랍니다.

◎ **제사** 이 계는 단지 진배의 역에 응하며, 원래 사고파는 일이 없다.
그러므로 여러 상사, 각 군문 및 사행(使行)의 여러 가지 가죽을 억지
로 사무하게 하여 계인이 지탱하기 어려움에 이른 것은 일이 매우 부
당하다. 이다음에는 사무를 일절 혁파한 뒤, 만약 다시 범하는 자가
있으면 해당 낭청·장교·군관은 경중에 따라 죄를 논하라.

◎ **상언** 저희들이 소답(所答)하는 여러 가지 가죽은 경비(經費)로 소용
되는데, 여러 상사와 온갖 각사에서 호조에 알려 관문을 보내기에

이르지 않고 하체(下帖)하기 전에 앞질러서 출패하여 함부로 쳐들어와 돈을 찾으니 망유기극합니다. 각별히 가려 막아서 보존할 수 있게 해 주시기 바랍니다.

◎ 제사 여러 상사 및 각사에서 소용되는 가죽을 호조의 봉감을 기다리지 않고 앞질러서 출패하고 함부로 쳐들어와 정전(情錢)을 거둔다니 매우 버릇이 없다. 이다음에 만약 다시 거스르는 자가 있으면, 해당 낭청은 경중에 따라 죄를 논하고 하인배는 법사에 보내어 죄를 다스리라.

◎ 상언 저희들이 소답하는, 상의원에서 진상하는 신발에 소입(所入)되는 녹비[鹿皮]는 더없이 중대하고 몹시 힘든 역입니다. 공조 원공 중의 소녹비[小鹿皮]는 대개 진상을 위해 만든 것입니다. 각 명일(名日)에 전례에 따라서 바치는 진상은 공조의 원공에서 마땅히 책응해야 하는 것이고, 별도의 신발 진상은 저희들이 별무로 진배하는 것입니다. 공조 원공의 주인이 번번이 도망하여 몸을 피하면서 바치지 않기 때문에, 호조에서는 그래도 전례대로 그들에게 추책(推責)하지만, 상의원에서는 상례를 어기며 저희들에게 책납하니, 저희들은 관청의 위력이 두려워서 억울함을 품고도 대신 바칩니다. 특별히 더욱 엄칙하셔서, 상의원으로 하여금 정식에 따라 분배하여 공조의 주인에게서 가져다 쓰도록 하여, 횡역(橫役)을 면하게 해 주시기 바랍니다.

◎ 제사 진상하는 신발에 들어가는 중녹비[中鹿皮]는 공조에서 전례에 따라 진배함이 마땅한데, 공인이 도망하여 몸을 피해 진배를 하지

못하니, 상의원에서 어쩔 수 없이 이 계에 책출하여 다른 역을 대신 담당하니 칭원이 있음은 당연하다. 또 수가(受價)하는 것은 공인이고, 가죽을 바치는 것은 계인이니, 해마다 이와 같다면 계인은 실로 지탱하여 보존하기 어렵다. 이다음에 만약 다시 이러한 폐단이 있으면, 공조·상의원의 낭청은 경중에 따라 죄를 논하고 하인배 및 공인은 법사에 보내어 죄를 다스리라.

◎ 상언 저희들이 진배하는 호표피(虎豹皮)는 진상 및 교린(交隣)에 수용하는 것인데도, 여러 상사와 각 아문에서 좌기할 때 걸피(乬皮)를 책납하는 수가 열여덟 곳에 달합니다. 한 번 빌려 가고 다시 빌려 가서 털이 다 빠지고 색깔이 변해 곧 무용지물이 될 뿐 아니라, 번번이 빌려 쓸 때마다 혹은 정채(情債)를 받거나 혹은 출패하니 이는 매우 원통합니다. 또 숙정꾼[熟正軍]은 본래 수가가 없는 일인데도, 역시 불시에 대령하니 번번이 일이 생기기에 이릅니다. 변통해 주시기 바랍니다.

◎ 제사 여러 상사 및 각 아문에서 계인에게 걸피를 책출하는데, 비록 잠깐 빌려 쓴다고 하면서도 한 번 빌려 가고 다시 빌려 가서 가죽이 상하고 털이 다 빠지니, 폐단을 셀 수 없어 계인이 지탱하기 어렵다. 또 빌려 쓸 때마다 혹은 출패하거나 혹은 정채를 받아 바야흐로 탕진할 지경에 이르렀으니, 제용감 병풍의 폐해와 거의 조금도 다를 것이 없다. 이는 따로 별다르게 변통하지 않을 수 없다. 지금부터 여러 상사와 각 아문에서 빌려 쓰는 그릇된 법규를 특별히 혁파하라. 병조에

서 논상(論賞)할 때 받는 수많은 호표피를 반드시 모두 공가(公家)에서 긴요하게 쓰지는 않는다. 지금부터 시작하여 3년 동안만 우선 머리가 딸린 호표피 다섯 장을 호조에 옮겨 보내고, 15장의 수효를 채운 다음에는 해마다 표피 1장, 호피 2장씩을 이어서 옮겨 보내라. 호조에서 계인에게 내어주고, 다섯 상사와 사대(査對), 문관·무관의 삭시사, 문무의 과장(科場), 대신의 공좌(公坐)와 객사(客使)가 왕래할 때에 쓰는 대로 진배하게 하고, 이와 같이 정식한 다음, 여러 각사에서 혹시 전과 같이 계인을 트집 잡아 강요하는 폐단이 있으면, 해당 낭청은 경중에 따라 죄를 논하고 하인배는 법사에 보내어 죄를 다스리라. 숙정꾼은 폐해가 매우 적어서 변통할 필요가 없으니 그냥 두라.

◎ 상언 호조 판별방의 별무에 소부(所付)된 대중소(大中小)의 녹비, 노루가죽, 돼지가죽 등은 경비에 소용되는 것으로서, 여러 곳에 책응(責應)한 다음, 이른바 머리와 가장자리 네 면의 자르고 남은 것을 옛 주인의 명자(名字)로 봉수(逢授)하여 유록(留錄)했는데, 이미 귀록(鬼錄)입니다. 그 자르고 남은 것은 앞뒤의 유재를 탕감하는 데 미처 들어가지 않았으니, 탕척(蕩滌)되게 해 주시기 바랍니다.

◎ 제사 탕감할 때, 원장(元張)은 탕감에 들어가지만 머리와 가장자리는 진실로 탕감에 들어가지 않으니, 계인이 칭원하는 까닭이 없지 않다. 앞뒤의 문서를 서로 견주어 고찰해서 정말로 탕감에 들어가지 않은 것은 알맞게 고려하여 탕감하도록 호조에 분부하라.

狗皮契人

一矣徒等所管物種元非市街和賣者而每當三使
臣家私貿及各司各軍門皮物獐毛私貿易不能支
當冀蒙防塞事

本契只應進排之役元無買賣之事則諸上司各軍門
及使行各樣皮物勒令私貿以致契人之難支事極不
當此後則私貿一切革罷後若有復犯者則當該郎廳
將校軍官從輕重論罪

一矣徒等所答各樣皮物卽經費所用而諸上司百
各司報戶曹未及出關下帖之前徑先出牌橫侵索
錢罔有紀極各別防塞俾得保存事

諸上司及各司所用皮物不待戶曹捧甘徑先出牌橫
侵徵捧情錢事極無狀此後若有復犯者則當該郎廳
從輕重論罪下屬移法司科治

一矣等所答尙方　進上靴鞋所入麂皮乃莫重劇
役而工曹元貢中小鹿皮則盖爲　進上所設也各
名日例納　進上則工曹元貢所當責應是白遣別
靴鞋　進上則矣等以別貿進排是白如乎工曹元
貢主人每每逃避不納故戶曹則雖依例推責於渠
而尙方則違例責納於矣等矣等怯於官威抱寃替
納特加嚴飭令尙方依定式分排取用工曹主人處
俾免橫役事

進上靴鞋所入中鹿皮自工曹當依例進排而貢人逃
避不卽進排則尙方不得不責出於本契替當他役宜
有稱寃且受價者貢人納皮者契人每年如此則契人
實難支保此後若復有此弊則工曹尙方郞廳從輕重
論罪下屬及貢人移法司科治

　　一矢徒等進排虎豹皮乃是　進上及交隣所需而
　　諸上司各衙門坐起時乬皮責納之數至於十八處
　　一借再借毛禿色渝便作無用之物旣不喩每於借
　　用之際或捧情債或爲出牌此極寃痛且熟正軍本
　　無受價之事而亦爲不時待令每致生事冀蒙變通
　　事

諸上司及各衙門責出乬皮於契人雖曰一時借用一
借再借皮傷毛禿則爲弊不貲契人難支而又從以借
用之際或爲出牌或捧情債方於蕩敗之境殆無異
於濟用監屛風之弊此不可不別樣變通自今諸上司
各衙門借用謬規特爲革罷兵曹論賞時所捧數多虎
豹皮未必盡爲公家緊用自今爲始限三年先以虎豹皮
幷連頭者五張移送地部滿十五張之數然後逐年豹
皮一張虎皮二張式連爲移送自地部出給契人使之
隨用進排於五上司及査對文武朔試射文武科場大
臣公坐與客使往來時而如是定式之後諸各司或有
如前侵責契人之弊則當該郞廳從輕重論罪下屬移

法司科治熟正軍則爲弊甚些不必變通置之

　一戶曹版別別貿所付大中小鹿皮獐皮猪皮等經

　費所用諸處責應後所謂頭邊兒四面裁餘之舊主

　人名字逢授留錄旣是鬼錄而以其裁餘尙未入於

　前後遺在蕩減中冀蒙蕩滌事

蕩減時元張則入於蕩減而頭邊兒果不入於蕩減則

契人不無稱寃之端前後文書相考果不入於蕩減則

參酌蕩減事分付戶曹

82

서피계인 黍皮契人

◎ **상언** 저희들은 원래 서피를 지어 만드는 일이 없으며, 국역을 맞이할 때마다 장인(匠人)에게 값을 주고 무납하여 바치는 것입니다. 그런데 각 군문에서 혹 서피를 가져다 쓸 일이 있으면, 저희들을 불러들여 납부하도록 독촉합니다. 그래서 이 서피를 지어 만드는 곳에 지시하면 듣고도 못 들은 체합니다. 갖은 공갈에 못 이겨 부득이 정해진 값대로 맞추어 간신히 무납하면, 헐값으로 지급하니 그 사이의 낙본은 실로 셀 수가 없습니다. 이렇게 보존하기 어려운 가운데, 군기시에 해마다 진상하는 것을 하나하나 지어 만들 때, 여러 가지 서피 400~500장을 저희들로 하여금 담당하여 상납하게 하지만, 변통하여 바칠 길이 없습니다. 풍부하게 가지고 있는 곳에서 무용(貿用)하라는 뜻으로 발괄[白活]하였지만, 몽둥이로 위협하며 억제하여 입을 놀릴 수 없게 하였습니다. 피잔한 계인이 사세부득이 사방에서

구하여 찾아서 얻어 정해진 값대로 맞추어 무납하면, 또 헐값으로 지급하니 그 사이의 낙본은 더욱 어떻겠습니까? 국역 이외의 무한한 사무(私貿)는 서피를 사고파는 곳에서 무용하게 하시고, 저희들에게는 절대 횡침하지 못하도록 엄격하고 명백하게 정식하여 금단해 주셔서, 응역하는 바탕을 보존할 수 있도록 해 주시기 바랍니다.

◎ 제사 서피계는 국역에 책응(策應)하면서 오히려 지탱하기 어려움을 근심하고 있으니, 각 군문·군기시에서 값을 주지 않고 우선 무납하게 하는 것은 매우 부당하다. 또 시가를 따르지 않고 헐값으로 가져다 쓰는 것은 더욱 심하게 부당하다. 이다음에는 각 군문·군기시에 엄칙하여 시가에 따라 우선 값을 준 뒤에 가져다 쓰도록 정식하여 시행하라.

黍皮契人

一矣徒等元無黍皮造作之事而每當　國役則匠
人處給價貿納是白去乙各軍門或有黍皮取用之
事則招致矣等而督納故同黍皮造作處指示而聽
若不聞多般恐喝乙仍于不得已以準價艱辛貿納則以
廉價上下其間落本實爲無算以此難保之中軍器
寺每年　進上箇箇造作時各色黍皮四五百張使
矣等擔當納上是乎等以無路辦納以富有處貿用
之意白活則威杖脅制使不能容喙疲殘契人勢不
得已四求搜得以準價貿納則又以歇價上下其間

落本尤當如何　國役外無限私貿段黍皮買賣處

使之貿用是白遣矣徒等處切勿橫侵事嚴明定式

禁斷以爲保存應役之地事

黍皮契策應　國役猶患難支則各軍門軍器寺之不

給價而先貿納已極不當且不從市直廉價取用者尤

極不當此後則嚴飭各軍門軍器寺從市直先給價後取

用事定式施行

지유사계인 紙油絲契人

◎ 상언 저희들이 소답하는 한 해의 삭지(朔紙)는 1,000권에 차지 않으며, 호조에서 70여 년 전에 공물을 설립한 것은 대동(大同: 대동법) 전의 일입니다. 기사년(1749) 이래로 조중(曹中)에서 날마다 쓰는 문서지(文書紙)는 모두 백면지(白綿紙)·예단지(禮單紙)를 쓰고, 저희들의 삭지는 전혀 가져다 쓰지 않습니다. 비싼 값으로 사고판 물건을 공연히 잃어버리게 하니 몹시 원통하고 억울했기에, 전전(前前)의 당상 앞에서 호소하여 "섞어 쓰라"는 뜻의 제사를 내려 받았습니다만, 원역들이 방물지의 이익을 누리며 숨기고 꾸며서 두루 차단하여 하나도 가져다 쓰지 않습니다. 대저, 삭지는 문서지에 불과하기 때문에 1권의 가전(價錢)이 단지 1냥입니다. 백면지·예단지는 방물(方物) 소용이어서 그 값이 2~5배이고, 또 해마다 봉여(封餘)하는 것으로 4,000~5,000권 이상이 더해지며, 낱낱이 따로 복정(卜定)하는 것도

케케묵어 쌓였으니, 어찌 그렇게 다 없어져 모자란 때를 기다려서 삭지를 바칠 수 있겠습니까? 호조에서 방물지가 남아서 쌓여 있음을 알지 못하는 바가 아닌데도 따로 삭지를 설정한 것은, 생각건대 우연이 아닙니다. 저희들의 소공(所貢)인 삭지를 전과 같이 가져다 쓰게 하셔서, 공사가 다 같이 편리하도록 해 주시기 바랍니다.

◎ 제사 호조의 종이는 이미 여유가 있으니, 어찌 계인의 칭원에 따라 더 사들일 수 있겠는가? 하지만 계인 무리가 이익을 얻고 생계를 유지하는 물건이 하루아침에 없어져 버린다면, 억울함을 호소할 염려가 없지 않다. 헤아려서 잘 생각하여 형편에 따라 잘 처리하도록 호조에 분부하라.

紙油絲契人

一矣等所答一年朔紙不滿千卷而本曹七十餘年
前設立貢物者乃在大同前矣自己巳以來曹中日
用文書紙全用白綿紙禮單紙矣徒朔紙段全不取
用使重價買賣之物公然見失極爲寃枉呼訴於前
前堂上前以交用之意題下而員役等利受方物紙
粧撰周遮一不取用大抵朔紙不過文書紙故一卷
價錢只是一兩至於白綿紙禮單紙係是方物所用
其價倍蓰而且年年封餘者不但四五千卷加之以
這這別卜定陳陳相仍何待其盡乏之時而得納朔紙
乎本曹非不知方物紙有所餘儲而別設朔紙者意

非偶然以矣徒等所貢朔紙依前取用俾得公私兩
便事
地部紙旣有裕則豈可因契人之稱寃而加貿耶然契
人輩蒙利資生之物一朝見罷則不無呼寃之慮商量
善處事分付戶曹

84

모물계인 毛物契人

◎ 상언 저희 계는 본래 매우 조잔한데, 칙사의 행차에 바치는 잘[山獺皮: 검은 담비의 털가죽]·모금(毛衾: 털이나 털가죽으로 만든 이불)·모욕(毛褥: 털이나 털가죽으로 만든 요)을 절은(折銀)으로 대납하면, 적게나마 남는 이익이 있어, 이로써 보존하며 응공(應貢)합니다. 무진년(1748)의 칙사 시에 호조 낭관이 저희 계로 하여금 갖추어 바치게 하지 않고, 호조의 은을 직접 주었으니, 이는 전례가 아닙니다. 원통하고 억울함을 견딜 수 없어서, 이러한 뜻을 그때의 당상에게 고하였더니, "계인이 전과 같이 은으로 바꾸라"는 뜻의 제사를 내려 주었습니다. 그런데 낭관이 "절대로 그럴 수 없다"는 뜻으로 논품(論稟)하여, 품지(稟旨)대로 시행했습니다. 그러므로 번번이 절은할 때마다 관은(官銀)으로 계산하여 주고서, 본색(本色)으로 만들어 바쳐야 할 때에는 반드시 저희 계로 하여금 담당하게 하였습니다. 칙사에게 바치는 각공

(各貢)의 물품은 모두 해당 계인의 은으로 봉급(捧給)하거늘, 유독 저희 계에서 바치는 모금과 모욕의 가은(價銀)만 호조에서 직접 주고 있으니, 어찌 원통하지 않겠습니까? 전례대로 계인의 은으로 갖추어 바치게 해 주시기 바랍니다.

◎ 제사 칙사 시 각 계의 물종은 본색과 절은을 물론하고 각 계로 하여금 담당하게 하는 것이 예인데, 이른바 모금·모욕은 별구(別求)하고 있다. 이다음에 만약 별구하는 일이 있으면, 다른 계의 예에 따라 원하는 대로 허시(許施)하도록 호조에 분부하라.

◎ 상언 저희들의 모물(毛物)은 해마다 한 차례 정식에 따라 진배하며, 별다른 폐단이 없습니다. 다만 가용(加用)한 대가를 잇따라서 지급하지 않고, 번번이 정월에 아울러 지급하기 때문에, 만약 별무를 더 바치는 때를 맞이하면, 빚을 내어서 갖추어 바친 다음에 해를 보내고 수가(受價)하므로, 그 사이에 빚이 불어서 셀 수가 없습니다. 이 가용한 값을 쓰는 대로 바로 지급하셔서, 지탱하기 어려운 근심을 면하게 해 주시기 바랍니다.

◎ 제사 모물은 이미 원공이 없는 조잔한 계이니, 가용하고서 바로 값을 치르지 않고 정월까지 오래 기다리게 하면, 칭원할 까닭이 없을 수 없다. 쓰는 대로 바로 지급하도록 호조에 분부하라.

毛物契人

一矣契本甚凋殘而以勅行所納山獺皮毛衾毛褥
折銀代納則小有餘利以此保存應貢矣戊辰年勅
使時戶曹郎官不使矣契備納而以戶曹銀直給此
非前例也不勝冤抑以此意告于其時堂上則以契
人依前換銀之意題下而郎官以萬萬不然之意論
稟則依稟施行故每當折銀則以官銀計給而至於
本色造納則必使矣契擔當是白乎所勅使所納各
貢之物皆以本契人之銀捧給則獨矣契所納毛衾
毛褥價銀自戶曹直給者豈不冤痛乎依前例以契
人之銀備納事

勅使時各契物種勿論本色與折銀使各契擔當者例
也而所謂毛衾毛褥係是別求此後若有別求之事則
依他契例依願許施事分付戶曹

一矣等毛物每年一次依定式進排別無弊端而但
加用之價不爲續續上下每於元等幷爲上下故若
當別貿加納之時則出債備納後經年受價其間債
殖不貲同加用之價隨用卽下俾免難支之患事

毛物旣是無元貢殘契則有加用而不卽給價使之遲
待元等者不無稱冤之端隨用卽下事分付戶曹

85

모전계인 毛氈契人

◎ 상언 저희들 모전계는 국초에 설립된 계입니다. 옛날에 한성부에서 저희들에게 입안을 작성해 주셔서, 모전교 큰길 옆에서 터전을 차지하여 얻고, 모전을 지어 만들어 크고 많은 국역을 담당하여 진배하였습니다. 그러므로 터 앞의 거민(居民)과 저희들은 서로 침범하지 않고서 집은 집, 터는 터로서 지금에 이르러 누백 년이나 오래되었습니다. 모전교라는 이름 또한 『여지승람(輿地勝覽)』에 나와 있습니다. 근래의 인심이 옛날 같지 않아서, 저희들 기대(基垈) 근처의 거민이 집 앞에서 저희들을 몰아낸다고 하면서, 혹은 밤중을 틈타 땅을 파고 도랑을 만들어서 물을 대어 개울을 이루어, 발을 붙일 수 없게 하였습니다. 장차 보금자리 잃은 새 신세를 면할 수 없게 되었으니, 이는 실로 막대한 고폐(痼弊)입니다. 또 각전과 각 궁의 욧속[褥槖: 요 안에 넣는 털] 및 종묘·사직 이하의 석경소(石磬槖), 가교마(駕轎馬)의 언치

속[馬赤鬐: 말 등에 덮는 방석 속에 넣는 털], 각 아문의 방석소(方席所)는 저희 계가 담당하지 않음이 없습니다. 그래서 국초에 계를 만든 이래로 찌꺼기로 남기는 털은 전립장(戰笠匠)이 저희 계에 와서 사 갑니다. 인심이 교악(巧惡)한 전립장 무리와 거모장(去毛匠: 털을 제거하는 장인) 및 월내장(月乃匠: 말다래를 만드는 장인, 韀匠) 등이 부동(符同: 어울려서 한통속이 됨)·체결(締結: 얽어서 맺음)하여 소출된 쇠털을 거간(居間)하고 각고(榷沽: 전매)하여 이익을 독점함으로 말미암아, 공조에서 논보(論報)한 비변사의 제사에 "이다음에는 계인이 주관하고, 전립장은 이 계에서 사서 쓰며, 난전은 엄금하라"고 한성부 및 군문에 분부하였습니다. 전립장, 월내장, 거모장 등이 또 관예(館隸) 무리와 체결하여 이 쇠털 전부를 반촌(泮村)에서 도거리로 맡아서 팔아 계인의 이익을 빼앗아 가지는 것은 헤아릴 수 없을 만큼 절실히 원통하니, 그 도고(都庫)를 그만두게 하고, 난전을 엄금해 주시기 바랍니다.

◎ 제사 모전계의 모전 만드는 터는 누백 년 소유한 것이다. 터 옆의 인가(人家)에서 집 앞에 그들이 있는 것을 싫어하여 내쫓으려는 계획을 도모하고자 한 것은 참으로 원통할 만하니 각별히 엄금하라. 여러 가지 소출된 털은 모두 계민(契民)에게 팔아서 공가(公家)의 역에 책응(責應)하게 하였는데, 중간에 각 군문의 군사가 모립(毛笠)을 만들었으므로, 반인(泮人) 및 거모장과 부동하여 중간에서 몰래 서로 사고팔았다. 계인이 이로 인해 무역하기 어려워지고 여러 가지 진배에 낭패를 본다니 걱정이 되어 마음이 편하지 못하다. 공조에서 논보하여 비변사에서 허시(許施)하였으나, 기강이 이미 풀려 사람들이 법

령을 받들지 않으니, 이는 진념(軫念)하지 않을 수 없다. 한성부에 분부하여 도고를 혁파하고 각별히 엄금하되, 이다음에 만약 혹시라도 다시 예전의 버릇을 답습하는 자가 있으면, 죄를 저지른 각각의 사람들을 법사에 보내어 죄를 다스리도록 각 군문 및 성균관에 분부하라.

　　毛氈契人

一矣等毛氈契乃是　國初設立之契昔自京兆府
成給立案於矣等毛廛橋大路之傍占得基地造作
毛氈浩多　國役擔當進排故基前居民與矣等無
相侵犯家自家基自基今至累百年之久而號稱毛
廛橋亦入於輿地勝覽矣近來人心不古矣等之基
垈近處居民稱以家前驅迫矣等或乘夜掘土爲壑
灌水成川使不得接足將未免失巢之鳥此實莫大
痼弊是乎於且各　殿各宮褥薦及　宗社以下石
磬薦　駕轎馬焉赤薦各衙門方席薦矣契無不擔當
故自　國初設契滓餘毛段戰笠匠來貿於矣契矣
人心巧惡戰笠匠輩與去毛匠及月乃匠等符同締
結所出牛毛居間権沽而專利乙仍于自工曹論報
備局題辭內此後則契人主管戰笠匠則買用於本契
而亂廛嚴禁事分付京兆及軍門矣戰笠匠月乃匠
去毛匠等又與館隷輩締結同牛毛沒數都庫於泮

村奪取契人之利萬萬絶痛罷其都庫嚴禁亂塵事
毛氈契造氈基累百年所有者基傍人家厭其在於家
前欲爲謀逐之計者誠極可痛各別嚴禁各樣所出之
毛皆賣於契民以爲責應公家之役而中間各軍門軍
士造毛笠故符同泮人及去毛匠中間潛相買賣契人
因此難貿各樣進排狼狽可慮工曹論報廟堂許施而
紀綱已解民不奉令此不可不軫念分付漢城府革罷
都庫各別嚴禁而此後若或有復踵前習則所犯各人
等移法司科治事分付各軍門及成均館

86

삼남활계주인 三南活鷄主人

◎ 상언 활계(活鷄: 살아 있는 닭)라는 공물이 어느 해에 시작되었는지는 비록 알지 못하지만, 예전에는 옛 주인 등이 칙기(勅奇)를 들으면 호조의 복정(卜定)을 기다리지 않고 선혜청에 직접 청하여 그 활계 값을 더 많이 받아 내므로, 수가(受價)는 비록 많지만 진배는 적습니다. 호조에서 종생(種生) 없이 활계를 가져다 쓰기 때문에, 칙사가 지나간 다음에 단지 진배한 수에 따라 자문[尺文]을 줍니다. 이로 인해 선혜청의 유재가 점점 많아져 형편상 지칙하기 어려워, 그대로 도산해 버렸습니다. 그래서 경자년(1720) 칙사의 행차 때 호조에서 저희들 일곱 사람을 새로 모집하여, 이 활계를 더 많이 선혜청에 복정한 다음, 복정한 수에 따라 호조에서 기부(記付) 중에 회록(會錄)하였습니다. 그리고 선혜청에서는 옛 주인이 몰래 받은 유재 4,000여 마리를 칙사 때마다 복정하면서, 혹은 3분의 1 혹은 4분의 1 혹은 5분의 3씩

계감한 다음 지급하였습니다. 그러므로 경자년부터 을사년(1725)까지의 6년 동안 열세 차례 칙사의 행차 때에 호조에서 복정한 활계를 모두 합한 수효는 6,780마리였습니다. 그리고 선혜청에서 칙사 때마다 옛 유재를 계감한 다음 지급한 수효는 4,517마리였고, 저희들이 칙사 때마다 진배한 수효는 4,546마리였습니다. 수가와 진배한 수효를 서로 견주어 살펴보면, 이미 가용(加用)이 많습니다. 그때 수가하지 못하고 계감하지 못한 거짓 장부의 유재 2,263마리가 지금까지 흘러 온 것은, 대개 열세 차례 칙사의 행차 때에 옛 주인의 예에 따라 칙사가 지나간 다음에 단지 그 진배한 수효에 따라 출자[出尺: 영수증을 내어줌]하였기 때문입니다. 호조 소관의 수많은 공인은 칙사가 지나간 다음 복정한 것 중에서 모조리 썼는지의 여부를 따지지 않고 모두 복정한 수효대로 자문을 작성해 주는데, 활계의 경우에만 구례에 따라 단지 진배한 수효로써 자문을 작성해 주니 어찌 원통하지 않겠습니까? 경자년에 새로 모집할 때 호조의 기부 중에 회록한 유재는 단지 두 마리 반이었기 때문에, 선혜청의 유재가 그렇게 많은지 알지 못하고서 즐거이 좋아서 투입하였습니다. 지금은 비록 그 실상을 알지만 이러지도 저러지도 못하는 처지로서, 칙사의 행차를 맞이할 때마다 재산을 모두 잃으면서도 책응(責應)하였으며, 경자년 이후의 30여 년 동안 여섯 사람이 이미 죽어 버렸고, 저 한 사람만 외로이 홀로 남아 죽음이 또 다가오고 있으니, 어찌 감히 털끝만큼이라도 속이려고 꾸밀 수 있겠습니까? 위의 유재가 이와 같으므로, 중간의 일고여덟 차례 칙사의 행차는 1마리도 복정하지 않았고, 오로지 유재만으로 책징(責徵)하였습니다. 제가 단지 맨손으로 대가 없이 진배한 활계의 수효가 1,500여 마리이고, 이로 인해 탕패(蕩敗)하기에 이르렀으니 어찌 원민(寃憫)하지 않겠습니까? 생저계(生猪契) 및 활계라는 공물은 본래 사축서(司畜署) 소관의 공물인데, 생저계는 기해년(1719) 칙사 때 새로 모집한 주인이고, 활계 공물은 경자년 칙사 때 새로 모집한 주인입니다. 생저계는 당초에 진배한 수효대로만 자문을 작성해 주었다가, 임자년(1732)에 생저계의 등장(等狀: 연명하여 올린 청원서)으로 인해 호조에서 선혜청의 계감하지 않은 유재를 탕감하였고, 또 지난가을에는 가장 오래된 연조(年條)를 3년에 한하여 탕감하라는 영(令)이 있었기에, 호조에서 이제 막 각처의 유재 실태를 조사하여 알아보았으니, 생저계의 탕감 문서를 하나하나 살펴서 점검한 다음, 그 예에 따라 이 활계의 거짓 장부도 특별히 탕감해 주셔서 잔민(殘民)이 보존할 수 있는 바탕으로 삼게끔 해 주시기 바랍니다.

◎ 제사 옛 계인은 호조의 복정을 기다리지 않고 선혜청에서 닭 값을 받아 내었으니, 옛 유재가 많음은 오로지 이로 말미암은 것이다. 일단 새로운 계를 다시 정한 다음부터는, 만약 호조에서 복정하면 선혜청의 푼수를 옛 유재에서 계감하고 지급하였다. 그러므로 새로운 계인이 새로 복정한 값을 끝내 다 받지 못하고서 칙사에게 진배할 때에도 또 다 쓰지 못한 것이 있으면, 그대로 유재가 된다. 새로운 계인이 신·구의 두 유재를 담당하면서 지칙하므로, 바야흐로 보존하기 어려운 가운데 있으니 일이 불쌍하고 가엾게 되었다. 칙수(勅需)에 쓰이는 돼지의 옛 유재를 일찍이 이미 탕감하였는데, 오직 이 활계

만 탕감에 들어갈 수 없었으니 칭원이 있을 만하다. 선혜청과 호조로 하여금 문서를 서로 견주어 고찰하게 하여, 활계에 만약 10년 전유재가 있으면 한결같이 생저의 예에 따라 탕감하도록 선혜청과 호조에 분부하라.

三南活鷄主人

一活鷄之貢雖未知創在何年而在前則舊主人等
聞勑奇則不待戶曹卜定直呈惠廳同活鷄價優數
受出故受價雖多而進排則少戶曹以無種生活鷄
取用之故過勑後只從進排數尺文以給矣以此惠
廳遺在漸多勢難支勑仍爲逃散乙仍于庚子勑行
時戶曹以矣徒七人新募而同活鷄優數卜定惠廳
後戶曹依卜定數會錄於記付中是白遣惠廳則以
舊主人潛受遺在四千餘首每勑卜定中或三分一
或四分一或五分三式計減後上下故自庚子至乙
巳六年內十三次勑行時戶曹卜定活鷄都數爲六
千七百八十首是白遣惠廳每勑時以舊遺在
計減後上下數爲四千五百十七首是白遣矣等每
勑進排數爲四千五百四十六首而較計受價與進排
數則旣多加用而其時未受價未計減虛簿遺在二
千二百六十三首之至今流來者盖以十三次勑行時
依舊主人例以過勑樣只從其進排數出尺之故也

戶曹所管千百貢人過勑後勿論卜定中盡用與否皆
以卜定數尺文成給而至於活鷄則依舊例只以進
排數尺文成給者豈不寃痛哉庚子新募時戶曹記
付中會錄遺在只是二首半故不知其惠廳遺在之
多而樂從投入矣今雖知其實狀進退無路每當勑
行破産責應庚子後三十餘年之內六人已歿矣身
一人孑然獨存死亡且迫何敢一毫飾詐乎上項遺
在如此故中間六七次勑行則無一首卜定之事而
專以遺在責徵矣身只以赤手無價進排活鷄之數
爲一千五百餘首因此而自至蕩敗豈不寃憫乎生
猪契及活鷄之貢本來司畜署所管貢物而生猪契
則己亥勑新募主人也活鷄貢物則庚子勑新募主人
也生猪契段置初以進排數爻尺文成給是白如可
壬子年因生猪契等狀戶曹以惠廳未計減遺在則
蕩減而且去秋有最久年條限三年蕩減之令故自
戶曹今方査實各處遺在是白在果生猪契蕩減文
書一一考覽後依其例同活鷄虛簿特爲蕩減俾
殘民保存之地事
舊契人不待戶曹卜定受出鷄價於惠廳舊遺在之多
專由於此而一自更定新契之後若自戶曹卜定則惠
廳分數計減於舊遺在而上下故新契人終未盡得新
卜定價而勑使進排時又有未盡用者則仍爲遺在新

契人擔當新舊兩遺在而支勑故方在難保之中事涉可
矜勑需生猪舊遺在曾旣蕩減而獨此活鷄不得入於
蕩減者宜有稱寃令惠廳地部相考文書活鷄若有十
年前遺在一依生猪例蕩減事分付惠廳戶曹

87

잡물계인 雜物契人

◎ 상언 저희들이 지칙하는 잡물 열 가지는, 육유둔(六油芚)·중곳감·옷농·빗접[梳貼]·사유둔(四油芚)·후유지(厚油紙)·버들상자·실백잣·실호두·황밤 등물입니다. 그중에서 네 가지의 과일을 사옹원의 연향청(宴享廳)·두목청(頭目廳)·잡물색(雜物色)·연향색(宴享色)·미면색(米麵色)·반선색(盤膳色)·내자시·내섬시·예빈시 등의 아홉 곳에 진배합니다. 그런데 아홉 곳에 나누어 임명된 하리 무리는 오로지 자기를 살찌우기만 일삼아, 새로 만든 마되로 한없이 봉상하기 때문에, 1홉을 바쳐야 할 것은 거의 몇 되에 이르고, 1말을 바쳐야 할 것은 거의 몇 말에 이르며, 거기에다 정채(情債)도 무한합니다. 이른바 계인은 기미년(1739)에 새로 모집한 자들로서 모두 오합지졸이며, 수백 섬을 수가(受價)하여 나눠 먹은 다음, 혹은 죽은 자도 있고 혹은 계중(契中)의 문서를 전당(典當)하고 돈을 꾸어 도주하였습니다.

갑자기 무진년(1748) 칙사의 행차를 맞이하자, 혹은 허실을 알지 못하고서 사들인 자 혹은 권유로 인해 참여한 자 혹은 계중의 문서를 전당잡은 채주(債主)가, 뜻밖에 걸려들어 겨우 채웠는데, 모조리 아침에 모였다 저녁에 흩어지는 무리입니다. 각처의 정채 및 물종을 무득(貿得)하고 절은(折銀)을 저울질하여 줄 때 빙자하여 투식(偸食)하고, 예단을 갖추어 줄 때 번번이 저 사람들이 억지로 강제한다고 하면서 더욱 **빼앗으려** 하니 그 간악한 폐단을 금억(禁抑)할 수 없어, 수가가 비록 3배가 되더라도 지탱하여 감당함을 견뎌 낼 수 없습니다. 대저 지칙할 물품을 당초에 마련할 때 홉사[合勺]로 정식한 것은 대개 절약하기 위해서였습니다만, 근래에는 될 수 있는 대로 풍성하고 넉넉하게 준비합니다. 칙사의 상차림에, 예전에는 일곱 가지 조그만 과일을 한데 담았는데, 지금은 각각의 그릇에 담고 또 정례 외에 별도의 과일을 가수(加數)하여 상을 차립니다. 그러므로 각각을 맡아보는 하리가 이로 인해 공갈하여, 큰 주발에 각각의 과일을 담으니, 정례에 비하여 거의 30~40배에 이릅니다. 실입을 수정할 때에는 각 담당자가 처음에 비록 남봉(濫捧)했더라도 또 인정(人情)을 받습니다. 그들이 정례보다 더하여 보고하는 것이 두려워, 한결같이 정례에 의거하여 관례에 따라 수정하여 보고하니, 계인이 공중(空中)에서 견실(見失)하고 유재를 많이 지기에 이르렀으니, 외상과 부채를 지탱하여 감당함을 견딜 수가 없습니다. 또 방에 벌여 놓을 옷농은 장흥고의 하리 무리가 여러 가지로 마음대로 가지고 놀면서 출패·생경하며, 정채가 한이 없습니다. 기름종이는, 예전에는 버들상자의 관례에 따라 미리 한꺼번에 바쳤기에, 호조에는 본래 중간에 견실하는 폐단이 없었습니다. 근래 계인이 패방수(牌房守) 등에게 장장이 직접 바치는데, 열에 여덟아홉을 잃기에 이르렀습니다. 그 값으로 논하자면, 유둔 등의 물품은 장흥고의 값에 비해 절반일 뿐 아니라, 과일 종류는 장원서의 값에 비해 역시 4~5분의 1입니다. 저 사람들 및 진배하는 여러 곳에 갖추어 바칠 때, 한결같이 장흥고와 장원서의 후한 값을 따르는데도, 오히려 퇴짜와 끝없는 작경(作梗)을 걱정합니다. 또 너무나 맹랑한 것이 있습니다. 예전에는 상에 차리는 과일의 값을 제멋대로 정하고 계산해서 장원서에 주었기 때문에, 진배와 인정이 모두 한곳에서 나왔고 폐단 없이 거행했습니다. 중간에 계인 가운데 근거 없는 자인 기미년에 새로 모집한 10명이 처음에 적심(賊心)을 품고 오로지 입기(立基)할 비용에만 뜻을 기울여 수가하며, 옛옛 주인의 유재를 대신 맡아 견뎠습니다. 저희들은 무진년부터 칙행을 맞이하여 사실을 전혀 모르고서 체당하여 거행하였는데, 선혜청에서 값을 치러 줄 때 계감하고, 호조에서 실입할 때 또 줄여서, 이쪽에서 덜고 저쪽에서 덜어 내니 거의 지탱하여 담당하지 못합니다. 저희들이 무진년부터 수가한 것과 진배한 수효를 하나하나 짚어 가며 셈하여 서로 견주어 보니, 여러 가지 가용(加用)한 값이 거의 수백 섬에 이릅니다. 저희들이 새로 모집한 주인이 받아먹은 대금을 대신 담당하여 공연히 미봉(彌縫)하였기에, 빚이 점점 쌓이고 또 관청의 유재를 떠맡았으니 장차 지탱하여 보존할 수 없습니다. 지금 해야 할 계책으로서, 잡물계라는 이름을 빨리 폐지하고 그 물종을 각기 담당하는 곳으로 돌려보내면, 호조의 책봉(責捧)에 예전보다 착실함이 있을 것이니, 특별히 신속히 변통해 주시기 바랍니다.

◎ 제사 계인이 허다한 물종을 지칙하는 아홉 곳에 진배할 때, 아홉 곳의 원역이 마되를 새로 만들고 배수(倍數)를 더 받으며, 정채 또한 그에 따라 한절이 없다. 또 앞뒤로 뽑아 들인 자는 모두 오합지졸로서, 서로 속이고 도둑질해 먹느라 잔패하여 남음이 없다. 방에 벌여 놓을 옷농의 경우, 장흥고의 이속이 조종(操縱)하여 색채(索債)하고, 각방의 기름종이는 패방수 등이 잃어버렸다고 핑계 대며 훔쳐다 쓰고 있다. 아홉 곳에서 각 물종을 받아들일 때에, 호조에서 본조(本曹)의 마되에 따라 지어 만들어 함부로 더 받기에 이르지 못하게끔 하였으니, 계인의 서로 속이고 몰래 훔치는 버릇을 각별히 찾아 살펴서 드러나는 대로 엄중히 다스리라. 상에 차리는 과일은 한결같이 정례에 따르고, 간혹 제조의 분부에 따라 가수(加數)하여 그릇에 담을 때가 있는데, 이는 정례 외에 각별히 마련하는 것이니 값을 주는 것이 마땅하다. 또 각 물종의 값으로 말하자면, 종이는 장흥고에 미치지 못하고, 과일은 장원서에 미치지 못하는데, 비록 칭원하더라도 원공·별무의 값은 각기 같지 않으니, 불쌍하게 생각하지 않는 것은 아니지만 형세상 변통하기 어렵다. 신구의 계인을 물론하고 사고팔 때에 입기(立基)한다는 핑계로 호조의 복정을 기다리지 않고 선혜청의 공가를 미리 받기 때문에, 그다음에 수가할 때에 선혜청에서 조금씩 계감하는 것은 전례가 있으며 당연하다. 지금 부당하다고 이렇게 말하는 것은 옛 계인의 유재인데, 만약 다수를 새로운 계인들이 받아야

할 값에서 계감한다면, 실로 지탱하기 어려운 염려가 있다. 적으면 20분의 1을 계감하고, 많으면 10분의 1을 계감하도록 호조와 선혜청에 분부하라.

雜物契人

一矣等之支勅雜物十種卽六油芚中乾柿衣籠梳貼四油芚厚油紙柳笥實栢子實胡桃黃栗等物而其中四種之果進排於廚院宴享廳頭目廳雜物色宴享色米糆色盤膳色內資內贍禮賓等九處而九處分差下吏輩專事肥己以新造斗升無限捧上故當納一合者幾至數升當納一斗者幾至數斗加以情債無限所謂契人是已未新募者而皆以烏合之類數百石受價分食後或有死亡者或以契中文書典當貸錢而逃走矣猝當戊辰勅行或不知虛實而買入者或因勸誘而入參者或以契中文書典當債主者橫罹苟充皆是朝合暮散之類各處情債及物種貿得與折銀稱給之際憑藉僞食禮單備給時輒稱彼人抑勒加奪其所奸弊莫之禁抑受價雖或三倍不勝支當是白乎旀大抵支勅之物當初磨鍊時以合勻定式者盖爲節略而近來則務從豊備勅使排床中前以七種合盛細果今則盛以各器且定例外別果加數排床故各所掌下吏因此恐喝以大椀各

盛各果比定例幾至三四十倍而實入修正時則各
所掌初雖濫捧且受人情而恐其所報之加於定例
一從定例循例修報以致契人空中見失多負遺在
外上負債不勝支堪且於房排衣籠則長興庫下吏
輩萬端操弄出牌生梗情債無限是白遣油紙段在
前則依柳筒例預爲都納戶曹元無中間見失之弊
矣近以契人張張直給於牌房守等處以致什失八
九論其價則油芚等物比長興庫之價不啻折半果
種比掌苑署之價亦是四五分之一而備給彼人及
進排諸處之時一依長興庫掌苑署之厚價而猶患
點退無限作梗是白乎於且有千萬麥浪者排床果
物在前私自論價計給掌苑署故進排與人情都出
一處無弊擧行矣中間契人中無據者己未新募十
人初懷賊心專意於立基之資受價而替冒舊舊主
人遺在是白在如中矣等自戊辰當勑全昧事實替
當擧行則自惠廳給價時計減自戶曹實入時亦減
東減西損殆不支當是白去乎矣等自戊辰受價與
進排之數叩算較計則各種加用之價幾至數百石
是白置矣等替當新募主人受食之代公然彌縫漸
負積債且負官遺在將不能支保爲今之計亟罷雜
物契名以其物種各歸所當處則在戶曹責捧比前
着實特爲急速變通事

契人許多物種進排於支勅九處時九處員役新造斗
升倍數加捧情債亦隨而無限且前後募入者皆是烏
合之類相欺偸食殘敗無餘至於房排衣籠長興庫吏
屬操縱索債各房油紙牌房守等稱失偸用矣九處各
物種捧上時自地部依本曹斗升造作使不至於濫
捧契人之相欺偸竊之習各別探察隨現重治床排果
實一從定例而或因提調分付有加數盛器者此是定例
外各別磨鍊給價宜當且以各物種價言之紙物則不
及長興庫果種則不及掌苑署雖爲稱寃元貢別貿價
各不同非不矜念勢難變通勿論新舊契人買賣之際
稱以立基不待戶曹卜定預受惠廳貢價故其後受價
之際惠廳之流伊計減在例當然今不當以此爲言然
舊契人遺在若多數計減於新契人等所受之價則實
有難支之慮少則二十分一計減多則十分一計減事分
付戶曹惠廳

공인의 실체와 공계의 조직

공인(貢人)은 공물을 조달한 자들로서 공물주인(貢物主人)을 줄여서 표현한 것이다. 그런데 유독 "외선공목물차인"의 경우에만 '공인'이나 '주인'이 아닌 차인(差人)이라는 표현이 쓰여 눈에 띤다. 차인은 주인보다는 그 위상이 떨어지는 것이라 생각되는데, 굳이 그와 같은 표현을 사용한 이유는 무엇일까? 이 질문에 답하는 과정에서, 공인의 실체에 접근하는 실마리를 찾을 수 있을 것이다.

기존 연구에서는 「세마계인」 조에서 "목물을 나르는 값은 모두 호조의 준절로써 마련하는데, 지금의 강상도고는 공인이 아니라 곧 시전 상인이기 때문에 호조와 서로 더불어 사고판다"고 하면서, "원래 공물이 아니므로, 외선공감의 공계처럼 날라 바치게 하는 것은 사리에 맞지 않다"라고 한 것에 주목했다. 또한 「외선공목물차인」 조에서도 "외도고주인은 사사로이 서로 팔고 사는 목상인데, 외선공감공인이 정해지기 전에 목물을 살 방법이 없어서 쓸 때마다 값을 치르고 사들였으니, 이는 공인이 아니다"라고 한 것까지 근거로 삼아 외도고(外都庫)가 공인이 아니라 상인이라고 규정한 바 있다(德成外之子 1983: 46; 吳美一 1986: 173). 이는 차인이라는 존재가 공인과 상인의 사이에서 성립할 수 있는 개념임을 말해 주는 것이다.

이와 관련하여 한 가지 더 주목해야 하는 것은 쇠고기를 판매했던 현방 역시 『시폐』가 아닌 『공폐』의 수록 대상이 되어 있다는 점이다. 19세기 자료인 『한경지략(漢京識略)』에서 현방을 시전의 일종으로 열거한 것과는 대조적이다(조영준 역해 2013: 317). 현방은 점포를 가지고 영업했던 상인임이 분명하지만, 이른바 반인(泮人)으로서 국가에 의해 특권을 부여받은 집단이었다. 『공폐』의 「현방」조에서 뼛가루의 진배를 담당하면서도 수가를 하지 않는다고 한 것은, 그러한 진배가 예외적 도축의 특권에 따른 국역의 일종으로 이해되었기 때문으로 보인다.

외선공목물차인이나 현방의 사례에서 볼 수 있듯이, 『공폐』에 수록된 98종의 명색이 모두 공인이나 공계(貢契=契人) 또는 주인에 해당하는 것은 아니다. 그 명칭에서 이미 장인(匠人)임이 드러나는 경우도 있다. 즉 수가무납이나 수가제납을 담당한 공인을 비롯하여 상인에 가까운 자들에 이르기까지 국가에 납품의 의무를 지고 있었던 경우를 모두 포괄하는 차원에서 『공폐』가 작성되었다고 보아야 하겠다.

그런데 공물의 조달이라는 것은 작은 규모로 이루어질 수 없었으므로, 각 공인의 조직 또는 공계마다 소속 인원을 충분히 확보할 필요가 있었다. 즉 공인 조직인 도중(都中)의 멤버십이 안정적으로 유지되어야 했던 것이다. 하지만 『공폐』의 내용을 들여다보면 공인 조직의 규모가 그야말로 "잔공(殘貢)" 수준이어서, 빈잔(貧殘)함을 면하지 못하고 있었음이 강조되는 사례가 많다.

예컨대 「거계인」 조에서 "저희들 20여 명은 계를 만들어 역에 응하며 자생해 왔"다고 하거나, 「사도시공인」 조에서 "사도시의 공인은 정원이 20여 명에 지나지 않"는다고 하는 등 공인 조직이 불과 20여 명으로 구성되어 있음을 밝히는 사례가 보인다.

「조지서지장」 조에서 "당초의 50여 명이 거의 헤어져 흩어져서 남은 자는 단지 7~8명이라 형편상 보존하기 어렵"다고 하였고, 「공조사립양관장」 조에서 "탕진하여 흩어진 사람이 많게는 20여 명에 이르러, 단지 6~7명만 남았으니 수습할 수가 없"다고 하였으며, 「사축서공인」 조에서는 "공인의 원수가 5~6명에 불과하니 장차 어찌 감당하겠습니까?"라고 한 것을 통해, 불과 10명도 채 되지 않는 인원이 공물의 진배를 담당하는 사례도 적지 않았음을 알 수 있다. 「훈조계인」 조에서 "200명"이라고 하였으나, 이는 예외적 사례에 해당한다.

제6책

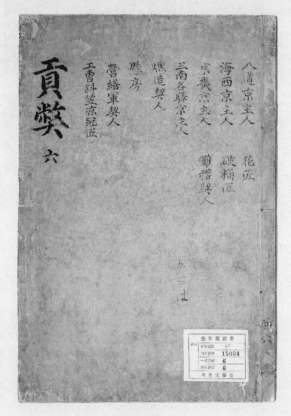

『공폐』 제6책 표지

88

팔도경주인 八道京主人

◎ 상언 여러 각사와 여러 집에서 혼례·상례의 비용이라고 하면서 요
기채(療飢債)·포진채(鋪陳債)·필채(筆債)를 저희들에게 책징하는 것
이 거의 한절이 없는데, 만약 어기거나 거절하면 채찍으로 때리기에
이릅니다. 사문(私門)의 구류(拘留)에 있어서도, 또한 출패하여 잡아
가두는 폐단이 많습니다. 금부도사의 면신례(免身禮), 주례(酒禮)도 매
양 저희들에게 거두는데, 한 집의 혼례·상례가 많이 있다고 하면서
나장이 붙잡아 가서 치죄하고 구류하여 반드시 받으니, 피잔한 저
인(邸人)이 감히 거역할 수 없습니다. 동서로 꾸어 얻거나 재산을 팔
아 갖추어 바친 뒤에 서간(書簡)을 받아 본관(本官)에 가서 고하면, 꼭
필요하지 않다고 핑계 대거나 알지 못한다고 핑계 대어 끝내 갖추어
돌려받지 못합니다. 예전에 묘당에서 신금(申禁)한 바가 지엄한데도
근래에 더욱 심하니, 이는 온갖 폐단의 으뜸입니다. 엄가하여 금단하

셔서 보존의 혜택을 입도록 해 주시기 바랍니다.

◎ 제사 근래 저인의 폐단을 이루 다 말할 수 있겠는가? 각사 및 사대부가에서 혼례·상례의 비용이라고 하면서 요기채·필채를 날마다 책징하고, 금부도사의 면신례, 주례 또한 억지로 바치게 하니, 피잔한 저인이 동서로 빚을 꾸어 간신히 갖추어 바친 뒤에 서간을 받아 본관에 내려가면, 핑계를 대며 거절하거나 꾸물거리며 갖추어 주지 않으니, 이는 보존하기 어려운 까닭이 된다. 지금부터 특히 금단하니, 만약 다시 범하는 자가 있으면 해당 관원 및 양반은 경중에 따라 죄를 논하라. 도사의 의정부 참알채(參謁債), 양사(兩司)의 서경채(署經債), 의금부의 속전(贖錢) 및 대가 없이 베껴 바치는 조보(朝報)는, 일찍이 전라 관찰사의 장계를 좇아 그 근거가 없기 때문에 한결같이 아울러 혁파하였고, 다른 도에서도 이러한 예에 따라 영구히 혁파하였다. 영장·우후의 경우에도 마찬가지이며, 객관(客官) 각처의 예목(禮木)에 근거가 없음도 도사와 다름이 없다. 저인이 근거 없이 갖추어 바치는 것은 실로 감당하기 어려운 도리이니, 이는 변통하지 않을 수 없다. 도사의 예에 따라 예목 등의 일은 모두 혁파하도록 선혜청에 분부하라.

◎ 상언 감사(監司)·병사(兵使)·수사(水使)·도사(都事)를 본관(本官)에서 새로 맞이할 때에는 저희들이 근수(跟隨)할 뿐이고, 방자(房子)는 일찍이 행하하는 일이 없습니다. 요 몇 해 이래로 각 집에서 아무 고을의 주인과 방자가 영리하고 쓸 만하다고 한 해 두 해에 이르도록

오랫동안 사환으로 정하였습니다. 이는 하나의 몸으로 두 가지 일을 맡는 것이 되어, 혼자서 담당할 이치가 절대로 없고, 날마다 고립(雇立)하여 그 폐단이 지탱하기 어렵습니다. 친가(親家)의 사환 외에는 절목에 따라 모두 행하지 못하도록 다시 엄칙해 주시기 바랍니다.

◎ 제사 경주인은 각사의 공사(公事)에 책응(策應)하면서 날마다 바빠서 여가가 없으니, 별성(別星: 봉명 사신)이 본관에 새로 차정되면 근수할 뿐이다. 근래 감사·수령의 친가 외에 각 집에 사환을 정해 보내어, 저인이 이를 지탱하여 감당함을 견뎌 내기 어려운데, 하물며 빌려 간 집에서 저인을 물리쳐 보내며 모군삯을 내게 하고, 가까운 사이의 하인을 책립하여 더욱 큰 폐단이 된다. 이후로는 각 집에 빌려 보내는 한 가지를 혁파하고, 만약 다시 예전의 버릇을 답습하면 빌려 보낸 관원과 빌려 간 사대부는 경중에 따라 죄를 논하도록 선혜청에 분부하라.

◎ 상언 각 도의 경방자(京房子)는 곧 보발(步撥)과 같아서, 설립한 본뜻은 미처 생각하지 못한 일에 부리고자 준비하는 것입니다. 무신년(1728)으로 말하자면, 갑자기 몹시 혼란하고 어수선함을 맞이하여 막중하고 시급한 명령을 죽음도 개의치 않고 거행하였는데, 애초에 설립한 때의 경방자는 10리 밖으로 나가지 않도록 하는 절목을 계하하셨으므로, 일찍이 행하하는 일이 없었습니다. 근래에 행하가 더욱 심해져서, 혹은 빌려 가서 2~3일 거리에 보내고 혹은 오랫동안 사환으로 정하고 혹은 집을 짓거나 담을 쌓게 하므로, 고용인을 정하여 보

내니 지탱하여 감당함을 견디기 어렵습니다. 사목에 따라 엄금해 주시기 바랍니다.

◎ 제사 애초에 경방자를 설립할 때 10리 밖으로 나가지 않도록 절목을 작성한 것은, 대개 방자에 보발과 같음이 있어, 급한 소식이 있으면 감영에 급히 보내기 위한 까닭뿐이었다. 근래에 빌려 보내는 사환은, 각 집에서 혹은 2~3일 거리에 보내고, 사환을 오랫동안 정하면 각 집의 집을 짓거나 담을 쌓으니, 일의 놀라움이 이보다 더 심할 수가 없다. 사목에 따라 각별히 엄금하되, 이다음에 만약 다시 이러한 폐단이 있으면, 빌려 보낸 관원 및 빌려 간 사대부는 경중에 따라 죄를 논하도록 선혜청에 분부하라.

◎ 상언 만약 소청(疏廳)을 맞이하면, 정소(呈疏)의 여부를 물론하고 소청한다고 하면서 여러 고을의 저인에게 동전 5~6냥 혹은 2~3냥을 각각 갖추어 바치도록 죄를 다스리고 잡아 가두기 때문에, 어쩔 수 없이 빌려서 낸 다음 본읍(本邑)에 내려와서 향교의 재임(齋任)에게 찾아서 거두면, 끝내 갖추어 주지 않기 때문에 공연히 잃어버릴 뿐 아니라, 원래 진소(陳疏)할 일이 없는데도 거짓으로 소청한다고 하면서 단지 술과 고기만 장만할 뿐이니, 저희들이 이로 인해 탕진하니 어찌 원통하지 않겠습니까? 모두 엄금해 주시기 바랍니다.

◎ 제사 각 도의 유생이 소청을 세울 때 각사의 사령(使令)을 빌려 오고 여러 고을의 저인을 붙잡아 와서 억지로 돈푼을 거두고 술과 고기를 장만해 먹고서 글을 써서 내어주고는 본읍에 내려가서 향교의 재임

에게 찾아서 받아 내게 하는데, 끝내 갖추어 주지 않아 공연히 잃어 버린다니, 헤아릴 수 없을 만큼 놀랍다. 이다음에 만약 다시 예전의 버릇을 답습하면 계수주인(界首主人)으로 하여금 바로 비변사에 와서 고하게 하고, 해당 유생은 초기(草記)하고 가장 무거운 죄로써 처벌을 시행하라.

◎ 상언 무릇 노비의 신공과 여러 가지 군포는 10월 안에 상납합니다. 그런데 사학·사간원·시강원·익위사·형조·의금부·홍문관은 정해진 기한에 얽매이지 않고 정월부터 저인에게 책봉(責捧)하고, 진납 (趁納)할 수 없으면 형조에 보내어 가두어 다스리기 때문에, 겨우 빌려서 바칩니다. 그 사이의 부비는 셀 수 없으니, 역시 지탱하기 어렵습니다. 10월 전에는 절대 트집을 잡아 강요하지 말도록 엄가하여 금단해 주시기 바랍니다.

◎ 제사 각 고을 노비의 신공은 10월을 상납하는 기한으로 정하였는데, 사간원·시강원·익위사·홍문관·형조·의금부 등의 아문이 정해진 기한에 얽매이지 않고 그해 정월에 직접 저인에게 받는다니 일이 매우 놀랍다. 이다음에는 9월 이전에는 절대 함부로 침탈하지 말게 하고, 10월을 기다려 독촉하여 거두도록 정식하여 시행하되, 이후로 다시 이와 같은 폐단이 있으면 해당 아문의 관원은 경중에 따라 죄를 논하고 담당 하리는 법사에 보내어 죄를 다스리라.

◎ 상언 사가(私家)의 편지는 거리를 셈하여 내어준 다음, 만약 혹시

기한을 넘기면 번번이 가두어 다스리기 때문에, 고용인이 가고 오는 부비가 적지 않아, 이 또한 어렵습니다.

◎ 제사 사가의 편지를 내어주는 저인은 그 노정의 멀고 가까움을 헤아려 기한을 정하고 답장을 받아 바치게 하기 때문에, 저인의 고용인에게 값을 치르는 폐해가 망유기극하다. 이다음에 다시 이와 같은 폐단이 있으면 즉시 계수주인으로 하여금 비변사에 와서 고하게 하고 금령을 어긴 자는 가장 무거운 죄로써 논죄하라.

◎ 상언 경주인을 설립한 본뜻은 각사의 공사(公事) 및 막중한 전명(傳命)의 일에 불과합니다. 혹시 상납하기로 정한 기일을 어기면 왕복을 재촉할 뿐이고, 가포(價布) 같은 경우는 본래 간여하는 일이 없습니다. 근래에 각 고을의 색리 무리가 혹은 본전(本錢)이 없다거나 혹은 정채(情債)가 없다면서 단지 진성(陳省)만 올리고는 곧바로 도주할 뿐 아니라, 작미(作米) 및 가포를 상납할 때 만약 부족함과 퇴목(退木)이 있으면, 많고 적음을 물론하고 감관·색리·선주(船主)로부터 거두어 받지 않고, 단지 저인으로 하여금 담당하여 고쳐 바치게 합니다. 조금이라도 차이 나거나 지체되면 엄중하게 가두고 곤장을 몹시 치니, 정해진 대로 받는 것을 기대하기에는 참으로 어렵습니다. 가포의 퇴목, 작미의 부족은 본읍에 관문을 보내어 다시 장만하여 거두어 바치도록 하는 것이 곧 법례인데, 이렇게 하지 않고 번번이 저인에게 트집을 잡아 청하는 것이 어찌 원통하지 않겠습니까? 연일 오래 갇혀서 엄한 곤장을 참지 못하여 수많은 돈을 동서로 빌려 얻

고 혹은 가산을 팔아 겨우 갖추어 바친 다음, 자문[尺文]을 받아서 내려가 찾아 거두려고 하면, 색리가 혹은 도망쳐서 아직 잡히지 않아 근착(根着)이 없습니다. 이를 관에 고하더라도 본관에서는 더 거두기 어렵다고 핑계 대며 끝내 거두어 주지 않기 때문에, 여러 달 머물러 있다가 끝내 어쩔 수 없어 빈손으로 올라오니, 이는 실로 저희들이 패망하는 이유입니다. 이다음에 퇴목 및 부족한 쌀은 모두 저인에게 침징(侵徵)하지 말도록 하고 법례에 따라 본읍에 관문을 보내어 거두게 하도록 각별히 변통해 주시기 바랍니다.

◎ 제사 무릇 상납의 기한을 넘기는 것과 관련하여, 그 형편상 저인에게 독촉하지 않을 수 없다. 색리의 경우, 상납할 때의 부족함 및 퇴짜 맞은 물건 등을 색리에게 거두지 않고 도리어 저인에게 책임 지우는데 이는 과외다. 이 한 가지는 엄가하여 금단하되, 만약 전과 같은 폐단이 있으면 해당 관원은 경중에 따라 죄를 논하라.

◎ 상언 근래 간사하고 거짓됨이 여러 가지로 많은데, 각사의 상납 기한을 넘기는 것은 바로 외읍(外邑)의 게으르고 소홀한 까닭 때문입니다. 여러 가지의 상납은 진성(陳省)을 갖추어 와서 바치게 하고, 그 날짜를 살펴서 받으시되, 만약 오래 지체되는 일이 있거든 환롱(幻弄)한 죄로써 제재한다면 오래 지체될 염려가 없을 것입니다. 또 감영에서 여러 가지 자문을 11월 안에 각별히 살펴 돌려줘서 사소한 폐단도 없애 주시기 바랍니다.

◎ 제사 각 고을 상납의 지체는 오로지 기강의 해이 때문이다. 이다음

에는 각사에서 받을 때에 그 본읍 보장(報狀)의 날짜를 살피고, 만약 오래 머무르면서 와서 바치지 않는 일이 있으면 해당 색리는 법사에 보내어 각별히 엄중하게 다스려서 함부로 저인을 침탈하는 폐단을 막도록 정식하여 시행하라. 상납의 여러 가지 문서는 날짜를 따지고 검토하여 지체 없이 살펴 돌려주도록 각 도의 감영에 엄칙하라.

八道京主人

一諸各司諸各家稱以婚喪需療飢債鋪陳債筆債

責徵於矣等者殆無限節若或違拒則鞭扑隨至至

於有私門拘留亦多有出牌囚禁之弊禁府都事免

身禮酒禮每徵於矣等而稱以一家婚喪多發羅將

捉去治罪拘留必捧疲殘邸人不敢拒逆或東西貸

得賣産備納後受書簡往告本官則諉以不緊諉以

不知終不備償曾前廟堂申禁至嚴而近來尤甚此

爲百弊之首是白置嚴加禁斷俾蒙保存之澤事

近來邸人之弊可勝言哉各司及士夫家稱以婚喪需

療飢債筆債日日責徵禁府都事免身禮酒禮又令勒

納疲殘邸人東西貸債艱辛備納後受書簡下往本官

則推托因循不爲備給此爲難保之端自今別爲禁斷

若有復犯者則當該官員及兩班從輕重論罪都事之

政府參謁債兩司署經債禁府贖錢及無價贂納朝報

曾因湖南道臣狀　啓以其無出處一倂革罷他道亦

依此例永爲革罷至於營將虞候同是客官各處禮木
之無出處與都事無異而邸人之白地備納實爲難堪
之道此不可不變通依都事例禮木等事竝爲革罷事
分付惠廳

　一監兵水使都事本官新迎時則矣等跟隨而已房
　子則曾無行下之事自近年以來各家以爲某邑主
　人與房子伶俐可使是如以至一年二年永定使喚
　此爲一身兩役而萬無獨當之理逐日雇立其弊難
　支親家使喚外依節目切勿行下事更爲嚴飭事
京主人策應各司公事日不暇給別星本官新差則跟
隨而已近來監司守令親家外定送使喚於各家邸人
以此不勝支當况所借之家退送邸人使之納雇價責
立所親下人尤爲大弊此後則各家借送一節革罷如
或復踵前習則借送官員借去士夫從輕重論罪事分
付惠廳

　一各道京房子便同步撥而設立本意以備不虞之
　用也至以戊申言之猝當搶攘莫重時急命令捨死
　擧行而當初設立時京房子不出十里外事節目
　啓下故曾無行下之事矣近來行下尤甚或借去二
　三日程或永定使喚或造家築墻故雇人定送不勝
　支當是白置依事目嚴禁事
當初設立京房子時以不出十里外成節目者盖房子

有同步撥有急報則急送監營故耳近來借送使喚則
各家或送二三日程永定使喚則各家造家築墻事之
可駭莫此爲甚依事目各別嚴禁而此後若復有此弊
則借送官員及借去士夫從輕重論罪事分付惠廳

一若當疏廳則勿論呈疏與否稱以疏廳列邑邸人
處錢五六兩或二三兩各自備納事治罪拘留故不
得已貸納後下往本邑推徵於鄉校齋任則終不備
給故公然見失益不喩元無陳疏之事而假稱疏廳
只辦酒肉矣等因此蕩敗豈不寃痛乎一切嚴禁事
各道儒生設疏廳時借得各司使令捉來列邑邸人勒
徵錢兩辦食酒肉作書出給使之下往本邑推尋於鄉
校齋任而終不備給公然見失萬萬可駭此後若有復
踵前習則使界首主人卽爲來告備局當該儒生草記
從重施罰

一凡奴婢身貢各樣軍布十月內上納而至於四學
司諫院侍講院翊衛司刑曹禁府弘文館則不拘定
限自正月責捧於邸人而不能趁納則移刑曹囚治
故董董貸納而其間浮費則不貲此亦難支是白置
十月前切勿侵責事嚴加禁斷事
各邑奴婢身貢以十月爲上納定限而司諫院侍講院
翊衛司弘文館刑曹禁府等衙門不拘定限當年正月
直捧於邸人者事甚可駭此後則九月以前切勿橫侵

待十月督捧事定式施行而此後更有如此之弊則該
衙門官員從輕重論罪次知下吏移法司科治

　一私家書簡計程出給後若或過限則每每囚治故
　雇人往來浮費不少此亦難支事
私家書簡出給邸人計其程途遠近使之限日受答以
納故邸人費價雇人之弊固有紀極此後更有如此之
弊則卽令界首主人來告備局犯禁者從重論罪

　一京主人設立本意不過各司公事及莫重　傳命
　之事而或上納愆期則催促往復而已至如價布元
　無干預之事矣近來各邑色吏輩或無本錢或無情
　債而只呈陳省仍卽逃走矣不喩作米及價布上納
　時若有無面與退木則勿論多少不爲徵捧於監色
　船主只使邸人擔當改納而少或差遲則嚴囚重杖
　期於準捧誠極難支是如乎價布退木作米無面發
　關本邑使之改備徵納自是法例而不此之爲每每
　侵責於邸人者豈不寃痛乎累日滯囚不忍嚴杖數
　多錢貨東西貸得或賣家産董董備納後受尺文下
　往推徵則色吏或在逃無根着以此告官則本官諉
　以難於加徵終不徵給故累朔滯留終無奈何空手
　上來此實矣等敗亡之階是白置此後退木及無面
　米切勿侵徵於邸人依法例發關本邑使之徵納事
　各別變通事

凡係上納過限者其勢不得不督責於邸人而至於色
吏上納時無面及見退等物不徵於色吏反責於邸人
係是科外此一款嚴加禁斷而若有如前之弊則當該
官員從輕重論罪

　　一近來奸僞百出各司上納之過限直由於外邑慢
　　忽之致也各樣上納具陳省來納而考其日字捧上
　　爲白乎矣若有淹滯者是白去等繩以幻弄之罪則
　　可無淹滯之患而亦自監營各樣尺文十一月內各
　　別考還俾除一分之弊事

各邑上納遲滯專由於紀綱之解弛此後則各司捧上
時考其本邑報狀日子若有淹留不爲來納之事則當
該色吏移法司各別重繩以防橫侵邸人之弊事定式
施行上納各樣文書憑考日子毋滯考還事嚴飭各道
監營

89

해서경주인 海西京主人

◎ 상언 저희들은 원래 경역가(京役價)가 없고, 단지 본읍에서 하찮은 역가를 받습니다. 그러므로 몇 해 전에 묘당에서 변통하기를, 이후로는 각 고을에서 호적지가(戶籍紙價)를 정식에 따라 내어주면 저희들이 담당하여 무납한 후에 나머지를 얻게 하여 역가에 보태도록 하였습니다. 근래 각 고을에서는 조령을 따르지 않고, 그 친한 자에게 주어 무납합니다. 이후로는 정식에 따라 내어주고, 저희들로 하여금 무납하게 해 주시기 바랍니다.

◎ 제사 황해도 각 고을의 주인은 애초에 선혜청의 역가가 없고, 단지 약간의 고가만 있으니 자생할 수 없어 형세상 지탱하기 어렵다. 묘당에서 특별히 그 폐해를 진념하여, 각 고을에 분부하여 모두 호적지가를 내어주게 하고, 저인이 이로써 종이를 사서 관에 바치고, 그 남는 이익을 먹을 수 있도록 하였다. 여러 해가 지나 꽤 오래되어 조령

이 느슨해지자, 따르지 않는 고을이 많이 있으니, 각별히 본도의 관찰사에게 분부하여, 다시 묘당의 정식을 명확히 하라. 만일 방자하게 조령을 받들지 않는 수령이 있으면, 영문에서 무거운 죄를 좇아 논책하라.

海西京主人

一矣等旣無京役價而只受本邑些少役價故年前
自廟堂變通此後則各邑戶籍紙價依定式出給矣
等擔當貿納而俾得剩餘以補役價之事而近來各
邑不遵　朝令給其所親貿納此後則依定式出給
矣等使之貿納事

海西各邑主人旣無惠廳役價只有若干雇價無以資
生勢難支撐廟堂特軫其弊分付各邑皆令戶籍紙價
出給邸人以爲貿紙納官而得食其餘利之地而歲久
令弛多有不遵之邑各別分付扵本道監司更申廟堂
定式而如或有慢不奉令之守令則自營門從重論責

90

경기경주인 京畿京主人

◎ 상언

- 신관(新官)의 당참(堂參)은 8도를 통틀어 이조의 단골서리(丹骨書吏)가 담당하는데, 경기의 고을은 빈잔한 경주인이 담당하여 거행하니, 매우 지탱하기 어렵습니다.

- 본관(本官)에 새로 차정(差定)된 뒤의 각사 예목(禮木)을 지탱하기 어렵습니다.

- 각 고을의 수령이 과거를 보러 가려고 상경할 때, 의정부의 시가(試暇) 예목을 지탱하기 어렵습니다.

- 해유(解由)의 질지[作紙]는, 호조·병조에서는 해유를 작성하여 낼 때 유리(由吏: 이방 아전) 된 자가 가져다 바치는데, 이조의 경우에는 수령이 사조(辭朝: 임금께 하직 인사함)하는 날에 성화같이 저인에게 재촉하여 거둡니다. 이다음에는 유리로 하여금 갖추어 바치

595

게 하는 뜻으로 정식해 주시기 바랍니다.

◎ 제사   이상의 네 조목 중에서 의정부의 시가 예목은 수령이 휴가를 청해 올라올 때 조비(措備)하여 와서 바치게끔 하고, 이조의 당참 및 질지와 각사의 예목은 수령이 사조하고 내려간 다음에 또한 관에서 마련하여 보내도록 하라. 의정부, 이조, 각사에서 저인을 횡침하는 한 가지의 경우에는 각별히 금단하되, 만약 범하는 자가 있으면 해당 낭청은 경중에 따라 죄를 논하고 이예는 법사에 보내어 죄를 다스리라.

◎ 상언   경기주인의 노역(勞役)은 특히 심해서, 비변사·선혜청·총융청에 날마다 1명씩 대령하고, 그대로 방지기의 봉족(奉足)으로 만드니, 역은 번잡하고 수는 적어서 참으로 지탱하여 감당하기 어려우니, 행하를 변통해 주시기 바랍니다.

◎ 제사   경기 저인 1명이 날마다 비변사에 와서 대령하는 것은, 혹시라도 시급한 공사(公事)를 거행할 일이 있을까 염려한 것인데, 선혜청·총융청에 대령하는 것은 그 까닭을 알 수 없다. 만약 선혜청이 저인의 공가를 전적으로 관리해서 그렇다고 한다면, 삼남주인은 모두 대령하지 않고 유독 경기만 대령하는 것은 무엇 때문인가? 총융청에서 만약 이 도의 별성(別星)이라서 그렇다고 한다면, 경기가 별성인 것이 어찌 총융청뿐이겠는가? 이는 서리·사령의 사환에 지나지 않고, 또 혹은 날마다 책임지고 차출하는 모군삯이 귀속되니, 그 폐해가 끝이 없다. 선혜청·총융청에서는 저인을 대령하는 법규를 한결같이 아울

러 혁파하라. 비변사에서는 있고 없는 일을 날마다 다만 찾아서 오
래 대령하게 하지 못하도록 정식하여 시행하라.

京畿京主人

一新官堂參通八道以吏曹丹骨書吏擔當而畿邑

則以貧殘京主人擔當舉行極爲難支事

一本官新差後各司禮木難支事

一各邑守令赴擧上京時以議政府試暇禮木難支

事

一解由作紙段戶兵曹則解由成出時爲由吏者持

納而至於吏曹則守令辭　朝之日星火徵督於邸

人此後則使由吏備納之意定式事

以上四條內政府試暇禮木則守令請暇上來時使之

措備來納吏曹堂參及作紙各司禮木則守令辭　朝

下去後亦令自官備送而至於政府吏曹各司之橫侵

邸人一款各別禁斷如有犯者當該郎廳從輕重論罪

吏隷移法司科治

一京畿主人勞役特甚而備局惠廳摠戎廳逐日一

名式待令而仍作房直之奉足役煩數少誠難支堪

變通行下事

京畿邸人一名逐日來待於備局者或慮有時急公事

舉行之事而至於惠廳摠廳之待令莫知其故若曰惠

廳專管邸人貢價而然云則三南主人皆不待令獨京
畿待令者何也摠廳若曰本道別星而然云則京畿別
星豈獨摠廳乎此不過書吏使令之使喚又或爲每日
責出雇價之歸其弊無窮惠廳摠廳則邸人待令之規
一併革罷至於備局則每日只探有無事勿令長待事
定式施行

91

삼남각역경주인 三南各驛京主人

◎ 상언 저희들의 상언에 따른 복달(覆達)에서, 경기의 여섯 역(驛)에서 받는 입거목(入居木)은 본래부터 그해에 받는 것이고, 비록 간혹 기한을 넘기더라도 관문(關文)을 보내 재촉함이 마땅한데도, 경주인을 횡침하는 것은 매우 부당하니, 지금 이후로는 아직 올라오기 전에는 경주인을 침탈하지 말도록 하는 뜻으로 판하(判下)하였습니다. 지금은 그해의 몫을 그해에 징수해 거두어들이면서, 새로이 도리어 이듬해의 몫까지 그해의 7~8월부터 미리 거두어들이므로, 동서로 꾸어와서 겨우 갖추어 바치니, 이러한 까닭으로 삼남각역주인이 탕진하여 보존하기 어렵습니다. 지난번의 복달 중에, 그해 12월을 기한으로 정하여 전과 같이 함부로 거두지 못하도록 하는 뜻을 거듭 밝혀서 엄칙해 주었습니다. 그리고 또 각역에서 받는 대마·중마는 여러 궁가와 사대부가의 하인배와 역졸이 값을 정하여 서로 약속한 다음,

말 값이 뒤따라서 올라오지 않는다고 저희들에게 근거 없이 함부로 거두니 매우 난감합니다. 지금 이후로는 저희들에게 절대 침책하지 말라는 뜻을 각별히 엄칙해 주시기 바랍니다. 그리고 찰방의 일가 가운데 혼례·상례 등의 비용을 불시에 거두어들이는 폐단 또한 엄칙하여, 보존할 바탕으로 삼게 해 주시기 바랍니다.

◎ 제사 삼남 각역의 이듬해 입거목을 경기감영에서 그해 가을에 미리 거두어들이는 것은 일이 매우 부당하니 각별히 금단하라. 사부가에서 마필을 각역으로부터 사 간 다음에 값을 바로 보내지 않아서 역주인이 말 주인에게 횡침당하는데, 이는 역인(驛人)이 말 주인에게 바로 값을 치르지 않은 데서 말미암은 것이므로, 찰방을 논책하지 않을 수 없다. 찰방의 족속이 혼례·상례의 비용을 저인에게 강제로 요구하여 그 손해를 셀 수 없으니 각별히 금단하라. 이다음에 만약 이와 같은 폐단이 있으면 해당 찰방 및 범인은 경중에 따라 죄를 논하라.

　　三南各驛京主人
　一因矣等　上言覆達內京畿六驛所納入居木自
　是當年所捧則雖或過限自當行關催促而橫侵京
　主人事極不當今後則未上來前勿侵京主人之意
　判下矣今則當年條徵捧於當年新反明年條今
　年七八月爲始預先徵捧故東西借貸董董備納以
　此之故三南各驛主人蕩敗難保向前覆達內以當

年十二月定限俾無如前橫徵之意申明嚴飭是白
遣又於各驛所納大中馬則諸宮家士夫家奴輩與
驛卒準價相約後馬價趁不上來是如矣等處白地
橫徵極爲難堪今後則矣等處切勿侵責之意各別
嚴飭爲白遣察訪一家中婚喪等需不時徵捧之弊
亦爲嚴飭以爲保存之地事

三南各驛明年入居木自畿營今年秋預爲徵捧事極
不當各別禁斷士夫家馬匹各驛買去後不卽送價驛
主人爲馬主之橫侵此由於驛人之不卽給價馬主之
致察訪不可不論責察訪族屬之徵索婚喪需於邸人
其害不貲各別禁斷此後若有如此之弊則當該察訪
及犯者從輕重論罪

92

훈조계인 燻造契人

◎ 상언 저희들이 다가올 폐해를 알지 못하고서 계명(契名)을 창설하여 5부(部) 대방(大坊) 안의 역을 대신 담당하였는데, 조정에서는 좌경(座更) 등의 잡역을 면제하였을 뿐입니다. 근래에는 좌경의 역을 여전히 거행하고, 굴천(掘川: 하천의 준설)·습충(拾蟲: 벌레 잡기) 등의 역 또한 면하지 못하니, 당초의 약조는 곧 쓸모없는 것이 되었습니다. 이른바 대방 안의 역은 교외로 동가(動駕)하실 때 및 객사(客使)가 왕래할 때에 길을 닦고, 다리·선창을 만들고 고치는 등의 역입니다. 연례의 능행으로 말하자면, 5부의 방민을 하루에 수천 명씩 부려도 오히려 생경을 우려하는데, 저희들 200명이 24년 동안 연이어 국역을 맡아 왔습니다. 한 번의 역이 짧아도 십여 일이고, 삯꾼의 값은 거의 천금에 이르기 때문에, 파계(罷契)의 방도나 더하여 보충할 대책을 번번이 호소하였지만, 한성부의 처분은 아직 출장(出場)되지 않았

습니다. 또 종반(宗班) 집안의 사내종 무리가 그의 상전댁 메주콩을 받아 가라고 하면서 수색하여 붙잡아 공갈하거나, 혹은 마음대로 다루며 돈을 거두어 가는데, 술과 밥의 비용을 모두 헤아리면 또한 수백 냥에 가까워 막막합니다. 다 받은 다음에는 사람을 바꾸어 억지로 주는데, 그 메주를 가져갈 때에 미쳐서는 말[斗] 위에 말을 더하여 임의로 거두어들이므로, 더 바치는 수량이 그 본래의 수량과 맞먹습니다. 또 메주를 발매(發賣)하고 계인에게 도로 돌려준다고 하면서 1섬당 대전(代錢)을 10여 냥씩 억지로 거두고, 조금이라도 여의치 않으면 잡아 가두거나 붙잡아 가서, 저희들은 메주로 약간 얻은 이익을 모조리 남에게 빼앗겨 손해를 보거나 빚을 졌습니다. 지금부터 이후로는 해당 관아에 감결을 보내어 세력가의 메주도 민간의 관례에 따라 받아 가게 해 주시기 바랍니다. 능행하실 때에 의금부의 나장 무리가 따로 출행하는 것은 전에 없는 규례인데, 계인들로 하여금 그 형장(刑杖)을 지게 하고, 거둥 갔다가 다시 돌아온 다음에는 갑자기 형장이 서실되었다고 하며 사원(司員)에게 꾸며서 고소하여 계인을 붙잡아 가니 일에 드는 비용이 매우 많아서 참으로 지극히 원통합니다. 지금부터 이후로는 신칙하여 엄하게 금지해 주시기 바랍니다. 위의 항목의 매우 많은 비용은 저희들이 각각 사재(私財)를 내어 책응하였는데, 지금의 형세를 돌아보건대 응역할 길이 만무하니, 담당한 바의 역을 방민(坊民)에게 돌려보내시고, 물력을 더하여 보충할 방도를 편하신 대로 변통해 주시기 바랍니다.

◎ 제사 훈조계에서 5부의 큰 역을 대신 담당한 후, 여러 가지 동역

(洞役)을 한데 아울러 면제하였는데, 지금은 다시 옛날 그대로 침탈하고 있다. 또 종반 집안의 사내종이 상전의 메주콩이라고 하면서 그들로 하여금 받아 가게 할 때, 수색하여 붙잡아 공갈하고 돈푼을 강제로 요구하거나 술과 고기를 강제로 청하여 먹는 폐단이 망유기 극하다. 메주를 다시 받아 갈 때에는 큰 말로 함부로 더 받아, 도리어 발매하고 계인에게 돌려준다고 하면서 그것을 작전(作錢)하여 받는 값이 지나치게 넘치니, 이는 엄금하지 않을 수 없다. 능행할 때에 의금부의 나장을 별도로 만드는 것은 전에 없는 관례인데, 계인으로 하여금 형장을 지어 나르게 하고, 갔다가 돌아온 다음에는 갑자기 서실했다고 하면서 계인을 붙잡아 가니 일에 드는 비용이 매우 많다. 이들 폐단을 각별히 엄금하되, 이다음에 만약 범하는 자가 있으면 법사에 보내어 죄를 다스리라.

　　燻造契人

一矣徒等不知來頭之弊創設契名替當五部大坊

內之役而　朝家則蠲減座更等煙役而已矣近來

則座更之役如前擧行掘川拾蟲等役又不得免當

初約條便成弁髦所謂大坊內之役卽郊外　動駕

時及客使往來時治道及繕築橋梁船槍等役也以

年例　陵幸論之五部坊民日役累千名而猶患生

梗矣徒等二百名替當二十四年之間連値　國役

一番之役不下十數日雇軍之價殆至千金故罷契

之由添補之策每每呼訴而京兆處分迄未出場且
宗班家奴隸輩稱以其矣上典家燻太受去推捉恐
喝或操縱徵錢酒食之費竝計則又近數百兩幕幕
盡受後換面勒授而及其推燻之時斗上加斗任意
徵捧故加給之數敵其本數又稱以燻造發賣還給
契人一石代錢勒捧十餘兩而少不如意則囚禁捉
致矣徒等略干燻利盡皆見奪落本負債自今以後
捧甘該府勢家燻造依民間例受去而　陵幸時禁
府羅將輩別出無前之規使契人負其刑杖而　舉
動回還之後則遽稱刑杖闕失誣訴司員推捉契人
所費極多誠極冤痛自今以後申飭痛禁上項許多
之費矣徒等各出私財責應顧今形勢萬無應役之
路所當之役還歸坊民添補物力之道從便變通事
燻造契替當五部大役後諸般洞役一併蠲免矣今則
還侵依舊且宗班家奴僕稱以上典燻太使之受去之
際推捉恐喝徵索錢兩討食酒肉之弊罔有紀極還捧
燻造之際大斗濫捧旋稱發賣還給契人使之作錢捧
價過濫此不可不嚴禁而　陵幸時禁府羅將別創無
前之例使契人負運刑杖回還後遽稱闕失推捉契人
所費夥然此等弊各別嚴禁而此後若有犯者移法司
科治

93

현방 懸房

◎ 상언　국가에서 전복(典僕: 성균관 노비)에게 이미 도사(屠肆: 현방)를 허락하셨고, 삼법사(三法司)에서 또다시 속전(贖錢)을 거두는데도, 금리 (禁吏: 법사의 하리) 무리가 부당하게 도사를 침탈하여 괴롭히니, 그 횡침하는 바가 거의 지탱하여 감당함을 견뎌 내기 어렵습니다. 또 혹은 무뢰배가 밤중을 틈타 떼로 몰려와 술을 요구하고 고기를 빼앗으니, 이들 폐단은 더욱 지탱하여 감당하기 어렵습니다. 모두 다 엄히 막아 도업(屠業)을 편하게 해 주시기 바랍니다.

◎ 제사　국가에서 전복의 도사를 이미 허용하였으니, 금리 무리가 무단으로 폐단을 일으키는 것과 무뢰배가 술을 요구하고 고기를 빼앗는 것은 참으로 놀랍다. 지금부터 각별히 금단하되, 만약 다시 범하는 자가 있으면 반인(泮人)으로 하여금 비변사에 와서 고하게 하여, 즉시 법사에 보내어 죄를 다스리게 하라.

◎ 상언 무릇 국용의 물품은 비록 한 포기의 풀과 한 그루의 나무라도 값을 주지 않음이 없고, 또 호조에서 하체(下帖)한 다음에 진배합니다. 현방의 뼛가루는 본래 값을 주는 일이 없었고, 당초에는 각 도감에서 소용할 때 호조에서 하체해야만 가져다 썼습니다. 근래에는 여러 각사, 각 군문에서 임의로 하체하여 가져다 쓰기 때문에, 장인(匠人) 무리가 연줄을 타고 농간하여, 만약 그 1홉을 쓸 수 있는 곳이면 반드시 3~4말로 늘려서 체하(帖下)하여 정채(情債)를 애써서 찾아낼 꾀로 삼으니, 그 폐단이 끝이 없습니다. 국용의 뼛가루는 감히 수가(受價)를 바라지 않으나, 여러 각사에서 임의로 하체하여 대가 없이 억지로 거두는 폐단은 실로 원통한 바입니다. 지금부터는 그 값을 대략 정하여 반드시 호조에서 하체한 다음에 가져다 쓰도록 엄격하고 명백하게 정식함으로써 보존하여 국역에 응하도록 해 주시기 바랍니다.

◎ 제사 현방에서 진배하는 뼛가루는 호조에서 값을 주는 관례가 본래 없으니, 지금 규정을 고치기는 어렵다. 여러 각사와 각 군문에서 값을 주지 않고 가져다 쓰면서 편하게 한결같이 강제로 거두는 것은 실로 폐단이 된다. 장인이 수를 늘려 넘치도록 정하여 함부로 인정(人情)을 침탈하는 폐단은 모두 금단하지 않을 수 없다. 드러나는 대로 법사에 보내어 죄를 다스리라.

懸房

一　國家旣許屠肆於典僕而三法司又復徵贖則
禁吏輩不當侵困屠肆而其所橫侵殆不勝支堪又
或無賴輩乘夜群到責酒奪肉此等弊端尤難支當
一切嚴防以便屠業事

國家旣許典僕之屠肆則禁吏輩無端作弊者及無賴
輩責酒奪肉者誠極可駭自今各別禁斷而若有復犯
者則使泮人來告備局卽爲移法司科治

一凡　國用之物雖一草一木無不給價又自戶曹
下帖後進排而至於懸房骨灰本無給價之事當初
則各都監所用時只自戶曹下帖取用矣近來則諸
各司各軍門任自下帖取用故匠人輩貪緣弄奸若
其一合可用之處則必增以三四斗帖下以爲求索
情債之計而其弊無極　國用骨灰則非敢望受價
而至於諸各司之任自下帖無價勒徵之弊實所寃
痛自今略定其價本必自戶曹下帖後取用事嚴明
定式以爲保存應　國役事

懸房進排骨灰戶曹元無給價之例則今難改例諸各
司各軍門不給價取用便一勒徵實爲弊端匠人之加
數濫定橫侵人情之弊不可不一切禁斷隨現移法司
科治

94

선공감구영선군계공인
繕工監九營繕軍契貢人

◎ 상언 일꾼의 대가로 마땅히 지급하는 것 외의 별역(別役)은 병조에서 으레 지급하는 바가 있는데, 공사를 맞이할 때마다 겨우 10분의 1만 지급하여, 그 사이에 또한 폐단이 많습니다. 지금부터 비롯하여 여러 도감에서 별도로 건물을 짓는 것은 병조에서 모군꾼을 따로 세워서 사역하고, 저희들은 한결같이 설립했을 때의 정식에 의거하여 훼손되는 대로 이내 고치는 것만 거행한다면, 거의 지탱하여 보존할 수 있을 것입니다.

◎ 제사 해마다 항상 지급하는 군가(軍價) 외의 별역 군가 또한 병조에서 지급하는데, 반드시 액수를 줄여서 내어주니 이는 계인이 감당하기 어려운 폐단이다. 이후로는 별역하는 곳에 산원(算員)을 나누어 임명하여 산적(算摘)하게 한 다음, 감동(監董)과 더불어 감역(監役)이 군수(軍數)를 헤아려 결정하고 하나하나 급가(給價)하도록 병조에 분부하라.

繕工監九營繕軍契貢人

一役軍價應下外別役段兵曹例有所下而每當役
事董以十分一上下其間亦多有弊端自今爲始諸
都監別營建則自兵曹別立募軍使役矣等段一依
設立時定式隨毀隨補㪑舉行則庶可支保事
每年恒給軍價外別役軍價亦自兵曹上下而必減數
出給此爲契人難堪之弊此後則別役處使分差算員
算摘後與監董監役酌定軍數一一給價事分付兵曹

95

공조사립양관장 工曹斜笠涼冠匠

◎ 상언 저희들은 급료가 없는 공장(工匠)으로서 종묘·사직·영희전·
황단·문묘 및 여러 산천에서 제향할 때 금관(金冠)과 제관(祭冠)을
위의 다섯 곳에 넣어 두었다가 제사를 지내는 날에 가져다 쓰고, 봄
가을로 봉심(奉審)할 때에 탈 난 것을 골라내어 수리해서 고치는 것
이 바로 이전의 제도입니다. 지난 정사년(1737)에 여러 각사에 내어
주며 이것들을 훼손된 대로 고쳐서 쓰라는 뜻으로 연중(筵中)에서
정탈(定奪)하였습니다만, 여러 상사와 군직청에서는 공조에 내어주
고 저희들로 하여금 담당하여 진배하도록 하였습니다. 상사의 하인
무리가 오직 일을 조종하여 관(冠)이 비록 깨끗하더라도 인정(人情)을
바치지 않으면 퇴짜를 놓고 가두어 다스리니 실로 지탱하여 감당하
기 어렵습니다. 실직(實職) 아문의 경우에도 또한 저희들로 하여금 억
지로 진배하게 하고, 간신히 책응(策應)하면 번번이 해지거나 오래되

어 쓸 수 없는 것으로 바꾸어 줍니다. 금관은 단지 3건을 만들어 오로지 세 정승이 제관에 임명되면 쓰는 것인데, 종친부 및 3품 이상의 헌관·당하관도 또한 모두 책납하게 하므로, 이로 인해 탕진하여 흩어진 사람이 많게는 20여 명에 이르러, 단지 6~7명만 남았으니 수습할 수가 없습니다. 또 해마다 제향이 백여 차례에 이르는데도, 정례 중의 제관 20부(部), 금관 2부만 해마다 고쳐 만듭니다. 제관은 죽망(竹網)을 풀로 붙여 만들기 때문에, 여러 차례 쓰면 영구히 망가져서 사용할 수 없고, 혹시 눈비를 맞으면 다시 쓸 수 없습니다. 금관은 삼상위 외에는 책납하지 말고, 제관은 다섯 곳에 돌려주어, 이전의 제도에 따라 가져다 써서, 보존하게 해 주시기 바랍니다.

◎ 제사 제향할 때 제관이 쓰는 금관을 삼공(三公) 외의 종친부 및 3품 이상 헌관, 여러 상사의 당하관이 규정에서 벗어나 책납하게 하고, 사사로이 공갈하여 반드시 얻어 쓰고야 만다니, 일이 매우 미안하다. 궐 내외 여러 상사의 하인배가 또 따라서 조종하여 퇴짜 놓아 반드시 정채(情債)를 받고, 실직 아문은 제복·제관을 그 관서에서 조비(措備)하는 것이 이미 조령(朝令)에 따른 것인데, 장인을 함부로 침탈하는 것은 망유기극하며 보존할 형세가 만무하다. 이다음에는 공조의 당상·낭청이 각별히 검사하여 살피고, 만약 다시 범하는 폐단이 있으면 해당 관원 중 2품 이상은 추고하고 3품 이하는 경중에 따라 죄를 논하며 하인배는 법사에 보내어 죄를 다스리라.

工曹斜笠涼冠匠

一矣等以無料工匠　宗廟　社稷　永禧殿　皇

壇　文廟及諸山川　祭享時金冠與祭冠藏置於上

項五處行　祭日取用而春秋奉審時執頉修改者

乃是舊制而去丁巳年出授諸各司使之隨毀修用

之意　筵中定奪而諸上司軍職廳則出授工曹使

矣等擔當進排上司下輩唯事操縱冠雖鮮明不給

人情則點退囚治實難支堪而至於實職衙門亦使

矣等抑勒進排艱辛策應則每以弊舊不用者換給

而金冠段只造三件專爲三相位差　祭所着而宗

親府及三品以上獻官堂下官亦皆責納故因此敗

散者多至二十餘名而只存六七名莫可收拾而且

每年　祭享至於百餘次而定例中祭冠二十部金

冠二部芿每年改造而祭冠則以竹網膠造故數次

用之永破不用或當雨雪則更不堪用金冠則三相

位外切勿責納祭冠則還授五處依舊例取用俾得

保存事

祭享時祭官所着金冠三公外宗親府及三品以上獻

官諸上司堂下官違式責納私自恐喝必爲得着而後

已事極未安　闕內外諸上司下屬又從以操縱點退

必捧情債實職衙門則祭服祭冠自其司措備旣因　朝

令則橫侵匠人罔有紀極萬無保存之勢此後工曹堂

郎各別檢察若有復犯之弊則當該官員二品以上推

考三品以下從輕重論罪下屬移法司科治

96

화장 花匠

◎ 상언 저희들은 본래 요포(料布)가 없는 화장인데, 어사화를 지어서 만들 때 부족함이 크고 많아 보존하기 어려운 지경에 이르렀습니다. 애초에 어사화 한 송이마다 황밀 8돈, 숯 5홉, 송진 5돈을 지급하면서도 번번이 부족함을 염려했는데, 중간에 숯·꿀·송진을 반으로 줄인 뒤에 무과의 경우에는 입격(入格)한 수를 미리 헤아릴 수 없기 때문에 호조에서 물력의 수를 늘려 지급해서 만듭니다. 그 방방(放榜)한 다음에 이르면 호조에서는 단지 방목(榜目)만 살펴서 실제수에 따라 셈하여 덜어 내고, 남은 꽃은 모두 유재로 기록하여 실어 다음 과거로 옮겨 나누어 줍니다. 그날 간혹 100송이가 남거나 간혹 80~90송이가 남지만, 그중에서 많은 수가 부러져 상하거나 빼앗기고 서실되는 폐단이 있어, 실은 한 송이의 유재도 없는데, 그다음 과거를 맞이하면 저희들에게 번번이 거두어 바치게 하니 부족함이

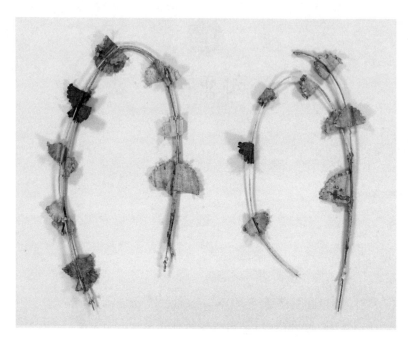

어사화(국립민속박물관 소장)

산더미같이 쌓였습니다. 꽃을 만들 때의 부역(赴役)은 20명으로 한 달에 이르는데도, 호조에서는 단지 5~6명의 열흘 급료만 지급합니다. 칙사의 경우, 잔칫상에 소입(所入)되는 잡화 50여 송이에는 단지 저주지 7.5장만을 지급하니 태반이 부족합니다. 헌가(軒架)에 소입되는 오색지도 단지 9권만 지급하며, 좌우의 양산(兩山)에 소입되는 가령(假令)으로 논하더라도 태반이 부족하므로, 저희들이 번번이 스스로 갖추니, 이는 실로 보존하기 어려운 하나의 단서입니다. 각별히 변통해 주시기 바랍니다.

◎ 제사 매양 과장(科場)을 맞이하여 어사화를 지어서 만들 때 무소(武所)에서 입격한 숫자를 미리 헤아리기 어려움이 있어, 어쩔 수 없이 넉넉하게 만들어 진배한 다음에는 번번이 남는 꽃이 있다. 이미 만든 다음에는 비록 보관해 두더라도 색이 변하여 쓰기 어려울 뿐 아니라, 또한 궐내 소속에게 빼앗기는 것이 매우 많으니, 이것이 하나의 폐단이다. 꽃을 만들 때에 허다한 장인이 부역(赴役)하는데도 호조에서 지급하는 요미(料米)는 5~6명분에 불과하여, 수많은 장인이 스스로 먹고살며 꽃을 만드니, 이것이 하나의 폐단이다. 칙사의 잔칫상에 소입되거나 나례청의 양산(兩山)에 소입되는 종이가 매우 많은데도, 잔칫상에 소입되는 것은 단지 7.5장을 지급하고 양산에 소입되는 것은 9권만 지급하니, 실로 부족하여 스스로 갖추는 근심이 없지 않으니, 이것이 하나의 폐단이다. 호조에 분부하여 명백히 조사한 다음, 과연 이와 같은 폐단이 있으면 각별히 변통하여 칭원에 이르지 않게 하고, 잔칫상·양산에 소입되는 조화지(造花紙)는 산적(算摘)하여 지급함이 마땅하니 이로써 정식하여 시행하라.

花匠

一矣等本以無料布花匠　賜花造作之時以無面
之浩多至於難保之境而當初　賜花每朶黃蜜八
戔炭五合松脂五戔上下每患不足中間炭蜜松脂
減半後至於武科入格之數未能預度故自戶曹物
力加數上下造作而及其放榜之後戶曹則只考榜

目從實計減餘花皆以遺在載錄移施於後科而當
日或餘百朵或餘八九十朵其中自多折傷見奪闊
失之弊實則無一朵遺在而當其後科矣等每每徵
納無面山積造花時赴役至於二十名一朔而自戶
曹只以五六名十日料上下至於勑使宴床所入雜
花五十餘朵則只以楮注紙七張半上下太半不足
軒架所入五色紙段置只以九卷上下左右兩山所
入以假令論之太半不足矣等每每自備此實難保
之一端各別變通事

每當科場　賜花造作時武所入格之數有難預度不
得不剩造進排後每有餘花而旣造之後則雖藏置非
但色渝難用亦爲見奪於　闕內所屬者甚多此一弊
也造花之時許多匠人赴役而戶曹上下料米不過五
六名則許多匠人自食而造之此一弊也勑使宴床所
入及儺禮廳兩山所入紙地甚多而宴床所入則只給
七張半兩山所入則上下九卷實爲不足不無自備之
患此一弊也分付戶曹明查後果有如此之弊則各別
變通俾不至於稱冤而宴床兩山所入造花紙則算摘
上下宜當以此定式施行

97

파통장 破桶匠

◎ **상언** 저희들이 업으로 삼는 일은 여러 곳의 깨진 통을 수리하여 고치는 것에 불과합니다. 각전의 주렴과 죽련을 바로잡을 뿐, 본래 큰 톱을 쓰는 일이 없습니다. 일찍이 갑자년(1744)에 갑작스레 인정문을 고쳐 짓는 공사를 맞이하여, 온갖 종류의 장수(匠手)가 한데 아울러 부역(赴役)하였는데, 일이 몹시 급하다고 하여 감히 다른 핑계를 대지 못하고 잠깐 복역하였습니다. 그 뒤로 번번이 수즙(修葺: 집을 고치거나 지붕을 새로 이음)을 맞을 때면, 구영선에서 전례라는 구실로 그 걸거(乬鉅: 톱질)의 역을 억지로 책임 지워 진실로 감당하기 어렵습니다. 요포가 있는 영선(營繕)의 역은 목수 무리가 오로지 담당하고서 오히려 저희들이 들어 알까 두려워하면서, 요포가 없는 경우 임시로 세우는 곳에서는 반드시 저희들로 하여금 억지로 담당하게 하는 것이 어찌 더욱 원통하지 않겠습니까? 지금부터 이후로는 크고 작은

국역을 물론하고 이른바 걸역(乬役: 톱질) 한 가지는 목수 무리로 하여금 전담하여 거행하게 하고, 저희들을 함부로 침탈하여 사역하지 말도록 해 주시기 바랍니다.

◎ 제사　파통장은 이전부터 본래 걸거의 역을 담당함이 없었지만, 갑자년(1744)에 인정문을 고쳐 짓는 공사에 잠깐 긴급히 억지로 부역하게 하였고, 이로부터 이후로 국역이 있으면 각 영선에 반드시 붙잡아 와서 사역하게 하니 참으로 불쌍하고 가엾다. 지금부터 사역하지 말도록 각 영선에 분부하라.

　　　破桶匠

　　一矣徒等所業不過諸處破桶修改　各殿珠簾竹
　　鍊正而已元無用大鉅之事而曾在甲子猝當仁政
　　門改建之役各色匠手一倂赴役事係急遽不敢稱
　　頉一時服役矣其後每當修葺之時則自九營繕諉
　　以前例勒責其乬鉅之役者固已難堪而有料布營
　　繕之役則木手輩專爲擔當猶恐矣等之聞知至於
　　無料布權設處則必使矣等勒令擔當者尤豈不冤
　　痛乎自今以後毋論大小　國役所謂乬役一款使
　　木手輩專當擧行而毋令矣等橫侵使役事
　破桶匠自前元無擔當乬鉅之役而甲子年仁政門改
　建之役一時爲急勒令赴役自此以後有　國役則各
　營繕必推捉使役誠甚可矜自今勿爲使役事分付各
　營繕

98

나례계인 儺禮契人

◎ 상언 칙사를 맞이하는 헌가(軒架)는 본래 큰 공사이므로, 국초부터 각전에서 물력을 내고 솜씨 있는 장수(匠手)를 고용하여 만들어 이루고 거행한 것이 그 유래가 이미 오래되었습니다. 시전 상인은 큰 공사를 맞이할 때마다 생경의 염려가 없지 않았기 때문에, 그 물력을 후하게 하여 솜씨 있는 장수에게 그대로 지급하였는데, 사람들이 이를 나례계라고 이름 지은 다음부터 저희들이 그 역을 대신 담당하여, 추위와 더위를 피하지 않고 정성을 다하고 힘을 다하였습니다. 이미 관청에서 내어주는 것이 없고, 또 요포 없이 단지 시전상인이 보내 주는 물력만 받으니 번번이 부족을 염려하여 어쩔 수 없이 체문을 발매하여 겨우 거행한 것이 여러 해입니다. 무진년(1748) 묘당의 금령으로 기사년(1749)·경오년(1750)의 두 칙사를 맞이하여 헌가에 수천 금이 소입되는 물력을 스스로 부담할 길이 없고 관에서

도 또한 내어준 바가 없었습니다. 호조에 청원하였더니, 호조에서 이르기를, "객사(客使)가 가까이 닥쳐서 갑자기 잘 처리하기는 어려우니 너희들 누구누구가 이를 맡는다면 칙사가 지나간 다음에 원하는 대로 변통할 것이고, 아니면 마땅히 공물의 관례대로 시상"하겠다는 뜻으로 틀림없이 전교하셨습니다. 또 거듭된 칙행으로 헌가할 때에 역시 급박한 뜻을 호소하셨으니, 당상의 전교가 전과 같아서 의심하지 않았을 뿐만 아니라 여러 낭관의 의품(議稟) 및 비변사의 제사도 명백하였습니다. 지금 여러 해에 이르러도 아직 혜택을 받은 효과가 없으니 어찌 원통하지 않겠습니까? 이렇게 폐해를 바로잡는 날을 맞이하여 남몰래 잘 처리하실 길이 있습니다. 호조 전세조의 각 창고 역인을 지난해에 혁파하셔서 지금 생긴 주인 없는 물력을 특별히 저희들에게 주시고, 강변에서 부려 내리고 창고 안으로 지어 들이는 등의 역을 모두 정하여 주시거나, 이전에 전교하신 바에 따라 공물의 관례대로 혜택을 베풀어 주시거나, 기사(1749)·경오(1750) 두 칙사의 헌가에 소입된 빚 수천 금을 호조에서 숫자대로 지급하시거나, 하나를 지적하여 처분하셔서 공사가 모두 다행한 바탕이 되게 해 주시기 바랍니다.

◎ 제사 칙사를 맞이하는 헌가를, 예전에는 시정아치가 교묘한 재주를 가진 부류를 뽑아 모아서 담당하여 조성하게 하였고, 각전에서 물력을 내어주었다. 이를 시행한 지 여러 해가 되자 폐해가 뒤따라 생겨났으므로, 비변사에서 각전의 수렴(收斂)을 금단한 다음, 나례계인들이 수차례의 칙행에서 진 빚이 있으니, 마땅히 칭원함이 있을 것이다.

더욱 걱정되어 마음이 편치 못한 것은, 이들에게 이미 관가에서 주는 값이 없고, 또 각전에서 수렴하는 물력이 없으니, 칙사가 임할 때 물러난다고 하면서 부역(赴役)하지 않는다면 일이 매우 낭패스러울 것이기 때문이다. 미리 생각하고 헤아려 좋은 쪽으로 변통하도록 호조에 분부하라.

儺禮契人

一迎勅軒架乃是大役而自　國初各㕓出物力雇
得巧手造成擧行者其來已久而市民等每當巨役
不無生梗之患故厚其物力仍給巧手人名之以儺
禮契矣等替當其役不避寒暑竭誠盡力旣無官給
又無料布只受市民所送之物每患不足不得已發
賣帖文董董擧行者積有年所矣戊辰年因廟堂禁
令當己巳庚午兩勅軒架數千金所入之物無路自
辦自官亦無所給呈于戶曹則戶曹謂以客使迫頭
猝難善處汝等某某當之則過勅後依願變通而否
則當以貢物例施賞之意丁寧爲敎又於再勅軒架
時亦訴急迫之意則堂上所敎如前無疑而諸郞官
議稟及備局題辭不啻明白矣今至累年尙無見施
之效豈不寃痛乎當此救弊之日竊有善處之道戶
曹田稅條各倉役人上年革罷今作無主之物特給
矣等江邊卸下及庫中負入等役俱爲定給是白去

乃依前所教以貢物例施惠是白去乃己庚兩勑軒

架所入負債數千金自戶曹准數上下是白去乃指

一處分以爲公私兩幸之地事

迎勑軒架曾前則市井輩募聚巧技之類使之擔當造

成而自各廛出物以給矣行之多年弊隨而生故自備

局禁斷各廛收斂之後儺禮契人等有數勑所負之債

宜有稱寃而尤爲可慮者此類旣無官家所給之價又

無各廛收斂之物勑使臨時告退不赴役則事甚狼狽

預爲思量從長變通事分付戶曹

공인층의 분화

『공폐』는 총 6책으로 구성되어 있으며, 제1책부터 제4책까지는 각사(各司)에 속한 공인이, 제5책과 제6책은 계인(契人), 주인(主人), 장인(匠人) 등이 관련되어 있다. 나열된 항목은 90가지가 넘지만 각사 소속을 비롯하여 그 종류를 유형화하면 대략 62종의 공인으로 구분할 수 있다. 공계인(貢契人)에 대해서는 기존 연구를 통해 소개된 바 있지만, 각사에 속한 원역과 고지기, 장인, 주인 등의 부류가 어떻게 공인의 범주에 포함되었는지에 대해서는 그간 잘 알려지지 않았다.

원역(員役)은 각사에 속하여 여러 가지 역을 담당하는 자들을 가리키는데, 『공폐』에 등장하는 원역은 공인을 침탈하거나, 혹은 호조로부터 별무가를 지급받아 생계를 이어 가는 공인의 성격을 띠고 있다. 예컨대 「제용감원역」 조를 보면, 제용감에 속한 원역이 호조로부터 해마다 30,000냥의 별무가를 받고 국가 의례에 필요한 물품을 호조에 진배한 후 남은 공물가로 각사의 부비와 과외의 역에 책응하는 한편, 생계에 보태 썼음을 알 수 있다. 아직 원역 무리에 대한 검토가 면밀하게 이루어지지 않았지만, 『공폐』를 통해 이들의 존재 양상과 관서 운영의 실태를 밝힐 실마리를 찾을 수 있을 것이다.

또한 관서의 고지기로서 공인의 역할을 하고 있는 자들도 눈에 띈다. 대표적인 사례를 「혜민서고지기」 조에서 찾을 수 있다. 혜민서의 고지기는 요포를 받지 않는 대신, 혜민서의 제조가 쓰는 1년 치 약료에 대해 공가를 지급받고, 관서에 약제를 책응하고 있었다. 관서에 복무하면서 요포가 없는 하급 역인들에게 공가를 지급하고 조달역을 수행하게 하여, 그 일부로 생계를 보전하게 한 것이다.

한편 각사에 속한 장인 무리의 분화와 이동도 관찰된다. 예컨대 「상의원모의장」 조를 보면, 상의원의 모의장이 상언을 올리면서 자신들을 '상의원에 향돈피 244장을 연례 진상으로 바치고 양서의 원공물가를 받는 공인'이라고 소개하고 있다. 또한 「공조기인」 조에 보이는 공조기인의 상언에서는, '예전에 장인이 거행한 것을 아울러 모두 공인에게 책정하여, 한 해를 통틀어 셈하면 거의 천여 명'이라고 할 정도로, 기인들이 책립(責立)한 역인들이 상당수 공장(工匠)의 역을 대신하고 있었음을 확인할 수 있다. 반면에 여전히 급료를 받지 않고 역을 지는 공장들도 확인된다.

「공조사립양관장」 조에서는 제향 시에 관원이 쓰는 금관과 제관을 제작, 수리하여 진배하는 사립양관장이, 「화장」 조에서는 어사화에

다는 꽃을 제작하는 화장이, 「파통장」 조에서는 깨진 통을 수리하여 고치는 파통장이 확인되는데, 이들은 공통적으로 자신들을 '요포가 없는 장인'이라고 소개하고 있다. 비변사에서는 이들에게 물품을 제작하는 재료를 충분히 공급하도록 하거나 급료를 주지 않는 과외의 역에 동원하지 말도록 제사를 남기고 있기는 하지만, 요포를 공식적으로 지급하는 조처를 취하고 있지는 않다. 이들 역시 자신들에게 얼마간 지급되는 공가에 의존하여 생활할 수밖에 없었다.

마지막으로, 『공폐』에는 팔도경주인(八道京主人)을 비롯한 다양한 경주인(京主人) 무리가 등장하는데, 이들은 본래 각사의 공사(公事) 및 막중한 전명(傳命)을 수행하기 위해 각 읍에서 차출하여 서울에 보낸 저인(邸人)이었다. 대동법 시행 당시에 관속(官屬)의 수가 적은 읍에서 경주인의 방자를 고립하는 값을 관속에게 전적으로 책임지울 수 없어서 민결에 책징(責徵)하는 관행이 있었는데, 이러한 폐단을 개선하고자 선혜청에서 1명당 값으로 15섬(『호서대동사목』 30조), 20섬(『전남도대동사목』 28조), 22섬(『영남대동사목』 24조)을 책정하여 1년간 입역하는 비용으로 삼게 하였다.

『공폐』에 따르면, 경주인이 맡은 일은 감사·병사·수사·도사를 본관에서 맞이할 때 근수(跟隨)하는 것인데, 각사와 사가(私家)에서 혼례·상례 비용으로 요기채(療飢債), 포진채(鋪陳債), 필채(筆債) 등을 요구하는 한편, 노비의 신공 및 군포를 상납하는 일까지 맡기는 등의 폐단을 낳고 있었다. 이들이 고립한 경방자들의 경우에도, 보발(步撥)로 급한 소식을 각사와 감영에 전하는 일을 맡았는데, 사가에서 이들을 빌려 가 오랜 기간 사환으로 부리는 문제가 야기되었다. 경주인이 겪고 있던 이러한 문제는 조선후기 경주인의 존재 양상을 밝히는 데 중요한 자료로 활용되리라 기대한다.

이 밖에 『공폐』에서 상언의 주체로 등장하지는 않지만, 국역을 위해 수많은 역인이 공인에 의해 고립되었다는 점 또한 간과할 수 없다. 대동법의 확대 시행 이후 정부는 왕실 의례와 각종 제향, 궁궐 및 관서의 개량·보수, 거둥과 과장의 설행 등 국역에 필요한 각종 물품과 역을 공인에게 부과하였으며, 공인은 이를 위해 수시로 역인을 고립하였다. 조선후기 도성 안팎에 거주하는 자들의 상당수는 이러한 '고립꾼'으로서 조달 시장에 참여하여 생계를 이어갔다.

조선후기 서울 시장의 성격 또한 공인층의 분화를 감안하여 재고할 필요가 있다. 보다 많은 논의가 필요하겠지만, 대동법의 시행이 서울의 상업 발달을 촉진했다고 하더라도, 애초에 서울 시장이 국역 체제를 대신하여 시장의 최고 소비자인 왕실 및 중앙 관서에 물품과 역을 효과적으로 조달하기 위한 방식으로 재편되고 있었고, 이에 부응하는 공인·역인층이 활발히 분화하고 있었음을 생각해 본다면, 조선후기 서울 시장에 있어서 『공폐』가 던지는 시사점은 실로 크다고 하겠다.

| 부록 |

주요 공인(계) 목록

○ 『비변사등록』 1741년 11월 18일

· 貢人市民等弊瘼單子 (弊瘼別單): 중복분을 제외하고 가나다순으로 정리함.

京畿主人

慶尙道京主人

京營進上貢物主人 (京營進上貢人)

工曹馬皮貢人

工曹水鐵器皿貢物主人

工曹皮物契人

工曹筆工

公洪道京主人

觀象監貢物

廣興倉貢物主人

校書館貢物主人 (校書館貢人)

舊司瞻契人

狗皮契貢人

軍器寺貢物主人 (軍器寺貢人)

軍器寺內弓房貢物主人

軍器寺千步銃契人

軍資監貢物主人

歸厚署貢物主人

其人 · 貢物主人

內局膃藥貢人

內局臘藥牛黃貢物主人

內弓房弓角進排貢物主人

內瞻寺貢物主人 (內瞻寺貢人)

內瞻寺無元貢木杷槽貢物主人

內需司貢物主人

內匙召廛市民

內魚物廛市民

內資寺貢人

杻籠廛市民

獐蔘契貢物主人 (獐蔘契貢人)

東床廛 · 望門床廛市民

兩南修理契貢物主人 (兩南修理契貢人)

兩南襦紙衣貢物主人

兩醫司加定牛黃貢物主人

禮賓 · 內資 · 內瞻寺盤沙器貢物主人 (禮賓 · 內資 · 內瞻等寺盤沙器貢人, 禮賓寺 · 內資寺 · 　　　　內瞻寺盤沙器貢人)

禮賓寺貢物主人

龍山 · 西江馬夫 · 色掌

龍山車契人

立廛市民

麻浦鹽廛市民

綿紬廛市民

木器廛市民

門外牀廛市民

門外魚物廛市民

鉢里廛市民

方物歲幣十所貢人

白木廛市民

白沙器廛市民

奉常寺貢物主人

司僕貢人

司宰監貢物主人 (司宰監貢人)

司圃署生薑主人

司圃署菜蔬貢人

三南大小好紙契人

三南方物白綿紙契人

三南鉛丸貢物主人

三南紙契紙廛貢人

尙衣院貢物主人 (尙衣院貢人)

生鮮廛市民

生猪契貢人

生雉廛市民

繕工監貢物主人 (繕工監貢人)

繕工監鴨島貢人

貰馬契人

稅蔘貢人

魚夫主人

沿江柴木廛市民

煙草廛市民

瓦署貢物主人

外繕工監貢物主人 (外繕工監貢人)

牛廛市民

月乃契人

銀廛市民

鷹師貢人

義盈庫貢物主人 (義盈庫貢人)

茵席廛市民

一二所監考

長寧殿貢人

掌苑署貢人

長興庫貢物主人 (長興庫貢人)

猪廛市民

苧布廛市民

全羅道界首京主人

典牲署貢物主人 (典牲署貢人)

典醫監人蔘貢物主人

濟用監貢物主人

濟用監白磻貢物主人

濟用監三綠貢人

濟用監表裏白綿布貢物主人

濟用監豹皮貢物主人

紙廛市民

昌廛市民

靑布廛市民

豐儲倉貢物主人 (豐儲倉貢人)

豐儲倉田稅主人

惠民署元貢草藥貢物主人

惠民署人蔘貢物主人

湖西小好紙契人

戶曹貢物主人

戶曹雜物契新募貢人

樺皮廛市民

活鷄契主人

○ 『비변사등록』 1784년 3월 21일

· 貢人錢貨散貸別單 (宣惠廳災減貢人)

奉常寺貢人

蕨菜貢人

長寧殿貢人

典牲署貢人

司䆃寺貢人

京營貢人

司宰監貢人

義盈庫貢人

掌苑署貢人

內資寺貢人

內瞻寺貢人

濟用監貢人

尙衣院貢人

豐儲倉貢人

典醫監貢人

長興庫貢人

內醫院貢人

惠民署貢人

其人貢人

觀象監貢人

西氷庫貢人

軍器寺貢人

千步銃貢人

內弓房貢人

訓鍊都監貢人

狗皮契貢人

關東方物紙契貢人

戶曹貢人

禮曹貢人

工曹貢人

司瞻貢人

禮賓寺貢人

司圃署貢人

司畜署貢人

繕工監貢人

校書館貢人

造紙署貢人

養賢庫貢人

新穀契貢人

典設司貢人

瓦署貢人

內農圃貢人

司僕寺貢人

修理契貢人

席子契貢人

水鐵契貢人

襦紙衣契貢人

油芚契貢人

江華其人貢人

三南邸人

擒文院貢人

火藥契貢人

海西契貢人

鉛丸契貢人

• 戶曹兩西貢價及京畿田稅條災減

奉常寺貢人

內贍寺貢人

義盈庫貢人

掌苑署貢人

尙衣院貢人

典牲署貢人

內資寺貢人

禮賓寺貢人

司䆃寺貢人

長興庫貢人

豐儲倉貢人

司宰監貢人

司圃署貢人

繕工監貢人

濟用監貢人

工曹貢人

瓦署貢人

司畜署貢人

造紙署貢人

典醫監貢人

惠民署貢人

軍器寺貢人

戶曹役價

觀象監貢人

摛文院貢人

其人貢人

자료

『貢弊』(奎 15084)

『軍防口冊』(河合文庫, 京都大學)

『備邊司貢弊釐正啟下節目』(奎 9882)

「散貸別單」(『備邊司謄錄』정조 8년(1784) 3월 21일)

『上言謄錄』(奎 12898)

『宣惠廳定例』(奎 3)

『所志謄錄』(奎 18015)

『市弊』(奎 15085)

『輿地圖書』

『嶺南大同事目』(古683-5)

『六典條例』

『全南道大同事目』(奎 1556)

『正祖丙午所懷謄錄』(奎 15050)

『勅使謄錄』
『度支定例』(奎 15336, 奎 25025, 奎 1856)
「弊瘼別單」(『備邊司謄錄』영조 17년(1741) 11월 18일)
『漢京識略』(가람古915.11-Y9h)
『湖西大同事目』(奎 1594)

논저

姜萬吉(1985), 「解題」, 『韓國商業史資料叢書 (2): 貢弊・市弊』, 驪江出版社.

고석규(2000), 「19세기 전반 서울의 시전상업」, 『서울상업사』, 태학사.

김미성(2014), 「18~19세기 노동력 조달 전문 군계공인(軍契貢人)의 형성과 운영」, 『朝鮮時代史學報』 70.

德成外之子(1983), 「朝鮮後期 貢物貿納制와 貢人役價－官府와의 關係를 통해 본 貢人의 性格－」, 高麗大學校 史學科 碩士學位論文.

서울大學校圖書館(1984), 『奎章閣韓國本圖書解題 VII (史部 4)』.

吳美一(1986), 「18・19세기 貢物政策의 변화와 貢人層의 변동」, 《韓國史論》 14.

이헌창・조영준(2008), 「조선 후기 貢價의 체계와 추이」, 《韓國史研究》 142.

조영준 역해(2013), 『시폐(市弊): 조선후기 서울 상인의 소통과 변통』, 아카넷.

최주희(2011), 「18세기 중반 『탁지정례(度支定例)』류(類) 간행의 재정적 특성과 정치적 의도」, 《역사와 현실》 81.

_____(2014), 『조선후기 宣惠廳의 운영과 中央財政構造의 변화－재정기구의 합설과 지출정비과정을 중심으로－』, 고려대학교 한국사학과 박사학위논문.

_____(2015), 「대동법(大同法) 시행 이후 중간비용의 처리양상과 과외별역(科外別役)의 문제」, 《大東文化研究》 92.

韓相權(1996), 『朝鮮後期 社會와 訴寃制度』, 一潮閣.

_____(2000), 「영조・정조의 새로운 상업관과 서울 상업정책」, 『서울상업사』, 태학사.

韓㳓劤(1966), 『韓國經濟關係文獻集成』, 서울大學校文理科大學 東亞文化研究所.

편저자

비변사(備邊司)

16~19세기에 걸쳐 조선왕조의 국정을 총괄한 정부기관. 별칭으로는 비국(備局) 또는 주사(籌司)가 있다. 초기에는 주로 변경의 방위 등 외침에 대한 방략에 관련된 업무를 보았으나, 임진왜란을 계기로 기능 및 권한이 확대·강화되었다. 도제조(都提調), 부제조(副提調) 등의 당상(堂上)과 이하 실무자로서의 낭청(郎廳)으로 구성되었다. 회의와 의결의 기록인 『비변사등록(備邊司謄錄)』이 서울대학교 규장각한국학연구원에 소장되어 있으며, 각종 절목(節目) 등이 수록되어 있어 사회경제사 연구의 중요 자료로 활용되어 왔다.

역해자

조영준(趙映俊)

서울대학교 사회과학대학 경제학부 부교수. 서울대학교 경제학부 및 동 대학원을 졸업하였으며(경제학박사), 규장각한국학연구원 인문한국 연구교수, 한국학중앙연구원 한국학대학원 조교수·부교수 등을 역임했다. 주요 저술로 『조선 후기 왕실재정과 서울상업』, 『시폐(市弊): 조선후기 서울 상인의 소통과 변통』, 『한국의 장기통계 I·II』(공저), 『장돌뱅이의 조직과 기록』(공역) 등이 있다. 고문헌에 대한 심층적 이해를 기초로 하여, 경제학과 역사학의 접목을 통해 한국경제사를 입체적으로 조망하기 위해 애쓰고 있다.

최주희(崔妵姬)

한국국학진흥원 책임연구위원. 이화여자대학교·고려대학교에서 학부·대학원을 졸업하였으며(문학박사), 한국학중앙연구원 장서각 전임연구원, 고려대·이화여대·성신여대 강사 등을 역임했다. 주요 논문으로 「18세기 중반 『탁지정례』류 간행의 재정적 특성과 정치적 의도」, 「균역법 시행 전후 훈련도감의 재원확보 양상」, 「광해군대 경기선혜법의 시행과 선혜청의 운영」, 「1826년 『예식통고』의 편찬과 왕실재정의 정비 노력」 등이 있다. 조선시대 왕실과 중앙관서의 재정자료를 분석하여 왕조국가의 운영원리를 밝히고자 노력하고 있다.

공폐
조선후기 공물 제도 운영의 병폐

1판 1쇄 찍음 | 2019년 12월 11일
1판 1쇄 펴냄 | 2019년 12월 18일

편저자 | 비변사
역해자 | 조영준 · 최주희
펴낸이 | 김정호
펴낸곳 | 아카넷

출판등록 2000년 1월 24일(제406-2000-000012호)
10881 경기도 파주시 회동길 445-3 2층
전화 031-955-9511(편집) · 031-955-9514(주문) | 팩시밀리 031-955-9519
책임편집 | 박수용
www.acanet.co.kr | www.phildam.net

ⓒ 조영준 · 최주희, 2019

Printed in Paju, Korea.

ISBN 978-89-5733-663-2 94080
ISBN 978-89-5733-230-6 (세트)